中国现代国际关系研究院中青年学者纵论

日本太空战略研究

李 艳◎著

时事出版社
北京

目 录

绪 论 …………………………………………………………（1）
  一、课题的提出与研究意义 …………………………………（1）
  二、国内外研究现状 …………………………………………（15）
  三、课题的研究方法与结构安排 ……………………………（24）
  四、课题的创新及不足之处 …………………………………（27）

第一章 日本太空战略的推进 ………………………………（30）
  第一节 日本太空政策的源起与发展
    （1954—2000年）…………………………………（30）
    一、早期的太空开发活动 …………………………………（31）
    二、"和平利用"原则的确立与太空政策的形成 …………（34）
    三、"技术赶超"成为日本太空政策的核心 ………………（37）
  第二节 日本太空开发的体制调整与战略
    形成（2001—2012年）……………………………（43）
    一、21世纪初的太空开发体制调整与政策转变 …………（43）
    二、《太空基本法》的制订与日本首份太空
      战略的形成 ……………………………………………（47）
    三、民主党执政时期的政策调整与体制改革 ……………（56）
  第三节 日本太空战略的重构（2012年12月至今）………（62）
    一、第一次太空战略重构 …………………………………（63）
    二、第二次太空战略重构 …………………………………（69）

· 1 ·

第二章　太空开发与日本的技术发展 …………………… (77)
第一节　日本对太空开发在技术发展中的
　　　　　角色定位与目标设定 ………………………… (77)
一、以"将外国技术变为自主技术"为目标的
　　"科学重要领域" ………………………………… (79)
二、以"实现技术自主"为目标的"先导性和
　　基础性的科学技术" ……………………………… (92)
三、以"实现自主技术创新"为目标的
　　"国家战略技术" …………………………………… (97)
四、以"实现国家权力地位"为目标的
　　"国家战略的重要边疆" …………………………… (102)

第二节　日本太空科技创新的体制 ………………… (109)
一、日本太空科技创新的法律政策体制 ………… (109)
二、日本太空科技创新的领导管理体制 ………… (117)
三、日本太空科技创新的研究开发体制 ………… (121)

第三节　日本太空科技创新的实施 ………………… (125)
一、太空开发直接催生技术创新 ………………… (126)
二、太空技术转移带动日本产业技术创新与升级 …… (140)
三、以太空科技知识产权占据世界技术
　　战略制高点 ………………………………………… (147)

第三章　太空开发与日本的产业经济发展 …………… (157)
第一节　日本发展太空产业经济的背景 …………… (158)
一、国际环境发生新变化,世界迎来
　　"新太空"时代 …………………………………… (159)
二、日本太空产业的发展方式亟待转变 ………… (166)
三、日本急需打造经济发展新引擎 ……………… (174)
第二节　日本政府的战略设计 ……………………… (176)

目 录

　　一、"太空产业化元年"的提出与日本太空产业
　　　　发展的新变化 ……………………………………（177）
　　二、太空产业的主导产业地位与日本对太空
　　　　产业经济的总体规划 ……………………………（182）
　　三、举政府体制与日本产业经济的整体推进 ………（189）
　第三节　积极构建新太空产业体系 ……………………（191）
　　一、强化太空产业 …………………………………（192）
　　二、以太空产业带动相关产业的发展 ………………（199）
　　三、打造卫星应用产业价值链 ………………………（202）
　　四、利用太空创造新产业 ……………………………（204）
　第四节　积极开拓新太空产业市场 ……………………（207）
　　一、创造并培养国内消费市场 ………………………（208）
　　二、推动太空及相关产业的国际市场投资 …………（211）
　　三、拓展新太空产业的出口市场 ……………………（215）

第四章　太空开发与日本的安全保障 ………………（221）
　第一节　安全保障战略调整背景下的太空政策变化 …（221）
　　一、"和平利用太空"政策的坚持 …………………（222）
　　二、强调"自主防卫"与情报搜集卫星的引进 ……（223）
　　三、以军事为目标的太空军事开发利用 ……………（227）
　第二节　构建多层次的太空综合安全保障体系 ………（240）
　　一、构建多层次太空综合安全保障体系的
　　　　战略构想 …………………………………………（240）
　　二、同盟体系下的日美太空军事合作 ………………（242）
　　三、对亚太地区太空合作机制的倡导与推进 ………（251）
　　四、参与联合国框架下的国际太空合作 ……………（258）
　第三节　加速日本太空军事力量建设 …………………（260）
　　一、构建并完善太空军事力量建设的领导

管理体制 …………………………………………………（262）
　二、调整与太空军事力量建设相关的政策 ………………（266）
　三、太空军事能力建设的加速 ……………………………（273）
　四、着力加强对太空军事力量建设的财政保障 …………（287）
第四节　推进太空安全保障的军民融合 ………………………（291）
　一、太空技术的军民两用性 ………………………………（291）
　二、日本的太空军民融合机制 ……………………………（296）
　三、日本太空军民融合体系的构建 ………………………（298）

第五章　日本太空战略的实施成效及未来走向 ………………（308）
第一节　日本太空战略的实施成效及影响 ……………………（308）
　一、在国内的实施成效 ……………………………………（308）
　二、对地区及世界的影响 …………………………………（327）
第二节　日本太空战略的未来走向 ……………………………（328）
　一、日本未来太空发展的优势 ……………………………（329）
　二、日本未来太空发展的劣势 ……………………………（336）
　三、日本太空战略的未来发展趋势 ………………………（343）

参考文献 ………………………………………………………（351）

绪　论

一、课题的提出与研究意义

（一）课题的提出

本课题选择日本的太空战略作为研究对象，主要出于以下两方面的考虑。

1. 太空作为国际竞争的一个重要领域，正在发生深刻变化，有研究的迫切需要

进入21世纪以来，随着太空开发应用的发展，围绕太空的国际关系正在发生深刻变化。具体表现如下：

一是太空的战略价值与战略地位不断提升。当今世界，太空已成为与人类社会及其活动休戚相关的重要领域，深刻影响着人类社会及其活动。根据中国空间技术研究院的最新统计，截至2015年底，不包括5千克以下的微小卫星，全球共有1311颗在轨卫星，越来越多的国家在依靠这些卫星进行军事、民事和商业活动。仅以商业为例，据近年太空基金会（The Space Foundation）的《太空年度报告》统计数据，全球太空经济的规模2012年为304.31万亿美元、2013年为314.17万亿美元、2014年为330万

亿美元，年增长率分别达到6.7%、①4%、②9%。③ 2016年2月，美国市场研究咨询机构"透明市场研究"（Transparency Market Research）对全球商业卫星影像市场做了最新调研。结果显示，到2023年，全球商业卫星影像市场经济效益将从2014年的2.5万亿美元增长至6.48万亿美元。④世界各国尤其是主要太空国家越来越重视太空的开发应用，将其作为增强国家综合实力的一项基本国策，相继制定或调整了太空发展战略、发展规划、发展目标和发展措施。太空战略正成为各国建设与发展的重中之重，在各个国家的国家战略尤其是安全战略中的地位与作用更加凸显。

二是太空力量格局正在加速调整变动。一方面，太空力量多极化发展趋势愈加明显。冷战时期美苏争霸使太空力量格局两极化。冷战结束，美苏两个超级大国争霸太空的时代也随之结束，开始向多极化方向发展。目前，这种多极化发展趋势愈加明显，在美国、俄罗斯、欧洲太空局（以下简称"欧空局"）之外，中国、日本、印度、加拿大、以色列、韩国等国家作为太空力量群体性崛起，巴西等发展中国家也积极参与太空研发和应用活动。另一方面，太空活动的参与主体愈加多样化。太空活动的参与主

---

① Parabolic Arc, "Global Space Economy Grew by 6.7 Percent in 2012", April 2, 2013, http://www.parabolicarc.com/2013/04/02/global-space-economy-grew-by-6-7-percent-in-2012/ （上网时间：2016年6月22日）

② Parabolic Arc, "Global Space Economy Grew 9 Percent to $330 Billion Last Year", July 10, 2015, http://www.parabolicarc.com/2014/05/20/global-space-economy-grew-4-percent-2013/ear/ （上网时间：2016年6月22日）

③ Parabolic Arc, "Global Space Economy Grew 4 Percent in 2013", May 20, 2014, http://www.parabolicarc.com/2015/07/10/global-space-economy-grew-9-percent-330-billion-y （上网时间：2016年6月22日）

④ Parabolic Arc, "Growth in Global Commercial Satellite Imaging Market Driven by Emergent Commercial Space Economy", February 24, 2016, http://www.parabolicarc.com/2016/02/24/growth-global-commercial-satellite-imaging-market-driven-emergent-commercial-space-economy/ （上网时间：2016年6月22日）

体不再局限于国家和国际组织。在各国政府的大力扶持下，包括民营公司与个人的私有主体参与太空活动的比例在不断增大，作用也越来越显著。太空活动私营化不再是个别现象，已经成为一种国际现象，推动形成了一种主要面向商业用户、通过提供创新性太空产品与服务获取利润的全球性新兴产业。如：美国在 2015 年头 5 个月就成立了 21 家太空创业公司，超过 2014 年全年之和。其他国家也出现了一大批民营公司为主体的太空开发企业，如俄罗斯的克里亚宇航公司（Dauria Aerospace）、英国的萨里卫星技术公司（SSTL）和克莱德太空公司（Clyde Space）、日本的 Astroscale 公司和阿克塞尔公司（Axelspace）、印度的陀鲁波太空公司（Dhruva Space）等。私营公司的加入，进一步加剧世界太空力量格局的变化，产生了深远的战略影响。只有掌握其发展变化脉络，才能采取行之有效的对策。

三是围绕太空的国际合作与博弈加剧。世界各国都越来越重视太空开发应用，但是任何一个国家，包括太空技术处于全球领先地位的美国，也不可能只凭一国之力左右太空发展态势，必然寻求国际合作。其结果就是围绕太空的国际合作日趋密切，国家间重新界定相互关系并进行利益重组。与此同时，由于各国太空技术水平、太空投资力度和开发应用太空的能力等都存在明显差异，各国开发应用太空的投入产出比也存在差异。各国争先恐后地进入太空追求国家利益，不可避免地要引发竞争。太空正日渐成为各大国竞争的重要领域。围绕太空，各方关系复杂敏感：既有共同利益，也有竞争和冲突；既需要合作，也需要斗争。太空领域发生争端的风险不断增大。提升太空开发能力和技术水平、有效控制或降低太空领域的争端风险、增强在太空领域竞争中获胜的信心和勇气，正逐渐成为确保一个国家太空实力发展与进步的关键所在。

四是来自太空的军事威胁和挑战不断增大。在传统的地缘政治概念之外，太空和海洋、网络空间等概念一起被定义为"全球公域"，成为继陆海空之后的第四作战空间。海湾战争、科索沃战争、伊拉克战争、阿富汗战争、利比亚战争都用实战实践证明，太空作战已经作为一种新的作战样式登上人类战争的舞台，具有全天候进行全球侦察预警、全球反应、全球指挥、全球攻击的优势，具有更强的机动性和实时性。围绕太空优势地位，世界主要大国正在积极进行太空军事理论、军事技术、作战运用等重大问题的探索、研究与实践。太空战将是未来战争的重要组成部分。一个国家通过掌握并有效地利用先进的太空技术，及时发现目标，并进行全天候监视、识别、跟踪、预警、定位和打击，就可以掌握制天权，进而掌握制空权、制海权、制信息权，最终获取战争优势地位，为维护国家安全、巩固和提高国家战略威慑力提供保障。

可以说，21世纪的人类太空活动深刻改变着太空，深刻改变着世界政治、经济、军事、外交及人类社会生活的方方面面，深刻改变着国家间关系、国际政治以及未来战争形态。太空已经从一个天文地理概念、航空航天技术概念，发展成为一个经济、政治、外交、军事和安全概念，成为大国力量延伸和利益获取的新疆域，成为国家发展不可能绕开的重要空间，维系着越来越大的国家利益。国际关系学界迫切需要对太空领域的国际关系进行全面系统的研究，用前瞻性的战略眼光，超越主权边界和物理疆界，重新界定"太空"非主权边界下的国家利益和权益、国家安全的观念和权益、国家间关系，多角度考虑国家战略，维护国家经济利益、安全利益和发展权益。

2. 基于日本太空战略的现实发展与变化，有研究的必要

一是日本的太空实力不容小觑。第二次世界大战时期，日本就是航空发达国家，曾生产过"零式"战斗机。日本于20世纪

50年代中期开始进行火箭开发,是最早进行太空开发的亚洲国家。目前,日本有种子岛和鹿儿岛两个航天中心,研发出了 K、L、M、J、N、H、E 等 7 个系列 14 种运载火箭,多项太空技术在亚洲一流、世界领先。

日本的火箭发射能力和制导、导航、控制技术在亚洲处于领先地位。日本 H-2A 火箭从 2001 年 8 月至 2016 年 2 月共执行 30 次卫星发射,其中仅发射失败 1 次,发射成功率达到 96.67%,[①]性能比较稳定可靠。日本 H-2B 火箭的低轨道发射能力达 16.5 吨,地球同步转移轨道发射能力达 8 吨,居亚洲第一。目前,日本正在快速推进具有更大发射力的 H-3 火箭的研制。

日本的卫星平台和 H-2A 火箭已于 2010 年前后进入国际市场。大型通信卫星公用平台 DS-2000 和日本电气公司 NEC 研制的地球观测卫星平台 ASNARO,已经对外出口或签订了出口合同。日本不仅利用 DS-2000 平台研制并成功发射了多颗国内卫星,如多用途运输卫星 MTSAT-2、气象卫星-8、超鸟-C2(Superbird-C2)、准天顶卫星 QZSS-1 等,还为新加坡和中国台湾研制发射了通信卫星中新-2(ST-2)、为土耳其发射了两颗通信卫星,结束了日本轨道上没有国产通信广播卫星的历史,"开创了通信卫星进入国际市场的先河,为航天产业化奠定了基础"。日本还将利用日本电气公司先进的航天观测系统(ASNARO)平台研制的卫星成功送入轨道,并签订了用 ASNARO 平台为越南研制 2 颗遥感卫星的合同,计划于 2017 和 2020 年发射。H-2A 火箭也已经进入世界卫星商业发射市场,已成功将澳大利亚通信卫星"联邦卫星-1"、韩国多用途卫星"阿里郎 3 号"和加拿大通信公司的通信卫星"Telstar 12V"送入预定轨道,并与阿联酋航天

---

① JAXA,『H-IIAロケット』, http://www.jaxa.jp/projects/rockets/h2a/index_j.html (上网时间:2016 年 7 月 11 日)。

机构签订了2020年为其发射卫星的订单。

日本深空探测器的姿态轨道控制、自动寻的、目标辨识、对准目标以撞击方式从小行星取样并返回等技术在世界领先。日本2003年5月发射的小行星探测器"隼鸟"，于2010年6月返回地面。尽管小行星探测器"隼鸟"在轨运行阶段出现了诸如姿态控制装置故障、化学推进系统燃料泄漏、蓄电池丧失供电功能等各种故障，仍完成了工程实验和科学实验两方面的任务，将采集到的约10毫克珍贵样品带回地面，成为"世界上第一个在小行星上着陆、取样并携带样品返回地面的探测器"。[1] 2014年12月，日本成功发射小行星探测器"隼鸟-2"号。"隼鸟-2号"将在小行星1999JU3附近运行1年半左右时间，其核心任务是进行观测、在小行星上着陆、在小行星表面和撞击造成的数米深的火山坑内取样超过100毫克并带回地面。如果这一任务能够顺利实现，日本将成为世界上首个既能从小行星表面又能从小行星深处采取样品并带回地面的国家。此外，日本的太空帆技术也领先世界，是世界上第一个把太空帆"伊卡洛斯"号（Ikaros）送入太空并取得一系列研究成果的国家。

需要指出的是，尽管日本的卫星平台和运载火箭技术水平比较先进，但由于市场价格等原因，在国际市场上并不具有很强的竞争力。日本政府采取了扬长避短的对策，利用其在微电子、微机械、微光学以及激光电一体化等方面的优势，把采用微机光电技术的航天器用设备及器件推向国际市场，并取得显著成绩，有些产品的销量全球领先，如脉冲转发器、太阳能电池板、地球敏感器、热管、锂离子电池、姿态和轨道控制用推力器分别占了国

---

[1] 王存恩：《日本即将发射隼鸟-2小行星探测器》，载于《国际太空》2014年第11期。

际市场份额的50%、50%、50%、47%、41%和20%—25%。①

二是日本通过修改并颁布新《太空基本法》，调整太空战略，加快了进军太空的步伐。2015年12月8日，在首相官邸召开的日本宇宙开发战略本部第11次会议上，安倍晋三宣称："我们将忠实履行太空基本计划，执行积极的太空战略"。② 也是在这次会议上，日本宇宙开发战略本部正式宣布，日本已经决定参加美国国家宇航局（NASA）提议的将国际空间站运用延长至2024年的计划。③ 与此同时，日本依据2008年颁布的《太空基本法》，研制并发射军用通信卫星，加紧研究"快响"和预警卫星，并不断增加太空防卫投入，尤其是增加战略导弹防御计划（BDM）中与太空相关部分的开发投入等。这些迹象表明，尽管日本曾表示要继续遵守"和平宪法"理念，声称要遵循"和平利用太空"的原则，但日本在不断加快太空军事化的步伐，日本太空军事化已成定局，值得高度关注。

三是太空已成为中日竞争的潜在领域。日本把中国视为太空领域的竞争者，渲染中国太空"崛起"和"中国威胁"。日本还利用其把持的"亚太地区空间机构论坛"（APSCO），与以中国为主的"亚太空间合作组织"（APSCO）唱对台戏，争夺亚太地区

---

① 経済産業省,『宇宙産業政策の方向性』, 平成26年7月18日, http://www.8.cao.go.jp/space/comittee/kihon-dai1/siryou4-5.pdf#search='%E5%AE%87E5%AE%99E7%94%A3E6%A5%AD E6%94%BF E7%AD%96 E3%81%AE E6%96%B9 E5%90%91 E6%80%A7+%E5%B9%B3 E6%88%9026 E5%B9%B4 E6%9C%88818 E6%97%A5'（上网时间：2016年7月9日）

② 首相官邸,『宇宙開発戦略本部』, 平成27年12月8日, http://www.kantei.go.jp/jp/97_abe/actions/201512/08uchu.html（上网时间：2016年6月21日）

③ 首相官邸,『宇宙開発戦略本部』, 平成27年12月8日, http://www.kantei.go.jp/jp/97_abe/actions/201512/08uchu.html（上网时间：2016年6月21日）

太空主导权。同时，日本利用政府开发援助（ODA）资金为越南研制和发射光学和雷达卫星，获取南海信息；帮助菲律宾研制并通过国际空间站日本舱为菲释放小型观测卫星"妖精－1"号（DIWATA－1），而且马上将为菲律宾释放"妖精－2"号（DIWATA－2）小型观测卫星，以太空促外交，拉拢中小国家，尤其是与中国存在矛盾和领土争端的中小国家，促其与中国对抗。此外，日本还极为关注中国的太空能力建设和发展趋势，并把这种"关注"写入了日本太空战略中。这都意味着日本已经把中国视为太空领域的潜在对手，必须引起足够的战略重视。

（二）与课题研究相关的概念辨析

本书研究的对象是日本对地球大气层以外空间进行研发、应用及活动的国家战略。对于"空间"这一概念，日本称之为"宇宙"（日文汉字词汇），同时也使用英文"space"，例如日本《宇宙基本计画》官方文件的英文标题为"Basic Plan on Space Strategy"。

"space"，英文的本意是"空间"，也指"地球大气层以外的空间"，即"外大气层空间"。日本把"space"翻译为"宇宙"或"宇宙空间"。中国对"space"的译法比较多，有"太空""宇宙""宇宙空间"，也有"空间""外层空间""外空"等。如李大琦主编的2002年版《新英汉大词典（下）》将"space"译为"太空"。李瑞晨主编的2004年版《英汉航空航天词汇》将"space"译为"宇宙，太空，空间，宇宙空间，航天"。宋雷主编的2004年版《英汉法律用语大辞典》和夏登峻主编的2005年版《英汉法律词典》中，都将"space"译为"（常指空气空间以外的）外层空间、太空"。胡志勇主编的2007年版《英汉军事新词库》，则将"space"译为"空间、太空"。

· 8 ·

绪 论

对于"space"的中文表述，国内不同专业界也有不同的理解和翻译习惯。在空间科学界，用的较多的是"空间"，突出强调的是"高度"和"立体交叉"。航天界使用较多的是"太空""外空"等，在强调"高度"的同时，突出强调"航天"与"航空"的区别。外交、外事部门则习惯使用"外层空间""外空空间"等，很大程度上是为了与联合国接轨。因为联合国专门负责协商和推进各国航天活动的机构"和平利用外层空间委员会"（简称"外空委"）最常使用的就是"外层空间"（outer space）。但总体而言，国内使用最多的是"太空"一词。

"太空"是汉语中的固有词汇。2001年修订版《新华词典》中解释，"太空，也叫外层空间。地球大气层以外的宇宙空间"，其所指与英文的"space"是一致的。

日语中并没有"太空"一词，只有"宇宙"和外来语"スペース"。但日语的"宇宙""スペース"与中文的"宇宙"含义不尽相同。中文的"宇宙"概念包括地球、地球上的生物、地球以外所有天体的无限空间，已经远远超出了本书的研究范畴和研究内容。日文中的"宇宙"和"スペース"，有广义、狭义之分。它的本意是指"包含所有天体的广袤无垠的空间"，[①] 与中文的宇宙基本相同。但自20世纪80年代以来，日文"宇宙开发""宇宙空间"等使用的"宇宙"，都是狭义概念，指的是"地球大气层以外的空间"，[②] 实际上与英文的"space"、中文的"太空"概念基本相同。

另外，中文中的"宇宙空间"一词，也不同于英文"space"

[①] 此观点可参见于以下专著。金田一京助、山田忠雄等编著：『新明解国语辞典』（第5版），三省堂出版社，2005年第4次印刷，第119页。『社会科学大事典·1（あ—い）』，1968年，鹿岛出版会，第104页。

[②] 相贺彻夫编集：『大日本百科事典·3』，1980—1981年，東京：小学館，第127页。

的含义。20世纪60年代,钱学森率先提出了科技名词的规范问题,并在1967年界定"航天"概念时划定,"宇宙空间,指的是太阳系外的空间"。[①] 这一界定基本得到了国家航天局、全国科学技术名词审定委员会等国家权威部门和航天界专家学者的认同。因此,在中国科技界的界定中,"宇宙空间"只是地球大气层以外空间的一部分,没有包括地球大气层至太阳系之间的空间。因此,中文的"宇宙空间"概念也不符合本书研究对象的特征。2004年1月,全国科学技术名词审定委员会在其主办的期刊《科技术语研究》中发表题为《航天科技中几个常用词规范化的探讨》的文章,其中进一步明确提出,"太空指的是地球大气层以外、太阳系以内的空间"。[②]

综上所述,中文的"宇宙""宇宙空间"都不同于"space"的概念界定,也不同于日本"宇宙"和"宇宙空间"的概念界定。中文中只有"太空"一词的含义与"space"最贴切,也符合本书研究对象的特征。只有在引用一些专有名词时,比如航空航天、空间站等,本书才会使用"太空"之外的概念界定。

(三)课题的研究意义

1. 理论意义

通过以上分析可以看出,研究围绕太空的国际关系意义重大,构建新型理论研究体系势在必行,也引起了学术界日益集中的关注,先后有学者利用现实主义理论、建构主义理论、现实建

[①] 《你知道吗"航天"一词的由来》,中国运载火箭技术研究院新闻中心,2015年10月12日,http://calt.spacechina.com/n488/n752/c4232/content.html(上网时间:2016年6月25日)。

[②] 樊静:《航天科技中几个常用词规范化的探讨》,载于《科技术语研究》2004年第1期。

构主义理论、威慑理论、双层博弈理论等国际关系理论对太空问题进行了研究，不同理论流派的探讨文章和创新性研究成果日益增多。但是，运用这些理论进行太空研究，存在着明显的不足，突出表现为：现有理论的理论假设与太空问题的实际差距较大，并不能全面、客观、准确地指导太空现实状况和指导相关政策的实施。如现实主义理论虽有诸多流派，但基本的理论假设只有四个：主权国家是国际政治中具有支配地位的行为体；国际政治的本质是冲突，是无政府状态下的国家间对立和权力斗争；国家政治的核心是国家的生存和安全；影响国家行为体的主要因素是国际体系的结构。在现实主义理论架构下研究太空，看似有合理性，实则不然，因为太空与地球不同。太空没有划分疆域，不是主权空间，没有领土主权概念和边界概念，不适用地缘政治范畴；太空被美国称为"高边疆"，不是所有国家都有能力涉足；太空活动与地球活动不同，是在已知或既定轨道上进行的，活动的路径、时间、空间都可以被掌握。

美国一些太空研究机构及学者，早在20世纪末就意识到了这个问题，认识到构建有关太空理论的重要性和必要性，开始进行探索研究，并初步形成了研究成果。1998年，新任美国太空司令部总司令的豪威尔·埃斯蒂斯（Howell Estes）就明确指出，尽管美国已经在太空活动几十年，但太空理论仍然滞后，与现实发展脱节，要求就太空理论进行研究。[①] NASA资深太空问题专家詹姆斯·奥勒（James Oberg）认为，由于缺乏相关太空理论，对太空力量发展产生消极影响，既没有理论框架，也没有理论基础，对政策的好与坏不能提供一个定量的分析。他认为，只有建立一个

[①] James Oberg, "Toward a Theory of Space Power: Defining Principles for US Space Policy", May 20, 2003, http：//marshall. org/wp-content/uploads/2013/08/140. pdf#search＝'Theory＋of＋Space＋Power'. （上网时间：2016年6月22日）

可靠的太空力量理论，才能为评估太空的特性提供基础，形成创新性的开发战略，才能防止决策者和理论家基于地球经验去错误地分析太空并做出错误决策；才能为以太空为基础的能力设定限制，把产生更多有创造力、创新性的竞争对手的可能性降到最低，才能为评估、选择、修正竞争战略提供可靠的和可用的标准。① 美国国防大学国家战略研究所在美国国防部支持下，成立了"太空力量理论项目组"，对创建研究太空力量及其与国家目标实现关系的理论框架进行研究。该项目组于2015年出版了《太空力量理论论文集》。该文集认为：第一，太空活动的经济效益将越来越大；第二，太空经济活动的安全需求涉及成本，这个成本超出了任何一个民族国家的能力，包括美国。② 该文集明确指出，马汉的《海权论》为美国政府促进海上商业活动和建立强大海上力量提供了理论基础，当前美国同样需要一个"太空版"的"海权论"，为美国太空经济和军事活动提供强大的理论支撑。

西方对有关太空理论的研究现状及其发展动向值得中国关注。中国需要通过研究和解读西方战略的理论根源和理论变化，借鉴"他山之石"，塑造中国特色的太空理论。日本的太空战略是以西方理论作为理论基础和政策依据的，是经过二战后60余年实践发展的结果。研究日本太空战略的发展变化，从政策角度研究和解读西方有关太空理论的研究及其变化，可以丰富我国自己的太空理论。

2. 现实意义

一是有助于深入认识和理解日本太空政策及安全战略。20世

---

① James Oberg, "Towards a Theory of 'Space Power'", June 2005, http://www.jamesoberg.com/space-power-theory.pdf#search = 'Theory + of + Space + Power'（上网时间：2016年6月22日）

② Charles D. Lutes, Peter L. Hays: *Toward a Theory of Space Power* (*Selected Essays*), Create Space Independent Publishing Platform, March 2015.

纪50年代以来，日本无论在太空政策还是在安全政策上，从意图、目标，到任务、手段等方面都经历了重大变化。这些变化有很多自身的鲜明特点和内在规律。特别是近年来，伴随着美国"亚洲再平衡"战略的实施和日美同盟的重新定位，日本急剧右倾化，成为"普通"国家的步伐加快。特别是在安倍的直接推动下，日本否定历史、不断突破宪法，梦想"夺回强大日本"，太空成为日本迈向"普通"国家的一个重要抓手和意图率先突破的领域。因为太空是全球公域，太空有着军民两用的特性，日本可以在没有和平宪法束缚的太空里，承载"强大日本"的政治愿景，满足成为大国的"日本梦"。本书的目的就是对日本太空战略进行全面分析和研究，揭示其中的深层动因，探析日本太空战略的实施体系，透视日本太空安全战略的内在联系，从太空视角研究和解读日本国家安全战略和军事战略变化，把脉日本太空发展。

二是有助于寻求应对太空军事化的有效措施。通过研究日本太空战略，可以深入了解日本如何界定太空安全与太空军事化的关系、如何推进太空军事化；可以前瞻性地分析日本太空军事化可能对太空安全造成的影响、对全球战略稳定性的影响、对中国国家安全及利益的影响；使中国在积极发展太空实力的同时，寻找能够制衡日本的太空军事化手段，在太空相关军事技术与力量的转换中下好"先手棋"，掌握主动权。

三是有助于了解和掌握亚太地区乃至世界有关太空的发展大势。当前正处于太空向新环境、新思维、新理念转变的关键期。最主要的表现就是：在太空技术泛化、太空力量多极化的背景下，太空发展的传统思维模式正在发生着深刻变革，"太空自由"理念受到根本性挑战，"技术边疆"和"能力边疆"越来越成为太空发展的主流，颠覆性技术随时都会出现，太空发展充满了未知性和挑战性。太空技术是一个国家技术总体水平的标志和综合国力的体现，构建和完善太空战略则是提高国家总体实力、构建国家太空优势的重要依托。随着太空领域科学技术水平和各方战略力量的长足发展，许多国家的利益边界和安全边界已经明显超越了主权范围，传统地理战略空间和非传统战略空间的界定和价值都发生了深刻变化，这些变化有待深入研究。日本太空战略是综合战略，不仅强调安全利用，也特别强调技术开发利用。日本太空战略的调整，不仅仅反映了日本国家战略的发展变化，也体现了亚太地区甚至是全球的战略态势变化。关注和解读日本太空战略，深入理解日本太空政策及安全战略的发展动态，可以了解乃至掌握日本技术水平、综合国力发展水平及方向，还可以从一个侧面了解亚太地区乃至世界太空发展概况，进一步加深对太空战略空间重要性及价值的认识。

四是有助于为制定和完善我国太空战略、为维护与拓展我国太空战略空间提供借鉴和参考。这也是本书研究的最根本目的。我国是太空新兴大国，但还不是太空强国。我国要实现从太空大国向太空强国的转变，需要加速太空建设，利益空间发展到哪里，安全空间就覆盖到哪里，战略规划就跟到哪里；要使我国太空战略适应利益发展的需求，不仅要保持并巩固太空战略空间，更要使我国的太空战略空间与大国、强国地位相一致，实现太空利益空间的增长，这也是新时期中国必须面对的重要课题。日本太空战略经历了逐步发展、健全、完善的过程。日本太空战略的演变，主要随着日本决策者认知观念的变化而变化，涉及对国家利益及威胁的评估、应对威胁手段的选择，以及整体的战略制定。对我国来说，对日本太空战略的生成机理和运行向度进行客观研究，认识和理解日本太空战略的演进历程，研究其太空战略的走向，分析其太空战略在制定与演进过程中的经验教训，既可以为制定、建设和完善我国太空战略及其太空安全战略提供有益借鉴和重要参考，也可以为把中国建设成为太空强国提供坚实有效的保障和支撑，更有助于知彼知己，在太空领域的国际关系中掌握战略主动，维护中国的太空权益和太空安全。

二、国内外研究现状

（一）国外研究现状

国外对太空问题的研究起步较早，历经几十年的探索，已经形成数量较多的关注太空问题且比较权威的学术机构或智库机构，如，美国的史汀生中心、卡内基国际和平基金会、乔治·马歇尔研究所、乔治·华盛顿大学艾略特国际事务学院的"太空政策研究所"、太空基金会，欧洲的欧洲太空政策研究院，英国的外交和联邦事务所，日本的防卫研究所、庆应大学、青木节子国际太空法研究会、日本太空论坛等。这些机构的研究成果较多，有些研究理论性、系统性、操作性非常强，如丹尼尔·格雷厄姆的《高边疆：新的国家战略》、马尔索·费尔的《空间战略》、达蒙·科莱塔与弗朗西斯·皮尔希合编的《太空和防卫政策》、大卫·路普腾的《论太空战：太空实力原则》、麦克斯·穆奇勒的《太空武器控制——探索预防性武器控制的条件》和《保持太空安全——构建太空武器控制的长期战略》、詹姆斯·莫尔兹的《太空安全的政治：战略限制和国家利益》、铃木一人的《太空开发和国际政治》等。但这些成果多专注于太空战略、太空安全、太空威慑、太空军事化等宏观性研究，国别研究也主要集中于美国、俄罗斯等太空大国，以及中国、印度等新兴太空国家，专门对日本太空战略进行全面系统性研究的相对较少。

迄今关于日本太空方面的专著和论文，研究视角主要集中在以下四个方面。

1. 对日本太空政策阶段性发展与演变的研究

富创公司（Futron）是美国一家航空航天、卫星和通信咨询公司，也是世界上权威的评估机构。富创公司自 2008 年开始每年独立发布一次报告，对世界拥有一定太空实力国家的太空竞争力进行系统分析，为决策管理者提供持续评估各国太空竞争力的基准。富创公司在《2011 年太空竞争力指数》中认为，日本引人注目的太空政策改革及其实施为日本的太空计划确立了实质性与主题方向，为其太空竞争力的持续提高打下了基础；同样重要的是，根据《太空基本法》，日本从此能够将太空用于国防，标志着日本完成了军事太空政策战略的转变，将对其竞争力产生极其重要的影响，"日本是唯一一个太空总体竞争力提高的国家"，"拥有世界领先的太空能力"。时隔三年后，富创公司在《2014 年太空竞争力指数》中，对日本太空竞争力进行评估，认为"日本持续推进太空政策改革，在商业太空领域取得进步。增加任务的发射频率以及扩展商业太空市场，对日本未来太空竞争力和区域性领导地位的维持非常重要。"

1999 年，史蒂芬·伯纳[①]（Steven Berner）在《处于十字路口的日本太空计划》一书中，简单回顾了从 20 世纪 60 年代至 90 年代日本太空政策、相关组织机构、卫星侦察政策的发展演变，分析了影响日本太空政策的因素，认为日本太空政策正处于发展的十字路口，未来的日本太空政策有可能从民用和商用为主转向军事和情报应用为主。

2010 年，萨尔迪亚·佩卡宁[②]（Saadia M. Pekkanen）在其专著《防卫日本：太空政策从市场到军事》中，追溯了日本太空政策从市场需求向军事应用发展的历史、政治和政策。他认为，太

[①] Steven Berner: *Japan's Space Program: A Fork in the Road?* Santa Monica: RAND Corp., 2005

[②] Saad ia M. Pekkanen, Paul Kallender-Umezu: *In Defense of Japan: from the Market to the Military in Space Policy*, California: Stanford University Press, 2010

空技术是一把双刃剑,既可以运用于市场,也可以运用于军事,这对日本产生了两个重要影响:一方面,日本在民生领域发展太空技术,目的是满足市场需求;另一方面,面对不断增长的地缘政治不确定性和自身的经济利益需求,日本正将这些太空技术从民用转为军用,强化太空军事能力。萨尔迪亚从运载火箭、卫星、航天飞船、新兴太空技术等方面,对日本既可用于民用、又可用于军用的太空技术进行统计,得出结论:日本已经是一个先进的太空军事大国。

2013年4月,美国海军战争学院发表研究文章《日本在亚洲太空竞争中的方向及其影响》,分析了日本太空政策的发展趋势,并从三个方面评估日本太空政策对地区和全球安全的影响:一是公共和私人部门在国家太空政策发展中的关键作用;二是主要运营机制和立法改革;三是对美国和中国等太空大国的特殊影响。

2014年7月,英国外交和联邦事务部[①]发表研究文章《日本太空政策的发展》,认为日本正努力成为一个太空强国。日本把太空作为国家战略发展的优先事项,把太空作为经济增长的驱动力和国家安全的基础,越来越依赖于卫星的商业和防卫应用。日本正在发展的太空安全战略,目的就是与美国进行情报共享。日本也期望与欧洲和英国进行合作,使日本的太空战略更具弹性,并为日本的新型卫星发射能力寻找客户。

2. 对日本太空政策战略理念的研究

2000年,布莱恩·哈维[②](Brian Harvey)在其专著《日本和印度的太空政策:进入太空的两条路》中,对日本和印度太空政

---

① GOV. UK, "Japan: Development in Space Programs", July 23, 2014, https://www.gov.uk/government/publications/japan-space-to-boldly-go-july-2014(上网时间:2016年5月15日)

② Brian Harvey: *The Japanese and Indian Space Program: Two Roads into Space*, Springer, April 2000.

策的异同进行了比较,包括发展的目标、内容、影响和前景。布莱恩认为,日本和印度都希望成为亚洲地区除中国之外的太空大国,都拥有很强的发射能力。

2003年,萨尔迪亚·佩卡宁①(Saadia M. Pekkanen)在《挑选赢家?——日本从技术追赶转向太空角逐》一书中,运用计量经济学、结构化数据分析、案例研究三种研究方法,对日本从战后技术追赶向太空火箭本土化的政策转变进行分析。该书认为,导致日本政策转变的,不仅仅有政治因素,也有经济因素。因为在政治因素作用下,政府受选举和政治利益驱动,倾向于选择有政治影响力的产业战略,虽然这些产业有可能缺乏竞争力或正在衰落。但在经济因素作用下,政府受国家经济利益驱动,依据优胜劣汰的法则,倾向于选择确保取胜的产业战略。

2008年,安德鲁·欧若斯②(Andrew Oros)在其专著《正在"普通化"的日本:政治、身份与安全实践的演变》中,以日本对武器出口的限制、对外层空间的军事应用、与美国在导弹防御上的合作为例,分析了日本安全身份定位与日本安全政策发展的关系。安德鲁认为,成为"普通国家"是日本从国家安全角度追求的目标,决定了日本未来的军事政策方向。安德鲁指出,21世纪日本寻求成为普通国家的一项重要安全政策,就是实施下一个"边疆"政策,保持太空"和平"。

2011年,詹姆斯·莫尔兹③(James Clay Moltz)在《亚洲的太空竞赛:国家动机、区域竞争和国际风险》中认为,与欧洲国

---

① Saad ia M. Pekkanen: *Picking Winners? From Technology Catch-up to the Space Race in Japan*, Stanford University Press, July 2003.

② Andrew Oros: *Normalizing Japan: Politics, Identity, and the Evolution of Security Practice*, California: Stanford University Press, 2008.

③ James Clay Moltz: *Asia's Space Race: National Motivations, Regional Rivalries, and International Risks*, Columbia University Press, 2011.

家在太空领域的紧密合作不同，亚洲太空活动的主要特征就是竞争越来越激烈。如果这样的竞争趋势继续发展下去，将会使本来只是民生领域的太空竞争变成一场太空军备竞赛。莫尔兹对亚洲14个领先的太空项目进行了研究，重点分析了中国、日本、印度和韩国等拥有太空研发能力的主要亚洲国家的太空项目及国内动机，得出结论：日本太空政策的目标，是成为"普通国家"。

2012年，在埃尔加·萨德哈①（EligarSadeh）主编的书籍《21世纪的太空战略：理论和政策》中，裕隆渡边（Hirotaka Watanabe）以"日本的太空战略：外交和安全挑战"为题撰写文章，分析了自2008年以来日本在太空政策上发生的巨大转变。他认为，日本太空战略在外交和安全上将面临挑战，日本需要为其太空战略划定民用和防卫用的界限，需要从概念上区分全球安全与国家安全，需要对相关组织机构进行改革。

2006年日本诚文堂新光社出版了由河井克行、五代富文等7人②联合编著的《国家的太空战略论》一书。该书重点分析了日本关于太空开发的观点、太空产业发展的现状，认为从安全保障角度出发，日本为了应对中国等亚洲各国的太空战略，需要灵活、有效并和平地利用太空。

3. 对日本太空开发应用的研究

1985年日本工业新闻社③出版的《面向21世纪挑战的日本太空产业》、1986年桧山雅春④的专著《制定21世纪的发展战略：

---

① Eligar Sadeh: *Space Strategy in the 21st Century: Theory and Policy*, Routledge, November 2012.

② [日]河井克行、五代富文等：『国家としての宇宙戦略論』，誠文堂新光社，2006年。

③ [日]スペース/ベンチヤ―スペースベンチャー編集：『21世紀へ挑戦する日本の宇宙産業』，日刊工業新聞社，1985年。

④ [日]桧山雅春：『日本の宇宙開発 これでいいのか、21世紀への戦略』，ビジネス社，1986年。

日本的太空开发绝不能像现在这样》、1987年響田隆史[1]的专著《太空开发竞争的出路》、1991年邮政省通信政策局和太空通信开发课[2]编著的《构建太空基础设施建设蓝图，建立支撑载人航天的信息通信网络》、1991年山中龙夫和的川泰宣[3]的联合专著《太空开发的故事》等，都从不同角度对日本未来的太空开发应用计划进行了分析。上述专著比较共性地认为，日本将面对严峻的太空竞争与挑战，但日本的太空科学技术水平与开发应用能力还不足以应对当前这样的竞争与挑战，日本需要为未来的太空开发应用做好技术储备、资金储备、战略储备和环境应对准备。

1991年五代富文[4]的专著《火箭，21世纪的太空开发》、1992年斋滕成文[5]的专著《日本太空开发故事：国产卫星先驱者的梦想》、1995年斋滕成文[6]等的联合专著《太空开发秘史：日本火箭技术人员采取的行动》，都对日本"火箭"和"卫星"等太空技术进行了专项研究，分析了日本火箭及卫星的发展历史和现状、卫星和火箭的具体型号、与世界存在的差距、未来发展方向等。

2006年，青木节子[7]在其专著《日本的太空战略》中，从法律角度对日本太空战略进行了研究。其核心思想是，日本要成为

---

[1] ［日］ピアスライト，響田隆史：『宇宙開発競争のゆくえ』，佑学社，1987年。

[2] ［日］ユウセイショウ，郵政省通信政策局宇宙通信企画課，宇宙通信開発課編：『有人宇宙活動を支える情報通信ネットワーク 宇宙インフラストラクチャの構築に向けて』，日刊工業新聞社，1991年。

[3] ［日］山中龍夫，的川泰宣：『宇宙開発のおはなし』，日本規格協会，1991年。

[4] ［日］五代富文：『ロケット 21世紀の宇宙開発』，読売新聞社，1991年。

[5] ［日］サイトウ，シゲブミ 斎藤成文：『日本宇宙開発物語 国産衛星にかけた先駆者たちの夢』，三田出版会，1992年。

[6] ［日］サイトウ，シゲブミ 斎藤成文：『宇宙開発秘話 日本のロケット技術者たちはかく考え行動した』，三田出版会，1995年。

[7] ［日］青木節子：『日本の宇宙戦略』，慶應義塾大学出版会，2006年。

真正的"太空大国",就必须充分理解并运用两种法律法规:一种是国际太空法,它与太空物体管理、太空军备管理、太空和平利用、太空环境保护有密切关系;另一种是国内法,通过提高对太空产品设计、开发和应用的管理水平,加快日本太空产业化的进程。

2014年,日本宇宙航空研究开发机构JAXA①编著的《挑战太空:JAXA的工作方法》则专门对JAXA的工作方法进行了研究。该书分析了JAXA的成功经验和失败教训,认为JAXA要成为世界上有实力的研究机构,必须改变工作方法,杜绝大型太空开发项目出现失败,使开发成果得到世界的认可。

4. 对日本国际太空合作的研究

2003年,库尔特·坎贝尔②(Kurt M. Campbell)为首的美国学者编著了研究报告《美日太空政策:21世纪的合作框架》。该报告从科技、商业和安全三个层面分析了美日太空政策的内容、美日太空合作的历史及其机制;以发射运载火箭、遥感、导航卫星系统为例,分析了美日太空政策的互动关系及其存在的主要问题、潜在影响;从成本和效益两个方面,审视了美日合作的动机和障碍。该报告认为,美日太空合作正处于一个关键节点上,要保持同盟关系,推进合作,不仅需要履行更加有力的同盟承诺,还需要进行体制改革,构建美日太空合作新框架。

2012年,克莱斯特尔·普赖尔③(Crystal Pryor)发表题为《美日太空合作的战略动机》的文章,分析美日太空合作的战略

---

① [日]宇宙航空研究開発機構:『宇宙に挑む:JAXAの仕事術』,日本能率協会マネジメントセンター,2014年。

② Campbell K, Beckner C, and Tatsumi Y.: *U. S. – Japan Space Policy: A Framework for 21st Century Cooperation*, CSIS, July 2003.

③ Crystal Pryor: "Strategic Imperatives for US-Japan Outer Space Cooperation", Washington D. C.: East-West Center, December 2012.

动机，认为"太空将继续在全球、国家和人类安全中扮演越来越重要的角色。美国重返亚太，将确认并扩大与亚太重要盟友的太空合作。同时，日本要继续推进其国家的太空战略愿景，就必须选择美国作为其重要的合作伙伴，履行对国际和平合作做出的承诺"。

日本防卫省国安所法学教授桥本泰昭[①]（Yasuaki Hashimoto）在《为了亚太安全：日本重视日美太空合作》一文中，把日本的太空战略与亚太地区的局势发展联系起来，认为"从日本的角度，美日太空合作为的是让亚太地区更加安全"。

（二）国内研究现状

虽然"太空"已经成为科技、经济、政治、军事、安全等领域的热词，国内对相关问题的关注度不断提升，相关研究也在不断深入，但总体上看，国内的研究仍处于起步阶段。目前，国内还没有直接研究日本太空战略的专著，研究内容中部分涉及日本太空战略的只有上海国际问题研究院的李秀石研究员2015年出版的《日本国家安全保障战略研究》（时事出版社2015年版）。国内直接研究日本太空战略的学术文章数量也不多，且研究的角度相对比较集中，主要集中在日本太空战略的调整变化、太空军事应用、日本太空立法等方面。具体研究情况如下。

1. 对日本太空战略调整变化的研究

此类研究文章主要有：韩晓峰的《转型中的日本太空政策》、袁小兵的《日本太空事业发展探析》、林文杰的《解读日本新宇宙计划：侦察卫星可监视全球》、王存恩的《日本重新公布航天

[①] Yasuaki Hashimoto："US-Japan Space Cooperation for More Secured Asia-Pacific Region—From Japanese Side", The National Institute for Defense Studies.

开发政策指导意见的真实目的》、蒿旭的《扶桑的太空雄心：日本航天事业发展回顾与展望》（上、下）等。上述文章重点研究了2008年以来，尤其是2012年安倍晋三再度出任日本首相以来，日本太空政策的发展演变，分析了日本国家太空政策的新变化、背景、依据、目标及其采取的具体措施。

2. 对日本太空军事应用的研究

此类研究文章主要有：张以忠、卢小飞和曾文龙联合编写的《日本太空侦察力量发展现状及能力分析》、左云青的《日本太空军事化的影响及对我国的警示》、张光新的《日本军事大国目标与情报搜集"太空化"》、王存恩的《日本航天在军事化道路上越走越远》和《日本"防卫航天开发利用基本方针"制定始末》、文威入的《日本正加速打造"东瀛天军"》、陈宏达的《日本太空织"网"窥全球》与《日本发射侦察卫星暗藏深机》、何奇松的《日本太空军事政策及其对中国的影响》等。上述文章重点分析了日本太空战略的军事转向及其太空军事技术的发展，侧重分析了日本太空战略从和平利用转向军事应用的目的、现状及其影响。

3. 对日本太空立法的研究

此类研究文章主要有：王存恩的《对日本新"航天基本法"颁布后的航天政策与计划解读》和《新航天基本法：日本产业振兴的源动力》、李寿平和吕卓艳联合编写的《日本〈空间基本法案〉及其启示》、赵贝贝的《日本空间法律政策的新发展》、秦嗣权的《日本〈宇宙基本法〉探析》等。上述文章重点分析了日本在太空领域国内立法的发展变化。

4. 对日本太空外交的研究

此类研究文章主要有：张景全和程鹏翔联合编写的《美日同盟新空域：网络及太空合作》等，重点分析了日本与美国的太空合作。

国内外学者对太空问题的系列研究成果，为本书做了很好的学术铺垫和有益的先期探索，使笔者受到了启迪，拓展了思路。尽管国外的研究比国内起步早，研究范围更广些，研究的方法及其成果更加丰富些，但是，国内的研究更有针对性，更看重分析其动机和影响。不过，国内外研究都存在着某些不足：(1) 研究的系统性和全面性不够。国内外研究都没有全面梳理自1954年启动探空火箭研发以来日本太空战略发展的历程，对日本太空战略缺乏通史性的研究；对阶段性的发展特点研究不充分，没有全面剖析日本太空战略转变的本质和一般性规律；对日本太空战略转变后的发展状况及影响缺乏系统评估，对日本太空战略未来走向缺乏全面分析。(2) 研究视角比较单一。无论是国内还是国外研究，都偏重于研究日本太空开发政策的转变及其对国家安全战略决策的影响，对太空战略的具体政策与实施计划、太空外交、太空军事应用及其对亚太地区乃至世界战略格局的影响等问题的研究还不够深入，研究视野仍有待拓展。

三、课题的研究方法与结构安排

（一）研究方法

本书采用的主要研究方法有六种：

1. 历史分析法。历史分析法是国际关系的传统研究方法。本书对日本太空战略进行考察，需要对其历史发展脉络有一个清晰的认识，需要运用历史分析法，从历史纵向的角度系统客观地追溯、分析、描述日本太空战略发展和演变的过程。

2. 比较分析法。比较分析法是分析研究差异的最佳方法。本书涉及的历史跨度长达60余年，需要对不同历史时期的发展特点进行比较分析，探索其表现出的特点和内在发展规律，找出差异，发现问题。

3. 文献分析法。本书力求较全面系统地探索日本太空战略的全貌，因此将努力寻求并大量使用第一手资料，尤其是来自官方、政府、军界等的第一手资料，如《太空基本法》及相关的日本国家太空政策法规——宇宙开发事业团（NASDA）设置法、宇宙航空研究开发机构（JAXA）设置法、太空基本计划、太空开发大纲、长期发展规划以及防卫省太空开发法规和开发应用计划等。通过对它们进行深入研究分析，弥补已有研究成果的不足。

4. 层次分析法。层次分析法是把复杂问题简单化、系统化、逻辑化的最佳方法。本书将充分运用层次分析法，把各种需要考虑的因素放在适当的层次中，尽可能清晰地表达这些因素的关系。本书拟采用的是两种层次分析法：一是时间层次分析法。如本书在分析1954年后日本太空战略的历史发展轨道时，拟按照时间阶段进行分析。二是范围层次分析法。如本书在分析对日本太空战略的制约因素时，将从国内和国外两个层面进行分析。

5. 案例分析法。太空是一个技术性和专业性都很强的研究领域，再加上日本太空战略发展过程复杂，所以，本书采用了许多实例分析，目的就是为了更好地阐述和说明，更深刻地认识日本太空战略的演变及其特点和实质。比如在研究太空技术转让时，本书就尝试分析了小卫星 SOHLA-1 的技术转让案例，以便更深刻地认识日本太空技术转让的特点。

6, 调查访问法。在具备条件的基础上，深入走访国内太空领域的专家学者，对深入认识、全面准确把握该选题的研究具有十分积极的意义。

（二）结构安排

日本太空战略是一个综合而全面的战略，体系庞大，内容繁杂，机制众多，不可能通过一本书就把所有内容都反映周全。所以，本书在全面研究太空战略的历史基础上，选择日本太空战略中的最核心内容，也就是日本太空战略的三大目标：科技、经济和安全，作为本书的最主体部分进行研究。核心是解决三组关系问题：太空开发与日本技术创新的关系、太空开发与日本产业经济的关系、太空开发与日本安全保障的关系，以找出日本太空战略的实施路径和手段，发现其发展规律和特点。

本书由绪论、正文两个部分组成。

绪论部分是本书研究的基础和前提，重点是提出本书要研究的问题，阐明本书选题的意义，梳理国内外已有研究成果及对本书的借鉴意义，明确本书的研究视角、研究思路、研究方法、研究内容等。

正文部分是本书的核心内容，共分五章。

第一章是"日本太空战略的推进"。本章重点是通过历史分析法，追溯日本太空战略的历史渊源，梳理总结其发展过程。本章分为三节。第一节从日本太空开发的起源入手，介绍20世纪的日本太空政策。第二节介绍21世纪初日本进行体制调整和制订太空战略的背景、原因、过程、结果。第三节阐述安倍政权对日本太空战略进行重构的动机、推动力量、重构前后太空战略的变化。

第二章是"太空开发与日本的技术发展"。本章重点是从科技角度，分析太空战略与日本科技创新发展的关系，研究日本通过太空开发推动科技创新的战略构想、体制、实施重点与方法。本章分为三节。第一节介绍日本如何从战略角度界定太空开发在技术发展中的角色定位，如何设定以太空开发推动技术发展的战略目标。第二节分析日本以太空开发推动技术发展的三大体制，包括法律政策体制、领导管理体制和研究开发体制。第三节分析日本以太空推动技术发展的实施重点及其方法。

第三章是"太空开发与日本的产业经济发展"。本章重点是立足日本发展太空产业经济的国际国内背景，深入探讨日本如何规划设计太空产业发展政策，如何构建新太空产业体系，如何开拓太空市场，实现其经济价值与利益。本章分为四节。第一节介绍日本发展太空产业经济的国际国内背景。第二节分析日本如何以太空产业化元年为起点，规划并调整日本太空产业发展规划，如何建立"举政府体制"，形成政府整体合力，推动太空产业发展。第三节和第四节分别从产业和市场角度，分析日本以太空推动产业发展和刺激经济增长的路径、政策和方法。

第四章是"太空开发与日本的安全保障"。本章重点是分析太空战略与日本安全保障的关系。本章分为四节。第一节梳理太空安全政策的历史演变过程，分析日本安全保障战略调整与太空安全政策变化二者间的关系。第二节分析日本为什么要构建多层次的太空综合安全保障体系，如何构建及其特点是什么。第三节分析太空开发如何成为日本全面加速军事力量的重要抓手，日本围绕军事力量建设重点抓了哪些工作。第四节介绍日本如何开展军民融合，推进太空安全保障。

第五章是"日本太空战略的实施成效及未来走向"。本章分为两节。第一节从日本国内、地区、世界三个层面分析日本太空战略的实施成效及影响。第二节研究日本太空战略的未来走向，在全面梳理日本未来太空发展的优势和劣势基础上，分析其会做出什么样的战略选择。

四、课题的创新及不足之处

（一）研究的创新之处

1. 研究选题的创新。通过较为全面的资料查询和搜索，截至

2016 年 4 月 15 日，尚未发现国内外同题著作、博士论文以及较系统、全面、深刻地研究日本太空战略的相关学术成果出版或发表。本书可以算是首份专门针对日本太空战略进行较全面系统研究的学术成果，因此在选题上具有创新性。

2. 研究模式的创新。传统战略研究重点是按照战略动机、战略内容、战略机制、战略实施、战略影响、战略走向等研究模式进行。本书突破以往战略研究的模式，在对 20 世纪 50 年代以来日本太空战略发展演变进行全面系统梳理的基础上，从日本太空战略的三个战略目标入手，分科技、经济、安全三个层次研究分析日本太空战略的动机、内容、机制及实施措施，具有首创性。

3. 研究方法的创新。本书站在历史的角度，用纵轴和横轴交错的方式，全面深入剖析日本太空战略的背景、动因、过程、内容和结果，以探究其规律和实质。比如，对日本尤其是安倍二度上台后的军事太空开发利用政策，许多专家学者做了专项研究，界定各有不同，有的认为是重新军事化，有的单纯从太空法律出发，有的着眼于开发利用项目及其技术参数等等，但少有学者从历史发展的纵轴进行综合研究。本书正是采用了以历史为纵轴的方法，将二战到安倍二度上台后世界、地区、美日同盟、日本防卫等发展的横轴进行综合考量和研究。

4. 研究成果的创新。本书对下列问题进行了深入考察、研究，得出具有首创性的结论：日本太空开发与技术创新的关系，日本太空产业主导地位的确立与日本太空产业经济规划的关系，日本太空军民融合的机制与体系等。

（二）研究的难点

1. 资料搜集方面的问题。太空活动涉及国家安全、军事战略、外交政策等，各国都非常重视对相关资料的保密，日本更不例外。尤其是《国家特定秘密法》颁布实施后，可以找到的相关资料愈加有限。

2. 对知识架构与结构的要求问题。本选题的研究内容极其广泛，不仅仅有国际关系理论、太空战略的内容，还涉及太空技术、太空设备、太空产业、太空活动、太空军事、太空军备控制等内容，更涉及与太空密切相关的国家科学技术、产业、经济、军事、外交等内容。这三方面内容相辅相成，缺一不可，否则很难完成本课题的研究。

3. 国际关系战略分析和太空政策研究相结合的问题。在国际关系领域对太空问题进行研究是一个十分前沿的课题，站在国际关系角度看太空问题的发展具有重要的理论意义和实际意义。但是，这两方面的结合才刚刚开始，如何将国际关系理论与解读日本的太空政策紧密地、尤其是有效地结合起来，给出合理的解释。

4. 梳理困难。本书是对日本太空战略问题进行较为全面系统的研究，涉及所有与日本太空战略有关的问题。课题研究时间跨度较大，从20世纪50年代直到当前，前后60余年，期间影响日本太空政策（战略）调整变化的因素较多，原始文献庞杂且零散，获取难度大，缺乏对各个时期真实状况进行详尽描述的现成研究成果。本书不仅需要搜集并整理各类现存的官方及非官方材料，还必须进行原创性分析，并探究其本质。

（三）研究的不足之处

由于资料搜集相对困难，而且涉及范围广，许多领域超越了笔者原有的知识结构和研究领域。因此对一些领域的研究还不够深入，分析总结也不够准确到位，仍有进一步挖掘和完善的空间。

第一章

日本太空战略的推进

日本是世界上最早进行太空开发的国家之一，1954年开始进行火箭技术开发，1970年成功发射第一颗人造卫星"大隅"，成为继美国、苏联、英国之后世界上第四个具有发射人造卫星能力的国家。但日本在太空战略的制订方面起步较晚，1969年通过关于太空开发的国会决议案，并出台二战后第一份《太空开发计划》，2009年形成了第一份旨在"全面开发利用太空"的国家太空战略——《太空基本计划》。虽然日本太空战略形成较晚，但从2009年至2015年的不到6年时间，已经进行了两次重新修订，对日本太空开发利用的方向、目标、内容和政策进行了变革性的调整。这一改革渐进的过程，是日本历届政府在不同的历史阶段，适应国内外形势变化，从不同角度对太空政策进行调整的结果。到目前为止，日本太空政策重心已经历了从"太空开发"到"太空开发利用"，再到"以安全为首要目标的太空开发利用"三个阶段的演变。

第一节 日本太空政策的源起与发展（1954—2000年）

日本的太空开发不是政府主导起步的，而是发轫于作为学术教育机构的东京大学。随着日本政府对太空开发认识的变化，日本政府开始参与太空开发活动，并积极主导太空开发及其体制建设。但是，作为太空开发领域的"新人"，日本的技术能力远远不能支撑太空事业的发展需求，政府只能紧紧围绕"技术"制订太空政策和推动政策的实施，最终确立并开始长期执行"技术赶超"太空政策，谋求跻身世界太空技术和太空科学一流大国之列。

一、早期的太空开发活动

日本太空开发起步于1953年12月东京大学糸川英夫教授发起的超小型火箭"铅笔"研究项目。当时的日本政府没有参与项目，"铅笔"项目完全是由东京大学主导，通过自筹资金的方式进行。原因就在于，虽然《旧金山条约》和《日美安保条约》都已于1952年生效，日本恢复了独立主权国家身份，而且依靠朝鲜战争的"特需景气"，1952年的国民生产总值达到了战前的最高水平。但是，1953年的日本正处于战后重建的关键阶段，美国将已经拆迁的工业设备全部发还日本，日本政府正在集中财力、物力和人力用于重建制造业，包括改组富士重工和三菱重工等大型企业、对制造业进行大规模的技术现代化投资、从欧美引进先进技术和设备等，无法投入大笔资金、设备和人力用于发展太空事业。另外，美国虽然已经开始向太空发展，但是没有制订系统计划，美苏太空争霸还没有开始，日本政府和企业都没有认识到太空开发的战略重要性。正如在二战前从事液体燃料火箭研究的三菱重工长崎工厂厂长平冈坦所说，"当时（指1953年）三菱重工正处于分割成三个重工的时代，对太空开发没有什么认识。苏联的首颗人造卫星也是在4年后才发射的。所以，别说当时乡野间的长崎，就是东京公司的人也感觉不能够理解。"①

"国际地球观测年"让日本政府开始改变对太空开发的态度和政策。主要原因在于：一是 1954 年日本参加了二战后首次"国际地球观测年"的两个特别观测项目：一个是南极大陆观测；另一个是用观测火箭观测大气层上层，并在 1955 年被国际地球观测年特别委员会指定负责世界九个观测点之一。日本把参加"国际地球观测年"活动视为重返国际社会、重新赢得国际认可与地位的机会，非常重视。二是美国希望在实施观测项目的过程中，由美国给日本提供火箭，日本只负责制作搭载的观测设备，但是从日本政府到科学界都希望使用日本自己的火箭。三是 1955 年 4 月 12 至 23 日，"铅笔"火箭的首次试验和四次公开试射全部取得成功，极大地激励了日本政府。日本政府认为，糸川等人提出的火箭开发设想，可以支持日本参加国际地球观测年项目。因此，从 1954 年到 1955 年，日本政府对太空开发的态度和政策不断发生变化，突出表现在：一是财政政策从不支持到部分资助，再到全部支持。1954 年，日本政府开始给"铅笔"研究项目提供部分经费资助，几近占了"铅笔"当年所得研究经费总额的一半。② 1955 年 4 月，日本政府正式将太空开发经费编入了政府财政预算，由文部省负责提出年度预算申请并负责预算分配，标志着太空开发正式成为日本的官方项目。二是政府积极参与到太空开发工作中，于 1956 年 5 月成立了专门的组织领导机构——科学

---

① JAXA，『ペンシルロケット物語——日本の宇宙開発の黎明期』，2016 年 9 月 10 日，http：//www.jaxa.jp/article/interview/sp1/index_j.html（上网时间：2016 年 12 月 19 日）

② 1954 年，"铅笔"火箭得到的研究经费总额是 560 万日元。其中，文部省 40 万、通产省的工业试验研究费 230 万、东京大学生产技术研究所 60 万元、富士精密 230 万元。可参见：JAXA，『ペンシルロケット物語——日本の宇宙開発の黎明期』，2016 年 9 月 10 日，http：//www.jaxa.jp/article/interview/sp1/index_j.html（上网时间：2016 年 12 月 12 日）

技术厅，负责太空等领域的尖端科学技术开发工作。

美苏太空竞赛使日本政府加速主导太空开发及其体制建设。进入1957年，世界太空形势发生急剧变化。1957年10月4日，苏联发射了人类第一颗人造卫星"斯普特尼克1号"，拉开了美苏太空争霸的序幕。同年11月3日，苏联首次成功发射搭载实验犬的人造卫星"斯普特尼克2号"。1958年1月31日，美国发射第一颗人造卫星"探索者1号"。同年10月1日，美国成立了国家宇航局（NASA）。加拿大、法国、英国等国家纷纷效仿，建立了各自的国家太空机构。不断加剧的美苏太空竞赛，使日本政府进一步认识到了太空技术的重要性。日本政府认为太空开发将向世界发展，日本要在世界太空开发中取得优势地位，就必须抓紧建立太空开发体制，制订太空开发计划，使太空开发进入正轨。日本政府太空开发的政策重心开始发生变化，从政府支持民间开发转向由政府主导太空开发，积极构建由政府科技厅领导的太空开发体制。1959年7月，科学技术厅设立"太空科学技术振兴推进委员会"，作为科学技术厅长官的政策咨询机构。1960年5月，总理府设置了"国家太空活动委员会"（也被称为"太空开发审议会"），负责调查审议太空开发的重要事项，为首相提供政策咨询。1962年，总理府设立了"共同推进太空开发联络会议"，由科学技术厅长官牵头进行相关省厅间的沟通协调。1963年4月，原隶属总理府的航空技术研究所改名为"航空航天技术研究所"，转归科学技术厅管理。1964年4月，东京大学成立"航天航空研究所"，主要负责应用技术卫星和科学卫星的研制。1964年7月，科学技术厅成立"太空开发推进本部"（1969年5月更名为"太空开发事业团"），主要负责运载火箭的研制。1968年8月，内阁设立"太空开发委员会"（SAC），取代"国家太空活动委员会"，主要负责计划、讨论和决定日本的整体太空政策，研究起草太空基本法。至此，日本太空开发体制的雏形已经基本构建完成，即：在内阁领导下，科学技术厅负责技术开发，文部省负责预算申请与分配，航天航空研究所、航空航天技术研究所、太空开发事业团是三大核心功能研究机构，太空开发委员会负责监管太空开发活动并直接向首相汇报。与此同时，日本太空开发飞速发展，取得丰硕成果。从1957年到1966年，不到10年时间，日本成功发射了K型火箭和L型三级火箭，并开始开发M型火箭，用于发射人造卫星入轨。

二、"和平利用"原则的确立与太空政策的形成

1969年是日本太空政策发展的一个重要转折点。1969年5月9日，日本国会通过了"关于国家太空开发应用的决议案"，明确规定"太空开发仅限于和平利用"。佐藤内阁中主管太空开发相关事务的总务大臣石川在决议案通过后的新闻发布会上解释，"和平目的"就是"非军事"。提出"太空开发事业团法"修正案的四党议员代表在解释决议案时也表示，"和平"一词可以有"非侵略"和"非军事"两种解释，但该案所说的"和平目的"就是指"非军事目的"。① 同年10月1日，日本制订了《太空开发计划》，这是日本二战后第一个与太空开发有关的10年长期计划。该计划是一个太空技术开发计划，将日本未来5~6年的太空技术开发的目标紧紧锁定在卫星及其运载火箭技术上。国会决议案和《太空开发计划》的出台，彻底结束了二战后日本太空开发无法律、无政策依据的历史，也使得"太空开发仅限于和平利用"成为长期指导日本太空开发政策的核心法则，约束并限制着未来日本太空事业的政策方向。

---

① [日]武田康裕、神谷万丈主编，刘华译：《日本安全保障学概论》，北京：世界知识出版社，2012年版，第308页。

日本之所以出台"太空开发仅限于和平利用"原则，有着复杂的国内国际背景，其中考虑的核心问题就是技术问题。一是日本国民担心政府开发军用太空技术，再度卷入战争。1960年日本与美国签订新《安全保障条约》后，日本国会内外就一直在对日美安保合作的"事前协商"条款进行激烈争论，争论最多的就是核弹头和导弹的问题。国内反核呼声高涨，要求政府必须对所有日本引入核武器和导弹的事前协商说"不"。1965年，东京大学与南斯拉夫和印尼签订合同，向这两个国家出售东京大学研制的火箭发射器。当时，南斯拉夫和印尼分别被美国认为是共产主义国家和亲共国家，向这些国家出售发射器，被视为是对美国安全的威胁。为了让日本放慢研发速度、阻止日本继续研制发射器项目，美国决定免费将第一代"雷神三角洲"技术提供给日本。但美国的技术提供遭到了来自日本共产党、社会党等政党的强烈反对。因为"雷神三角洲"的建造是用于军事目的，用的是军费开支。反对者将火箭与核武器、导弹问题联系在了一起，认为美国的目的是把日本拖入一个军事同盟，是为了发展导弹能力。在野党敦促佐藤荣作政府要和平利用太空，就像和平利用核能一样。在野党的领导人之一、日本社会党委员石桥政嗣警告国民，"只要日本制造了导弹，用不了多久，日本就会有核弹头代替人造卫星"，"要防止和平利用太空外衣下秘密发展导弹。"[1] 二是美国希望控制日本技术开发的节奏，限制日本技术出口。美国要求日本尽快制订相关法律条款，严禁将美国转让的技术再度转让。三是日本政府迫切需要从国外引入技术，解决国内开发难题。从1966年开始，日本太空技术及项目连续出现问题。处于试验阶段的L型火箭在1966年9月26日、12月20日、1967年4月13日连续

---

[1] Paul F. Langer: *The Japanese space program: political and social implications*, The RAND Corporation, August 1968, p.22.

3次试验失败，项目不得不被暂停，进行重新评估。1966年到1969年，日本航空航天技术研究所四次发射日本首颗卫星都告失败，其中最大的技术问题就是缺乏制导控制技术。日本迫切需要从美国引入制导控制技术，解决开发中遇到的难题。1968年春，日本政府派团访问美国和欧洲，就日本太空项目的外国援助问题进行调研。在访美期间，日本要求美国优先提供的太空技术援助就是制导控制系统。但是，制导控制技术是典型的军民两用技术，用在火箭上是为了将卫星送入既定轨道，用在核武器系统上就是为了确保精确打击。由于制导控制技术的特殊性，日本政府不论是研发还是向国外购买制导控制技术，都需要经过公众审核，可能成为一个新的政治敏感问题。上述因素综合在一起，佐藤内阁最终决定，采取自我限制的方式，禁止武器出口、禁止核武器、禁止太空开发用于军事，并敦促日本国会通过了"关于国家太空开发应用决议案"。

日本政府把"太空开发仅限于和平利用"原则用于指导太空开发的实践操作，这就意味着：第一，日本政府承认引进外国技术是提升本国技术能力水平的一条有用的捷径，为了获取外国技术就必须接受此类技术援助所包含的限制性条款。第二，日本政府要更努力地鼓励技术开发，更多地考虑国家利益，而不是考虑眼前的商业回报，政府必须加强对技术开发的控制与管理。因此，国会通过决议后不到2个月，1969年7月31日，日本政府就和美国达成了《日美太空和平合作协议》，日本接受美国严禁日本将美国转让技术再度转让的限制条款，美国同意将用于开发日本Q、N型发射器和通讯卫星的关键技术转让给日本。同年10月1日，日本政府制订了首份长期开发计划《太空开发计划》。在《太空开发计划》中"仅限于和平利用"的基本精神指导下，1978年、1984年3月、1989年6月、1996年，日本政府先后制订或修订出台了四份《太空开发政策大纲》，作为日本太空活动的基本政策。日本20世纪的太空活动都按照这四份《太空开发政策大纲》实施。同时，日本政府进一步加强了对太空开发体制的控制和管理。1981年，日本政府提出东京大学的航天航空研究所已经无法承担起科学卫星研究、开发应用及运行管理的责任，决定将航天航空研究所划归文部省直接管理，并对航天航空研究所进行了重组（改为"太空科学研究所"），主要负责太空科学领域的国际合作。经过这次调整，日本政府彻底将太空开发的管理权限收归政府，形成了由科学技术厅负责实际利用和文部省负责太空科学研究的二元体系格局（如图1.1所示）。

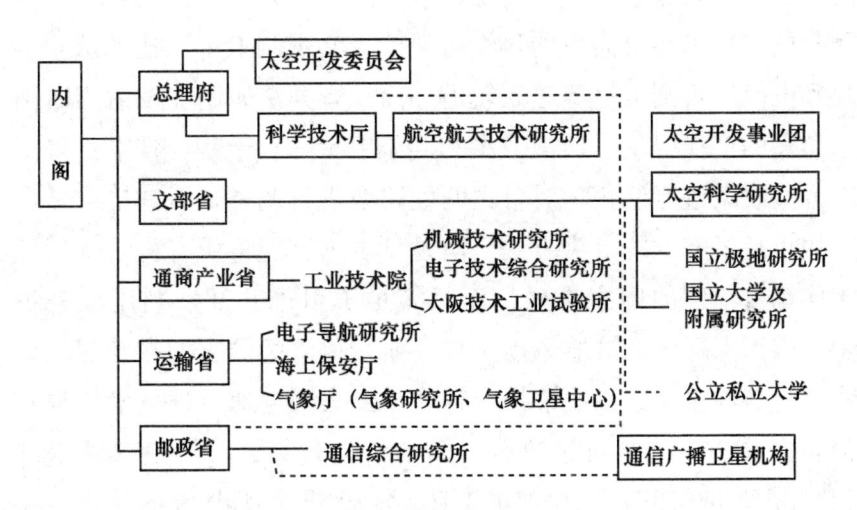

图1.1 日本20世纪60年代末至2001年4月的太空开发体制图
资料来源：根据内阁府公开资料整理。

三、"技术赶超"成为日本太空政策的核心

日本太空开发从一开始走的就是一条完全独立自主的发展道路。但是，日本作为一个欠缺太空技术开发经验的小国，在贸然进入太空研究开发这个浩瀚的领域时，选择完全独立自主开发，

· 37 ·

明显是过高估计了自己的技术能力，必然带来风险，导致失败。1969年至1970年，日本通过从美国获取发射技术，改进本国L型火箭技术，终于在1970年2月用L型火箭成功发射了日本第一颗人造卫星，成为世界上第四个用本国火箭成功发射本国卫星的国家。在成功的激励下，1970年10月21日，日本制订了一份太空长期发展规划，其核心内容就是自主开发太空，依靠本国的力量研制技术试验卫星、科学卫星、地球观测卫星、电离层观测卫星、静止轨道通信卫星等以及发射这些卫星用的运载火箭。虽然按照规划，日本卫星技术发展会很快，但由于技术实力不足、设施落后、缺乏管理人才和经验，航天航空研究所和太空开发事业团只能把技术相对简单的科学卫星、天文观测卫星、技术试验卫星和电离层观测卫星等送入轨道，而没有办法研制和发射当时国家急需的广播卫星、通信卫星和气象卫星等。于是，日本不得不对太空政策进行修正，对自主开发路线进行调整。引进技术是最直接也是最有效的解决方法。但是日本不可能将所有科学开创性工作都交给别的国家来做，而只满足于引进并开发利用外来技术，因为那样就会被愿意承担独立研发风险的国家抛在身后。日本没有其他选择，只能选择一种介于最大限度地对外技术依赖政策和追求技术自给自足政策之间的折衷政策，那就是"技术赶超"政策。1978年、1984年3月、1989年6月和1996年，日本政府先后制订或修订出台了四份《太空开发政策大纲》，政策的核心都是"技术赶超"，鼓励日本私营部门在开发太空技术的同时积极开展国际合作，获取并使用外国技术，特别是积极获取和使用美国火箭发动机和火箭制导技术，参加美国太空飞机、空间站、载人航天活动等项目，以填补日本太空技术空白，为日本太空开发奠定必要的技术基础，使日本太空技术逐步实现自主，进而展开与日本国际地位相称的活动，赶超美苏，成为世界太空技术和太空科学一流大国，成为先进太空国家俱乐部的一员。

虽然都是"技术赶超"政策，但日本政府在实施时，不同阶段有不同的政策重点和项目内容。20世纪70年代，日本"技术赶超"政策的重点是全面引进和学习技术。之所以采取这一政策，是因为从20世纪60年代中期开始，日本太空开发连续失败，日本迫切需要解决现实开发难题，为日本太空开发打下技术基础。所以，日本政府在引进美国先进的火箭和卫星技术的同时，以美国公司为主承包商、日本三菱电机和东芝公司为副总承包商，共同研制日本所需的火箭和卫星，从中获取并掌握设计、开发、试验、发射、跟踪、控制、运行管理等先进技术。所以，在这个阶段，日本的开发技术和零部件主要来源于美国供应商，日本公司的贡献非常有限。1970年日本成功发射了第一颗人造卫星，1977年成功发射了工程试验卫星2号（ETS-II），1978年成功发射了日本首颗通信卫星（CS）和首颗广播卫星（BS），开发并成功试射了N1和N2火箭。但是，N1和N2火箭的三级火箭机身、发动机、助推器、反应控制系统、整流罩、制导控制系统等都是由美国企业提供。工程试验卫星2（ETS-II）和首颗通信卫星（CS）、广播卫星（BS）中采用的日本零部件的比例仅是40%、24%和15%。[1]

80年代，日本"技术赶超"政策的重点发生变化，日本在继续加强国际项目合作的同时，努力提高太空技术和机器设备的国产化率，着重发展自主太空开发能力。1984年版《太空开发政策大纲》明确提出，"世界正进入实用卫星时代，世界上以美国太空飞机、欧洲阿里亚娜火箭等为代表的太空传输系统也在飞速发展，日本要把建立自主技术作为优先发展目标。"[2] 发生这种政策

---

[1] Steven Berner: *Japan's Space Program: A Fork in the Road?* RAND Corporation, 2005, pp. 5 – 6.

[2] 文部科学省,『「宇宙開発利用」我が国の宇宙開発史・宇宙開発政策大綱まとめまで（昭和59年）』，2011年2月, http://www.mext.go.jp/a_menu/kaihatu/space/kaihatsushi/detail/1299306.htm（上网时间：2016年12月13日）

变化的原因在于，经过 70 年代引进和学习技术，日本有了一定的太空开发技术基础。与此同时，随着日本经济保持持续高速增长，日本企业和公司对技术开发的投资也持续增加，认为开发太空能刺激和带动许多技术的发展，有利于公司的未来发展。因此日本财团、经产界和政府开始考虑支持卫星技术的研发，将太空用于商业目的。但是根据1969年《日美太空和平合作协议》，日本不能将美国转让技术再转让第三方，日本在向第三国转让技术和在日本发射外国卫星时，都需要事先通知美国。因此，日本要发展太空经济，就必须努力推动并实现火箭技术和气象卫星、通信卫星、广播卫星等技术的百分百国产化率。所以，日本政府一边积极参加美国领导的太空飞机和太空站项目，一边积极推动国产火箭和国产卫星的开发，以日本三菱电机公司、东芝公司、日本电气公司等为主承包商，自行研制国产火箭和国产通信、广播、气象卫星。所以，在这个时期，日本的自主开发能力不断提升，取得了一些重大成果。但是受到技术等各种因素的影响，日本并没有完全实现卫星和火箭的百分百国产化，一些项目的研制仍然需要美国的合作与帮助。1986 年，H1 火箭经过 6 年研发，首次试射成功。该火箭虽然第二级和第三级采用了日本自行研制的发动机和惯性制导系统，但第一级仍采用了美国技术，国产化率只是提升到了 84%。① 所以，日本从 1985 年开始转向研制完全独立自主技术的 H2 火箭。1981 年和 1986 年日本分别成功发射了日本自行研制的首颗通讯卫星（ETS-IV）和首颗遥感海洋观测卫星（MOS-1）。1983 年三菱重工成功制造并发射了世界第一颗用 Ka 波段运营的通信卫星 CS-2，但是在制造过程中，三菱重工仍然需要美国福特航空航天公司的帮助，CS-2 采用的日本零部件

---

① 李双庆：《各国运载火箭介绍：H 系列（日本）》，载于《中国航天》1995 年第 8 期。

第一章　日本太空战略的推进

的比例只有60%。① 1984年东芝成功建造并发射了实用广播卫星BS-2A，但BS-2A采用的日本零部件比例仅为30%，② 而且发射入轨三个月就出现重大技术问题，发射入轨两年后就完全停止了服务。

从1989年到90年代，日本"技术赶超"政策在总体上和80年代一样，仍以加强国际合作、自主提高太空开发能力为主，但对开发方向和重点项目进行了重大调整。日本政府取消了通信卫星CS-4等商业卫星的开发计划，转为开发以新技术实证为目的的研究开发卫星；③ 强调太空开发能力要达到国际水平，重点开发包括H2火箭、H2A火箭、④ M-V火箭、HOPE-X可重复使用传输机在内的太空发射系统和运载工具，开发诸如地球观测传感器之类的尖端技术；强调通过参与国际空间站等合作项目积累技术，为开展独立载人太空活动和确保无人太空系统的可靠性提供必要的技术基础，重点是开发建设"希望号"太空实验舱。⑤ 日本政府对政策进行调整的主要原因在于：一是日本因为与美国的卫星贸易冲突，被迫放弃了商业卫星市场。日本80年代的太空政

---

① Steven Berner: *Japan's Space Program: A Fork in the Road?* 2005, RAND Corporation, p. 7.

② Steven Berner: *Japan's Space Program: A Fork in the Road?* 2005, RAND Corporation, p. 8.

③ 文部科学省，『「宇宙開発利用」我が国の宇宙開発史・宇宙開発政策大綱まとめまで（平成元年）』，2011年2月，http://www.mext.go.jp/a_menu/kaihatu/space/kaihatsushi/detail/1299327.htm（上网时间：2016年12月13日）

④ H2火箭和H2A火箭是20世纪80—90年代日本完全独立自主开发的两款火箭。H2火箭，1985年开始研制，1994年以"一箭双星"方式进行成功试射。由于H2火箭造价和发射费用太高，在国际商业卫星市场上缺乏竞争力，日本于1995年开始研制H2A火箭。H2A火箭是H2火箭的改良型火箭，造价和发射费用相对比H2火箭低。2001年H2A火箭首次试射成功。

⑤ JAXA, "Fundamental Policy of Japan's Space Activities", January 24, 1996, http://www.jaxa.jp/library/space_law/chapter_4/4-1-1-4/4-1-1-41_e.html（上网时间：2016年12月17日）

策大幅提升了日本通信卫星的国产化率，从 1977 年的 14% 增长至 1988 年的 83%。① 再加上日本政府对国内卫星市场进行保护，禁止日本政府和民间购买外国所有类型的卫星，只能向日本公司采购，引发日本与美国的卫星贸易冲突。1988 年美国国会通过了"超级 301 条"为核心内容的对日贸易制裁措施，针对的第一个产业部门就是日本新兴的卫星产业，指责日本政府进行排他性政府采购，没有向美国卫星制造商开放市场。当时日本同时受到美国贸易制裁的还有计算机和电子产品等高科技产业，日本绝大多数卫星制造商也是计算机和电子产品的生产商。日本最终选择放弃卫星商业市场，以保存计算机和电子产品等高科技国际市场。1990 年 6 月 15 日，日本和美国签订了《卫星购买协议》，同意向美国开放日本的通信卫星和其他所有商业卫星市场。二是日本缺乏进入世界商业太空市场的完全独立自主技术的火箭。虽然 1986 年日本成功研制了 H1 火箭，但是国产化率只是 84%，还有 16% 采用的是美国技术。按照 1969 年《日美太空和平合作协议》，H1 火箭由于使用了美国技术，不可以出口和用于国际市场的发射服务。日本要进入世界商业太空市场，就必须首先拥有完全独立自主开发的火箭。三是冷战结束后初期美国太空政策做出新的调整。苏联解体后，美国成为世界太空领域的超强一极，美国政府先后制订了《商业太空发射政策》（1990 年）、《美国商业太空政策指导》（1991 年）、《美国太空发射政策》（1991 年）、《陆地卫星遥感战略》（1992 年和 1994 年）、《国家太空运输政策》（1994 年）等系列太空政策，加强国家太空运输项目，提升太空发射和运输能力，促进商业太空发射市场的发展。日本为了实现"技术

---

① University of Michigan Press, "US-Japan trade conflicts: semiconductors and Super 301", https://www.press.umich.edu/pdf/0472113585-ch5.pdf#search=%27USJapan+trade+conflicts%3A+semiconductors+and+Super+301%27（上网时间：2017 年 1 月 7 日）

赶超"，必然要紧紧跟随美国进行相应的政策调整。

第二节　日本太空开发的体制调整与战略形成（2001—2012年）

得益于20世纪的技术赶超政策，日本的太空技术实力不断增强。但是，日本并没有由此走上21世纪太空产业发展的快车道。相反，日本太空开发频频出现问题，严重阻碍着太空产业的发展，阻碍着太空开发成果的利用。为了推进并实现从太空开发向太空开发利用的转变，日本进行了多次的太空开发体制与政策调整，最终重新在国会立法，重新规划和设计太空开发利用的体制框架和政策路径，出台了二战后日本首份以"全面太空开发利用"为主导的国家太空战略。

一、21世纪初的太空开发体制调整与政策转变

由于日本采取并长期执行"技术赶超"政策，从1969年至1993年，日本从没有成功发射过人造卫星的国家，迅速发展成为一个具有一定技术实力的太空国家。日本成功开发了系列火箭和卫星，提升了火箭和卫星的国产化比例；太空开发事业团连续发射30枚火箭，无一失败；日本也成为国际太空活动的积极参与者，是唯一参加国际空间站的亚洲国家；国产H2火箭更使得日本具备了参加国际发射市场竞争的条件。但是，从1994年开始到21世纪初，日本太空开发再度出现问题，太空发射频繁失败，卫星技术频频失误。1994年8月，H2火箭成功发射了技术试验卫星-6（ETS-6），但该卫星因远地点发动机出现故障未能进入静止轨道。1996年2月，极超音速飞行实验机（HYFLEX）发射后，回收失败。1996年8月，先进地球观测卫星（ADEOS）发射

入轨后仅10个月，就因太阳能电池板故障而完全失效，在轨工作寿命不到1年。1998年2月和1999年H2火箭两次发射失败。2000年2月，M-V型4号火箭发射装有X射线的天文卫星AS-TRO-E失败。但对日本太空开发打击更大的是1999年美国休斯太空通信公司终止了与日本的发射合同，① 2000年美国劳拉太空系统公司与日本解除了两颗卫星的发射合同，并对接下来的发射合同提出了更为苛刻的条件，② 这充分说明日本的发射技术缺乏可靠性，不被信赖。这一系列问题引发日本国内高度关注，日本太空政策及开发体制备受争议。其中争议最大的就是文部省和科学技术厅分管太空开发的二元分立管理模式，批评意见包括将研发交给科技部门主导的"产官学"负责，由学术机构扮演重要角色，③ 而没有中央核心部门进行严密的计划监管和贯彻落实，不利于统一规划和统筹管理，不利于集中国力开发，不利于实现资源共享和推进产业化。

2001年和2003年，日本政府先后对太空开发体制进行了两次改革。2001年改革时，日本政府将文部省和科学技术厅合并为"文部科学省"，将原来分别由文部省和科学技术厅管理的太空科

---

① 1996年，美国休斯公司与日本签订了用H2火箭发射30颗卫星的合同。当时，这份合同曾被日本人认为是H2太空计划的一次重大胜利。但是，由于H2火箭连续两次发射失败，1999年12月休斯公司终止了合同。

② 1996年，美国商业卫星公司"劳拉太空系统工作"和日本签订合约，用日本H2A火箭发射10颗卫星。因为H2火箭是H2A火箭的前身，H2火箭两次发射失败让劳拉太空系统公司对H2A火箭的安全心存疑虑。1999年8月和2000年2月H2A火箭连续两次发射失败，使得劳拉太空系统公司于2000年12月解除了两颗卫星的发射合同，并提出条件，剩下的8颗卫星必须在H2A火箭连续发射成功之后才能发射。2002年，劳拉太空系统公司彻底取消了与日本签订的发射剩余8颗卫星的合同。

③ 日本社会之所以批评太空开发由学术机构扮演重要角色，主要因为20世纪负责日本太空开发规划和监管的是太空开发委员会，但由科学技术厅负责太空开发委员会的秘书处工作，太空开发委员会的绝大多数决策都是由科学技术厅的工程师们发起或制订政策框架。

第一章 日本太空战略的推进

学研究所、航空航天技术研究所和太空开发事业团，都交由文部科学省管理；将太空开发委员会改为文部科学省的内设机构，改设后的太空开发委员会不再是国家的太空决策和监管部门，只负责监管文部科学省的太空活动；设置"科学技术政策委员会"（CSTP），由首相出任主席，负责制订、协调、监管日本科学技术领域的政策，包括太空领域的政策。2003年改革时，日本政府推动国会通过了《独立行政法人航天航空研究开发机构法》和第161号决议案，将太空开发事业团、航空航天技术研究所和航空航天研究所合并成为一个新的机构——"日本航空航天开发机构"（也称"JAXA"，以下都称"JAXA"），归文部科学省管理。从JAXA成立之日起，日本重新构建形成了内阁领导、科学技术政策委员会制订国家太空政策、文部科学省制订落实方针、JAXA负责执行的新的太空开发体制（如图1.2所示）。

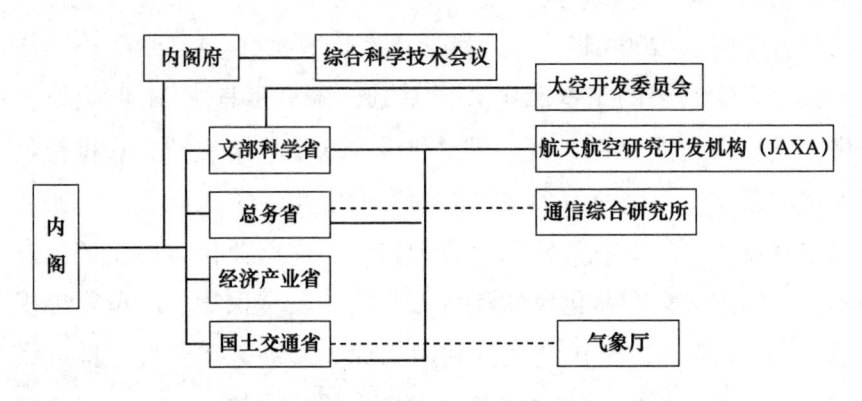

图1.2　JAXA成立后的日本太空开发体制图

资料来源：根据日本内阁府公开资料整理。

确切地说，2001年的太空开发体制改革只是日本中央政府机构改革的一部分。中央政府机构改革早在1996年就开始启动，只是直到2001年才实施完成，改革的目的是精简政府机构和调整政府机构职能，并非仅为强化日本太空活动而专门设计和实施的。

· 45 ·

2003年改革则是2001年的后续改革。因为2001年改革决定提高航空航天技术研究所的地位，使其与太空开发事业团、航空航天研究所地位平等，但并没有明确哪个机构是日本航天航空研究领域的领导组织机构，结果导致三个研究机构各行其是，管理混乱。这两次改革虽然涉及府省和机构较多，调整幅度较大，尽管核心内容都是机构合并与职能调整，改变了20世纪太空开发体制的架构形式，但没有改变20世纪太空开发体制的本质，日本太空开发体制仍然是由官僚机器负责太空政策的决策、规划和管理，科学技术政策委员会仍然是将太空问题当作科技领域的一个问题来处理，自20世纪以来从科技角度考虑和制订太空政策的传统仍被完整保留。

在进行太空开发体制改革的同时，日本政府也开始重新修订指导21世纪太空开发的政策文件。2002年6月，科学技术政策委员会制订了日本21世纪第一份太空政策文件《未来太空开发的基本原则》。2004年9月，科学技术政策委员会以2002年《未来太空开发利用的基本原则》为基础，制订了日本21世纪第二份太空政策文件《日本太空开发利用的基本战略》。与20世纪的太空政策相比，这两份太空政策的方向发生了重大改变，开始从太空开发政策向太空开发利用政策转变，向产业化方向发展，开始谋求促进太空产业化发展和将太空用于安全保障。政策明确提出，"日本的目标是扩大太空利用和优先发展太空开发，推进太空开发利用产业化，使太空产业未来发展成为核心产业"，[①]"日本的太空开发利用要确保国民安全、推动经济社会的发展和提高

---

① 文部科学省，『「宇宙開発利用」我が国の宇宙開発史・宇宙開発政策大綱まとめまで（平成14年）』，2011年2月，http://www.mext.go.jp/a_menu/kaihatu/space/kaihatsushi/detail/1299404.htm（上网时间：2016年12月13日）

国民生活质量、创造知识和人类的可持续发展。"[1] 但是，由于21世纪初的太空开发体制改革保留了从科技角度考虑和制订太空政策的传统，与20世纪的太空政策一样，这两份太空政策的核心仍是"技术政策"，虽然不再强调技术赶超，但都不是根据太空产业发展和安全保障应用的需求来开发技术，而是强调从技术层面规划太空产业化发展和在安全保障领域的应用，强调日本太空开发要成为国家战略技术，为日本的综合安全保障做贡献，为地球和人类的可持续发展和国家的尊严做贡献。[2]

二、《太空基本法》的制订与日本首份太空战略的形成

日本在21世纪初的太空开发体制和政策改革是不彻底的改革，日本太空开发中原有的问题没有得到根本解决。随着形势的发展，一些新的问题和新的需求又在不断产生。在技术领域，发射失败和技术失误的问题仍频频发生。2003年10月、2003年11月、2003年12月、2007年4月，日本又连续发生卫星发射失败事件。失败的项目都是日本政府重点推进的优先开发项目，包括遥感卫星"ADEOS－II"项目、"情报搜集卫星"项目、首次发射的火星探测器"希望号"项目等。在产业领域，日本太空产业化的速度严重滞后于世界。日本国产的H2火箭和H2A火箭，尽管开发总投入超过3200亿日元，直到2004年春天，都没有接到

---

[1] 文教科学技术调查室，『H-ⅡAロケット打上げと日本の宇宙政策』，2005年2月23日，国立国会图书馆 ISSUE BRIEF NUMBER 470, http://www.ndl.go.jp/jp/diet/publication/issue/0470.pdf（上网时间：2016年12月15日）

[2] 文教科学技术调查室，『H-ⅡAロケット打上げと日本の宇宙政策』，2005年2月23日，国立国会图书馆 ISSUE BRIEF NUMBER 470, http://www.ndl.go.jp/jp/diet/publication/issue/0470.pdf（上网时间：2016年12月15日）

一份国际订单，直到2008年8月，日本都没有进行过一次商业发射。但与此同时，在安全领域，1998年后朝鲜多次向日本海发射导弹、2001年阿富汗战争、2003年伊拉克战争、2007年"中国反卫星试验"等事件，对日本形成强烈冲击，不断改变并加深日本对军事太空价值的战略认识，日本迫切要求发展军事太空技术和能力。

持续不断的问题，使日本政治、经济、产业、科技、学术、防卫各界开始进行深刻的反思，开始思考日本未来的太空发展方向。各界把问题主要集中于三点。一是由于日本政府把1969年国会决议中的"太空开发仅限于和平利用"解释为"非军事"，禁止将太空用于军事目的，因而不能进行以军事目的的太空开发利用，使日本无法发展军事太空技术和能力，缺乏持续的军事项目，无法通过军需拉动太空产业发展。二是由于日本受制于1990年《日美卫星购买协议》，向美国开放日本的商业卫星市场，使得日本太空产业得不到政府的商业卫星订单，火箭发射卫星的机会也大大减少，卫星和火箭的技术得不到有效的改进和提高。三是日本一直没有形成国家统一管理体制，只由文教科技部门主导太空政策的制订和实施，其他相关府省自行其是，导致日本太空政策重科技、轻商业，出现发射和技术问题时没有人负责任。日本各界达成共识：必须对日本太空开发体制和太空政策进行彻底改革。改革的目标也基本一致，比较共性地指向了1969年国会决议的"太空开发仅限于和平利用"原则、日本缺乏统一领导的太空开发体制和过于强调"技术"的太空政策。

日本太空开发问题发展到这个阶段，已经不再是技术或产业的问题，已经成为国家战略问题，日本的政治力量于是介入太空问题，用政治手段进行改革。改革的方式与内容必然与以往不同，不是官僚机构主导，而是日本政治家直接参与并主导；不是简单的机构合并与职能调整，而是站在国家战略的角度，采取国家立法的方式，重新解释"和平利用"原则，重新进行战略布局和力量整合。改革的主要倡导者和推动者、原文部科学省大臣河村建夫坦言，"开发利用太空在我们的生活中变得非常重要，我们不得不把它作为一个国家战略对待。日本的传统太空政策，过分强调追求世界上最先进的科学技术，因此不能充分利用太空。从现在起就要纠正政策，有效利用太空。要通过议员立法，制定相关法律，通过太空开发利用本部，使太空政策与国家战略保持一致。"①

由于有了政治家的参与，这次改革的力度超过了以往任何一次改革。2004年3月，日本众议员中川秀树发起并建立了超党派的"日本太空议员联盟"，推动国会和国民对太空政策的讨论。2005年2月，原文部科学省大臣河村建夫牵头，与其他太空相关部门的副大臣级国会议员一起组建了"国家太空战略草拟研究小组"，用近8个月的时间，经过10次会议的讨论，制订了一个关于太空法律构架和综合太空政策的报告，并将报告递交内阁官房长官。2006年自民党成立了"太空开发专门委员会"，和联合执政党公明党一起组建了专项小组，经过逾30次的讨论，完成了太空基本法案草案，于2007年6月递交国会。为了达到改革的目的，执政党与在野党之间也加强了沟通、协商与合作。自民党向国会递交草案后，在同年7月举行的参议院选举中失利，民主党成为参议院的多数党，并开始为赢得2008年大选做积极准备。民主党以往对自民党的政策主张都是采取否定态度，以表明双方的不同政策主张。但是，自民党关于加强内阁对太空政策的协调作用、提升产业竞争力等提案，与民主党为2008年大选提出的政策

---

① T's PARK，『河村建夫氏語る議員立法にかける夢「宇宙基本法の成立」（上）』，2008年7月25日付 科学新聞より転載，http://www.tspark.net/katsudo/iv14.html（上网时间：2016年9月25日）

主张基本一致,民主党希望支持改革,支持在国会通过《太空基本法》。可是,民主党并不同意自民党提出的由内阁官房作为内阁日常太空决策机构的提案,认为内阁官房的人员有限,只能够重点负责府省间的协调工作。民主党提议从文部科学省、经济产业省和 JAXA 抽调专业人员组建一个管理机构。自民党反对民主党的提议,但由于民主党占有参议院的多数议席,没有民主党的合作将无法在国会通过《太空基本法》。自民党对民主党予以妥协,采取了折衷方案,改为在内阁府设立由专业人员组成的"太空战略办公室"。民主党正式表态支持在国会通过《太空基本法》。2008 年 5 月 9 日,除国会中占议席不多的日本共产党的议员投了反对票外,日本国会第 169 次会议几近全票通过了《太空基本法》。

《太空基本法》共分总则、基本施策、太空基本计划、太空开发战略本部、与太空活动有关的立法等 5 章,并有附则。《太空基本法》取代 1969 年国会决议,成为指导日本太空活动的基本准则。

与 1969 年国会决议相比,《太空基本法》的重大改变主要表现在如下方面。

第一,结束"非军事"政策,为军事太空利用打开了大门。1969 年国会决议规定的是"太空开发仅限于和平利用",并把"和平利用"解释为"非军事",禁止军事太空利用。《太空基本法》与之相反,删除了 1969 年国会决议中"太空开发仅限于和平利用"字眼,代之以"遵循国际条约和日本国宪法的和平主义理念进行太空开发利用",[①] 并把"和平利用"解释为"非进攻"而不是"非军事"。《太空基本法》所说的"国际条约",指的

---

① 内閣府,『宇宙基本法』,平成二十年五月二十八日法律第四十三号,http://law.e-gov.go.jp/htmldata/H20/H20HO043.html(上网时间:2016 年 12 月 21 日)

1967年联合国通过的《外层空间条约》。该条约作为国际公约，呼吁各国不要在环绕地球的轨道上放置任何携带核武器或其他大规模杀伤性武器的物体，也不要在天体上安装此类武器。但是该条约没有明确禁止在环绕地球轨道上放置或在天体上安装核武器或其他大规模杀伤性武器之外的物体。《太空基本法》遵循这一国际条约进行太空开发利用，不仅意味着日本可以为了军事目的进行太空开发利用，也意味着日本只要不是为了进攻的目的，可以为了安全和自卫的目的，开发除核武器和其他大规模杀伤性武器之外的武器，并可以将其部署在环绕地球轨道上或安装在天体上。

　　第二，建立太空开发战略本部，强化国家对太空的统一管理体制。1969年国会决议没有对太空管理体制作出规定。从1969年国会决议到《太空基本法》制订前，近40年时间里，日本政府对太空相关体制进行了多次调整，但都是由官僚机构负责太空政策的决策、规划和管理，始终没有实现国家对太空开发的统一领导，导致日本太空开发政策缺乏清晰的总体构想，缺乏统一的计划和监管，项目众多但没有一致的目标和明确的任务。《太空基本法》的目标就是将太空决策体制彻底与文部科学省分离，建立太空开发利用的一元化决策领导体制。《太空基本法》规定，在内阁设立太空开发战略本部，由首相担任本部长，内阁官房长官和太空开发担当大臣任副本部长，内阁阁僚中所有国务大臣作为成员，是日本制订、实施、审查太空基本计划及太空开发利用相关措施的最高权力机构。同时强调，国家应该承担制订和落实太空开发利用全面措施的责任，由国家主导，加强国家与地方政府、大学、私营企业等各方的合作，促进太空开发利用。通过设立太空开发战略本部、明确国家在太空开发利用措施中的责任和义务，日本首次实现了二战后国家对太空开发利用的统一领导，确保了太空政策与国家战略的一致性和整体性，确保了太空开发利用政策落实的力度,能由上至下,一抓到底。

第三,促进全面开发利用太空,推动太空产业化和商业化。1969年国会决议明确规定,日本太空开发的目的是"推进学术进步,提高民众生活水平,为人类社会谋福祉,推进产业技术发展,增进国际间合作"。[①] 从1969年国会决议通过到《太空基本法》制订前,虽然日本太空政策经过多次调整修订,政策重心经历了从"自主开发"到"技术赶超",再到"通过技术开发推进产业化"的变化过程,但始终都以"技术开发"为主导。《太空基本法》改变了日本太空政策的方向,从"技术开发"转变为"全面太空开发利用",[②] 强调了日本要通过积极全面的太空开发利用,将太空开发成果向私营企业转移,达到强化日本太空产业和其他产业的技术能力和国际竞争力、为日本产业振兴做贡献的目的。《太空基本法》还放宽参与太空活动的主体范围,规定太空活动的主体包括国家、国际组织、政府实体、国营企业、私营企业和公私合营企业。它还突出强调私营企业在日本太空开发利用中的重要作用,鼓励私营企业在太空开发利用中的商业行为(包括研究开发活动),鼓励国家和私营企业建立公私合营关系,促进太空开发利用。

《太空基本法》不是日本解决太空开发问题的最终方案,但却从法律层面为日本太空开发利用提供了法律支持、决策框架和发展方向,有力地推动了日本太空政策的转向与转型,成为日本太空战略形成的重要历史转折点。2008年8月27日,《太空基本

---

① 文部科学省,『「宇宙開発利用」我が国の宇宙開発史・宇宙開発政策大綱まとめまで(~昭和53年)』,2011年2月,http://www.mext.go.jp/a_menu/kaihatu/space/kaihatsushi/detail/1299251.htm (上网时间:2016年12月13日)

② 内閣府,『宇宙基本法』,平成二十年五月二十八日法律第四十三号,http://law.e-gov.go.jp/htmldata/H20/H20HO043.html (上网时间:2016年12月21日)

法》正式实施的当天，日本政府成立了由首相担任本部长的"太空开发战略本部"。之后，"太空开发战略本部"立即组建专家组，开始着手研究制订一个全面开发利用太空的基本计划。2009年6月2日，经太空开发战略本部审核通过，麻生内阁批准，日本正式出台了二战后首份旨在推进全面太空开发利用的国家太空战略《太空基本计划》（以下简称"2009年版《太空基本计划》"）。

2009年版《太空基本计划》与日本以往的太空政策相比，最大的变化在于以下方面。

一是为日本21世纪的太空发展确立了新的方向。2009年版《太空基本计划》对太空政策方向进行调整，从"太空开发"转向"太空开发利用"；把政策的重点从"发展太空科技"转向"发展太空产业"；把政策的涉及范围从"太空行业"扩大到"社会的各个行业"。2009年版《太空基本计划》明确提出，要"全面、系统、有力地促进太空政策以高科技能力为支撑，从研发驱动向应用驱动转变"，"重要的事情就是发展太空产业，将其变成继电子工业和汽车工业之后的、日本面向21世纪的战略产业"，"要把各行业对太空开发利用的可能性和潜在能力最大化"。[①]

二是释放出了日本政府将长期致力于太空活动的重要信号。2009年版《太空基本计划》制订前，日本由于长期执行技术开发政策，没有太多的非政府部门包括私营企业参加或进行太空开发活动，不需要政府进行政策指导或支持。2009年版《太空基本计划》制订后，太空发展方向进行了调整，转向全面开发利用。日本政府在制订政策时，就需要重视并考虑政府对太空产业的引领作用，增加私营企业参与或进行太空活动的信心。所以，2009年

---

① 内閣府，『宇宙基本計画（平成21年6月2日宇宙開発戦略本部決定）』，http://www.8.cao.go.jp/space/pdf/keikaku/keikaku_honbun.pdf（上网时间：2016年11月22日）

版《太空基本计划》首次明确了政府对开发利用太空的主导作用和责任，明确规定，"从现在开始，《太空基本计划》是日本推进太空开发利用的国家战略，有中期计划，也有长期计划，为的是全面系统推进政策。制定和执行太空政策，至关重要的是所有的政府部门共同推进，太空开发战略本部是规则主导者。"[①]

三是为私营企业提供了投资与合作方向。2009年版《太空基本计划》承诺，政府要尽最大的努力推动环境的改善，让绝大多数私营企业充满活力、具有竞争力且保持独立；政府也将和私营部门合作，把太空研发利用的成果用于公共服务和为世界做贡献。2009年版《太空基本计划》确定了日本太空政策的六个目标，分别是："利用太空实现一个安全、愉快、富足的社会"；"利用太空强化国家安全"；"促进太空外交"；"通过促进前沿领域的研发，创造一个充满活力的未来"；"培育面向21世纪的战略产业"和"考虑环境"。[②] 该计划也确定了日本全面太空开发利用的五个系统和四个项目。五个系统分别是："有利于亚洲和其他地区的陆地和海洋观测卫星系统""地球环境和气象观测卫星系统""先进的通信卫星系统""定位卫星系统""用于国家安全的卫星系统"。四个项目分别为："太空科学项目""人类太空活动项目""太空太阳能项目""小型演示卫星项目"。[③]

四是开始将太空系统用于军事用途。2009年版《太空基本计

---

① 内閣府，『宇宙基本計画（平成21年6月2日宇宙開発戦略本部決定）』，http://www.8.cao.go.jp/space/pdf/keikaku/keikaku_honbun.pdf（上网时间：2016年11月22日）

② 内閣府，『宇宙基本計画（平成21年6月2日宇宙開発戦略本部決定）』，http://www.8.cao.go.jp/space/pdf/keikaku/keikaku_honbun.pdf（上网时间：2016年11月22日）

③ 内閣府，『宇宙基本計画（平成21年6月2日宇宙開発戦略本部決定）』，http://www.8.cao.go.jp/space/pdf/keikaku/keikaku_honbun.pdf（上网时间：2016年11月22日）

划》首次把军事太空开发利用纳入国家太空战略,使卫星系统直接服务于国家安全。它明确规定,太空开发利用要坚持"专守防卫"原则,主要任务是提升和强化情报搜集能力,强化东北亚和日本周边海域、空域的预警和监视,提前发现不同时态的各种迹象;日本自卫队的主要任务是确保包括国际维和在内的行动时的通信安全。计划还提出,重点建设用于国家安全的卫星系统,发展情报搜集卫星、导弹预警卫星、更高分辨率的图像卫星,将正在运行的3颗情报搜集卫星增加至4颗,构建四星座的情报搜集卫星系统。

2009年版《太空基本计划》虽然是日本第一个与太空有关的国家战略,但它是在自民党政权下台基本已成定局的情况下仓促制订的。当时日本定于2009年8月进行众议院选举,但是2009年2月的民调结果显示,自民党已经失去了执政的基础和继续执政的可能性,麻生太郎的支持率跌至11%,[①] 51%的受访者希望民主党赢得下届议会选举。[②] 按照日本财政年度惯例,一般每年2—3月份,国会讨论通过政府下一年的财政预算案,4月1日,政府年度财政预算案生效。麻生政府所能做的,就是赶在众议院选举和自民党下台前,制订出反映自民党太空开发利用战略构想的太空战略,并列入当年的政府财政预算。2008年12月,第2次太空开发战略本部会议才制订《关于太空基本计划的基本方向》,提出制订《太空基本计划》的基本思路。2009年4月27日,专家组就向内阁提交了计划草案。4月28日至5月18日,

---

[①] 人民网,《民调显示近八成日本民众希望首相麻生辞职》,2009年2月4日,http://world.people.com.cn/GB/1029/42354/8855772.html(上网时间:2017年1月30日)。

[②] 人民网,《民调显示近八成日本民众希望首相麻生辞职》,2009年2月4日,http://world.people.com.cn/GB/1029/42354/8855772.html(上网时间:2017年1月30日)。

麻生政府将计划草案公示,向公众征求意见。5月26日,专家组根据评价意见进行最后修改。6月2日,也就是专家组最后修改后7天,麻生政府就正式出台了《太空基本计划》。这一过程中,2009年版《太空基本计划》作为一个综合国家战略,过于强调全面系统,涵盖了民生、安全、产业等各种太空活动,包括了经济政策、技术政策、创新政策、产业政策、安全保障政策、外交政策等多个国家战略,但没有对安全、商业和民用领域的太空活动进行优先化选择,也没有明确规定太空开发利用在整个防卫能力建设中的定位,只是含糊地交由《防卫计划大纲》和《中期防卫计划》来决定,缺乏实际操作性。2009年版《太空基本计划》出台后不到3个多月,民主党取得众议院选举胜利,麻生政府下台,没有来得及把计划付诸实施。所以,2009年版《太空基本计划》的标志性意义要大于实际意义,更像是自民党留给民主党的太空政策遗产,而不是作为一份真正能推动太空开发利用的战略而设计出台的。

三、民主党执政时期的政策调整与体制改革

麻生政府在制订《太空基本计划》后仅3个多月即下台,没有将《太空基本计划》做进一步细化和全面推进实施。2009年8月25日,麻生政府在下台前半个月,制订了《"银河铁道"(GX)火箭未来发展方向》政策文件,也没有来得及推进实施。2009年版《太空基本计划》的落实责任就落到了自民党的继任者——民主党的身上。

2009年9月,民主党一上台执政,面对的就是日本严重的经济衰退问题。自民党执政时期的历史沉疴,加上2008年国际油价剧烈动荡和严重金融危机影响,全球经济发展减速,海外需求锐减,靠外需拉动的日本经济遭受严重打击,各项宏观经济指标呈

恶化趋势，2008年国债占GDP比例已高达171.1%，[1]创下历史新高。民主党在2009年众议院选举政策公约中，向国民许下确保日本经济增长、增加社会福利补助以及不提税等多项承诺。民主党上台后必然要兑现承诺，把经济放在首位，对国家内外政策进行调整。民主党的这种政策导向变化也反映到了太空政策上。

首先，民主党一上台，就对自民党时期的太空项目进行了审查调整。鸠山政府在做2010财年预算时，以项目成本高、商业需求少等理由，取消或削减了此前自民党支持的一些太空项目，包括取消"银河铁道"（GX）火箭项目，削减高超音速试验飞行器（HTV）和JAXA卫星发射计划各至少10%的经费。

其次，民主党上台执政后，在鸠山由纪夫和菅直人执政时期，[2]虽然总体上坚持了自民党的以"全面太空开发利用"为主导的政策方向，但根据"民生第一"的执政路线，把太空政策重心向"经济"倾斜。2010年5月25日，鸠山政府通过了《关于太空领域的优先措施》政策文件。政策的核心是"根据2009年12月30日内阁决定的《新经济增长战略》，促进日本经济增长"，设立了三个太空政策目标，分别是"创建世界级的市场共同体，驱动增长""通过太空外交，拓展合作国家，实现日本太空利用的海外扩张""强化尖端科技的创新引擎作用"，并将项目重点放

---

[1] Trading Economics, "Japan government debt to GDP 1980 – 2017", http：//www.tradingeconomics.com/japan/government-debt-to-gdp#1（上网时间：2017年3月11日）

[2] 民主党执政时期，一共经历了三任民主党首相，分别是鸠山由纪夫、菅直人和野田佳彦。鸠山由纪夫和菅直人执政期间都制订出台了具体的太空政策文件，但野田只是制订出台了改革太空管理体制和推进"准天顶卫星"项目的政策文件。虽然野田在执政后期，已经开始推进制订新太空基本计划的工作，但是没等计划出台，民主党政府就宣告下台。

在了太空帆船和金星探测、开发太阳能电池等科技项目上。①2010年8月27日，菅直人政府通过了《关于当前推进太空政策的决议》，也认为太空开发利用面临新机遇，继续将太空政策作为推进日本经济成长的重要战略。

虽然民主党时期在太空开发利用方面制订并采取了一些政策措施，对太空政策方向做了一定的调整，但是，民主党作为一个党龄仅有13年的最大在野党首次执政，缺乏执政经验和执政能力。在太空政策上，表现出的最大问题就是政策不成熟，只有政策方向和政策纲领，没有具体的实施方案和具体措施，而且政策缺乏连续性。鸠山政府的太空政策强调的是太空高科技引领经济增长，确定的重点项目都是尖端科技项目。菅直人政府的太空政策只是很模糊地强调以太空推进经济增长，而且确定的重点项目不是尖端科技项目，而是日本的定位卫星"准天顶卫星系统"（QZSS）。"准天顶卫星系统"是日本自己的卫星导航系统。日本政府从2003年开始财政拨款，2006年正式启动系统建设，但是一直没有取得实质性进展。2010年8月27日，菅直人政府通过了《关于建立"准天顶卫星"项目组的决定》，由内阁府大臣政务官、太空开发担当大臣担任组长，内阁府政务官、总务省政务官、文部科学省政务官、农林水产省政务官、经济产业省政务官、国土交通省政务官、防卫省政务官和警察厅次官担任委员，推进"准天顶卫星系统"的建设。②野田政府执政时期，没有制定具体的太空政策，唯一优先发展的太空项目就是"准天顶卫

---

① 内閣府，『宇宙分野における重点施策について』，平成22年5月25日，http://www.kantei.go.jp/jp/singi/utyuu/kettei/100525/sisaku.pdf（上网时间：2016年12月19日）

② 内閣府，『準天頂衛星に関するプロジェクトチームの設置について』，平成22年8月27日，http://www.kantei.go.jp/jp/singi/utyuu/kettei/100827/secchi.pdf（上网时间：2016年12月19日）

星",并于2011年9月30日制订了《落实准天顶卫星系统项目的基本政策》。但是,野田政府推进准天顶卫星系统项目的原因和菅直人政府不同,更多是出于安全的考虑,而不仅仅是因为经济因素。因为2011年3月11日,日本发生大地震、海啸自然灾害与福岛核电站核泄漏事故,民主党救灾赈灾措施不力引发社会不满,菅直人被迫辞职。野田佳彦接任首相后的最优先课题就是灾后重建和复兴,野田在第178次国会发表首次执政演说时承诺,"将吸取大地震的教训,对政府的防灾相关措施进行重新研讨,力求搞好抵御灾害能力强的可持续性国土建设"。[1] 所以,《落实准天顶卫星系统项目的基本政策》明确规定,"利用准天顶卫星系统,在提高日本推动国家发展进程和国际竞争力、提高应对灾害能力等广义安全保障上发挥作用"。[2] 而且,野田政府对准天顶卫星系统的建设意义、发展目标、实施机制和责任分工等内容作了详细规划,有明确的时间进度表,计划在21世纪10年代末期建立一个由4颗准天顶卫星组成的星座,未来要建立7颗准天顶卫星组成的星座,实现24小时持续定位。[3]

民主党政府在推进准天顶卫星系统项目的过程中,围绕是否由内阁府同时负责准天顶卫星系统项目的实施和管理的问题,展开了激烈的讨论。讨论从菅直人政府开始,一直延续到野田执政时期。讨论分成了两种观点。一种观点认为:

---

[1] 首相官邸,『第百七十八回国会における野田内閣総理大臣所信表明演説』,平成23年9月13日,http://www.kantei.go.jp/jp/noda/statement2/20110913syosin.html (上网时间:2017年3月21日)

[2] 内閣府,『「実用準天頂衛星システム事業の推進の基本的な考え方」(平成23年9月30日閣議決定)』,http://www.kantei.go.jp/jp/singi/utyuu/pdf/kakugi_jun.pdf (上网时间:2016年7月24日)

[3] 内閣府,『「実用準天頂衛星システム事業の推進の基本的な考え方」(平成23年9月30日閣議決定)』,http://www.kantei.go.jp/jp/singi/utyuu/pdf/kakugi_jun.pdf (上网时间:2016年7月24日)

如果内阁府同时负责项目的实施和管理,就要把 JAXA 划归内阁府管理,文部科学省就失去了对 JAXA 的科技政策指导作用。另一种观点认为:如果内阁府不同时负责项目的实施和管理,政府就缺乏一个强有力的机构来推进项目。讨论的核心问题其实就是如何在内阁府和其他府省间分配对 JAXA 的管辖权、如何对内阁府的管理权和其他府省的实施权进行相互制衡。野田政府最终决定进行行政机构重组,指定内阁府、国家太空政策委员会和 JAXA 作为日本太空政策的中心:内阁府是行政管理机构,负责指挥整个政府的太空政策;建立太空政策委员会,作为国家太空政策的顾问机构,为首相和其他部长提供与太空计划和预算有关的建议和意见;JAXA 是核心太空机构,支持整个政府的太空开发和利用。

根据这一决定,2011 年 9 月 30 日,野田政府制订了《构建太空开发利用的战略性推进体制》,提出了构建太空开发利用的战略决策及推进体制的战略构想。2012 年 7 月 12 日,野田政府推动日本国会通过《部分修改内阁府设置法的法律》(平成 24 年第 35 号),对太空开发利用的决策及推进体制进行改革。改革的内容主要有四项:一是授权内阁府建立一个由首相直接领导的"太空战略室",取代内阁府"太空开发战略本部",统领日本太空开发的总方针,统筹日本政府各部门的相关政策,承担国家重点太空开发项目,如准天顶卫星系统的建设和运用。二是撤销 1969 年设立、文部科学省下设的"太空开发委员会",在内阁府新设立"太空开发政策委员会",由七位民间太空权威人士组成,负责调查审议太空开发预算及规划等在内的重要事项,为首相提供决策参考。内阁府全面接管文部科学省原来承担的制定太空政策的职责,太空政策的决策权完全收归内阁府,文部科学省不再是决策部门,只是职能部门。三是改造 JAXA 的职能及其管辖权限。修改《独立行政法人航天航空研究开发机构法》(简称

"JAXA法"），将第四条中"限于和平目的"的表述，改为"根据《太空基本法》和平利用的基本理念"；规定JAXA从技术层面支持整个政府的太空开发和利用；对进行共同管理JAXA的政府部门除了文部科学省和总务省外，增加了内阁府和经济产业省。四是增加内阁中太空担当大臣的人数，由2人增至4人。同年7月12日，由内阁府特命担当大臣古川元久担任长官的"宇宙战略室"正式成立。7月底"宇宙政策委员会"开始正式行使职能。

通过第1项和第2项改革，内阁府被赋予的权力包括：制订太空开发利用计划的最终发言权和财政预算的控制权、协调所有与太空相关部门的权力、推进太空开发和太空项目的权力（特殊项目除外）、控制由多个府省共同推进项目的计划和财政预算的权力，成为控制日本太空活动的计划和财政预算的权威机构。通过第3项改革，日本不仅可以开发用于军事领域的太空武器，也可以直接将太空研发成果用于军事领域，这是日本太空政策的再次"松绑"，为未来日本太空政策的全面升级转型做好了酝酿准备。而且，JAXA太空项目的目标是利用，需要反映用户需求，内阁府在JAXA政策管理和机构协调中的作用会越来越大。第4项改革的结果，不仅进一步强化了日本太空开发利用的全政府体制，也进一步确保把太空置于内阁的绝对领导之下，进一步把领导权集中到首相手中，能够实时研究、制订和调整国家太空战略及相关政策。调整后的日本太空开发体制见图1.3。

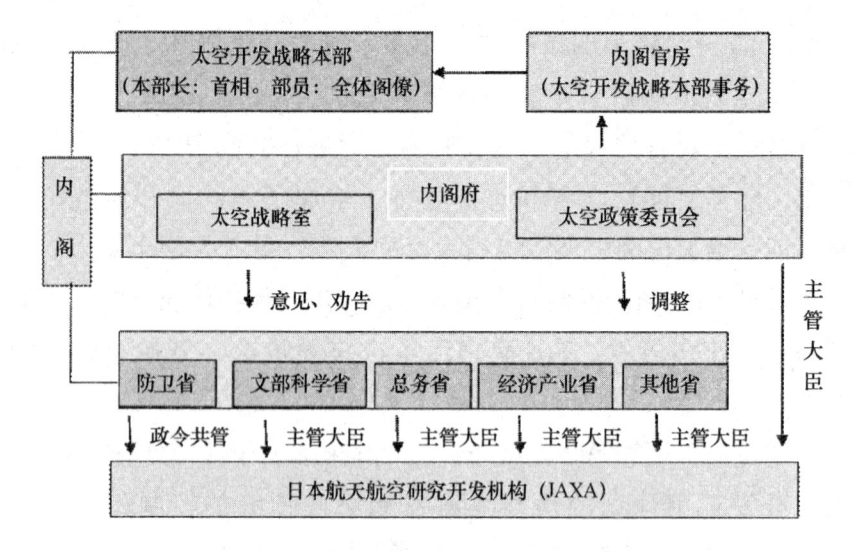

图 1.3　2012 年调整后的日本太空开发体制图

资料来源：根据内阁府公开资料整理。

第三节　日本太空战略的重构
（2012 年 12 月至今）

2009 年版《太空基本计划》使日本太空战略重心实现了从"太空开发"向"太空开发利用"的转变。但由于日本国内政权更迭的原因，2009 年版《太空基本计划》并没有得到全面的贯彻落实，日本的太空开发利用仍然缺乏明确的政策方向和具体的操作措施。2012 年 12 月安倍晋三上台执政后，立即着手全面重构太空战略，从 2013 年至 2015 年，连续推出两版《太空基本计划》，重新规划了日本太空开发利用的新战略蓝图，为日本太空开发利用指出了新的发展方向。

第一章　日本太空战略的推进

一、第一次太空战略重构

安倍晋三 2012 年 12 月二度上台时，面临的情况和 2009 年民主党上台时相似，也是从刚下台的民主党政权手中接受了一份太空政策遗产，即一份正在制订中的《太空基本计划》。2012 年 7 月，野田政府按照《部分修改内阁府设置法的法律》和《独立行政法人航天航空研究开发机构法》修改案，对日本太空开发体制进行改革后，就开始重新调整日本太空活动。2012 年 7 月 31 日，太空政策委员会第一次会议的重要议程之一，就是讨论通过《太空政策委员会未来的发展方向》，决定开始研究制订新版《太空基本计划》。野田给出的理由，一是 2009 年版《太空基本计划》和《JAXA 中期目标》将分别于 2013 年底和 2012 年底到期，需要制订新的计划；二是经过 2012 年的改革，日本太空开发利用的体制机制和 2009 年时发生重大变化，需要根据变化重新制定并实施一个战略。[①] 2012 年 8 月 25 日，太空政策委员会完成了计划初稿。8 月 29 日至 11 月 30 日进行了七次审查，形成了计划草案。12 月 5 日至 25 日，内阁府在网上公布计划草案并公开征集意见。也就是说，在安倍上任的前一天，计划草案刚刚完成网上公布征求意见的程序。

安倍二次上台执政，显然与 2009 年初次登上执政舞台的民主党不同。2009 年的民主党，刚刚从在野党转变成为执政党，缺乏执政经验，对于自民党麻生内阁留下的太空政治遗产，虽然也提出了一些新的太空政策措施，但基本照单全收，期间没有进行修

[①] 内阁府，『第 1 回宇宙政策委员会议事要旨』，平成 24 年 7 月 31 日，http://www.8.cao.go.jp/space/comittee/dai1/gijiyousi.pdf（上网时间：2016 年 9 月 19 日）

· 63 ·

改或重订。但安倍是一个"从地狱回来的男人",[①] 他的政治生涯曾经几近达到最高峰,也曾摔进谷底,当他经历人生黑暗再次登上权力舞台的时候,绝对不会轻易妥协。而且安倍不是太空领域的政策新手,他对太空政策有着深刻的理解和认识,在他第一次出任首相的时候,他参与并积极推动制定了《太空基本法》草案,他之后的福田政府只是推动国会通过了《太空基本法》草案。所以,网上征集意见结束后,安倍政府没有急于公布征集到的意见,直到2013年1月15日,也就是距离征集活动结束20天后,才在网上公布征集结果。而且,网上征集意见一结束,安倍就组织太空政策委员会进行修订。整个修改过程用了近30天时间,直到2013年1月24日才完成修改工作,而不是麻生政府那样,只用了短短7天就完成了修改。

在安倍的组织下,太空政策委员会对野田时期制定的《太空基本计划》(以下简称"原计划")一共进行了31处修改。修改或增加的内容,主要集中在三个方面。

一是与国家主导作用有关的内容。比如,在第一章"《太空基本计划》的地位"中,增加了国家要组织对太空基本计划进行定期修订的内容。"《太空基本计划》制订后,每5年进行一次重新研究制订。不过,将根据后续需要进行重新研究制定"。[②] 在第二章"优先发展的三个重点课题"中进行了两次修改,增加了国家对太空开发利用的资金支持和确保国家利益的内容。原计划规定,"促进太空利用要求大量的资金和很长的时间。为了以有限的资源得出最好的结果,日本当前的财政紧缩需要有优先次序","太空发展项目的目标是扩大太空利用和确保独立,要把成本收

---

① [日] 小川荣太郎著,吕美女、陈佩君译:《安倍再起,日本再生》,台湾:天下杂志股份有限公司2014年版,第8页。
② 内閣府,『宇宙基本計画』,平成25年1月25日,http://www.8.cao.go.jp/space/plan/plan.pdf(上网时间:2016年9月11日)

益比和政策目标考虑在内"。① 经过安倍修改，变为"促进太空利用要求大量的国家资金和很长的时间。为了以有限的资源得出最好的结果，日本当前的财政紧缩需要有优先次序"，"太空发展项目的目标是扩大太空利用和确保独立，由国家财政提供财政支持，应优先放在最有效的措施上，要把国家利益、成本收益比、政策目标考虑在内，把资金和资源分配到这些措施中。"②

二是与安全有关的内容。如在第二章"扩大太空利用"中，强调太空利用对国家安全的重要。原计划中只写了"期望太空技术为自然灾害多发的日本提供灾害管理的有效措施"，③ 经过安倍修改，变为"期望太空技术为自然灾害多发的日本提供灾害管理的有效措施，用于确保日本的国家安全"，④ 增加了"用于确保日本的国家安全"的字样。在第三章"利用太空强化国家安全政策"中，比原计划增加了太空与国家安全政策、国家防卫政策的相互关系表述，"以《国家防卫计划大纲》为基础，利用太空促进国家安全政策。未来将以'2011财年及其之后的国家防卫计划指针'的审核结果为基础，为了国家安全开发利用太空"。⑤

三是与发展产业有关的内容。如在第二章"确保独立"中，

---

① 内閣府，『「宇宙基本計画（案）」に関する意見募集について・宇宙基本計画（案）』，平成24年12月5日，http://www.8.cao.go.jp/space/plan/plan_public_comment.pdf（上网时间：2017年3月22日）

② 内閣府，『宇宙基本計画』，平成25年1月25日，http://www.8.cao.go.jp/space/plan/plan.pdf（上网时间：2016年9月11日）

③ 内閣府，『「宇宙基本計画（案）」に関する意見募集について・宇宙基本計画（案）』，平成24年12月5日，http://www.8.cao.go.jp/space/plan/plan_public_comment.pdf（上网时间：2017年3月22日）

④ 内閣府，『宇宙基本計画』，平成25年1月25日，http://www.8.cao.go.jp/space/plan/plan.pdf（上网时间：2016年9月11日）

⑤ 内閣府，『宇宙基本計画』，平成25年1月25日，http://www.8.cao.go.jp/space/plan/plan.pdf（上网时间：2016年9月11日）

原计划只是规定，"要维持、加强支持制造、发射、运营导航卫星、遥感卫星和通信广播卫星自主能力的国内产业基础"。[①] 安倍突出强调发展的重要性，增加"发展"字样，改为"要维持、加强和发展支持制造、发射、运营导航卫星、遥感卫星和通信广播卫星自主能力的国内产业基础"；修改了原计划中所有关于"太空系统成套基础设施"[②]的文字表述，全部把"成套"一词删除，改为"太空系统基础设施"。[③]

修改完成的第二天，2013年1月25日，安倍政府即批准了日本第二份、也是安倍政府的第一份国家太空战略《太空基本计划》（以下称为"2013年版《太空基本计划》"）。

与2009年版《太空基本计划》相比，2013年版《太空基本计划》有了更大的实质性变化。具体表现在五个方面。

第一，战略目标有了优先顺序。2009年版《太空基本计划》将太空政策从"太空开发"主导中脱离出来，向以科技、产业和安全为三大战略目标的"太空开发利用"转变，但没有明确三大战略目标的优先顺序。2013年版《太空基本计划》仍然坚持以"太空开发利用"为主导，以科技、产业和安全为三大战略目标，但是对三大战略目标有了明确的界定，将这三大战略目标列为最优先目标，并明确技术和产业是支持太空开发利用的基础，"下述的三个问题应该被列为最优先：安全保障和灾害管理、产业发展、在前沿领域包括太空科学领域的进步。至关重要的是维持和

---

① 内閣府，『「宇宙基本計画（案）」に関する意見募集について・宇宙基本計画（案）』，平成24年12月5日，http://www.8.cao.go.jp/space/plan/plan_public_comment.pdf（上网时间：2017年3月22日）

② 内閣府，『「宇宙基本計画（案）」に関する意見募集について・宇宙基本計画（案）』，平成24年12月5日，http://www.8.cao.go.jp/space/plan/plan_public_comment.pdf（上网时间：2017年3月22日）

③ 内閣府，『宇宙基本計画』，平成25年1月25日，http://www.8.cao.go.jp/space/plan/plan.pdf（上网时间：2016年9月11日）

改善技术能力和产业基础,以支持太空开发利用"。①

第二,扩大了国家安全对太空开发利用的领域和范围。2009年版《太空基本计划》提出日本在国家安全领域利用太空,要坚持"专守防卫"政策,加强情报搜集和预警,对太空开发利用在整个防卫能力中的定位也没有做明确的规定。2013年版《太空基本计划》没有再提及"专守防卫"政策,不仅强调要加强基于太空的情报搜集、监视和通信,实现对日本周边海域和空域的持续监视,还明确提出要强化军事指挥控制和实时管理能力(C^4ISR),实现与盟国和伙伴国家的情报共享,并首次提出JAXA对军事太空开发利用的重要性,明确要求JAXA按照2012年修订的《内阁府设置法》,"为太空国家安全利用做贡献"。② 此外,在2009年版《太空基本计划》中,只是把"太空碎片"作为太空环境问题,认为日本从保护太空环境的角度考虑有必要对太空物体进行观测。但2013年版《太空基本计划》把"太空碎片"问题与国家安全联系在一起,使"太空碎片"成为需要国家采取具体措施予以应对的安全问题。计划明确提出,"为了可持续太空发展,为了诸如保护卫星不与太空碎片发生可能碰撞(太空垃圾都被称为"碎片"),建立太空态势感知系统变得更加重要,因为太空利用已经扩展至民生和军事双重目的。除了政府的对策,相关机构必须从民事利用、外交和国家安全的角度采取适当措施"。③

第三,重视太空产业的基础设施建设。与2009年版《太空基

---

① 内閣府,『宇宙基本計画』,平成25年1月25日,http://www.8.cao.go.jp/space/plan/plan.pdf(上网时间:2016年9月11日)

② 内閣府,『宇宙基本計画』,平成25年1月25日,http://www.8.cao.go.jp/space/plan/plan.pdf(上网时间:2016年9月11日)

③ 内閣府,『宇宙基本計画』,平成25年1月25日,http://www.8.cao.go.jp/space/plan/plan.pdf(上网时间:2016年9月11日)

本计划》相比，2013 年版《太空基本计划》更加重视太空产业振兴，希望加速推进太空产业化，实现维护和加强日本产业基础的目标，明确规定，"太空产业是国家太空活动的重要基础"，"维护和加强日本产业基础的关键因素是日本太空产业的增长"。① 对于如何推动太空产业发展，扩大太空利用，2013 年版《太空基本计划》强调要建立一个牢固有力的产业基础，促进有效的开发利用，使产业部门能够为用户连续不断地提供设备和服务，确保太空产业的稳健增长。而且正如前面提到的，2013 年版《太空基本计划》不再强调"太空系统成套基础设施"，转而强调"太空系统基础设施"，强调"（日本）一些产品，包括地球传感器、转发器、锂离子电池、热管板、太阳能电池板，作为系统组件有着国际竞争力。应该鼓励这些零部件分别出口，而不是僵硬地坚持要做成整个系统的专业供应者"。② 2013 年版《太空基本计划》出台后，日本经团联工业技术部长続桥聪表示，"（2013 年版）《太空基本计划》正朝着正确的方向前进。没有基础设施，就不可能建立商业"。③

第四，太空开发的指导思想发生变化，开始重视性价比。2009 年版《太空基本计划》设定了日本全面开发利用太空的六个目标、五个系统和四个项目，不仅大而全，而且重视前沿科学，不惜用高成本、高投入追求高影响力。2013 年版《太空基本计划》开始权衡投入与产出比，开始强调快、省、好，突出表现在太空项目的确定上。2013 年版《太空基本计划》要求 JAXA 裁

---

① 内閣府，『宇宙基本計画』，平成 25 年 1 月 25 日，http://www.8.cao.go.jp/space/plan/plan.pdf（上网时间：2016 年 9 月 11 日）

② 内閣府，『宇宙基本計画』，平成 25 年 1 月 25 日，http://www.8.cao.go.jp/space/plan/plan.pdf（上网时间：2016 年 9 月 11 日）

③ Aviation Week Network,, "A New Direction for Japan's Space Program? -Japanese Space Programs Face Strict New Reality", May 6, 2013, http://aviationweek.com/awin/new-direction-japan-s-space-program（上网时间：2016 年 8 月 31 日）

减、推迟或减少开发 JAXA 旗舰科技和载人航天项目，转向研究能产生商业回报和有利于军事太空开发利用的活动。计划缩减了卫星系统的数量，集中在定位、遥感、通信和广播卫星系统，开始把卫星开发项目转向小型演示卫星，比如在计划中推动文部科学省和经济产业省利用超小卫星开发遥感项目，帮助提供图像，削减成本，也推动私营企业减小卫星尺寸。前沿科学变为次优先目标，强调要开展诸如"隼鸟"之类的低成本、高影响力的太空科学。这就意味着以前作为优先项目的环境监测、人类太空活动、月球机器人等项目，优先等级被下调，经费也不再充足。

第五，国家加强了对优先项目的控制和管理。2013 年版《太空基本计划》明确了优先项目的管理部门和管理责任。最优先的开发项目准天顶卫星系统，由国家太空政策办公室直接负责，2018 年保持一个 4 星星座，2020 年建成 7 星星座，使日本拥有自己的、独立的地区定位、导航和实时能力。第二个优先开发项目是东盟新批准的"灾害管理网络"，由经济产业省负责，要求装备 X 和 L 波段雷达和超光谱传感器的地球观测卫星星座，用以监视东南亚。日本第一批提供至少 3 颗卫星。第三个优先开发项目是运载火箭研究项目，由 JAXA 负责，重点是继续改进 H2A 火箭和 Epsilon 火箭。同时，强调国家要为优先目标提供与之相匹配的支援。计划中明确规定，"政府要在每年关于太空开发利用的财政评估指针中，都将为实现目标提供优先的具体措施。"[1]

二、第二次太空战略重构

2015 年 1 月 7 日，距离 2013 年版《太空基本计划》出台不

---

[1] 内閣府，『宇宙基本計画』，平成 25 年 1 月 25 日，http://www.8.cao.go.jp/space/plan/plan.pdf（上网时间：2016 年 9 月 11 日）

到两年时间，安倍政府制订出台了日本第三份、也是安倍政府的第二份《太空基本计划》（以下简称"2015年版《太空基本计划》"）。

安倍之所以在这么短的时间内再次制定《太空基本计划》，有着主、客观两方面的原因。主观上，2013年版《太空基本计划》仍没有真实地反映安倍的太空战略构想。2013年版《太空基本计划》是野田政府制订的，安倍上台时虽然做了一定修改，但大都是细节性修改，没有做整体框架性或政策性修改。所以，2013年版《太空基本计划》正式出台前，安倍就如何实施2013年版《太空基本计划》发布了《首相指示事项》，其中第3条就明确规定，"《太空基本计划》的实施，要以修订后的《2011年及以后防卫计划大纲》为基础，与安全保障政策密切配合"。[1] 安倍也一再重申，太空政策的推进，不仅要遵照计划，更要遵照他的首相指示，"（2013年版）《太空基本计划》是太空政策司令塔下新体制的第一块试金石。无论各部门的责任和利益如何，我希望你们根据今天的基本计划和我的指示，推进政策"。[2] 客观上，自2012年12月安倍上台后，日本国内外形势发生重大变化，为安倍重新制定新《太空基本计划》提供了契机，也创造了条件。

一是国际太空形势发生重大变化，由美国、欧洲、日本等西方垄断的国际太空力量格局被进一步打破，中国和印度为首的新兴太空国家迅速崛起，太空利用被在全球迅速推广，太空产业在快速重组和快速民营化、商业化。这些变化必然会让安倍对日本

---

[1] 内閣府，『内閣総理大臣指示事項』，平成25年1月25日，http://www.kantei.go.jp/jp/singi/utyuu/honbu/dai7/siryou2.pdf（上网时间：2016年12月15日）

[2] 内閣府，『宇宙開発戦略本部開催状況・第7回議事要旨』，平成25年1月25日，http://www.kantei.go.jp/jp/singi/utyuu/honbu/dai7/gijiyoushi.pdf（上网时间：2016年12月15日）

的太空利益诉求做出新的判断，既把变化视为威胁和挑战，又把变化视为实现经济增长、重塑日本大国地位的契机，必然要制订新的战略，体现日本在太空的新的利益主张，实现日本在太空的利益诉求。

二是日本和美国相互战略借重，安倍需要调整太空政策，与美国政策合流。自2010年以来，美国政府对太空政策进行重大调整，先后发布了《美国国家太空政策》（2010年6月）、《美国国家安全太空战略》（2011年1月）、《维持美国的全球领导地位：21世纪国防的优先任务》（2012年1月5日）等多份政策文件，寻求积极的太空同盟合作，确立和维护美国在太空的绝对主导优势地位。民主党执政时期，日美同盟关系摇摆，两国在太空领域的合作没有取得实质性进展。安倍上台后，立即修复并重新定位日美同盟关系。太空战略是重新定位两国同盟合作关系、重新确定新同盟战略的重要条件之一，日本太空政策需要做出新的调整和改变，推动两国太空合作，进而推动两国同盟合作。所以，2015年1月，安倍修订并出台了新《太空基本计划》。2015年4月27日，日美安全协商委员会（SCC）即修订出台了《日美防卫合作指针》，对日美同盟防卫合作做出重大修改，并首次将太空安全合作写入日美双方战略文件中。

三是日本各界强力推动安倍进行太空战略改革。自民党内和日本经团联（日本经济团体联合会）、航空航天工业、太空企业、太空用户、太空有识之士等财团或组织机构或个人，都积极讨论日本太空政策的现状和各种问题的解决方案，并将相关研究成果以报告书、提案书、宣传册、数据参考手册、会议研讨、学术交流等形式提交内阁或政府，敦促政府制定更大胆的太空政策，加强太空在安全保障领域的开发利用，推进太空开发利用，提升日本太空产业的国际竞争力。如经团联2014年11月18日提交了《关于太空基本计划的建言》，明确建议"要把安全保障政策和太空政策放在一起进行强化。新《太空基本计划》的重要课题应该是强化安全保障、振兴太空产业、强化科学技术力量，要把强化安全保障作为首要课题"。① 经团联甚至坦言："正因为安倍内阁忠实地履行了日本经团联和美国的要求，日本现在正走在太空军扩的道路上。"②

四是安倍在日本的国内政权稳定且强势，有助于落实安倍的政治理念和政策主张。2014年第23届参议院和第47届众议院选举后，自民党执政联盟实现并保持参议院议席稳定多数和众议院议席超过2/3。在野党既没有形成与执政党相抗衡的独立政治理念，也没有形成与执政党抗衡的有效力量整合。日本政坛已经形成"自民党一党独大"、安倍在自民党内地位基本稳固的局面。正因如此，安倍把2014年解散众议院进行大选当成了国民对国家政策选择的"分水岭"，"选举的胜负在于政权的选择，众议院的胜负就是政权的选择"，③ "我们得到了广大国民的鼎力支持，这将激励我们坚持这一道路，径直继续走下去"。④ 这种"分水岭"也反映到太空问题上，成为日本太空战略进行政策选择的"分水岭"。

安倍重构太空战略的过程不是一次性完成的，而是有一个发展的过程，也是多个政策文件共同作用的结果。2013年12月17

---

① 経団連，『宇宙基本計画に向けた提言』，2014年11月18日，http://www.keidanren.or.jp/policy/2014/098_honbun.pdf（上网时间：2016年10月9日）

② ［日］佐佐木憲昭：『財界支配：日本経団連の実相』，株式会社 新日本出版社，2016年版，第201页。

③ 首相内阁，『安倍内閣総理大臣記者会見』，平成26年11月21日，http://www.kantei.go.jp/jp/96_abe/statement/2014/1121kaiken.html（上网时间：2016年10月9日）

④ 首相官邸，『安倍内閣総理大臣記者会見』，平成26年12月24日，http://www.kantei.go.jp/jp/97_abe/statement/2014/1224kaiken.html（上网时间：2016年10月9日）

第一章　日本太空战略的推进

日,日本国安会和内阁会议审议通过了《国家安全保障战略》,首次将太空安全纳入日本国家安全战略,明确提出太空安全是国家安全新课题,是实现日本国家利益及安全战略目标不可或缺的手段。① 2014年8月20日,日本国家太空政策委员会发布"太空开发政策指导意见",把强化安全保障能力作为首要任务,开始调整国家太空研究项目。2014年7月和8月,防卫省和经济产业省分别从军事和经济角度,出台了《太空开发利用基本方针》和《太空产业政策的方向》两份文件,各自提出了强化军事太空开发利用和强化太空产业政策的基本措施。在上述政策调整完成后,2014年8月,安倍突然向太空政策委员会做出修订《太空基本计划》的指示,要求以新安全保障政策为基础制订一份新的《太空基本计划》:"自上一个《太空基本计划》(2013年)制订以来,日本面对的外交和安全保障环境急剧发生变化,太空对日本安全保障的重要性明显不断增大。在这样的背景下,需要制订新的《太空基本计划》。新计划必须充分反映安倍政权的新安全保障政策,要提高投资的可预见性,要强化太空产业基础。要针对严峻的财政制约情况,明确规定政策的优先顺序。"② 太空政策委员会经过3个月的审议、两周公开征求意见,2014年12月提出了修订后的计划案,2015年1月7日就通过了内阁会议。

安倍政权重构后的日本太空战略发生了历史性的变化。

第一,首次界定了日本太空利益。2009年版和2013年版《太空基本计划》虽然都提到太空与安全有关,但都比较笼统、

---

① 内阁官房,『国家安全保障戦略について』,平成25年12月17日,http://www.cas.go.jp/jp/siryou/131217anzenhoshou/nss-j.pdf(上网时间:2016年12月5日)

② 内阁府,『安倍内閣総理大臣による指示(宇宙開発戦略本部会合(第8回))』,平成26年9月12日,http://www.8.cao.go.jp/space/comittee/dai28/sankou1.pdf(上网时间:2016年12月15日)

模糊，没有明确界定二者之间的关系。2015年版《太空基本计划》虽然没有明确地进行概念定义，但却详尽地描述了二者关系，将太空系统确定为日本生死攸关的国家利益，并将这一利益界定作为制订日本太空战略、确定日本太空开发利用方向的根本依据。2015年版《太空基本计划》中明确写道，"太空不仅对国民生活有着重要责任，而且还作为安全保障的基础，用于信息收集、指挥控制等，承担着生死存亡的重要作用。没有太空系统的利用，就没有现代的安全保障。"① 安倍政府在推进通过新安保法案时也明确表态，"政府最为重要的职责是，维护我国的和平与安全，保全国家的存立，守卫国民的生命。无论发生怎样的事态，都要坚决守卫国民的生命与和平的生活。"②

第二，首次把"安全"设定为日本太空活动的最优先目标。2009年版《太空基本计划》设定的太空战略目标是"促进有日本特色的太空开发利用，强调太空应用"。③ 2013年版《太空基本计划》设定的太空战略根本目标是"扩大太空利用"和"确保太空活动的自主能力"，确定的三个具体目标分别是"安全防卫和灾害管理""产业振兴""在前沿领域包括太空科学领域的进步"。④ 2015年版《太空基本计划》设定的三个具体目标分别是"确保太空安全""扩大太空利用""维持和加强太空产业和科学

---

① 内閣府，『宇宙基本計画』，平成27年1月9日，http://www.8.cao.go.jp/space/plan/plan2/plan2.pdf（上网时间：2016年12月15日）

② 内閣府，『国の存立を全うし、国民を守るための切れ目のない安全保障法制の整備について』，平成26年7月1日，http://www.cas.go.jp/jp/gaiyou/jimu/pdf/anpohosei.pdf（上网时间：2016年11月29日）

③ 内閣府，『宇宙基本計画（平成21年6月2日宇宙開発戦略本部決定）』，http://www.8.cao.go.jp/space/pdf/keikaku/keikaku_honbun.pdf（上网时间：2016年11月22日）

④ 内閣府，『宇宙基本計画』，平成25年1月25日，http://www.8.cao.go.jp/space/plan/plan.pdf（上网时间：2016年9月11日）

技术",其中"确保太空安全"是最优先目标。①

第三,太空产业基础被认为是日本独立太空能力、确保太空安全的基础。2015年版《太空基本计划》强调,政府必须维护和加强日本太空产业的国际竞争力。要求强化科学技术创新、信息技术等相关领域政策的合作,全面维护和加强科技基础建设。要求官民一体,维持和强化日本太空产业基础,维持并推进以H2A、H2B和艾普斯龙为骨干火箭的研发,确保太空产业基本零部件的稳定供应,推动新企业进入太空产业行业,制订民间需要的新规章,获得国外订单。敦促政府促进外交努力,支持日本太空产业海外发展,开发新的海外市场。寻求将太空通信广播、遥感和定位系统用作至关重要的社会基础设施,创建新产业和服务。2015年版《太空基本计划》为未来太空产业发展设定了目标,即在未来10年太空机器产业事业规模达到5万亿日元。②

第四,对太空开发利用项目进行了优先选择。按照2015年版《太空基本计划》,日本对太空开发利用项目进行优先选择的标准主要有三个:一是从利用太空为安全做贡献的角度,加强日本定位、通信、情报搜集的太空系统;二是通过太空合作加强日美同盟;三是提升商业和民用卫星的技术水平。依据这三个标准,安倍政权将寻求进一步开发准天顶卫星系统、太空态势感知、太空碎片清除技术、X波段卫星通讯网络、情报搜集卫星、行动响应卫星、先进的光学和雷达卫星,未来10年要发射超过45颗的人造卫星。太空开发利用的优先项目,按照优先次序排列分别是:准天顶卫星系统、太空态势感知(SSA)和海洋领域感知(MDA)、情报搜集卫星、基于太空的导弹预警能力。自民党太空

---

① 内閣府,『宇宙基本計画』,平成27年1月9日,http://www.8.cao.go.jp/space/plan/plan2/plan2.pdf(上网时间:2016年12月25日)

② 内閣府,『宇宙基本計画』,平成27年1月9日,http://www.8.cao.go.jp/space/plan/plan2/plan2.pdf(上网时间:2016年12月25日)

政策委员会前主席、现任自民党安全政策研究委员会主席今津宽，是加强日本国家太空安全体系构建的主要倡导者。他说："日本三个最重要的太空项目是准天顶卫星系统、太空态势感知和海洋领域感知，日本也正在积极寻求建立基于太空的、共享的弹道导弹预警系统。"[1]

---

[1] Defense News, "Japan begins national security space buildup", Aril 12, 2015, http：//www.defensenews.com/story/defense/air-space/space/2015/04/12/japan-national-security-space-buildup/25412641/（上网时间：2016 年 9 月 8 日）

第二章

太空开发与日本的技术发展

日本的太空开发重视并强调技术发展，不仅仅因为技术是太空开发的基础，更因为在太空开发的背后，隐含着日本谋求技术创新、增强产业技术实力、提升全球知识产权竞争力的战略目的。

第一节 日本对太空开发在技术发展中的角色定位与目标设定

以太空开发推动科技创新，是世界太空科技发展的大势。世界各国都把太空科技创新作为推动未来科技和经济社会可持续发展的核心力量，纷纷推出本国（地区）的太空发展战略与规划，积极扶持并推动太空科技创新。这不仅仅是因为太空开发具有先天的科技属性，太空开发与科技创新之间存在着与生俱来的基础关系，也因为与世界格局的发展趋势一样，随着世界科技发展和经济全球化的进程，冷战时期少数大国垄断太空科技的局面已经被彻底打破，太空科技力量格局的多极化进程已经成为不可阻挡的时代潮流，太空领域不仅成为高新科技的试验场和创造场，也成为各国科技实力和科技优势地位的竞技场，更成为各国谋求国家权力和实现国家利益的角逐场。世界各国太空科技创新的战略目标正在发生深刻变化，太空科技创新的意义已经超出了科技领域。日本是一个具有极强忧患意识的国家，也是一个高度重视并追逐国家荣誉与地位的国家。

在这样一个国际背景下，日本追求太空科技创新的背后，必然有着更深远的战略考虑。日本开发太空、推动科技创新的目标必然是多元的，正如李少军在《国际战略学》中所说，"国家目标就是战略所要达到的目的。这些目的包括国家已经拥有但需加以保卫的东西，也包括国家并不拥有而需要获取的东西。"①

但是，日本太空科技创新的战略目标不是一次性设计并完成的，受到日本自身太空科技实力、国家科技战略规划、世界科技进步、世界太空科技发展尤其是大国太空科技创新政策调整等因素的影响。自20世纪50年代以来，日本对太空开发在技术发展中的角色定位及其战略目标不断调整。而且由于日本特殊的太空开发体制，太空开发政策长期是作为科技政策的一个重要组成部分进行规划和制订的。从1969年日本第一份太空政策到2009年版《太空基本计划》制订前，日本的太空开发活动都是由科技部门主导，太空开发政策都是由科技部门制定，先是由科技厅和太空开发委员会，后是由科学技术政策委员会负责制定。2009年版《太空基本计划》制订后，日本太空开发政策虽然不再是单一科技政策，成为综合国家战略，但科技仍然是太空战略的重要内容之一，负责太空技术开发的JAXA仍主要由文部科学省负责管理。这就决定了日本太空开发必然要与其科技发展更加紧密地联系在一起，太空开发要服从服务于科技战略的战略目标，要充分体现其科技发展的战略需求。这就决定了日本太空开发与其科技战略的调整几近同步进行，而且随着日本科技战略的调整，日本对太空开发在技术发展中的战略角色和目标也做出了相应调整。

从20世纪50年代到目前，随着日本科技战略的调整，日本太空开发在技术发展中的战略角色经历了"科学重要领域""通

---

① 李少军主编：《国际战略学》，北京：中国社会科学出版社，2009年版，第34页。

向 21 世纪的科学技术""国家战略技术""国家战略的重要边疆"的转变,太空科技创新的目标也逐渐清晰,那就是:将外国技术变为自主技术、实现技术自主、实现自主技术创新、成为世界技术强国和领导国家,从技术层面表明了日本在二战后逐步要求改善自我、改变自我、实现自我的战略决心与战略进程。

一、以"将外国技术变为自主技术"为目标的"科学重要领域"

日本自主科技政策的萌芽与崛起,始于明治维新时期。当时的日本政府把发展科学技术作为基本国策之一,提出了"富国强兵""殖产兴业""文化开化"三大目标。在这一时期,日本以西欧化为目标,全面学习西方近代科学技术体系,建立了日本的科学技术体制,以科技进步带动日本的社会进步和国家发展,成为亚洲强国。

二战后,日本科技政策的核心仍是科技自主。二战结束初期,日本满目疮痍,生产生活和社会动荡,而且在美国占领军的改造政策下,废除了二战期间作为增强战斗力的国家科学技术行政核心机关"技术院",解散或禁止了二战前和二战期间与军事及财阀有关系的主要研究机构和研究所,[①] 停止了科学技术研究开发活动。1952 年旧金山和约生效后,日本重新恢复科学技术研究开发活动。从 1952 年至 20 世纪 70 年代末,在恢复与发展战后经济的进程中,日本在某种程度上继承了明治维新时期科技革命的做法。

一是继续把科学技术作为发展的重中之重,作为支撑国家恢复和实现经济增长、扩大社会经济基础的首要选择与核心动力。从

---

① 文部科学省,『昭和 33 年版科学技術白書』,昭和 33 年 3 月,http://www.mext.go.jp/b_menu/hakusho/html/hpaa195801/index.html(上网时间:2017 年 4 月 26 日)

1956年至1988年的32年间，日本一共制定了11个经济发展计划，每个计划都强调科技在经济恢复和发展中的作用，认为解决日本经济发展的最关键因素在于能够最大限度地运用现代科学成果，迅速促进产业技术的发展。

二是坚持执行"科技引入"战略。虽然日本在这一阶段强调技术对经济重建和发展的决定作用，但在这一时期，日本国内技术力量存在严重不足，其科技水平与美欧发达国家的差距巨大。为了促进国内的技术改进和技术普及，日本把从国外购买和引进技术作为这一时期振兴科技和发展经济的政策选择，从1949年《外汇法》①和1950年《外资法》②开始，大幅学习、引进、消化、模仿国外科技。

三是促进自主技术的开发。虽然日本采取了"科技引入"战略，但日本并不是简单地学习和使用引入技术，而是积极寻求将国外技术转变为本国自主技术的方式，推动企业技术进步和自主创新能力的提升，强化产业技术的国际竞争力，在科学技术和生产手段方面消除与美欧之间的差距，加速赶超美欧。1959年6月，日本组建科学技术厅，中曾根康弘出任首任科学技术厅长官。日本组建科学技术厅的目的，就是推进并实现二战后日本所有科学领域的自主。1960年日本政府决定开始推行收入倍增计划，在1961年日本制订的"国民收入倍增计划"中，明确提出科学技术振兴的意义，强调要对国外引进先进技术进行技术革新，提高日本自主技术开发

---

① 1949年12月，日本公布实施《外汇及外贸管理法》（简称《外汇法》）。该法规定：企业通过出口贸易所得外汇，均由政府统一管理；用于进口的外汇，必须在政府规定的外汇预算范围内进行。目的是有效地使用有限的外汇，重点是支持引进外国先进技术、设备和保护国内产业发展。

② 1950年，日本公布实施《外资法》。该法规定了引进外国技术、专利的条件，特别强调：引进的科学技术必须有助于日本产业的健康发展，不得妨碍国内技术的成长。目的也是在鼓励引进外国先进技术的同时，激励国内自主技术的发展。

能力。所以，日本"科技引入"战略的最核心目标就是恢复国民经济、实现日本的科技自主。

但是，日本政府最开始并没有把太空技术开发与日本国民经济的恢复与发展、与日本的科技自主联系在一起，直到1958年日本制订《科学技术白皮书》时，日本都没有把太空技术开发与日本科技发展联系在一起。在1958年版《科学技术白皮书》中，日本提出了需要重点关注的11个重点科学技术领域，包括：合成化学、电子工学、原子能利用、金属材料、航空、机械、农业、医疗卫生、运输通信、建设等，但这11个领域都不包括太空，而且白皮书中也没有提及太空技术开发的问题。[①] 直到1959年2月成立制订国家科学技术政策的权威机构的科学技术会议、同年6月组建科学技术厅后，太空技术开发才开始被日本政府真正提上日程，正式被日本政府作为实现国家科技自主的重要措施之一。直到1962年，太空技术开发才被日本政府正式写入国家科技战略等正式官方文件中。在科学技术厅组建的第二个月，科学技术厅即设立了"太空科学技术振兴推进委员会"，作为厅长官的政策咨询机构。科学技术厅组建后不到半年，1959年11月，科学技术厅即向美国提出了《美日太空技术领域合作协定》的建议，希望用日本自主的固体燃料火箭及卫星设备（观测设备）替换美国的液态燃料火箭和通信卫星技术。日本的目的很明显，就是实现科技自主，在太空科学领域成为与美国对等的国家，在科技领域实现国家的地位和尊严。在被美国以日美两国科技水平存在巨大差距、没有必要缔结正式协定的理由拒绝后，日本全力投入固体燃料运载火箭的研究开发中。在固体燃料运载火箭取得一定成绩后，1964年7月，科学技术厅建立

---

① 文部科学省,『昭和33年版科学技術白書』,昭和33年3月,http://www.mext.go.jp/b_menu/hakusho/html/hpaa195801/index.html（上网时间：2017年4月26日）

"太空开发推进本部",① 重点研制液体燃料火箭技术和各种实验卫星的通用技术。1962年5月，日本国家太空活动委员会作为首相的咨询机构，提出一份题为《推进太空开发的基本方针》的政策建议报告，报告的核心思想是把太空开发作为国家事业，实现技术自主。1962年5月，日本召开太空开发审议会，日本首相就《推进太空开发的基本方针》做答辩，认为太空技术开发有利于日本产业技术的提高，并强调"通过产业界的合作，将太空开发成果用于日本产业中，将有利于相关产业技术的提高"。② 从1962年版《科学技术白皮书》开始，日本正式将太空技术开发与科学技术发展结合在一起，把太空技术作为日本科学技术的一个重要组成部分，进行全面的系统规划和设计。

日本之所以把太空技术开发作为推进并实现国家科技自主的重要领域，除了要独立于美国之外，还有以下主要原因。

第一，1957年和1958年苏联和美国先后成功发射人造卫星的震动和刺激。1959年8月，日本太空科学技术振兴推进委员会制定的第一个太空开发规划《当前太空科学技术开发规划》中认为，美苏两国已经先后成功发射人造卫星，太空开发出现世界规模性发展的状况，由于日本国内还没有确立太空开发体制，需要确立与太空科学技术研究开发有关的国策方针；日本的太空研究开发必须确保自主。该规划明确提出，"我国要进行独立的技术开发，确保科学技术高水准和研究开发的自主"。③

---

① 第一章中已经介绍，"太空开发推进本部"是太空开发事业团的前身，于1969年5月更名为"太空开发事业团"。
② 文部科学省，『宇宙開発利用（昭和37年）』，http://www.mext.go.jp/a_menu/kaihatu/space/kaihatsushi/detail/1299229.htm（上网时间：2016年12月14日）
③ 文部科学省，『宇宙開発利用1956年（昭和31年）～1959年（昭和34年）』，http://www.mext.go.jp/a_menu/kaihatu/space/kaihatsushi/detail/1299174.htm（上网时间：2016年12月13日）

第二章　太空开发与日本的技术发展

第二，美国"阿波罗计划"成功经验的激励。1957年苏联发射世界第一颗人造卫星后，为了与苏联进行太空竞争，美国推出了"阿波罗计划"。经过近11年的研究开发，1968年美国"阿波罗计划"成功实施，不仅载着3位宇航员成功返回地球，而且也通过"阿波罗计划"带动了美国甚至世界的新一轮科技发展。美国"阿波罗计划"让日本做出判断，世界已经进入一个依靠技术来推进经济发展、改善人民生活的时代，日本要在一个依靠技术的国际化社会中生存发展，就必须创造出自己的技术。同时，日本也深刻认识到，太空技术是综合的超精密技术，太空技术的进步关系到一个国家科学技术水平的提高。1968年日本制订的《科学技术白皮书》中明确提出，"阿波罗载着3位宇航员成功返回地球，是集合了火箭技术、制导技术等综合的超精密技术的成果，是科学技术的胜利。太空科学技术的进步将为提升人类未来福祉提供新的可能性，是提高一个国家科学技术水平的源动力。为此，美国、苏联、法国、英国等发达国家，都把太空开发作为一项国家工程，确立具体的发展目标，建立开发体制，大力投资，大力推进。"[1]

基于以上认识，日本对太空开发在其科技发展中的角色做出定位：（1）从科学技术的宏观领域进行界定，认为太空技术开发是科学技术前沿。1962年日本制订的《科学技术白皮书》，首次明确太空技术开发在日本科技发展中的角色，明确提出太空技术开发是日本"新科学领域"中的"科学技术的前沿"，是"当前科学的重要领域"。[2]（2）从科学技术的微观领域对太空技术进行

---

[1] 文部科学省，『昭和43年版科学技術白書』，昭和44年3月，http://www.mext.go.jp/b_menu/hakusho/html/hpaa196901/index.html（上网时间：2017年4月26日）

[2] 文部科学省，『昭和37年版科学技術白書』，昭和37年9月28日，http://www.mext.go.jp/b_menu/hakusho/html/hpaa196201/index.html（上网时间：2017年4月26日）

界定，认为太空技术开发是先导的技术领域。在1969年制定的《科学技术白皮书》中，日本明确提出，"太空开发和原子能开发、海洋开发是先导的技术领域，材料技术、电子技术、情报处理技术等是基础科学技术。"①（3）从科学技术的发展角度对太空技术进行界定。1973年日本制定的《科学技术白皮书》明确提出，"太空开发是承载明日的科学技术，是面向有希望的社会的科学技术"。② 与此同时，1973年版《科学技术白皮书》也对"先导的科学技术"和"有希望的科学技术"概念的内涵做了进一步明确。根据1973年版《科学技术白皮书》，所谓先导的科学技术，就是"整体提高科学技术水平，支持开展共同的、基础性的科学技术培育。先进科学技术的开发必须突破科学技术在创新过程中的诸多障碍，其取得的成果对其他科学技术的开发起着主导作用，并产生波及（连锁）反应"。③ 所谓面向有希望的社会的科学技术，就是"为了实现一个充满希望的社会，科学技术不仅可以有助于解决现实问题，也可以应对各种未来的需求，有进一步探索新领域的强烈期望"。④ 这两个概念内涵证明，日本开发太空技术开发的目的，已经不仅仅局限于基础性研究，而是把科学和技术更好地整合在一起，着眼于科技的整体发展及其应用。

---

① 文部科学省，『昭和44年版科学技術白書』，昭和45年3月，http://www.mext.go.jp/b_menu/hakusho/html/hpaa197001/index.html（上网时间：2017年4月26日）

② 文部科学省，『昭和48年版科学技術白書』，昭和48年4月，http://www.mext.go.jp/b_menu/hakusho/html/hpaa197301/index.html（上网时间：2017年4月26日）

③ 文部科学省，『昭和48年版科学技術白書』，昭和48年4月，http://www.mext.go.jp/b_menu/hakusho/html/hpaa197301/index.html（上网时间：2017年4月26日）

④ 文部科学省，『昭和48年版科学技術白書』，昭和48年4月，http://www.mext.go.jp/b_menu/hakusho/html/hpaa197301/index.html（上网时间：2017年4月26日）

第二章 太空开发与日本的技术发展

在1962年至1979年的科技政策中，日本以太空技术开发推进国家科技自主的目标也逐步明晰。

一是为了推进日本的自然科学研究。日本认为研究太空，将了解太空与物质、太空与生命进化的全过程，这是科学的基本目标，而太空可以证明自然进化和生命现象，这是科学的最大目标之一。所以，在1968年《科学技术白皮书》中，日本明确提出，太空开发的意义就是为了"探明太空的真相，推进自然科学的发展"。[1]

二是为了提高日本的科学技术水平，开发新技术。日本在1968年《科学技术白皮书》中认为，太空开发涉及多领域的综合科学技术，有利于综合运用先进的科学技术，也有利于开发综合的先进科学技术，提升科学技术的整体水平，是开发创造新技术的源动力。[2] 在1969年《科学技术白皮书》中，日本强调太空开发的科技领域成果是综合成果，引领着其他科学技术的进步，有利于提升科学技术水平，有利于开拓科技新领域，因为太空开发的技术会产生波及（连锁）效果。太空开发需要综合运用广泛领域的科学技术，需要各个领域的先进科学技术。太空开发已经成为一种提高基础科学技术的水平和发展新技术的驱动力，如材料技术、加工技术、高温高压技术、电子技术、测量技术等。在1969年《科学技术白皮书》中，日本明确提出，太空技术开发的目标是"开拓新领域，提高科学技术水准"。[3]

---

[1] 文部科学省，『昭和43年版科学技術白書』，昭和44年3月，http://www.mext.go.jp/b_menu/hakusho/html/hpaa196901/index.html（上网时间：2017年4月26日）

[2] 文部科学省，『昭和43年版科学技術白書』，昭和44年3月，http://www.mext.go.jp/b_menu/hakusho/html/hpaa196901/index.html（上网时间：2017年4月26日）

[3] 文部科学省，『昭和44年版科学技術白書』，昭和45年3月，http://www.mext.go.jp/b_menu/hakusho/html/hpaa197001/index.html（上网时间：2017年4月26日）

三是为了利用太空的实用性，发展产业经济，提高国民福祉。在1964年《科学技术白皮书》中，日本已经认识到太空技术开发与产业发展的关系，认为太空研究开发与产业技术发展、经济增长、国土安全等有关，明确提出未来太空研究的方向要越来越倾向于应对国际经济竞争、维持高水平的技术水平、提升产业技术，并强调"要把太空研究作为国家特殊政策，进行研究"。[1]

四是为创新技术，提升国际竞争力，掌握未来发展的主动权。1959年6月，日本在科学技术会议第一份咨询文件《以今后10年为目标的综合的科学技术振兴的基本方针》中提出，"为了发展经济和提高国民生活水平，迫切期望科学技术能够迅速发展。在这样的形势下，世界各国都在为科学技术的振兴而积极地努力。今天，世界的科学技术正在取得惊人的进步。然而，日本的科学技术现状是：虽然也在强调必须振兴科学技术，但在众多的领域中却正拉大与世界水平的差距，这已成为日本今后发展产业和提高社会福利的主要障碍。"[2] 1962年，日本明确提出，太空技术开发意味着重要科技的国际竞争力处于世界水平，并在1962年《科学技术白皮书》中规定，"世界很快就要进行技术改革，现有技术的改进每天都在进行，如果仅仅依靠现有技术的改革就会被淘汰。太空开发研究不仅是改进现有技术，也是创新新技术，为未来国际技术竞争创造实力。"[3] 在1968年《科学技术白皮书》中，日本进一步强调，"在这个所谓国际化的时代，日本要想增强国际

---

[1] 文部科学省，『昭和37年版科学技術白書』，昭和39年9月28日，http://www.mext.go.jp/b_menu/hakusho/html/hpaa196401/index.html（上网时间：2017年4月26日）

[2] 张利华著：《日本战后科技体制与科技政策研究》，北京：中国科学技术出版社，1992年版，第140页。

[3] 文部科学省，『昭和37年版科学技術白書』，昭和37年9月28日，http://www.mext.go.jp/b_menu/hakusho/html/hpaa196201/index.html（上网时间：2017年4月26日）

第二章 太空开发与日本的技术发展

竞争力，促进社会发展，就必须创造出自己的技术。"①

五是为了确立日本的国际地位。1968 年《科学技术白皮书》规定，太空技术开发必须为"确保日本的国家利益、确立日本的国际地位作贡献"。②

但是，日本作为太空开发领域的"新人"，一是技术能力远远不能支撑日本太空事业的发展需求，日本政府只能紧紧围绕"技术需求"制订太空科技开发政策。二是日本缺乏开发经验，尤其是缺乏开发运载火箭和人造卫星的能力，正如日本在 1974 年《科学技术白皮书》中所说，"在开发卫星发射用 N 型火箭的过程中，我国缺乏足够的开发经验。在开发时间有限的约束下，需要利用美国技术。"③ 三是基于明治维新的历史，日本认为，从发达国家引进技术是发展技术的最佳方法，并把这种发展模式视为"开放体制"，是日本发展技术的特征。在 1964 年《科学技术白皮书》中明确提出，"从发达国家引入已经开发的技术，是短期内恢复技术能力、增长生产力、发展产业的好办法"，"日本自明治维新以来，从美欧等国家积极引入先进技术，努力将这些外国技术消化吸收，迅速缩短了逾百年的技术差距，基本实现了与外国技术的同等标准水平。"④ 因此，日本政府最终改变了过去完全

---

① 文部科学省，『昭和43年版科学技術白書』，昭和44年3月，http://www.mext.go.jp/b_menu/hakusho/html/hpaa196901/index.html（上网时间：2017年4月26日）

② 文部科学省，『昭和43年版科学技術白書』，昭和44年3月，http://www.mext.go.jp/b_menu/hakusho/html/hpaa196901/index.html（上网时间：2017年4月26日）

③ 文部科学省，『昭和49年版科学技術白書』，昭和49年7月，http://www.mext.go.jp/b_menu/hakusho/html/hpaa197401/index.html（上网时间：2017年4月26日）

④ 文部科学省，『昭和37年版科学技術白書』，昭和39年9月28日，http://www.mext.go.jp/b_menu/hakusho/html/hpaa196401/index.html（上网时间：2017年4月26日）

依靠自身力量实现独立发展的政策立场，转而采取了依附美国的政策，确立并开始长期执行以"技术赶超"为核心的太空技术开发政策，寻求通过引进、消化、模仿美国技术，将美国技术转变为日本的自主技术。不过，日本只是把引进技术作为短时间内提升技术水平、实现先进技术能力的过渡性措施，其最终目标仍是要实现技术自主。在1968年《科学技术白皮书》中，日本强调，"为了在短时间内实现高水平的技术开发，有必要引入并采用其他国家的先进技术，这是有效的技术开发方法，但同时要确保自主开发技术。"① 1962—1976年日本《科学技术白皮书》中与太空技术发展有关的政策内容详见表2.1。

表2.1　1962—1976年日本《科学技术白皮书》中与太空技术发展有关的政策内容

	以太空开发推进技术发展的主要政策内容
1962年版《科学技术白皮书》②	"太空是日本的新科学领域中的科学技术前沿"，"太空是当前科学的重要领域"。 "与太空研究开发有关的技术领域非常广泛，太空开发领域的进步，将意味着综合科技的大幅提升。从这个意义上说，太空发展是必须特别强调的科学和技术前沿。""研究太空，将了解太空与物质、太空与生命进化的全过程，这是科学的基本目标。""太空可以证明自然进化和生命现象，这是科学的最大目标之一。""太空研究开发，是第一次把非常广域的科学和技术结合起来进行研究开发。""参与国际太空研究开发合作，意味着这些重要科技的国际竞争力也处于世界水平。""世界很快就要进行技术改革，现有技术的改进每天都在进行，如果仅仅依靠现有技术的改革，就会被淘汰。""太空开发研究，不仅是改进现有技术，也是创新新技术，为未来国际技术竞争创造实力。"

---

① 文部科学省，『昭和43年版科学技術白書』，昭和44年3月，http://www.mext.go.jp/b_menu/hakusho/html/hpaa196901/index.html（上网时间：2017年4月26日）

② 文部科学省，『昭和37年版科学技術白書』，昭和37年9月28日，http://www.mext.go.jp/b_menu/hakusho/html/hpaa196201/index.html（上网时间：2017年4月26日）

第二章 太空开发与日本的技术发展

续表

	以太空开发推进技术发展的主要政策内容
1964年版《科学技术白皮书》①	"太空研究,越来越倾向于应对国际经济竞争、维持高水平的技术水平、提升产业技术。""国防、太空、原子力研究,要基于国防必要性,作为国家特殊政策进行研究。" "从发达国家引入已经开发的技术,是短期内恢复技术能力、增长生产力、发展产业的好办法。""日本自明治维新以来,从美欧等国家积极引入先进技术,努力将这些外国技术消化吸收,迅速缩短了逾百年的技术差距,基本实现了与外国技术的同等标准水平。"
1968年版《科学技术白皮书》②	"当今的时代,没有科学技术,就没有经济的发展和国民生活的提高。科学技术不仅关乎现在的经济和社会,也关系到未来发展。""在这个所谓国际化的时代,日本要想增强国际竞争力,促进社会发展,就必须创造出自己的技术。" "阿波罗8号载着3位宇航员成功返回地球,是集合了火箭技术、制导技术等综合的超精密技术的成果,是科学技术的胜利。" "太空科学技术的进一步将为提升人类未来福祉提供新的可能性,是提高一个国家科学技术水平的源动力。……为此,在美国、苏联、法国、英国等发达国家,都把太空开发作为一项国家工程,确立具体的发展目标,建立开发体制,大力投资,大力推进。" "在第一次太空开发审议会的答辩中阐明了日本太空开发的意义:一是为了探明太空的真相,推进自然科学的发展。二是利用太空的实用性,提高国民福祉,发展产业经济。三是提高科学技术水平,开发新技术,因为太空开发涉及多领域的综合科学技术,有利于利用综合运用先进的科学技术,也有利于开发综合的先进科学技术,提升科学技术的整体水平,是开发创造新技术的源动力。四是为确保日本的国家利益、确立日本的国际地位作贡献。" "为了在短时间内实现高水平的技术开发,有必要引入并采用其他国家的先进技术,这是有效的技术开发方法,但同时要确保自主开发技术。"

① 文部科学省,『昭和37年版科学技术白书』,昭和39年9月28日,http://www.mext.go.jp/b_menu/hakusho/html/hpaa196401/index.html(上网时间:2017年4月26日)

② 文部科学省,『昭和43年版科学技术白书』,昭和44年3月,http://www.mext.go.jp/b_menu/hakusho/html/hpaa196901/index.html(上网时间:2017年4月26日)

续表

	以太空开发推进技术发展的主要政策内容
1969年版《科学技术白皮书》①	"太空开发和原子能开发、海洋开发是先导的技术领域,材料技术、电子技术、情报处理技术等是基础科学技术。""太空开发的科技领域成果是综合成果,引领着其他科学技术的进步,有利于提升科学技术水平,有利于开拓科技新领域"。 "太空开发的目标是,开拓新领域,提高科学技术水准。" "太空开发技术会产生波及(连锁)效果。太空开发需要综合运用广泛领域的科学技术,需要各个领域的先进科学技术。太空开发已经成为一种提高基础科学技术的水平和发展新技术的驱动力,如材料技术、加工技术、高温高压技术、电子技术、测量技术等。" "日本太空开发当前最大的问题是火箭的精确制导技术。在日本,制导控制技术的开发滞后于火箭体的发展。实用卫星需要将卫星精确地定位到一个预定的轨道上,现在必须开发高端技术。"
1973年版《科学技术白皮书》②	"太空开发是承载明日的科学技术,是面向有希望的社会的科学技术"。"所谓面向有希望的社会的科学技术,就是为了实现一个充满希望的社会,科学技术不仅可以有助于解决现实问题,也可以应对各种未来的需求,有进一步探索新领域的强烈期望。""所谓先导(领先)的科学技术,就是整体提高科学技术水平,支持开展共同的、基础性的科学技术培育。先进科学技术的开发必须突破科学技术在创新过程中的诸多障碍,其取得的成果对其他科学技术的开发起着主导作用,并产生波及(连锁)反应。" "要推进的科学技术领域共8个:原子能开发、太空开发、海洋开发、生命科学、材料技术、电子技术、极限技术、标准测量技术等。"

---

① 文部科学省,『昭和44年版科学技術白書』,昭和45年3月,http://www.mext.go.jp/b_menu/hakusho/html/hpaa197001/index.html(上网时间:2017年4月26日)

② 文部科学省,『昭和48年版科学技術白書』,昭和48年4月,http://www.mext.go.jp/b_menu/hakusho/html/hpaa197301/index.html(上网时间:2017年4月26日)

第二章　太空开发与日本的技术发展

续表

	以太空开发推进技术发展的主要政策内容
1974年版《科学技术白皮书》①	"以多用途为目的的太空开发。""要求开拓新领域，科学解释太空的各种现象，进行以通信广播、气象观测、地球观测为目的的太空开发利用。"
1976年版《科学技术白皮书》②	"近年来，社会经济对科学技术的需求日益多样化和复杂化，要解决这个问题，需要科学技术为之做贡献，需要明确研究开发目标，需要多个研究领域共同合作，进行全面系统的努力。""近年来，随着太空技术的急速进步，太空开发成为人类新的活动领域，相继实现了科学卫星、通信和气象等实用卫星、载人月球探测、小行星探测等人类新太空活动。人类要发展，越来越不可缺少的就是利用太空。"

资料来源：根据文部科学省公开资料整理。

可以说，20世纪50年代至70年代末的日本要求改善自我，并把这种决心引导到技术追求上来。日本以太空领域作为切入点，以一种获得高水平的科学技术和质量控制的信念，从西方移植先进且复杂的科学技术并不断加以改进。这一时期日本的太空科技发展基本上是同一个路子：引进技术、专利或设备→学习技术→消化吸引技术→改进提高技术→创造国产技术、专利或设备。这一技术模式被日本原通产省经济研究所所长小宫隆太郎比喻为"一号机组进口、二号机组国产"。③ 保罗·肯尼迪在《大国

---

① 文部科学省，『昭和49年版科学技術白書』，昭和49年7月，http://www.mext.go.jp/b_menu/hakusho/html/hpaa197401/index.html（上网时间：2017年4月26日）

② 文部科学省，『昭和51年版科学技術白書』，昭和51年，http://www.mext.go.jp/b_menu/hakusho/html/hpaa197601/index.html（上网时间：2017年4月26日）

③ ［日］小宫隆太郎等著，黄晓勇等译：《日本的产业政策》，北京：国际文化出版公司，1988年版，第46页。

的兴衰》中总结，正是有了日本对技术的扶持，才有了日本在这一时期的发展。他在书中写道，"日本的成功得益于通商产业省对新兴企业和技术发展的扶持，以及对陈旧和衰败企业进行的有条不紊的淘汰。"①

二、以"实现技术自主"为目标的"先导性和基础性的科学技术"

20世纪80年代初，日本科技政策出现重大转变。1980年3月，日本通产省在题为《80年代通商产业政策》文件中提出了"技术立国"方针。这意味着日本对其科技发展方向做出重大调整，日本的科技政策从主要依靠从外国引进技术，转变为"自主开发技术"，标志着日本开始走上科技创新道路，开始构建自己的科学技术体系。这种转变的主要背景在于：一是日本科技取得重大进步，日本科技发展已经接近甚至在有的方面已经超过美欧先进水平。自80年代开始，日本信心满满，认为从明治维新以来，一直把追赶美欧先进国家作为自己的奋斗目标，现在已经达到了这个目标，日本将从此结束追赶，把科技作为实现国家战略目标的重要手段。日本有人狂言，"日本的尖端技术控制着美、苏军事力量的心脏。日本应利用高新技术这张王牌在国际上纵横捭阖，推行自主的外交战略"，② 透着从"科技霸权国"变为"政治霸权国"的逼人气息。二是从1979年开始，美国、英国、加拿大等西方国家先后陷入经济危机，生产出现长期大幅衰退，

---

① ［英］保罗·肯尼迪著，王保存、王章辉、余昌楷译：《大国的兴衰：1500—2000年的经济变革与军事冲突》（下），北京：中信出版社，2014年版，第155页。

② 冯昭奎著：《经济科技纵横谈》，北京：中国轻工业出版社，1994年版，第108页。

第二章 太空开发与日本的技术发展

引发全球性的技术和贸易保护主义，越来越多的国家把发展科技作为实现其国家战略目标的重要手段。以科技带动综合国力发展，日益成为具有普遍意义的世界性命题。为了继续保持并巩固世界科技和经济强国的地位，日本把实现自主技术作为"打开日本今后面临的许多制约的关键"。①

从1980年开始，在"科技立国"战略下，日本把科技开发的重点放在基础研究和开发尖端性自主技术上，把太空技术开发作为80年代有望取得成果的重点科学技术领域，在1980年《科学技术白皮书》中提出了太空技术开发的三个基本原则：一是太空开发既要满足社会需要，也要与国力保持一致；二是要通过确保太空开发的自主性，实现太空的稳定发展和自由发展；三是协调世界的太空开发，促进日本太空开发在国际上的高水平发展。②从1981年开始实施《下一代产业基础技术的研究开发制度》，把太空技术作为下一代新兴产业发展不可缺少的基础技术，计划用长达10年左右的时间，投入巨额资金进行研究开发。③在1981年《科学技术白皮书》中，日本重新界定了在科技立国战略下太空开发与技术发展的关系，明确规定，"通过推进太空领域的研究开发，培育新的技术创新种子，对推动许多科学技术的进步起到主导作用，支持基础科学技术的研究开发。"④ 1982年《科学技

---

① 宋绍英：《论日本的"科技立国"战略》，载于《现代日本经济》1984年第3期。

② 文部科学省，『昭和55年版科学技術白書』，昭和55年，http://www.mext.go.jp/b_menu/hakusho/html/hpaa198001/index.html （上网时间：2017年4月26日）

③ [日]小宫隆太郎等著，黄晓勇等译：《日本的产业政策》，北京：国际文化出版公司，1988年版，第203页。

④ 文部科学省，『昭和56年版科学技術白書』，昭和56年，http://www.mext.go.jp/b_menu/hakusho/html/hpaa198101/index.html （上网时间：2017年4月26日）

术白皮书》中提出,"太空开发是先导性和基础性科学技术,为的是推进自主技术开发。"①

1983年美国提出的"星球大战"计划,成为太空开发向前沿科技领域进军的一个重要历史转折点。美国"星球大战计划"的初衷是通过采取强硬的军事政策,以实力求和平,确立美国对苏联的战略优势。但是,这场源于军事的太空开发计划最终却推进了美国的新技术革命,使美国在信息科学、能源科学、材料科学、资源科学和生命科学等方面取得巨大成就。这是因为美国政府不仅把太空当作美国的战略边疆,也把太空开发当作了美国的技术边疆,不仅要在太空开发中创造高新技术,也要将高新技术用于太空开发中,保持美国在太空领域的技术领先,进而保持美国在世界的技术领先。里根在1982年的国情咨文中明确提出,"没有任何地方比我们的下一个边疆——太空——更为重要。在其他地方,我们不能有效地显示我们技术上的领先地位以及我们使地球上的生活变得更加美好的能力。太空时代的到来不过四分之一个世纪,我们就已经以我们在科学技术方面的进步将文明推向前进了。"②"高新技术是我国开拓的而且现在仍居领先地位的领域……本届政府决心保持我国现在在世界上的技术领先地位并一直保持到21世纪。"③最重要的是,"星球大战"计划是一个庞大而复杂的系统工程,涉及几乎所有的高新技术领域,包括精密探测跟踪、雷达识别和光学识别、雷达成像和光学成像、红外探

---

① 文部科学省,『昭和57年版科学技術白書』,昭和57年,http://www.mext.go.jp/b_menu/hakusho/html/hpaa198201/index.html(上网时间:2017年4月26日)

② 梅孜编译:《美国国情咨文选编》,北京:时事出版社,1994年版,第704页。

③ 梅孜编译:《美国国情咨文选编》,北京:时事出版社,1994年版,第691—692页。

第二章 太空开发与日本的技术发展

测、定向能、控制和通信、计算机、微处理机、传感器与预警系统及控制、大规模集成电路与超高速集成电路、智能等技术。"星球大战"计划的实施不可避免地要推动全球高新技术的发展，逐渐发展成为以信息技术、新材料技术、新能源技术、太空技术、海洋技术、生物技术六大高技术为主要内容的全球性技术革命。

美国太空开发向前沿科技领域的转向对世界产生巨大影响。苏联和西欧国家纷纷制订各自旨在发展高新技术的太空发展计划，都把发展高新技术作为21世纪振兴国家的大计，竞相发展并占领太空技术前沿、争夺高新技术优势。西欧国家积极发展本国的高新技术，先后制订了各自的技术计划，如法国的"振兴电子工业发展计划"（1982—1986年）、英国的"阿尔维计划"（1983—1987年）、联邦德国的"信息技术开发计划"（1984—1988年）等。同时，西欧开始把欧洲一体化拓展至太空领域，开始加强西欧国家间的太空开发合作，联合发展高新技术。1985年，在法国的倡导下，[①] 欧洲制订了一项联合开发太空高新技术的总体发展战略，即"尤里卡计划"（也称为"西欧高科技合作计划"）。其核心就是西欧国家联合起来，超越国界，集中各国的资金和技术共同开发太空高新技术。该计划得到了西欧国家的普遍欢迎，参加国超出了欧洲共同体的范围，一共有19个国家参加，不仅有欧共体的12个成员国，也有奥地利、芬兰、挪威、瑞典、瑞士、冰岛等非欧共体国家。"尤里卡"计划重点发展的是微电子技术、光电子技术、新材料技术、高能激光技术、生物工程技术、巨型电子计算机和人工智能技术等。以"尤里卡"计划为基础，欧洲又发展出了

[①] 1985年4月，法国总理密特朗提出了"技术欧洲"的思想；4月23日，西欧在波恩召开首脑会议，该次会议为"尤里卡计划"奠定基础。1985年7月17日，西欧在巴黎召开了外交部和科学部长会议，一致通过了"尤里卡"计划。

"欧洲信息技术研究与发展战略计划（1984—1988 年）"、"联合欧洲半导体硅计划"（JESSI）等欧洲合作计划。

世界各太空国家以太空科技创新带动高新技术发展的动向，让日本进一步深刻认识到了太空科技对高新技术创新的重要性，促使日本把太空开发作为尖端性自主技术予以全力推动。20 世纪 80 年代中期，日本科学技术会议提出的中心研究开发领域有三个，其中一个就是太空开发，并强调要把太空技术作为尖端科学技术，是"创造通往 21 世纪的新技术"。[①] 1986 年日本制订的《科学技术政策基本大纲》，则把太空技术定位为"有希望的基础性和先导性的科学技术"，把太空技术列为未来 10 年重点研究开发领域，予以大力推进。[②] 1989 年，日本科学技术政策提出了研究"超高速运输用推进系统"的研究课题。1992—1994 年，在泡沫经济破灭、政府科技预算史无前例削减的情况下，日本仍然投入大笔资金，建立了在性能和能力上超过欧美先进水平的世界一流太空研究实验设施，包括建成了世界上最大的地下微重力实验中心（JAMIC）。

上述调整表明日本的科技发展重点发生转移，从长期以来注重技术复制、模仿、引进、消化、吸收和改进，转向重视原创性技术。说明日本已经不再满足于通过模仿和改进来改善自我，而是要求通过发展日本自主技术体系、发展本国科技力量来改变自我，摆脱对美国等西方国家的技术依赖。日本把太空领域作为开创新技术和新知识的源泉，谋求建立自主技术开发体系，开发自

---

① 宋绍英：《论日本的"科技立国"战略》，载于《现代日本经济》1984 年第 3 期。

② 刘孟洲：《八十年代日本的科技政策、科研投入及科研活动》，载于《日本研究》1994 年第 2 期。另可参见文部科学省，『昭和 63 年版科学技術白書』，昭和 63 年，http://www.mext.go.jp/b_menu/hakusho/html/hpaa198801/index.html（上网时间：2017 年 4 月 26 日）

己的基础技术和核心技术，实现科技自立，增强产业的竞争能力。

三、以"实现自主技术创新"为目标的"国家战略技术"

20世纪90年代中期，日本再次对科技政策进行重大调整。与80年代意气风发、充满自信的日本不同，此时的日本对科技政策进行调整的背景是因为日本陷入了进退维谷的困境，需要重新找回自信。90年代，日本泡沫经济崩溃，经济长期不景气，国民生产总值持续下滑。与此同时，世界进入"知识经济"时代。知识经济时代的主要特征，就是通过对知识与信息的生产、分配和合作，推动经济的增长。世界科技迅猛发展，科技竞争愈加激烈。日本政府清楚地认识到，世界的经济竞争其实就是科技实力的较量。面对挑战，日本政府为了维护经济大国的地位，只能继续调整科技政策。正如保罗·肯尼迪在《大国的兴衰》中所说的，"由于1945年以来在国家发展中取得了巨大成功，这个国家（作者指的是日本）在全球经济和强权政治格局中享有一种独特的、非常有利的地位。但是，日本感到这种地位也是一种极其微妙的、极其脆弱的地位，一旦国际形势发生变化，就会受到严重破坏。因此，从东京的观点来看，可能发生的最好情况，首先是造成'日本奇迹'的那些因素继续存在。"[①] 因此，1995年，日本在二战后首次颁布《科学技术基本法》，把"科技立国"战略升级为"科技创新立国"战略，正式将"科技创新立国"定为日

---

① [英]保罗·肯尼迪著，王保存、王章辉、余昌楷译：《大国的兴衰：1500—2000年的经济变革与军事冲突》（下），北京：中信出版社，2014年版，第198—199页。

本的基本国策。这不仅标志着日本真正有了具有计划性的科技政策，也标志着日本在经过技术赶超美欧后，进入发展独创性科学技术的新阶段。1996年，日本政府制订出台了二战后首份五年科技发展规划《科学技术基本计划》，之后又于2001年、2006年、2011年分别制订了三份《科学技术基本计划》，把科技作为对未来的先行投资，强调通过基础研究和科技创新，实现科技立国、领先世界。在1998年版《科学技术白皮书》中，日本政府在二战后首次对技术创新与经济发展的关系做了定义，"日本经济社会正面对一个前所未有的巨大变动。要在经济长期停滞的背景下，努力寻求重建日本整个经济社会体系，现有的经济社会体系正在引起制度疲劳。技术创新已经成为开拓新市场、提高生产力、经济发展的重要源泉。"[1]

与科技政策的调整相适应，日本政府对90年代太空开发在科技发展中的角色定位进行升级，重新设计太空开发活动的长期发展规划。日本在1992年《科学技术政策大纲》中提出要振兴基础科学和推进重要领域的研究开发，并把太空科学技术作为优先推广的"基础性和先导性的科学技术"。[2] 在1998年版《科学技术基本规划》中，日本把太空科学技术及其与太空相关的物质与材料科学、微小控制和超高精度测试等列为科技重点发展领域和重点项目。2001年9月，日本综合科学技术会议制订了"8个优先科技领域的推进战略"，太空被作为"前沿领域"予以推进。[3]

---

[1] 文部科学省，『平成10年版 科学技術白書』，平成10年5月，http://www.mext.go.jp/b_menu/hakusho/html/hpaa199801/hpaa199801_1_002.html（上网时间：2016年12月23日）

[2] 文部科学省，『平成4年版科学技術白書』，平成4年9月，http://www.mext.go.jp/b_menu/hakusho/html/hpaa199201/index.html（上网时间：2016年12月23日）

[3] Saadia M. Pekkanen, Paul Kallender Umezu: *In Defense of Japan: from the Market to the Military in Space Policy*, Stanford University Press, 2010, p. 34

第二章 太空开发与日本的技术发展

在 2003 年版《科学技术基本计划》中，日本将太空运输系统和海洋地球观测和勘探系统作为国家的核心技术，要求保持通过太空运输系统向太空独立发射人造卫星的能力，以实现强化国际竞争力、将太空开发利用产业化的目标。① 2004 年，日本综合科学技术会议明确提出了太空技术是"国家战略技术"的概念。在这次综合科学技术会议上，日本制定了 21 世纪的第一份太空政策"日本太空开发应用基本战略"。在这份基本战略中，日本明确提出，太空开发利用是一种集各种高技术于一体的、具有代表性的巨型系统技术，它能确保日本在国际社会的自主性，能对日本经济社会产生广泛的波及效果，也能通过太空开发新的边疆，为增加国家的自豪感做贡献。日本要科技立国，就要把太空开发利用作为国家持续发展的基础，放在"重要的国家战略技术"的位置上。② 至此，太空开发在日本科技发展中的角色定位，从"先导性和基础性的科学技术"升级为"国家战略技术"。

所谓战略技术，就是具有重大战略意义的高新技术，是处于当代高新技术前沿，对推动国家科技进步、经济和社会持续发展，增强国防实力起先导和巨大推动作用的技术群，是国家科技创新能力的集中体现。③ 战略技术的最大特点，一是具有战略前沿性。战略技术处于世界科技发展前沿，能够带动相关产业技术的发展，引发技术或产业变革。二是具有密集性。战略技术具有

---

① 内閣府，『科学技術基本計画』，平成 18 年 3 月 18 日，http://www.8.cao.go.jp/cstp/kihonkeikaku/honbun.pdf（上网时间：2016 年 12 月 23 日）

② 文教科学技術調査室，『H-ⅡA ロケット打上げと日本の宇宙政策』，2005 年 2 月 23 日，国立国会図書館 ISSUE BRIEF NUMBER 470，http://www.ndl.go.jp/jp/diet/publication/issue/0470.pdf#search=%27%E3%83%AD%E3%82%B1%E3%83%83%E3%83%88%E7%94%A3%E6%A5%AD%E6%94%BF%E7%AD%96%27（上网时间：2017 年 2 月 23 日）

③ 陆军：《发展战略高技术的意义与思路》，载于《江苏科技信息》2006 年第 2 期。

知识密集、人才密集、资金密集、信息密集等高新技术的特点，是新产业革命和新军事变革的重要技术基础，也是国际科技和经济竞争的制高点，与国家科技和经济发展密切相关。[①] 日本把太空开发定位为战略技术，意味着太空开发既关系到日本的科技创新，也关系到日本的产业竞争力和日本的国家安全，是日本要重点突破的高新技术领域。日本的目标很清楚：（1）突破。因为太空是世界科技发展前沿，日本要瞄准这一国际技术前沿，进入太空高技术领域的先进国家行列，达到并保持世界先进技术水平，提升日本科技实力和综合竞争力，使日本成为重要国际科技前沿的领先国家。为此，日本必将着眼于国家的长远利益和发展，战略性选择重大开发项目，采取优势集成战略，集中力量，针对重大项目进行集中突破。（2）带动。对太空领域，日本采取自主创新战略，加速形成日本自主技术创新能力，以自主技术为主解决科技可持续发展能力问题，引发并带动日本相关技术与产业变革，形成新的技术和产业增长点。

所以，日本政府对 90 年代的太空科技政策进行了新的调整。一是把太空开发和原子能、海洋开发一起列入国家大型计划，把太空开发作为"国家战略国策大力投入的项目"。[②] 二是在 90 年代制定的《科学技术基本法》《科学技术发展大纲》《科学技术基本计划》和《科学技术白皮书》等政策文件中，日本更加频繁使用"创造""创新"等字眼，强调创造科学技术和科学技术创新。三是太空技术开发的目标进一步拓展，从与日本科技发展、经济发展、国民生活改善、国际竞争力有关，拓展到与人类发展、与

[①] 陆军：《发展战略高技术的意义与思路》，载于《江苏科技信息》2006 年第 2 期。

[②] 新浪网，《科技立国领先世界——访日本文部科学大臣河村建夫》，2003 年 11 月 20 日，http：//news.sina.com.cn/w/2003-11-20/15121156661s.shtml（上网时间：2017 年 1 月 23 日）

国际社会稳定、与创造未来技术和产业有关。1993 年，日本太空开发委员会制定了题为《迈向新世纪的太空时代》报告书。该报告提出了日本未来 15 年太空技术开发的五个目标，分别是：探究未知太空，扩大人类的知识前沿，创造新的文化；确保人类生活，扩大人类活动领域；开发先进的太空技术，创造未来的新技术和新产业；加深国际上的相互理解和相互依赖，为国际社会的稳定和发展做贡献；培养支持人类社会发展的下一代人才。[1] 在 1998 年《科学技术白皮书》中，日本政府明确提出，在变革时代，太空技术可以转为民用，对国民生活做出贡献，要用于创造文化，唤醒国民探索未知的渴望。四是日本政府对太空开发项目的管理也出现变化。20 世纪 90 年代之前，日本科技政策中涉及太空科技的内容比较笼统模糊，没有优先选择。90 年代中期后，这种情况发生改变。科技政策中涉及太空科技的内容开始变得具体，有了优先顺序、重点项目、重点目标和具体实施要求。日本经团联会长谷口一郎评价，"日本政府这么做的目的，是因为只有科学才是支持日本的资源，没有科学技术，日本就没有资源。太空开发始于最先进的技术，通过推进这些技术可以促进国家利益，就像美国、欧洲、俄罗斯、中国、韩国、印度等一样，将太空开发放在重要的国家战略的位置上。"[2]

日本的上述调整，是 80 年代科技战略调整的延续和升级，表明日本的科技发展重点从重视原创性技术转向创造引领世界的新技术和新知识，愈加强调基础技术和应用技术的协调发展。

---

[1] 文部科学省，『平成 6 年版科学技術白書』，平成 6 年 11 月，http://www.mext.go.jp/b_menu/hakusho/html/hpaa199401/index.html（上网时间：2016 年 12 月 23 日）

[2] JAXA，『谷口一郎：「日本の宇宙開発・利用とビジネス」』，http://www.jaxa.jp/article/interview/vol31/index_j.html（上网时间：2017 年 1 月 23 日）

四、以"实现国家权力地位"为目标的"国家战略的重要边疆"

进入21世纪10年代,国内外形势对日本科技领先地位形成巨大压力。世界科技形势发生重大变化,出现了全球科技创新,颠覆性技术开始引领时代潮流。颠覆性技术最早是由克里斯蒂森(Christensen)在其1955出版的《创新者的困境:当新技术导致大企业失败时》书中提出的一个概念。颠覆性技术被定义为以意想不到的方式取代现有主流技术的技术。[1] 也就是说,颠覆性技术不是对现有技术进行增量式改进后获取的技术,而是在创新活动中获取的变革性技术。颠覆性技术最大的特点就是不仅应用于商业领域,也应用于军事领域,是"颠覆性军事技术"。[2] 此外,日本是科技革命的受益者。第二次科技革命,美国成为世界工业一号强国,德国崛起,日本建立了工业化。第三次科技革命,美国为首的西方国家进入工业化成熟期,日本实现了经济的腾飞。基于变化了的国际形势和历史上的国内经验总结,日本政府更加重视科技创新的核心引擎和第一动力作用,通过制定新的国家创新战略抢占未来制高点。新制订的科技战略着眼于日本的经济增长和未来战略布局,不仅强调日本的科技创新能力,更突出强调通过科技创新实现变革。2013年6月,日本政府制订了二战后首份《科学技术创新综合战略》,提出要解决日本经济再增长、人口减少、少子老龄化和全球环境问题等诸多难题,需要增强科学技术创新的作用;日本要从"智能化、系统化、全球化"的角

---

[1] Yu D. Hang C. C.: A reflective review of disruptive innovation theory, [J], *International Journal of Management Review*, 2010, 12 (4), pp. 435–452.

[2] Christensen C.: *The innovator's dilemma: when new technologies cause great firms to fail* [M]. Harvard Business School Press Boston, USA, 1997.

度，推动科技创新。① 2014年5月，日本政府对综合科学技术会议进行改革，更名为"综合科学技术创新会议"，并将其作为日本再增长战略和科学技术创新战略的"司令塔"。2015年《科技白皮书》则明确提出，要迎接开放科学时代的到来，不断促进创新，加快知识创造。2016年1月和5月，日本先后制订《第5期科学技术基本计划》和《科学技术创新战略2016》，提出了"超智能社会5.0战略"，强调要把日本变成"世界上最创新友好的国家"。

太空开发成为日本政府确定的科技创新主攻方向之一。日本之所以做出这样的战略选择，主要原因在于以下因素。

第一，日本虽然一直追求技术自主，但在政策方向上始终追随美国。美国是世界科技实力最强的国家，也是科技创新力最强的国家。美国把创新主攻方向放在前沿领域，把太空项目作为面向未来发展的前沿技术重点突破，② 日本必然效仿。

第二，太空开发的技术特点与全球科技创新的特点相吻合，太空开发技术是创造性的知识密集型技术，需要以高技术能力为基础，运用系统工程学，全面实现机械、化学、电气、电子、物理、软件设施等技术的整合。

第三，世界太空发展态势出现新的重大变化，太空科技领域再次成为国家竞争的重要舞台。太空领域的国家竞争始于美苏两国，主要目的是争霸世界。冷战结束初期，俄罗斯太空实力大大削弱，世界上没有任何一个国家可以与美国太空技术实力相抗

---

① 内閣府，『科学技術イノベーション総合戦略～新次元日本創造への挑戦～』，平成25年6月7日，http://www.8.cao.go.jp/cstp/sogosenryaku/index.html（上网时间：2016年12月28日）

② 美国优先突破的重点关键技术有四个：分别是应对经济和社会发展挑战的关键技术、面向未来发展的前沿技术、具有全局性战略意义的通用技术、社会民生应用技术，重点支持清洁能源、先进制造、航空航天、网络和技术、纳米材料等技术项目。

衡，美国成为世界太空超强的单极。但是，21世纪初，世界开始了新一轮的太空竞争。除了美、欧、俄、日等传统太空国家，中、印等新兴太空国家也都把太空科技创新作为推动未来科技和经济社会可持续发展的核心力量，纷纷推出本国（地区）的太空发展新战略与规划，加大太空科技创新投入，积极扶持并推动太空技术发展，谋求以太空引领科技领域的革命性转变，实现经济复苏和可持续发展。结果是，世界格局的多极化发展趋势被折射到太空科技领域，冷战结束后美国一超独霸的旧格局正被打破，世界向多极化方向发展，各国都在积极争取未来新格局中的有利战略地位。太空竞争的核心是以何种方式实现对某一领域的统治、实现国家利益的问题，正如罗伯特·基欧汉和约瑟夫·奈所言，"这是一个经典政治问题——谁统治？以何种形式统治？谁受益？"[1]早在20世纪60年代初，美国总统肯尼迪就曾预言，"争夺太空霸权是未来十年的内容。谁能控制太空，谁就能控制地球。"[2]西欧的一些政治家也认为，"到21世纪，对太空产品的开拓将是重新排列国家地位的决定性因素之一。"[3]法国邮电和太空部长保罗·芬莱斯亦明确提出，"太空是在明天的赌注中居中心地位的一个战略性领域。"[4]贯穿20世纪的近100多年时间里，日本是亚洲唯一的可与西方比肩的科技先进国家，美国著名日本问题学者赖肖尔曾说，"日本是在近代化过程中迈出巨大步伐的唯一非欧洲国家。"[5]但是，随着世界太空力量格局的变化，日本在世界

---

[1] [美]罗伯特·基欧汉，约瑟夫·奈著，门洪华译：《权力与相互依赖》，北京：北京大学出版社，2002年版，第258页。
[2] 王永健著：《超世界太空盾》，北京：解放军出版社，1988年版，第5页。
[3] 王永健著：《超世界太空盾》，北京：解放军出版社，1988年版，第5页。
[4] [美]威廉·丁·德沙著，李恩忠译：《美苏空间争霸与美国利益》，北京：国际文化出版公司，1988年版，第12页。
[5] [美]赖肖尔著，卞崇道译：《近代日本新观》，北京：三联书店，1992年版，第2页。

第二章　太空开发与日本的技术发展

甚至是亚洲的技术存在感逐渐减退，不得不重新思考如何建构自己的国家身份。

所以，日本政府加大了对太空科技创新政策的调整力度，重点从以下三个方面进行了调整。

第一，对太空开发在技术发展中的角色进行强化升级，把太空科技定性为"开创未来的挑战性技术"、"能使经济社会发生巨变的挑战型技术"和"下一代挑战性技术"。2014年1月24日，安倍在186届国会上发表施政演说称，"我们尝试开发太空、海洋、加速器技术的努力将开创日本的未来。（日本）大胆支持能使经济社会发生巨变的挑战型研究开发。"[1] 2016年1月22日，安倍在第190届国会发表施政演说时，明确提出"强有力的经济，若无增长果实，就无法持续分配，必须要创造增长与分配的良性循环。日本今后若要继续强有力地增长，成败就取决于创新。支持太空开发等下一代技术的挑战性研究，通过大幅放宽管制的改革，使新的潜力绽放花朵。"[2]

第二，把太空开发与国家的太空权力和国际存在感紧紧联系在一起，强调太空开发的目的是要维护日本的国际存在感、成为世界上的领导国家。2008年《太空基本法》第6条规定，"（日本）太空开发利用的目的是使日本能够在国际社会扮演主要角色，为在国际社会中推进国家利益做贡献。"[3] 2009年版《太空

---

[1] 首相官邸，『第百八十六回国会における安倍内閣総理大臣施政方針演説』，平成26年1月24日，http://www.kantei.go.jp/jp/96_abe/statement2/20140124siseihousin.html（上网时间：2017年3月31日）

[2] 首相官邸，『第百九十回国会における安倍内閣総理大臣施政方針演説』，平成28年1月22日，http://www.kantei.go.jp/jp/97_abe/statement2/20160122siseihousin.html（上网时间：2017年3月31日）

[3] 内閣府，『宇宙基本法』，平成20年5月28日法律第四十三号，http://law.e-gov.go.jp/htmldata/H20/H20HO043.html（上网时间：2016年12月21日）（上网时间：2016年12月21日）

基本计划》指出，日本要想科技立国，重要的是积极参与太空科技和人类太空活动，成为太空开发的领导国家，并提出了四个领先世界的目标，分别是：在太空科学方面要创建"持续领先世界的科学研究成就"，在人类太空活动方面要创建"持续领先世界的科学成果"，在未来人类太空活动技术积累方面要"领先世界并领导未来人类太空活动技术积累的研究"，通过太空研究开发实现"在世界研究开发中的领先"。[①] 2013 年版《太空基本计划》提出，"日本在太空科学和太空开发中的地位应该是一个领导型国家，有着丰富的经验和技术。日本应该参与太空科学研究开发，寻求科学真相，致力将其扩大到全人类。"同时强调，"通过参加国际空间站项目和其他太空科学与开发活动，日本已经与其他在太空开发方面领先的国家建立了牢固的关系，这些都有助于确保日本在国际舞台上的存在感。"[②] 2015 年版《太空基本计划》也明确提出，"日本有必要将太空开发利用能力作为外交战略的一个重要工具，与国际社会合作，用日本具有优势的宇宙技术为解决全球性问题做贡献，加强我们的外交实力。"[③]

第三，全面细化太空开发在日本科技发展中应该承担的责任分工。一是明确太空科技要为日本经济社会发展服务。在 2016 年 1 月制订的《第五期科学技术基本计划（2016—2020）》中，日本从科技角度重新界定太空与日本经济社会发展的关系，明确提出太空是与日本经济社会发展密切相关的"国家战略的重要边

[①] 内閣府，『宇宙基本計画（平成 21 年 6 月 2 日宇宙開発戦略本部決定）』，http://www.8.cao.go.jp/space/pdf/keikaku/keikaku_honbun.pdf（上网时间：2016 年 11 月 22 日）

[②] 内閣府，『宇宙基本計画』，平成 25 年 1 月 25 日，http://www.8.cao.go.jp/space/plan/plan.pdf（上网时间：2016 年 9 月 11 日）

[③] 内閣府，『宇宙基本計画』，平成 27 年 1 月 9 日，http://www.8.cao.go.jp/space/plan/plan2/plan2.pdf（上网时间：2016 年 12 月 25 日）

第二章 太空开发与日本的技术发展

疆",支撑太空开发、利用、管理的一系列技术都与日本经济社会发展的13个重要政策课题有关,必须要立足长期的视角继续强化。同时,明确规定,太空技术服务日本经济社会发展的重点,是基于太空的定位、观测等各种数据的搜集与解析,为社会提供涵盖能源、交通、制造、通信、医疗等全智能体系服务,实现世界领先的"超智能社会5.0","3D地图、定位数据、气象数据之类的准天顶卫星系统、数据整合及分析系统(DIAS)、公共认证基础(Public authentication infrastructure)等都是日本提供超智能社会5.0所需情报的公共基础设施。"[1] 二是明确太空科技是日本强化产业竞争力、解决日本经济社会问题、日本国家生存的基础。2016年5月24日,日本通过了《2016年科学技术创新综合战略》。该计划明确提出,"支持太空开发、利用和管理的一系列技术,将为日本强化产业竞争力、解决日本经济社会问题、日本国家的生存打下坚实的基础。日本经济社会问题包括三大类:一类是日本经济社会可持续增长和自主发展问题,包括确保日本能源资源和食品安全稳定,解决老龄化社会与少子社会等问题,实现社会可持续发展,提升'日本制造'的竞争力;一类是实现日本国家与国民安全、安心、富裕、高质量生活的问题,包括维持、管理、更新高效和有效的基础设施,实现一个坚强应对自然灾害的社会,解决与国家安全保障有关的各种课题;一类是为解决全球问题、为社会发展做贡献。"[2] 三是要通过太空开发推动基础研究,创造新知识新技术。《2016年科学技术创新综合战略》明确规定,"太空是有利于创造人类共同知识资产的活动领域。

---

[1] 内阁府,『科学技術基本計画』,平成28年1月22日,http://www.8.cao.go.jp/cstp/kihonkeikaku/5honbun.pdf(上网时间:2016年12月26日)

[2] 内阁府,『科学技術イノベーション総合戦略2016』,平成28年5月24日,http://www.8.cao.go.jp/cstp/sogosenryaku/2016/honbun2016.pdf(上网时间:2016年12月29日)

近年来，世界上在安全和民用两个方面利用太空的重要性日愈增加，日本必须以科学技术为基础，整体推进太空的开发利用。要推进卫星定位、卫星遥感、卫星通信广播、太空传输系统、太空科学探测、有人太空活动、太空态势感知等活动，重要的是以科学知识为基础，扎实推进基础技术的研究开发。特别是日本的观测卫星有助于监测全球环境，得到国际社会高度评价，必须稳步推进，确保一贯性。加之日本正在独力开发和配备定位卫星，利用位置情报的太空利用商业正在兴起，必须继续推进。"① 四是要通过太空科技创新，解决日本国家安全保障面对的问题。《第五期科学技术基本计划》提出，"日本周边安全保障战略愈加严峻，为了确保国家和国民安全，最重要的是充分利用日本的各种高技术优势。我们必须要以《国家安全保障战略》为基础，通过相关府省和产学官的合作，通过建立一个合适的国际合作体系，推进必要的技术研究开发，以应对国家安全问题。重点是要研究开发有利于确保日本国家安全保障的技术，包括海洋、太空、网络、国际反恐、灾害应对等技术领域。"②

日本的上述调整，表明其科技发展重点再次发生转移，已经不单局限于技术本身，而是要以技术实力在国际政治中获取、实现并扩大权力，成为在国际体系中发挥主导作用的国家。太空科技领导地位成为日本权力的重要组成部分和战略目标。

---

① 内閣府，『科学技術イノベーション総合戦略 2016』，平成 28 年 5 月 24 日，http：//www.8.cao.go.jp/cstp/sogosenryaku/2016/honbun2016.pdf（上网时间：2016 年 12 月 29 日）

② 内閣府，『科学技術基本計画』，平成 28 年 1 月 22 日，http：//www.8.cao.go.jp/cstp/kihonkeikaku/5honbun.pdf（上网时间：2016 年 12 月 26 日）

第二节 日本太空科技创新的体制

日本的太空科技创新,是由政府投资和主导、依靠计划实施的、指令性的国家战略工程。日本根据太空开发的特点,借鉴美国经验,从法律政策、领导管理、研究开发三个方面构建了自己的太空科技创新体制。该创新体制突出强调的是国家的主导作用,注重自上而下的顶层设计与管理,注重政策的整体性与系统性,注重上下结合、共同推进的整体效果。日本的目的就是规范太空科技创新,对太空科技创新战略进行统一规划、统一领导和统一推动。

一、日本太空科技创新的法律政策体制

法律与政策是一个国家进行战略规划的基础,为战略规划提供了依据、标准和要求。在太空科技创新战略的演进过程中,日本一直把构建法律政策体制作为重点内容,采取先立法,再进行国家层面战略规划的特色做法,形成了以《太空基本法》为支柱的法律政策框架体系。

(一)日本太空科技创新法律政策体制的特色:先立法再规划

日本制订太空战略有一大规律,那就是:先立法,再进行国家层面的战略规划。1969 年 5 月,日本先在国会通过"太空开发仅限于和平利用"法律原则,再于同年 10 月制订出台了二战后首份国家太空开发计划。2009 年在将太空政策升级为国家战略前,日本也是先于 2008 年 5 月通过了《太空基本法》,才在 2009 年 6 月颁布实施了二战后首份国家太空战略《太空基本计划》。

日本之所以这么做，主要原因有三：一是立法赋权。把国家太空战略置于国家法律政策框架之内，赋予国家制订并实施太空开发战略的责任与权利，赋予太空战略及科技创新相关政策的法律效力。二是理顺立法与行政的关系，包括理顺执政党与在野党之间、政府与官僚之间的关系，为太空战略创造巨大的操作空间。因为在日本，太空开发利用的课题横跨多个府省（厅），没有办法通过官僚机构固有的垂直行政结构体系来进行协调，只能通过立法的方式来协调机构间的关系。而且，日本的太空立法是国会立法，超越了执政党与在野党之间的党派利害对立，有利于各政党在太空开发利用的政策理念和基本制度方针上达成基本共识。三是立法动员。通过立法，可以使太空战略成为依靠国家法律规划、实施的国家战略，使日本可以通过自上而下的政策设计和行动，把社会的潜力导向并集中于政府确定的方向上，把国家的人力、财力、物力等资源，用一种类似于战争动员的方式组织起来，瞄准重点领域进行有针对性的能力建设，使政府能够在和平时期进行大规模的政府投资和进行战略实施保障。

（二）日本太空科技创新法律政策体制的特点：三位一体的框架体系

与日本太空开发战略的演进历程有关，日本法律政策体制形成的时间跨度长，期间经过了多次调整变化。

在2008年制订《太空基本法》前，日本的太空开发活动一直都是由科技部门直接领导和管理，太空科技政策也都是由科技部门制订。而且，日本还没有形成太空战略，制定和实施的只是太空开发政策。所以，在这期间，日本太空科技创新形成的是以基本法和政策为主要内容的、两位一体的法律政策框架体系（如图2.1所示）。第一级是基本法，是以国会决议或依据其他法律形式颁布的与太空科技开发有关的法令，包括：1969年以国会决议形式颁布的"太空开发仅限于和平利用"原则和《独立行政法人航天航空研究开发机构法》(也称"JAXA法")。[①] 第二级是太空政策,包括三个方面内容:一是太空长期发展规划,每20—25年颁布一次,重点是对日本太空开发进行长期规划。日本分别于1970年、1984年、2005年制定并发表了3份太空长期发展规划。二是国家太空开发政策,制定的时间和政策名称不完全固定,但都属于太空中短期发展规划。在2001年太空开发体制调整前,该政策的名称是"太空开发政策大纲",通常5年修订一次,日本于1978年制订了首份太空开发政策大纲,之后于1984年、1989年、1996年进行了3次修订。2002年制订了《未来太空开发的基本原则》,2004年修订出台了《日本太空开发利用的基本战略》。三是部门发展规划,重点是JAXA的科技发展规划。2003年和2005年,文部科学省和JAXA分别制订出台了两份文件——《日本太空活动的长期计划》和《JAXA2005—2012年航空航天长期规划》,都是针对JAXA未来科技开发的长期规划。

2008年《太空基本法》制订后,日本解除了"太空开发仅限于和平利用"的禁锢,开始全面开发利用太空,制订了旨在全面开发利用太空的国家战略。同时,日本还通过多次太空开发体制调整,不断强化国家对太空的一元化决策领导和管理,使JAXA成为支持整个政府太空开发利用的技术核心部门,实现了太空政策与国家战略的一致性和整体性,确保太空政策能由上至

[①] 2003年,日本将太空开发事业团、航空航天技术研究所和航空航天研究所合并成为"日本航空航天开发机构"时,颁布了《独立行政法人航天航空研究开发机构法》,并于2012年进行了修订。在JAXA成立之前,日本主要执行的基本法包括:1969年国会决议、1968年4月日本第58届国会通过的《太空开发委员会设置法》、1969年6月日本第61届国会通过的《太空开发事业团法》。2001年太空开发体制调整和2003年JAXA成立后,《太空开发委员会设置法》和《太空开发事业团法》相应废止,不再执行。

下一抓到底。由此，日本太空科技创新形成了以基本法、战略、政策为主要内容的三位一体的法律政策框架体系（如图 2.1 所示）。第一级是基本法，是以国会立法或依据其他法律形式颁布的与太空科技开发有关的法令，包括：《太空基本法》和《独立行政法人航天航空研究开发机构法》。重点是阐述日本太空政策的基本原则，是日本开展太空活动的法律依据，具有长期的指导意义。第二级是太空中长期发展战略，主要是《太空基本计划》，重点是为中长期太空科技创新活动指明方向，进行阶段性的任务部署，是政府指导太空活动的纲领性文件。自 2008 年以来，日本已经制订出台了三份《太空基本计划》。第三级是政策，主要包括三个方面的内容：

一是国家太空活动计划。重点是 JAXA 根据太空长期发展战略的要求，制订五年太空发展的中期目标和中期规划，并以此为基础，制订 JAXA 的年度开发计划。自 2008 年以来，JAXA 除制定了制度开发计划外，各制订了两期业务运营中期目标和中期计划，分别是 2008 年的《独立行政法人航天航空研究开发机构业务运营的中期目标（2008—2013）》和《为实现独立行政法人航天航空研究开发机构中期目标的中期计划（2008—2013）》、2013 年的《独立行政法人航天航空研究开发机构业务运营的中期目标（2013—2018）》和《为实现独立行政法人航天航空研究开发机构中期目标的中期计划（2013—2018）》。

二是领域专项规划，重点是日本政府针对太空设备及零部件技术、准天顶卫星系统、地理空间情报技术、太空探测与开发等领域进行科技创新，制订专项规划和相关政策。如在太空设备及零部件技术领域，日本自 2008 年以来，已经先后出台了《新型骨干火箭的开发方案》（2014）、《太空输送系统的长期愿景》（2014）、《关于 HTV-X 的开发方案》（2015）、《关于下一代技术试验卫星的开发措施》（2016）、《关于小型和超小型卫星的措施方案》（2016）、《关于太空用零部件的综合技术战略》（2016）等多项专项政策。

三是行业政策，重点是日本政府就与太空有关的各科技领域的发展制订专项规划和相关政策。如日本利用太空领域推动信息通信技术创新，建立了"太空与信息通信技术恳谈会"制度。从2016年11月创建至今，已经召开了6次恳谈会。

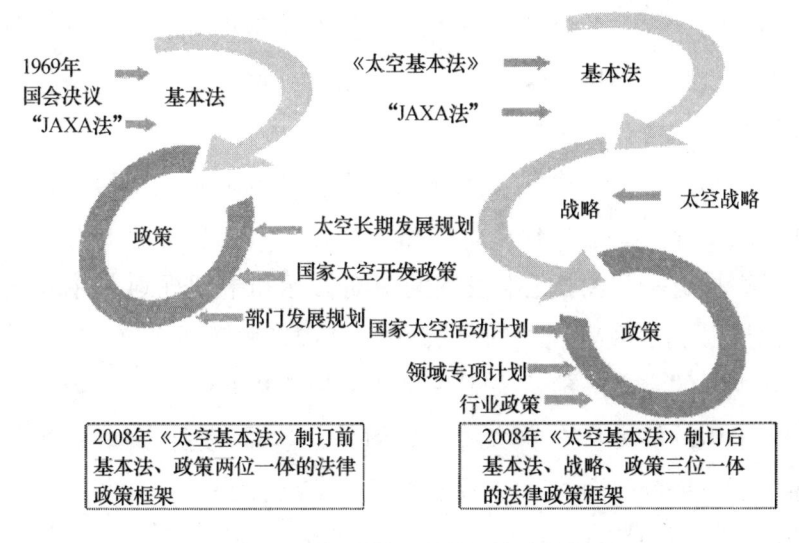

图2.1　日本太空科技创新的法律政策体系图

资料来源：本论文作者自制。

（三）日本太空科技创新法律政策体制的实质：国家战略规划

太空开发与科技创新的基础关系是由二者共有的技术属性决定的，是自然形成的，属于自发性质。只有通过国家的系列政策规划和制度设计，太空开发与科技创新的关系才能得以制度化和常态化。日本通过构建三位一体的法律政策体制，先是运用法律手段，使政府指令和计划合法化和权威化；继而运用政府战略确定战略目标，确定国家资源使用的方向和重点领域；再通过专业机构和相关领域部门组织实施，确保国家能够主动地、有意识地、有计划地通过太空开发创造科学技术成果，并将这些最新科技成果用于科学技术创新和科技应用。尤其是通过立法授权和战略授权的方式，使日本国家太空研究开发机构（主要是 JAXA）全力承担起与国家科技创新相关的太空技术开发任务，能够运用国家的太空研发资源，迅速提高日本科技创新能力和产业技术能力。同时，也使国家只是负责科技创新政策设计、制订和执行过程中的监管，不用介入具体的研发制造，保持并保证了科技研发部门的独立性、自主性和创造性。

  日本的这一法律政策体制，反映的是日本对太空科技创新的战略规划能力。对于什么是战略规划，学界、理论界和军界至今都没有形成一致的概念界定和定义。加拿大管理学教授亨利·明茨伯格仅在《战略规划的兴衰》一书中，就梳理出了 10 种关于战略规划的定义。他认为无法对战略规划进行界定，因为"定义这些术语的努力从未成功过"。[①] 但是，学界、理论界和军界都把战略规划视为一种能力。这种能力的特点，一是可以抓住长远、全局和综合的特征，制定长期发展计划，用全局观念来统筹各领域活动。[②] 二是可以在制订和执行战略计划的过程中，以系统的方式找到和解决基本战略问题，实现需求与资源的有效结合，达成战略目标。[③] 三是可以通过战略计划，把国家的战略构想转化

---

  ① ［加］亨利·明茨伯格著，张艳等译：《公司战略计划》，昆明：云南大学出版社，2002 年版，第 9 页。该书的英文名为 The Rise and Fall of Strategic Planning，可直译为"战略规划的兴衰"。2010 年 5 月，中国市场出版社出版了该书，就采用了直译书名——《战略规划的兴衰》。
  ② 吕德宏著：《从思想到行动：解读美军战略规划》，北京：长征出版社，2008 年版，第 17 页。
  ③ Richmond M. Lloyd: *Fundamentals of Force Planning*, Vol. I, Naval War College, 1990, p. 1.

第二章　太空开发与日本的技术发展

为现实的能力。日本的法律政策体制，恰恰充分体现了战略规划能力所具有的这些特点。

日本的国家战略规划模式其实是一种国家主导的计划体制，是从美国学来的，而且由来已久，早在20世纪50年代中后期就已经开始。1957年，苏联成功发射第一颗人造卫星后，美国深受震撼。因为，第一，美国不再是安全的堡垒。火箭是运载卫星的工具，也是运载导弹的工具。苏联的火箭可以把卫星送入太空，也能把导弹发射到地球的任何一个角落，包括大洋彼岸的美国。第二，苏联在科技上超越了美国。之前，苏联一直在欧洲处于技术落后地位。美国也向来自认为在科学技术方面领先于苏联。但苏联成功发射人造卫星，事实上已经超越美国，成为世界太空开发的领先国家。第三，苏联是世界上最先将太空开发与科技创新结合在一起的国家。二战后，苏联为了率先获取将原子武器送到大洋彼岸的导弹能力、在两极争霸中赢得对美国的战略优势，运用苏联特有的社会主义计划经济模式，在国家层级制订了关于太空开发的指令性计划，通过从上至下的规划、动员和实施，不计成本地把国家的人力、财力、物力等资源都集中到政府确定的方向上来，加速了苏联太空技术的开发，使苏联在太空领域取得了先于美国的成就。

美国是自由资本主义市场经济，其"小政府、自由企业和市场"发展模式不会自动产生国家战略竞争所需要的战略能力。美国深刻意识到了加强国家规划、将太空开发与科技创新结合起来的重要性。1958年，美国组建了国家宇航局（NASA），开始由联邦政府承担起太空开发计划和投资的责任，并于1961年正式启动了旨在把宇航员送上月球的"阿波罗计划"。"阿波罗计划"是一个巨大规模的科技工程，历时11年，动员了上百个科研机构、

120多所大学、2万多家企业,①参加的科学家和工程师等技术人员最多时近42万人,加上管理人员和工人几近60万人,耗资约300亿美元。②这么庞大的"阿波罗计划",在国家规划的主导下,美国政府采取四级计划管理体制③进行统一计划和集中管理,有序并高效地加以实施和完成。"阿波罗计划"成为美国国家与太空科技创新的关系的历史拐点。从"阿波罗计划"开始,美国政府不再被动地依靠现有技术和带有偶然性的科学技术新成果进行太空开发,而是主动承担起创造新技术的责任。美国总统约翰逊骄傲地把这一起点称为美国"60年代革命的开端"。④

美、苏作为冷战后的两个超级大国,通过国家规划的方式,把太空开发与科技创新相结合的发展模式,对世界的影响是巨大的。用国家规划的力量来推进太空科技创新的战略发展模式、太空开发与科技创新相结合的技术发展模式,成为当时世界太空国家采用的通用模式。日本与法国、英国、德国、加拿大等国由此开始,都以国家规划的方式,把太空科技作为政府主导的计划工程,进行全面统筹和推动落实,并给予资金、人力、物力的充分保证。

---

① 张义芳:《美国阿波罗计划组织管理经验及对我国的启示》,载于《世界科技研究与发展》2012年第6期。

② 宋河洲:《曼哈顿计划与阿波罗计划的组织实施》,载于《科学学与科学技术管理》1981年第5期。

③ 这四级计划管理体制分别是:第一级是最高决策层,由国家宇航局负责统一制订计划和组织实施。第二级是日常管理层,在国家宇航局下设"阿波罗计划"办公室,由五个管理部门组成,负责对计划的日常工作进行集中管理。这五个管理部门分别是计划控制部、系统工程部、测试部、可靠性和质量部、飞行实验部。第三级是研发管理层,由国家宇航局下属的三个研究中心组成,负责对项目进行技术层面的协调、规划与管理。这三个研究中心分别是:休斯顿中心、马歇尔中心、肯尼迪中心。第四级是具体工作层,由三个承包商组成,负责对项目提供辅助管理。这三个主承包商分别是贝尔通信公司、波音公司、通用电气公司。

④ Walter A. McDougall: *The Heavens and the Earth: A Political History of the Space Age*, Johns Hopkins, 1985, p. 407.

冷战早已结束,但日本仍延续了这一计划体制。这从一个侧面说明,日本对太空科技创新非常重视,将其作为日本科学技术突破和国民经济发展的战略发动机。日本政府为此将不遗余力地负起更大的责任,动员全部资源力量抓落实。

二、日本太空科技创新的领导管理体制

每个太空国家太空科技创新的领导管理体制都不同,这与各国的立法制度和太空开发体制有着密切关系。如,美国的太空政策、战略规划和重大太空项目决策都是经过严格的法定程序确定的,必须经过国会的审议、总统批准才能生效。由于美国太空开发分为民用和军用两个部分,分别归国防部和美国国家宇航局(NASA)管理,而国家宇航局直接归总统管理,所以,国防部和国家宇航局与其他政府机构都不存在上下隶属关系,都直接按照总统要求,负责太空项目的科技创新规划、实施和协调。美国产业界、科研机构和大学,则以研制合同、生产承包等方式参与国防部和宇航局的重大项目开发。又如,欧洲的太空政策从20世纪60年代开始起步,是欧洲一体化进程的一部分,走的是联合开发道路。所以,欧洲的太空政策从制订到管理再到实施,采取的都是合作模式。欧洲太空科技创新决策体制采取的是"联席会议"制度。欧空局局长每2—3年组织召开一次部长级理事会,制定未来几年的太空政策目标和预算、重大太空计划立项、重大太空事务。非重大事务或无需交由部长级会议决策的问题,都由成员国干事会议以投票方式决定。欧洲太空创新管理体制实行"强制筹资"与"自愿筹资"相结合的制度。前者主要是指部长级理事会决定的重大项目,欧空局根据各成员国的国民生产总值计算投资份额,硬性规定交纳。后者主要是指重大项目之外,欧空局提供的可选择项目,由各成员国根据自身情况进行自主选择,决定参

与投资的数额。

和美欧一样,日本目前也形成了比较完善的太空科技创新领导管理体制。但与美欧不同,日本的太空科技创新领导管理体制不是一步完成的,而是经过了较长时间的调整和完善。从 1969 年日本第一份太空政策到 2009 年版《太空基本计划》制订前,日本的太空开发活动一直都由科技部门直接领导和管理。先是由科技厅单独领导,后是由科技厅与文部省共同领导,2001 年日本中央政府改革、科技厅和文部省合并后,由文部科学省单独领导。在这期间,日本政府对太空科技创新起着绝对主导作用,具体表现在:一是负责制订太空科技创新的发展战略、规划、方针、政策,确定和指示太空科技创新的方向。二是通过国家科技政策和太空基本计划的制订、相关法律法规的出台、科技经费和太空开发经费的分配,影响太空科技创新活动。三是对民营企业的开发活动提供资助和支援。四是就重大科学技术研究开发计划和项目进行组织和协调。五是直接从事投资大、风险大的重要项目的研究开发活动。但是,日本太空科技创新缺乏严密的政府监管和中央计划,没有中央核心部门进行有效和统一的计划、管理和贯彻落实。随着日本太空战略的发展演进,经过多次太空开发体制的调整,日本才初步建立了比较完善的太空科技创新领导管理体制。

目前,日本的太空科技创新领导管理体制大致分为四个层级。

第一个层级是最高决策层。日本首相是太空科技创新的最高决策者,太空科技创新计划和重大太空科技创新项目的实施都得经过首相的批准才能生效。首相的这一权力是由法律或具有法律效应的国家战略文件明确授权的。2008 年《太空基本法》第二十八条规定，首相是太空开发战略本部长，是太空开发的最高决策者。① 2014 年 5 月，日本重新改组综合科学技术会议，将其升级为"综合科学技术创新会议"。改组后的综合科学技术创新会议是日本再生战略和科学技术创新战略的"司令塔"，由首相担任议长。2016 年，日本的《2016 年科学技术综合战略》规定，为了使太空开发更好地服务于科技创新政策，"综合科学技术创新会议将与太空开发战略本部合作，整合《太空基本计划》，推动和太空有关的技术开发问题的解决"。② 综合科学技术创新会议与太空开发战略本部的合作，其实就是把科技发展和太空开发的"司令塔"都交由首相负责，提升首相对科技和太空开发政策的权威性和全面协调能力，确保从上至下的执行力。

第二个层级是核心领导层。内阁府是太空科技创新的核心领导部门。在内阁府的内部，同时设有日本科技和太空开发的三大最高权威机构：一是"综合科学技术创新会议"，这是日本科学政策的最高科技决策机构，是日本科技创新的"司令塔"，不仅负责制定科技政策，还负责整个政府的科技预算编制，负责跨部门的引导协调。二是"太空开发政策委员会"，这是日本太空政策规划和预算的最高决策机构，直接为首相提供决策参考。三是"太空战略室"，负责统筹协调日本各部门太空开发相关政策。内阁府由于集中了日本科技创新与太空开发的所有核心领导部门，在太空开发与科技创新的政策、预算、协调管理上有着最高发言权。这就决定了内阁府是除首相之外，日本太空开发科技创新的最高管理部门，在太空开发科技创新中发挥着核心领导作用。

---

① 内閣府，『宇宙基本法』，平成 20 年 5 月 28 日法律第四十三号，http://law.e-gov.go.jp/htmldata/H20/H20HO043.html（上网时间：2016 年 12 月 21 日）

② 内閣府，『科学技術イノベーション総合戦略 2016』，平成 28 年 5 月 24 日，http://www.8.cao.go.jp/cstp/sogosenryaku/2016/honbun2016.pdf（上网时间：2016 年 12 月 29 日）

第三个层级是日常管理层。内务省、财务省、文部科学省和经济产业省是日本太空开发的日常管理部门。这四个部门在推进太空科技创新上有明确分工：文部科学省重点是从技术层面，负责太空开发及技术创新；经济产业省重点是从产业发展层面，提出太空开发及技术创新需求，推动太空技术创新；内务省重点是从情报通信层面，比如准天顶卫星系统的开发，推动太空技术创新。文部科学省、经济产业省、内务省的太空技术创新计划都要上报内阁府，由内阁府的"综合科学技术创新委员会"和"太空开发政策委员会"进行审核，最终确定预算。财务省负责执行内阁府的财政预算。

第四个层级是技术管理层。JAXA 是太空科技创新的主体，主要负责项目的落实和组织协调。2003 年，日本太空开发体制调整，将航空航天技术研究所、太空科学研究所、太空开发事业团合并为 JAXA。JAXA 成为日本唯一的国家太空开发研究机构，是日本太空科技创新的主要实施部门。JAXA 由内阁府、文部科学省、总务省和经济产业省共同管理，这四个部门都是推进太空技术创新的核心部门和管理部门，这就确保了 JAXA 太空技术创新与国家科技创新政策的一致性和同步性。

通过这四个层级的领导管理体制，首相官邸成为日本太空科技管理的核心，首相成为日本科技政策和太空开发政策的制定者。内阁府对日本的太空科技发展起到重要主导作用，拥有大型科技项目的拨款权和政府科技部门科技经费的审批权。政府相关部门和 JAXA 则从行政和技术两个层面，成为政策的执行者和规划的实施者。这样的领导管理体制，有利于日本对太空科技创新的顶层决策、整体布局和全面统筹协调，尤其是有利于从顶层统筹协调跨部门的太空科技创新活动，使太空战略与国家科学技术发展战略和国家安全战略更加协调。

三、日本太空科技创新的研究开发体制

"产学官"合作,是日本推进太空科技创新的重要研究开发体制,也是在日本太空科技开发历史进程中形成并得到历史证明的成功机制。

所谓"产",指的是日本太空企业界,包括太空民营企业及若干特殊法人的科研力量。所谓"学",指的是日本各类大学及其附属研究机构的科研力量。所谓"官",指的是日本政府机关组织和领导的包括国立和公立科研机构、特殊法人专门研究机构等在内的科研力量。所谓"产学官"合作,就是产、学、官三方面科学技术研究力量联合进行研究开发。

产学官合作是日本始终坚持的太空科技创新机制,经历了从"学官合作"到"产学官合作"的发展过程。20世纪50年代初,东京大学成功进行"铅笔"试验后,日本主要通过"学""官"合作的模式,政府与东京大学等大学及其下属研究机构联合进行太空技术研发。从60年代开始,日本把联合研发范围扩大到"产",开始以产学官合作模式推进太空领域的技术开发。当时,日本政府与少数大型民间企业的合作方式主要是官为主、民为辅,联合开发火箭和卫星。代表政府参与合作的是两个官方研究机构——太空科学研究所和太空开发事业团,是日本开发太空技术的主力。参与合作的民间企业数量有限,只有6家,分别是负责制造运载火箭的三菱重工、石川岛磨重工、日产汽车公司和负责制造卫星的三菱电机、东芝电气和日本电气公司。80年代初,太空开发事业团利用太空微重力环境进行了材料试验,引起普遍关注和重视,许多日本企业开始积极要求参加太空科技开发,太空领域的产学官合作范围不断扩大。到1984年时,已经有200多家企业提出参加太空技术开发要求。由此开始,在政府主导下,

日本太空开发活动吸引了各类企业与法人参加。再加上随着日本太空开发的不断深入和项目技术含量的不断提升，太空产品品种越来越多，结构越来越复杂，涉及企业和机构数量越来越大。到21世纪初，以产学官为核心，通过企业等机构间的转包、委托等方式，日本太空技术研究开发体系不断扩大，已经远远超出了最初的政府和东京大学、政府两个官方研究机构和六家企业的合作规模，形成了一个庞大的产学官技术研究开发体系。安倍在2015年12月国内外形势调查会上不无骄傲地说，"H2A火箭涉及承包企业已经超过了1000家。日本拥有无数具有'世界级'技术的中小微企业，他们就如同繁星闪耀。"①

产学官合作，被历史证明是推进日本太空科技创新的有效途径。太空开发是对人类未知领域的开发，本身技术含量高，要求的都是高尖端的创新技术。而且为了保持技术领先优势，太空开发更新换代较快。每次更新换代都会产生新的技术需求，需要进行技术创新。借助产学官合作这一"国家队"，日本政府可以集中全国各种优质技术研究力量，优先发展太空开发需要的尖端技术，不仅实现了日本太空开发的进步，也有力促进了尖端技术的开发。如70年代中后期的半导体技术。日本从20世纪50年代开始着手试制半导体，但一直收效甚微。直到60年代，日本通过与美国签订太空开发技术协议，获取了美国制导方面的太空相关技术，包括半导体技术，日本的半导体技术才开始真正起步。70年代末80年代初，日本太空开发开始酝酿提高太空机器设备的国产化率，重点是提高卫星和火箭的国产化，最需要的就是半导体等核心电子技术。于是，由日本政府主导，组织日本最大的五家大

---

① 首相官邸，『内外情勢調査会2015年12月全国懇談会 安倍総理スピーチ』，平成27年12月14日，http://www.kantei.go.jp/jp/97_abe/statement/2015/1214naigai.html（上网时间：2016年9月8日）

第二章 太空开发与日本的技术发展

型电子企业富士通、日本电气、日立、东芝和三菱电机,和通产省下设的电子综合研究所、计算机研究所一起,联合组成"超大规模集成电路技术研究组"进行研发。从1976年至1980年,该研究组经过近5年的艰苦技术攻关,总投资737亿日元,[①]终于研制成功了日本自己的超大规模集成电路技术,在半导体技术尤其是电子束曝光技术方面追上了美国,并在1986年超越美国,成为半导体世界市场占有率第一的国家。[②] 1986年,日本富士通、日本电气、日立、东芝和三菱电机等六家电子公司继续与政府合作,政府和公司各承担70%和30%的开发费用(公司承担费用为2亿日元),[③]利用德国太空实验室研制砷镓铝合金材料。该材料的成功研制,直接推动日本半导体技术进入复合半导体时代,领先于世界和美国。

到90年代末时,日本产学官合作在太空技术开发领域形成的分工大致是:"产",主要负责开发新设备和新产品、改造制造工艺、改良技术等有关的开发研究;"学",主要从事基础科学研究;"官",主要进行研发时间长、投入大、风险大、难以依赖产和学的研究力量来实施的研究项目,主要是国家指定的应用性研究课题。

但是,日本太空科技创新领域的产学官合作,与其他研究开发领域的产学官合作不同。其他研究开发领域的产学官合作,主要是以"产"为主,"产"拥有的研究机构和研究人员、实际使用科研经费以及对科研活动的投资,都要远远超过"学"和

---

① 俞非:《日本半导体的产业发展分析》,载于《集成电路应用》2017年第1期。

② 1986年,美国的半导体市场占有率从1980年的61%下降为43%,日本的半导体市场占有率则从1980年的26%上升至44%。

③ 秋风:《日本六家公司准备参加"空间实验室"实验》,载于《国外空间动态》1986年第7期。

"官",有较强的独立性。在某种程度上可以说,日本在其他研究开发领域的产学官合作,是以"产"为主角、以市场机制为主要推动力的合作体制,是开放式的合作。但在太空科技创新领域,日本的产学官合作基本上是封闭式的合作。这种封闭式合作主要表现为:(1)合作需求主要来自政府,主要以国家为主体、以官需为主要推动力,学术和市场需求的拉动作用并不明显。(2)"官"拥有的研究机构和研究人员可能没有"学"和"产"多,但其实际使用的科研经费以及对科研活动的投资,远远超过"产"和"学"。(3)"产"和"学"的科研活动独立性不强。"产"和"学"不具备独立从事太空研究活动的人力、物力和财力,也没有主动从事这种活动的内在要求和经济压力。"产"在太空科技创新活动中的主导作用远远没有在其他科技领域那样突出,主要是为政府太空项目服务,只是参与合作,而非合作的核心。"学"主要是从基础研究方面进行合作,不太重视对应用技术、尤其是可以转变为市场应用技术的研究。

日本要以太空推进科技创新,使太空领域成为有利于经济增长和未来战略布局的重要前沿技术,需要改变产学官合作的封闭现状,建立开放式的、以市场为导向、产学研相结合的协同创新体系。为了促进研究机构、大学与企业的开放式合作,日本从20世纪末开始,从技术转移、国立大学法人改革等方面,不断进行必要的规制改革,消除壁垒。安倍在2016年第190回国会施政演说中也明确表态,"为使国内外的研究机构、大学、企业的开放性合作能带来充满活力的创新,我们要消除所有壁垒。新科学技术基本计划中的最重要议题,就是开放式创新"。[1]

---

[1] 首相官邸,『第百九十回国会における安倍内閣総理大臣施政方針演説』,平成28年1月22日,http://www.kantei.go.jp/jp/97_abe/statement2/20160122 sisei housin.html(上网时间:2016年2月10日)

到 2013 年，日本政府批准成立的技术转移机构在日本全国已达到 39 家。到目前为止，日本已经出现了一些新的太空技术联盟。这些新的太空技术联盟中，有的是以大学技术联盟为核心的产学官合作，比如"创新社会服务的地理空间和太空技术联盟（GESTISS）"。该联盟由东京大学、东京海洋大学、青山学院大学、事业构想大学院大学、庆应义塾等 5 所日本重点大学组成，重点研究整合太空基础设施和地面基础设施、创造有价值创新服务的技术。该联盟与政府、企业和国际组织（包括世界银行）进行合作，通过共同研究、委托研究、企业研修等方式，进一步创建推进解决其他社会问题的技术项目。有的则是产学研为核心的产学官合作，比如东京大学、日立公司、国家情报和通讯技术研究所组成的技术联盟，共同联合开发一个网络技术平台，将地理空间情报分发至地区社团。这个平台是地图服务，有超过 50 种地理空间情报已经在日本多个郡县进行了演示试验，包括秋田县、岛根县、高知县。日本政府已经决定在 2020 年东京奥运会上展示这些技术成果，为游客和观众提供新的创新服务。这些新的太空技术联盟与以往太空开发中的产学官合作不同，不是由政府主导，而是以大学或企业为核心，技术开发的目标是面向市场的创新性技术。这种新的太空技术联盟，已经成为 21 世纪日本太空科技创新中新的产学官合作方向与形式。

第三节　日本太空科技创新的实施

太空科技创新是日本的国家战略工程，是一个复杂的系统工程，需要高效的具体实施方法，以太空科技这个微观的"点"，带动日本科技创新、产业技术发展、实现日本强国梦这一个宏观的"面"。日本是一个注重技术创新的国家。从明治维新到二战结束，日本每每以技术追赶和技术创新为先导，辅以制度创新和实施创新，用较短的时间使国家的经济出现强劲的发展势头。英国经济学家克里斯托弗·弗里曼在1987年研究日本的技术创新历史后深刻认识到，日本之所以能不断实现追赶和跨越，是因为日本以国家创新系统为基础，对技术、制度、组织进行全面创新，探索并实现资源的最优配置。① 而这恰恰是日本推进太空科技创新的历史积淀。日本基于本国技术创新的历史经验，也基于国内外环境的现实变化，抓住太空科技创新过程中的三个环节：生产有价值的高新技术及知识环节、扩散有价值的高新技术及知识环节、使用有价值的高新技术及知识环节，系统地将太空开发与技术创新、技术应用、生产能力、国际竞争力联系在一起，构建起了一个以太空开发为基点、以科技创新、分配和使用为主要手段的实施集合体。

一、太空开发直接催生技术创新

通过太空开发直接催生技术创新，是日本太空科技创新的核心内容，也是日本科技发展的重中之重。主要原因在于以下几点。

第一，太空开发是推动技术创新的重要途径。太空开发是对人类未知领域的开发，利用的都是战略性、尖端性高科技，太空开发往往能为技术发展提供较好的技术预见，刺激科技创新。太空开发的技术水平就是一个国家高科技实力的重要标志。

第二，太空技术与其他领域的技术互生共存，相互传导。太空技术是多学科技术的融合，需要新材料、电子学、计算机科学、生物医学、机器人、人工智能、自动化等诸多领域的先进技

---

① Chris Freeman: "The 'National System of Innovation' in Historical Perspective," *Cambridge Journal of Economic*, 1995, 19, pp. 5–24.

术的推动。如太空机器设备中的结构体和传感元件，需要超精密切削、钣金、拉深技术；太空机器设备中的传感器和电阻元件，需要精密零部件和电子技术；太空通信专用的抛物面天线，需要3D织物技术；太空机器设备隔热层，需要新绝缘材料。这就意味着太空开发的需求能拉动其他领域高新技术的创新。同时，太空技术适用于其他领域。如太空的抗环境技术可以用于核发电和半导体制造的材料技术；太空的热控制技术可以用于二氧化碳减排技术；太空的轻量构造技术可以用于充气结构；太空的试验评价技术可以用于测定热光学物性，用于真空环境下的试验；太空开发使用的高速、高分辨率、精确的光学图像识别系统技术，也是日本在机器人、人工智能、计算机、自动化设备发展中解决视频问题急需的技术。一项重大太空技术的突破往往能带动其他相关技术的发展。

第三，太空开发有助于实现日本的技术自主。日本科技创新的最终目标是实现技术自主，自主创新是日本太空开发的核心动力，基于太空开发的科技创新，能很好地实现国家科技的自主，保持国家的独立，实现国际竞争优势。

预先研究模式是目前世界上太空科技创新的常用模式。所谓预先研究，其实就是在研究开发太空产品前，先对关键技术或共性基础知识进行研究，进而为太空产品的进一步研发提供技术储备。比如，现在针对国际商业发射服务，各太空国家都在积极开展新一代运载火箭的开发研究，而且为了降低发射费用，都在进行可重复使用运载器的研究。如果把可重复使用运载器视为一个产品，那么，针对这个产品，需要预先开展单极重复使用运载器的关键技术的研究，预先在尖端发动机、轻质材料、高超声速气动系统、防热系统、再入返回等重点领域取得技术创新与突破。美国太空科技创新采用的就是预先研究模式。美国之所以能够赢得美苏太空争霸赛的胜利，而且至今仍能保持世界头号太空强国的地位，最核心的原因是美国在科学技术和基础研究设施等方面拥有强大实力，在微电子、生物技术、新材料、新能源、海洋开发、激光、航空航天等重要领域处于世界领先地位，为太空科技创新做好了充分的预先研究。如美国的技术实力就曾为20世纪60年代开展"阿波罗计划"和80年代开展"星球大战计划"准备了现实可行的技术实力基础和较充分的技术条件。"阿波罗计划"的负责人韦伯指出，"阿波罗计划中没有一项新发明的自然科学理论和技术，都是现在技术的应用，关键在于综合。"[①] 里根在提出"星球大战计划"时也称，"目前美国的科技已经达到一个先进水平，使我们有理由开始做出努力。"[②] 日本模仿美国，采用的也是预先研究模式。如日本的小行星探测器"隼鸟"，2003年5月发射，经过了长达7年零15天的深空自主飞行，完成了与小行星糸川交会、着陆、取样等探测任务，于2010年6月携带从小行星表面采集的约10毫克样品成功返回地面，使日本成为世界上首个在月球之外的原始小天体上着陆、取样并成功携带样品返回地面的国家。日本的"隼鸟"之所以能取得成功，是因为日本在开发"隼鸟"时已经进行了预先研究，成功催生了领先于世界的小推力过渡轨道借力飞行技术、电推进技术、液氦温区低温技术、人工智能技术、高集成微电子技术、新型材料技术和着陆导航光学技术等。

预先研究模式是一种技术与需求的互动模式。该模式最大的好处在于：（1）有了一定的技术储备后再开展研究开发，可以减少应用性基础研究的时间，减少研究的成本、风险和不确定因素。（2）由于国家有开发某一太空产品的技术需求，即使市场没有需要，政府仍会投入人力、物力和财力，直接推动前瞻性技术

[①] 刘戟锋、周建设：《"星球大战"计划与美国经济》，载于《科技进步与对策》1986年第4期。

[②] 韩彬：《"星球大战计划"的提出与发展前景》，载于《世界知识》1988年第13期。

第二章　太空开发与日本的技术发展

的预先研究，带动相关科技的提高和创新。（3）如果国家既有开发某一太空产品的技术需求，同时太空商业市场方面也存在相应的技术或产品需求，比如发射卫星服务等，这些需求会汇总成整个社会对太空技术创新的强大需求，国家和企业都会投入人力、物力、财力进行预先研究，直接推动相关太空产品的技术开发创新，直到最终投入使用和市场应用，直接带动整体技术的发展。正因如此，要实行该模式的关键也是最大的难点就在于，如何推动并达成技术与需求的一致。只要是采取预先研究模式的太空国家都需要解决这个问题，日本也不例外，尤其是在日本把太空科技创新作为国家战略，需要整体推进和实现的大背景下。为此，日本重点采取了五项措施予以推进。

第一，加强日本太空开发利用政策的可预见性。"可预见性"是日本太空开发的关键词。2014年9月，安倍在太空政策委员会制订太空基本计划的指示中首次使用了这个词。这是因为自2009年之后，日本制订的都是中长期太空发展战略，每年都会对项目和工程进度进行修改。日本经团联要求政府及时修改并及时公布时间表，否则企业难以制定自己的技术规划和经营方针。为了让企业进行有预测的投资，日本政府采取计划机制调控太空产业开发的发展。"可预见性"的核心内容就是政府以太空战略为基础，制订出清楚的长期公共投资计划，明确承诺未来的开发项目，让企业可以很容易地预见并对太空任务进行技术和人力资源的投资。安倍在2015年召开的第9次太空开发战略本部会上提出，"通过具体、明确的计划，提高企业投资的预测性，强化日本太空的基础。"① 所以，2015年版《太空基本计划》制订后，安倍

---

① 内閣府，『第9回宇宙開発戦略本部議事概要』，平成27年1月9日，http://www.kantei.go.jp/jp/singi/utyuu/honbu/dai9/gijiyoushi.pdf（上网时间：2016年11月25日）

政府立即向日本经团联作出说明:"新《太空基本计划》分为两个部分,一部分是文本,一部分是工程进度图,由首相和财务大臣联合太空开发战略本部一起决定,对未来项目做出明确承诺,每年都会对工程进度图进行修改。"① 自 2015 年开始,日本政府都会在每年 11 月初确立新计划的方案,征求公众意见,然后于年内确定下来,列入下一年度的预算,并以工程进度图的形式向公众公布。日本的意图就是由国家把握太空开发的技术方向,做好技术决策,提供创新性的太空科技创新政策,为太空科技创新提供有前瞻性的、可以为预先研究提供准确方向的太空开发政策。

第二,重构日本的太空技术创新组织机制。日本的太空技术创新主体是 JAXA,多年来主要是基于太空科学进行开发和创新。为了把 JAXA 建设成为一个能够为政府整体科技创新提供技术支持的核心组织,自 2013 年起,日本政府就开始对 JAXA 施压,要求 JAXA 裁减一些旗舰科学技术和载人航天项目。日本国家太空政策办公室(ONSP)的主任博敏国友称,"20 多年来,已经给 JAXA 在研究开发上花了太多钱,但至今为止几乎没有什么商业回报。"② 根据 2012 年修订的 JAXA 法,JAXA 的政策由日本国家太空政策办公室控制,直接向首相汇报,首相对 JAXA 项目的资金支持有最终发言权。在政府的压力下,JAXA 总裁奥村直树明确表态,要建立一个"新生的 JAXA",要成为一个为政府整个太空项目开发利用提供技术支持的核心组织,保持日本在太空技术

---

① 宙の会,『"年賀状"からみた日本の宇宙開発』,2016 年 1 月 17 日, http://www.soranokai.jp/pages/nenga_Newkeikaku.html(上网时间:2016 年 8 月 30 日)

② Aviation Week Network, "A New Direction for Japan's Space Program? -Japanese Space Programs Face Strict New Reality." May 6, 2013, http://aviationweek.com/awin/new-direction-japan-s-space-program(上网时间:2016 年 8 月 31 日)

上的领先，并将这些技术用于为社会问题、学术挑战提供解决方案，创造一定的价值。①

基于这一定位，2015年4月，JAXA进行了重大组织机制改革。改革的重点是以技术创新为核心，对JAXA的技术创新组织机制和部门进行集中改造。具体改革内容包括：（1）合并并升级计划部门。为了加强对太空科技创新的统一规划，JAXA将与技术创新规划有关的部门合并成新的计划部门，并将新设部门升级、升规格。重点是将"新事业促进中心"升级为"新事业促进部"；将"太空传输任务本部"和"第一卫星利用任务本部"二合一，成立"任务计划部"。"任务计划部"成立前，这两个任务本部都是三级机构。这两个任务本部合并后，新成立的"任务计划部"升级为二级机构，直接由理事长管理。（2）增设或改建核心技术部门。为了突出重点、强化进度、保证质量，JAXA加强太空科技创新的力度，增设了三个核心技术创新部门，其中包括"第一太空技术部门""太空探测创新中心""研究开发部门"；改建了两个部门，将"第二卫星利用任务本部"改建为"第二太空技术部门"，"有人太空任务本部"改建为"有人太空技术部门"。（3）缩编或撤销非核心技术部门。为了保重点，JAXA对非核心技术部门进行缩编或干脆撤销，重点是将"综合追踪网络技术部"缩编为"追踪网络技术中心"，"环境试验技术中心"缩编为"环境试验技术组"，撤销了"月球与小行星探测项目组"和"大学与研究机构合作室"。（4）加强对技术创新质量的监督管理，将"评价监查室"升级为"评价监查部"。（5）实施JAXA理事长（副理事长）和理事责任制。理事长对JAXA的整体技术创新工作负总责。副理事长协助理事长管理JAXA的技术创新工

---

① JAXA, "Message from president of JAXA", April 2015, http://global.jaxa.jp/about/president/index.html（上网时间：2016年6月30日）

作，是 JAXA 的第二责任人。七个理事各自分管几个部门，对所分管部门负责。①（具体见图 2.2 和图 2.3）

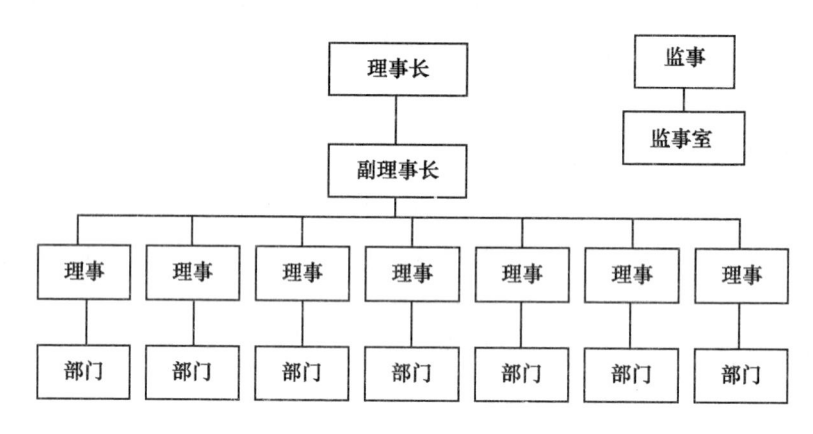

图 2.2　JAXA 新组织体制

资料来源：根据内阁府公开资料整理。

此次改革的目的：（1）将资金、技术、设备、人员等资源投入到与技术创新有关的重点部门和核心领域。改革的实质，是加强对日本太空科技创新的集中规划、统一领导，突出以技术为核心、保障技术创新的重点领域和项目，提高技术创新的效率和质量。（2）加强技术创新力量。此次机制改革前，JAXA 的三级机构中共有 8 个部门，其中只有少数是纯技术部门，多数部门兼具计划和技术的职能特点。此次机制改革完成后，JAXA 的三级机构中共有 7 个技术部门，把计划职能从技术部门中剥离，除去 1 个航空技术部门，其余 6 个部门全部是太空技术创新部门。（3）提升 JAXA 技术创新的战略定位，国家战略意味愈加明显。而且，技术创新的战略领

---

① 内阁府，『JAXA 新組織体制』，平成 27 年 5 月 11 日，http://www.8.cao.go.jp/space/comittee/dai38/siryou1.pdf（上网时间：2017 年 4 月 24 日）

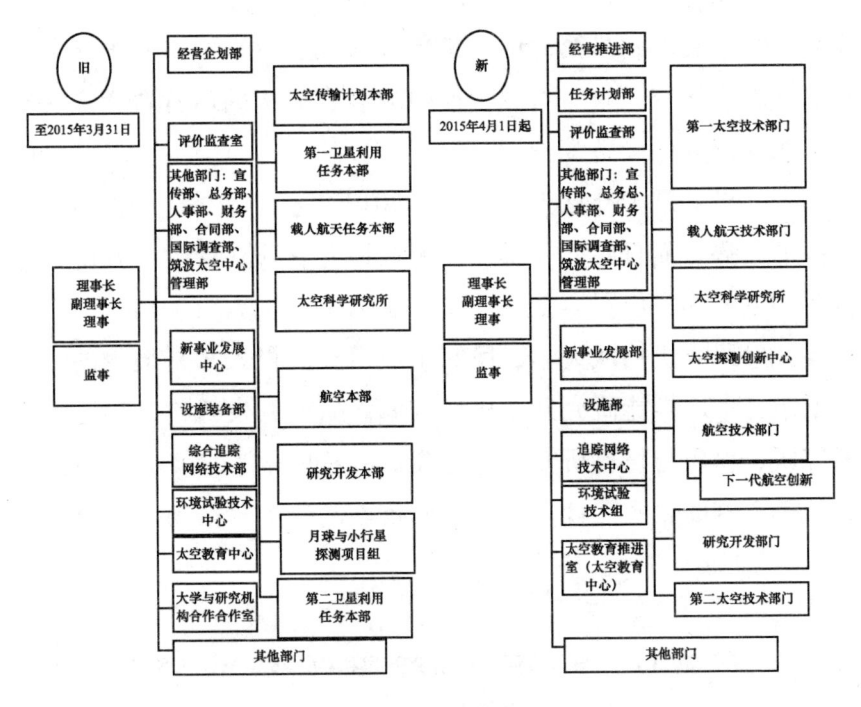

第二章　太空开发与日本的技术发展

图 2.3　JAXA 新旧体制对比

资料来源：根据内阁府公开资料整理。

域将得到极大拓展，愈加显示出全面、综合的创新意味。虽然 JAXA 目前还没有完全公开这些部门的全部职能，但改革后的部门称谓已经反映出了这一变化趋势。改革前的部门称谓强调单一领域，比如"月球和小行星探测""卫星利用"，改革后的部门称谓转向全面开发，用"太空技术"取代了"月球和小行星探测""卫星利用"此类字眼，显现出一种格局意识和整体意识。也从一个侧面证明，日本的太空科技创新将是一个全面的、整体的、系统的创新，覆盖面将更大，涉及领域将更广，战略意味更浓。

第三，加大对太空科技创新的资金投入。政府对太空开发研究机构始终保持高投入。2005 年之前，政府对 JAXA 的运营费、设备维护补贴等投入，在政府机构共 33 个独立行政法人研究开发机构中是最高的，排第一位。2006年开始，日本突出原子能研究和产业技术研究，政府对原子能研究开发机构的运营费投入、对产业技术研究的设备维护补贴都超过了JAXA。但政府对JAXA的运营费、设备维护补贴等投入，除2010年有削减外，仍保持只增不减的态势，而且始终保持在政府机构所有独立行政法人研究开发机构中的第二位。[①]（见表2.2和表2.3）与政府的高投入相比，太空开发研究机构从大学、民间企业得到的投入却是最少的，远远低于日本原子能研究开发机构和海洋研究开发机构，与理化学研究所、物质与材料研究机构等相近[②]（见表2.4和表2.5）。这也从一个侧面表明，日本的太空科技创新的主要推动力量仍然是政府。

表2.2　JAXA与日本原子能研究开发机构、理化学研究所的运营费收入比较　　　　（单位：百万日元）

	2005	2006	2007	2008	2009	2010	2013	2014
原子能研究开发机构（文部科学省）	—	161224	163224	168697	169111	167937	146835	144132
JAXA（文部科学省）	131411	138293	128826	130227	143414	130392	109796	113968
理化学研究所（文部科学省）	71102	67921	62334	60139	59190	58312	55330	53119

资料来源：根据内阁府公开资料整理。日本原子能研究开发机构与JAXA、理化学研究所的运营费分别排第一、第二、第三。

---

① 内閣府，『独立行政法人の研究開発機能に関する調査結果』，平成28年7月，http://www.8.cao.go.jp/cstp/stsonota/katudocyosa/h26/kenkyu1.pdf（上网时间：2017年4月20日）

② 内閣府，『独立行政法人の研究開発機能に関する調査結果』，平成28年7月，http://www.8.cao.go.jp/cstp/stsonota/katudocyosa/h26/kenkyu1.pdf（上网时间：2017年4月20日）

第二章　太空开发与日本的技术发展

表 2.3　JAXA 与日本原子能研究开发机构、产业技术综合研究所的设备维护补贴比较　　（单位：百万日元）

	2005	2006	2007	2008	2009	2010	2013	2014
原子能研究开发机构（文部科学省）	—	26854	23373	15356	10001	7427	16505	13950
JAXA（文部科学省）	9239	9300	8237	6300	8178	5753	8936	9833
产业技术综合研究所（经济产业省）	1520	7275	6700	9269	17963	8718	11383	33490

资料来源：根据内阁府公开资料整理。日本原子能研究开发机构与 JAXA、产业技术综合研究的设备维护补贴分列前三名。

表 2.4　JAXA 与其他独立行政法人的来自民间企业的法人收入比较　　（单位：百万日元）

	2005	2006	2007	2008	2009	2010	2013	2014
原子能研究开发机构（文部科学省）	—	7041	14032	12150	12467	14718	14118	12190
产业技术综合研究所（经济产业省）	5430	4718	4174	4148	4284	5907	6230	6434
JAXA（文部科学省）	727	193	493	562	1007	647	1225	3125
海洋研究开发机构（文部科学省）	1587	183	4916	4928	686	1204	643	6436

资料来源：根据内阁府公开资料整理。

表 2.5　JAXA 与日本原子能研究开发机构、产业技术综合研究所的研究支出费用比较　　（单位：百万日元）

	2005	2006	2007	2008	2009	2010	2013	2014
JAXA（文部科学省）	194459	201050	190134	196319	210157	209764	180771	176133
原子能研究开发机构（文部科学省）	—	95515	101632	116349	120410	97118	101232	110538
产业技术综合研究所（经济产业省）	52546	53439	49332	49404	58169	36733	47750	47782

资料来源：根据内阁府公开资料整理。

第四，重构日本的太空开发项目。日本的太空开发项目主要由 JAXA 按照《太空基本计划》要求，基于日本太空开发实际，每 5 年制订一次《独立行政法人航天航空研究开发机构要达到的业务运营目标》（以下简称：业务运营中期目标）和《为达成独立行政法人航天航空业务运营目标的计划》（以下简称：业务运营中期计划），并以此为基础，每年制订并实施年度太空计划。JAXA 自 2003 年组建以来，已经各发布了三期业务运营中期目标和业务运营中期计划。为了更好地服务国家科技创新目标，JAXA 根据创新技术的产出率，对业务运营中期目标和业务运营中期计划中制定的太空开发项目不断进行调整。如 JAXA 的第 3 期业务运营中期目标是根据 2013 年版《太空基本计划》制订的。2015 年，日本修订并出台了新版《太空基本计划》，计划提出了新的太空科技发展方向。2016 年，日本制订出台了《第 5 期科学技术计划》，计划提出了新的科技创新方向和要求。为此，JAXA 先后两次修订第 3 期业务运营中期目标、先后 4 次修订第 3 期业务运营中期计划，对 2015 年和 2016 年度计划也做了相应的调整更新。同时，JAXA 对太空科技创新项目也做了大幅调整，虽然仍开展前沿太空科学研究开发，但主要是开展低成本、高影响力的太空科学项目，如"隼鸟"小行星探测器系统。又如，JAXA 的环境监测、人类太空活动等项目的优先等级下降，不再作为优先发展的旗舰科技创新项目（详见表 2.6）。

第五，太空科技创新的重点转向颠覆性技术创新。太空技术创新的重点与日本不同时期科技创新的重点有关。如在 20 世纪 80 年代，日本强调"创造性科技创新"，重点突出基础知识创新。这一时期的日本太空技术创新主要是围绕物质材料科学、信息电子科学、生命科学等基础知识创新，在半导体、超导材料、梯度功能材料等方面取得重大技术突破。进入 21 世纪，日本的国家科

第二章　太空开发与日本的技术发展

表 2.6　JAXA 第 3 期中期目标的新旧对比

2013 年 2 月的中期计划①	2015 年 3 月 18 日修订后的中期计划②
目次 I. 中期目标的实施期间 II. 提高为公民提供服务和其他业务的质量 1. 扩大太空利用和保障自主的社会基础设施 （1）定位卫星（准天顶卫星） （2）遥感卫星（东盟防灾网络构想、全球地球观测系统十年实施计划 GEOSS） （3）通信广播卫星（光卫星通信技术） （4）太空传输系统（H2A 火箭、H2B 火箭） 2. 追求未来太空开发利用的可能性 （1）太空科学与太空探测项目 （2）有人太空活动项目 （3）太空太阳光发电研究开发项目 3. 航空科学技术（此部分略） 4. 跨部门事项 （1）扩大综合利用 （2）为强化技术基础和产业竞争力做贡献 （3）利用太空为外交、安全保障政策做贡献与国际合作 （4）满足合作伙伴国家需要，推进基础设施的海外部署 （5）加强情报搜集和分析能力，帮助有效规划太空政策 （6）培养人才 （7）考虑可持续太空开发利用的环境 （8）情报公示公开 （9）进行事业评价	目次 I. 中期目标的实施期间 II. 提高为公民提供服务和其他业务的质量 1. 确保太空安全保障 （1）卫星定位（准天顶卫星） （2）卫星遥感（先进的光学卫星和先进的雷达卫星、快速响应小卫星） （3）卫星通信和卫星广播（光卫星通信技术、光数据中继卫星） （4）太空传输系统（H2A 火箭、H2B 火箭、E 火箭、快速响应卫星的发射系统） （5）其他项目 2. 推进民生领域的太空利用 （1）卫星定位（准天顶卫星） （2）卫星遥感（全球地球观测系统十年实施计划 GEOSS、新遥感卫星） （3）卫星通信和卫星广播 （4）其他项目 3. 维持和强化太空产业及科学技术的基础 （1）太空传输系统 （2）太空科学与探测 （3）有人太空活动 （4）太空太阳光发电 （5）强化支持个别项目的产业和科技基础措施 3. 航空科学技术（此部分略） 4. 跨部门事项 （1）扩大综合利用 （2）强化调查分析和拟定战略方案析职能 （3）整备基础设施和设备 （4）综合强化国内人的基础，增进国内理解 （5）实现并强化太空立法 （6）强化国际太空合作 （7）满足合作伙伴国家需要，推进基础设施的海外部署 （8）情报公示公开 （9）进行事业评价

资料来源：根据 JAXA "事业计划"的相关内容整理。

---

① JAXA，『独立行政法人宇宙航空研究開発機構が達成すべき業務運営に関する目標（中期目標）』，平成 25 年 2 月 28 日，http：//www.jaxa.jp/about/plan/pdf/goal_03.pdf（上网时间：2016 年 9 月 15 日）

② JAXA，『独立行政法人宇宙航空研究開発機構が達成すべき業務運営に関する目標（中期目標）』，平成 27 年 3 月 18 日，http：//www.jaxa.jp/about/plan/pdf/goal_03_27.pdf（上网时间：2016 年 9 月 15 日）

技创新体系转向"颠覆性创新"。2014年,日本推出了"跨部门战略创新促进计划"(SIP),后于2016年升级为"颠覆性技术创新计划"(ImPACT)。2014年时该计划只有12个领域,到2016年时发展为包括高分子材料、跨学科先进光技术、挑战高强度机器人技术、高速多元传感系统等在内的16个领域。每个领域都有一名富有经验和专业知识的项目总监,负责端对端的重点研究开发,在官产学实体间进行协调。随着国家科技创新体系的调整,日本太空技术创新项目也做出相应调整,太空技术创新的重点正在向颠覆性技术创新转变。具体表现在以下方面。

一是太空开发项目更加强调颠覆性的技术革新。如JAXA和日本世界顶级的电池制造商GS Yuasa Corp联合推进的锂离子电池技术研究,现已在JAXA数据库注册了JMG100、JMG050、JMG100、JMG150等多款电池。2016年,该公司的超长储能大型锂离子电池,被国际空间站选为公用电源,被美国太空公司Orbital ATK选用为创新型太空运载工具MEV的电源。日本车辆制造株式会社(Nippon Sharyo Ltd.)也选用该公司的锂离子电池系统,制造了新一代电动车NeGEM。2016年10月,英国评级机构惠誉评级(Fitch Ratings)曾发布报告,电池颠覆性的技术革新,将影响石油企业的收益,余波也将影响到电力及汽车产业。[①] 又如,JAXA和川崎重工、日立建设合作开展的太阳能发电技术研究,在2016年10月的要素技术实验中取得成功,在太空将太阳光能量转化成微波和光波后,传送到地球。美国前能源部部长朱棣文曾认为只要能将储能技术与太阳能技术结合,就已经是了不

---

① 日经中文网,《电池技术进步对全球影响有多大?》2016年11月17日, http://cn.nikkei.com/industry/ienvironment/22178-20161117.html(上网时间:2016年12月27日)

起的技术颠覆,"对配电和发电领域的影响不亚于当年的互联网"。[①] 日本的太空太阳光发电系统的技术,显然要高于朱棣文的技术预期,因为这是太阳能技术、储能技术和传输技术的结合。

二是鼓励太空开发项目使用颠覆性技术,推动颠覆性技术的创新与发展。从2014年开始,日本推出多项颠覆性技术计划,其中一项就是3D金属材料打印技术。2014年,经济产业省的年度预算申请列入45亿日元,专用于3D金属材料打印的技术开发,[②] 并从2017年开始启动官民共同合作的国家级项目。JAXA与经济产业省合作,积极推进3D金属材料打印技术的发展。三菱重工是JAXA授权开发火箭的主承包商。2014年,三菱重工宣布将考虑使用3D打印技术制造火箭零部件。[③] 2014年3月,日本地理信息空间局在其官网上提供免费的地图数据供普通民众直接下载到电脑后,直接用于3D打印,其中的主要数据就是JAXA提供的与日本国土地形有关的卫星数据。[④] 2016年11月,JAXA在经济产业省的"战略性基础技术的高度支援项目"下,与小井岩公司合作,成功使用小井岩3D打印机打印了国际空间站使用的小型喷嘴,并计划下一步用于JAXA的其他项目上,直接推动了3D打印颠覆性技术的开发利用。

[①] 北极星太阳能光伏网,《朱棣文:太阳能及储能技术结合具有"颠覆性"》,2014年3月27日,http://guangfu.bjx.com.cn/news/20140327/499852.shtml(上网时间:2016年12月27日)

[②] 中国新闻网,《日本政府召开专家会议讨论如何运用3D打印技术》,2013年10月15日,http://www.chinanews.com/gj/2013/10-15/5380598.shtml(上网时间:2017年3月30日)

[③] 中国新闻网,《日本三菱重工拟用3D打印技术制造火箭零部件》,2014年7月22日,http://www.chinanews.com/mil/2014/07-22/6412441.shtml(上网时间:2017年3月30日)

[④] 人民网,《日本提供地形地图3D打印技术服务》,2014年3月23日,http://scitech.people.com.cn/n/2014/0323/c1057-24711294.html(上网时间:2017年3月30日)

三是加大利用"希望号"科技平台进行科技创新的频率，进行颠覆性新材料和新技术的创新，对政府重视并极力推进的颠覆性技术试验给予优先支持。JAXA与日本企业和大学合作，利用太空微重力条件下产生新材料的可能性，在太空实验舱"希望号"进行了新一代材料研究的荧光显微镜和静电悬浮炉（ELF）实验、药物领域的蛋白质晶体生长实验和益生菌的免疫功能太空实验、医疗器械的多关节机器人技术实验、新型光学材料的胶体晶体实验、高纳米材料实验和新型太阳电池的开发实验等。

四是政府与太空技术创新的推进项目也都向颠覆性技术创新转变。21世纪以来，日本建立了多个与太空开发相关的科技创新推进项目，如文部科学省的"航天航空科学技术推进委托费"、经济产业省的开发事业委托费、内阁府的"太空开发大奖"等。这些太空科技创新推进项目在设立的初期，都是强调太空开发研究。但是，随着技术创新体制重心的调整，这些太空科技创新推进项目的重心也转向"颠覆性技术"。文部科学省"航天航空科学技术推进委托费"的征募主题从2012年开始转为"促进太空科技""研究开发太空利用新领域的挑战性技术问题"。经济产业省的太空开发事业委托费，从2014年以来的重点项目是"太空太阳能发电高效无线传输与接收技术研究开发事业费""高光谱遥感器研究开发事业费"。内阁府的"太空开发利用大奖"创立于2013年，2015年设立第二次大奖。2013年的第一次大奖，主要强调对推进太空开发利用做贡献。但2015年，大奖就明确要求，征募奖项必须是有利于促进新产业、新企业和新服务的创出。

二、太空技术转移带动日本产业技术创新与升级

太空技术转移，也被称为太空技术转让，其实就是将太空技

第二章 太空开发与日本的技术发展

术转为民用，进行二次技术开发，让新技术得到更广泛的应用和推广。技术转移的过程，其实就是技术扩散、二次开发利用的过程。

太空技术转移的重要性在于：（1）能缩短创新技术的开发周期。太空开发是一个基础理论和工程实践结合得非常紧密的交叉领域，每项技术的开发利用不仅需要周期，而且需要在大量的太空在轨飞行试验和地面试验中去反复验证和完善，以获取和掌握真正的核心技术。借助太空开发的先进知识、技术和经验推进科技创新，将大大缩短创新技术的开发周期。（2）太空开发领域是世界上拥有最多最先进技术的领域，不仅为太空事业提供了有力支撑，也为发展高新技术创造了宝贵财富。（3）大量先进太空技术的民事运用，有助于国家产业技术升级和提升国际市场竞争力。

技术创新是市场中取胜的法宝，谁拥有不断创新的高新技术，谁就取得了市场竞争的制胜权。所以，世界各太空国家都高度重视并积极推进太空技术转让。美国是世界太空技术转让的先行者，转让体系非常完善。美国国家宇航局（NASA）刚一成立，美国参议院就要求建立一个将太空技术用于民生技术的长效机制。1964年，美国国家宇航局制订了《技术转让计划》，从1973年开始将太空技术向民用领域转让。美国的太空技术转让采取的是专业技术转移模式，分三个层级进行管理，一个是总部管理，由美国国家宇航局的首席技术专家办公室负责将技术转让到民营部门和其他可能的技术商业化部门；一个是分支机构管理，由美国国家宇航局10个航天中心的技术转让办公室完成，由各中心的首席技术专家负责技术转让的协调工作；一个是区域技术转移中心管理，美国国家宇航局资助美国六大区域技术转移中心，吸引美国产业界参与获取并利用宇航局技术。美国的太空技术转移有完整的配备法规政策，不仅有太空法和专门的太空技术转移政策，还有与其他社会子系统相协调的政策。欧洲太空局（简称

"欧空局")也重视太空技术转让,但与美国不同,欧空局强调双向技术转让,在把太空技术转让到民用领域的同时,也鼓励把民用领域尤其是非太空领域的技术引入太空领域。欧空局的管理体系分为两个层次。第一个层次是欧空局管理,欧空局建立了技术转让办公室(TTPO),负责技术转让的公开竞标和提供。第二个层次是成员国模式,欧空局依托各成员国太空局,建立起了覆盖欧洲的技术转移体系,每年能实现100多项的新技术转让。[①]

日本高度重视太空技术转让工作。早在20世纪70年代,日本就开始将当时的国家太空研究机构(主要是航空航天技术研究所、太空科学研究所、太空开发事业团)的太空技术转让给民营企业,而且产生了很好的技术推广效益和经济增长效果。1987年,英国经济学家克里斯托弗·弗里曼在对苏联和日本两国的科技创新经费投入产出情况进行对比后发现,对太空科技创新经费的投入与产出并不一定成正比。苏联对太空科技创新投入巨大,但没有产生巨额的科技经济效益回报。相反,日本投入太空科技创新的经费远远不及苏联,但是日本的国家科技整体性地迅猛发展,许多产业领域的科技水平和产品竟然超越了美国和欧洲。产生这一现象的最主要原因竟然在于技术转让,在于利用太空科技创新对民用技术的二次开发。从苏联方面看,虽然对太空科技创新投入巨额费用,但这些太空科技创新成果基本都用在了军事和太空上,没有对民用科技领域进行直接或间接的技术转让,没有进行二次技术开发。在20世纪70年代,苏联为了赢得美苏太空争霸的绝对优势,投入太空和防卫的研究开发费用占了苏联科技创新开发费用总额的3/4,也占了国民生产总值的近3%,但在民用科技领域的投资仅占苏联科技创新开发费用总额的近1%,不

---

① 小宇宙:《航天技术民用转化机制的两个范本:基于NASA和ESA的分析——二论航天技术民用及二次开发》,载于《卫星与网络》2016年第11期。

到当时绝大多数西欧国家的50%，也远远低于日本。①（具体数据比较参见表2.7）其结果就是，在高度集中的社会主义计划经济体制下，苏联太空科技与军用科技迅猛发展，但是民用科技发展缓慢，尤其是企业对科技创新态度消极，只是满足于完成计划体制下的生产数量。从日本方面看，虽然对太空科技创新的投入远远低于苏联，但持续保持对民用科技的大额投入，而且坚持将太空科技创新成果用于民用科技领域，尤其是将其二次开发转变为新产业技术，使日本民用产业，尤其是电子、半导体等产业迅猛发展，最终在80年代超越了美国和欧洲。

表2.7 20世纪70年代日本和苏联科技创新实施的对比

日本	苏联
1. 国民生产总值比例高（2.5%）	1. 国民生产总值比例非常高（4%）
2. 军用和太空的研究开发比例较低（占研究开发经费总额的比例：<2%）	2. 军用和太空的研究开发比例非常高（占研究开发经费总额的比例：>70%）
3. 企业研发和公司资助的研发比例高（约67%）	3. 企业研发和公司资助的研发比例低（<10%）
4. 在企业层面对研究开发、产品和引进技术的整合程度高	4. 将研究开发、产品和引进技术进行分离，与研究机构的联系差
5. 用户生产商和分包商的网络联系紧密	5. 市场、生产和采购之间的联系较弱或没有联系
6. 积极激励企业层面的创新，包括管理层和员工	6. 在20世纪60年代和70年代曾有一些创新激励，但其他的一些消极阻碍作用影响了管理层和员工的创新
7. 富有国际市场竞争的经验	7. 除了军备竞赛，缺乏国际市场竞争的经验

资料来源：根据克里斯托弗·弗里曼在"The 'National System of Innovation' in Historical Perspectiv e"中的相关数据整理。

---

① Chris Freeman："The 'National System of Innovation' in Historical Perspective"，*Cambridge Journal of Economic*，1995，19，p. 12.

但那时的日本太空技术转让主要是"任务驱动",是以太空开发任务为前提,不以转让为目的。进入 21 世纪,日本太空技术转让开始从"任务驱动"向"需求驱动"转变。

日本建立了基本的太空技术转让法律架构:(1) 制订了《太空基本法》。《太空基本法》虽然没有规定太空技术转让的各方及其职责,但第十六条明确提出太空技术转让的重要性,明确要求把太空技术与太空商业开发利用联系起来,向企业转让太空技术。[①](2) 有系统全面的社会技术转让法律体系,涉及技术转移基本法律、技术转移专门法律、企业相关法律等方面,包括《科学技术基本法》《工业所有权法》《特许法》《核心制造技术促进法》《企业合理化促进法》《中小企业现代化促进法》等,详细规定了日本政府、大学、研究机构、中介机构、地方团体、企业等在技术开发、转让、保护、利用过程中的不同职责。

同时,日本也初步构建了四个层面的太空技术转让管理机构体系。(1) 政府管理,主要是由经济产业省和文部科学省管理。经济产业省主要从经济和产业发展的角度,负责有利于提高民间经济活力的技术转移。文部科学省主要是从科学技术角度,负责从技术层面推进技术转移。(2) 半官方机构管理,主要是在经济产业省和文部科学省的指导和资助下,由其下属的半官方机构进行管理。经济产业省下属的半官方机构主要有三个,分别是:独立行政法人新能源产业技术开发机构(NEDO),是日本规模最大的核心研究开发机构之一,主要负责推动先进技术的研发和新能源、节能技术的普及与技术转让;财团法人日本产业技术振兴协会(JITA),主要职能之一就是转让产业技术综合研究所(AIST)和 NEDO 的技术;日本中小企业事业团,主要负责对中小企业的

---

① 内閣府,『宇宙基本法』,平成 20 年 5 月 28 日法律第四十三号,http://law.e-gov.go.jp/htmldata/H20/H20HO043.html(上网时间:2016 年 12 月 21 日)

第二章 太空开发与日本的技术发展

技术转让。文部科学省负责太空技术转让的是日本科学技术振兴机构（JSPS），负责新技术的专业化开发和技术信息流通。(3) 工业行会的管理，主要由日本航空航天工业会负责。日本航空航天工业会是在政府支持下的半官半民的行业组织，负责航空航天交流、联系与对外合作，与政府、企业和 JAXA 都保持紧密关系，是太空技术转让的中间机构。(4) JAXA 层面。JAXA 是专门的太空研究机构，是专门负责从技术层面进行转让的机构，受文部科学省管理。JAXA 的技术转让模式主要有五种：一是直接技术转让。JAXA 将太空技术直接转让给企业，由企业进行二度技术开发，形成新的技术衍生品。二是通过技术合作进行转让。JAXA 创建了"新企业促进部"等技术合作平台，开展了"孵化新的卫星应用商业""开发 JAXA 技术的衍生品""开放实验室征集建议"等活动，鼓励中小企业与 JAXA 合作，使用 JAXA 技术、专利和知识产权开发新产品，提出新的商业方案。三是通过技术委托进行转让，委托私营企业运用 JAXA 关键技术开发新产品。JAXA 创立了"太空探索创新中心"，邀请企业或公司参加 JAXA 的合作项目。在项目中，双方建立共赢机制，JAXA 下放关键技术，委托企业或公司开发 JAXA 下一步推进太空探索所需的关键技术，企业或公司通过使用 JAXA 的知识和技术开发技术衍生品。四是通过中间组织推介进行技术转让。JAXA 对有政府背景的或特定领域的行业协会等组织进行授权，由这些组织作为中间组织，向行业领域的企业、组织、个人介绍 JAXA 的太空技术，并参加技术转让。五是建立 JAXA 知识产权、研究文章和卫星数据的数据库，鼓励公司和大学使用 JAXA 的技术设施和测试设备。这五种模式，前四种是正式技术转让模式，后一种则是非正式技术转让模式。

2003 年日本小卫星 SOHLA-1 的研发过程，是日本诸多技术转让中最有代表性的案例，最完整地体现了日本太空技术转让的管理流程，也充分反映了通过技术转让促进产业技术升级的结果。JAXA 从 1995 年开始研究小卫星，2002 年 12 月成功发射日本首颗小卫星"MicroLabSat"，积累了一套小卫星及其零部件的专业知识及技术。2003 年，日本一些中小企业成立了一个"大阪太空行业协会"（Space Oriented Higashiosaka Leading Association），想要开发小卫星。但该行业协议完全没有太空开发经验，完全依靠 JAXA 的技术转让，建造了该行业协会的首颗小卫星 SOHLA – 1。整个技术转让过程经历了五个步骤。第一步：国家项目立项。"大阪太空行业协会"向经济产业省下属的独立行政法人新能源产业技术开发机构提出申请，经经济产业省同意，将该项目列为国家"关键技术开发推进项目"，给予资金支持。第二步：协会组建自己的研究力量，与东京大学、大阪大学、谷立大学、大阪府立大学进行合作。第三步：JAXA 与协会签订正式合作协议《关于小卫星共同努力的安排》。第四步：JAXA 主导技术转让的具体实施过程，决定转让的内容和转让的对象。JAXA 进行技术转让的原则是，尽可能地提供已有技术，减少新开发零部件的数量。JAXA 允许协会使用 MicroLabSat 平台和技术建造 SOHLA – 1，把基础太空技术、系统管理、卫星系统、制造、测试、运营等卫星技术转让给该行业协会，又把卫星系统设计和分析技术转让给大阪府立大学。大阪府立大学在 JAXA 的支持下，参加卫星系统设计和分析工作。JAXA 在大阪专门设立项目办公室，派遣卫星工程师进行全程跟踪指导。第五步，对依靠技术转让形成的产品有最终的共同控制权。SOHLA – 1 建成后，同时由协会的业余波段和 JAXA 的 S 波段运营系统控制。[1]

---

[1] Hiroaki Kawara, Naomi Murakami: "The results of small satellite technology transfer from JAXA", 24th Annual AIAA/USU Conference on Small Satellites, SSC10 – VI – 7.

第二章　太空开发与日本的技术发展

虽然日本的太空技术转让已经有了一系列法律规章和一定层级管理,在实践操作中也取得了一些成果,但是与美国、欧洲的太空技术转让情况进行对比,不难发现以下四个特点:(1)日本的太空技术转让还属于建立机制的初期阶段。日本的太空技术转让法律架构仍然不够完整,至今没有制订专门的太空技术转让政策,其太空技术转让管理体系仍主要依托于民用技术转让的管理体系框架。(2)日本太空技术转让的管理体系是高度垂直的管理架构。日本太空技术转让有四个层级,但后三个层级要进行技术转让,都得经过经济产业省或文部科学省的许可和同意。与美欧相比,日本太空技术转让的国家主导性更强,相对封闭,不够开放。(3)日本的太空技术转让走的是美国和欧洲的中间路线,既像美国一样,强调太空技术向民用的转让,也像欧洲一样,利用民用技术推动太空技术的开发。(4)日本的太空技术转让范围已经扩大,已经从零部件,比如通信卫星的转发器、地球站,发展为卫星平台技术。

三、以太空科技知识产权占据世界技术战略制高点

知识产权[①]立国是日本的国家战略。2002年7月,日本制订了《知识产权战略大纲》。在该大纲中,日本首次明确提出了"知识产权立国"的国家发展战略目标。同年12月4日,日本制定了《知识产权基本法》。2003年7月,日本制定了第一个《知识产权推进计划》。从2010年开始,日本每年都发布《日本知识

---

① 日本的《知识产权基本法》第二条规定,日本所指的"知识产权"是指:发明专利权、实用新型专利权、培育者权、外观设计专利权、著作权、商标权及其他有关知识产权的法律法规所规定的权利或同法律保护的利益相联的权利。目前世界达成的共识是,知识产权主要包括专利、商标、版权三类。本书所说的知识产权,特指专利。

产权推进计划》报告书。日本知识产权的决策机构——知识产权战略本部，直接归首相官邸管理，由首相亲自负责知识产权工作。日本之所以如此重视知识产权战略和知识产权立国，是因为自20世纪80年代末期，来自美欧的知识产权压力持续增大。90年代开始，日本在信息技术等高新技术领域逐步落后于美欧，在传统工业和劳动密集型产品方面也面临着新兴国家的激烈竞争。日本希望通过"技术立国"和"知识产权立国"，从国家战略层面创造、保护和应用创新技术及其知识产权。

从日本提出"知识产权战略"开始，日本对技术创新、知识产权与产业三者关系就进行了设定，并通过一系列政策将三者关系予以机制化。（1）明确技术创新、知识产权与产业是"三位一体"的关系。日本经济产业省在2003年《以知识产权为核心的企业战略参考指针》中明确规定，研究开发战略、知识产权战略和业务战略是三位一体的关系，目标是获取、管理并应用知识产权（见图2.4）。（2）明确技术创造知识产权是日本知识产权战略利用的基础和前提。按照日本特许厅1999年制订、2000年修订的《知识产权战略指标》，日本知识产权战略分为两个层次：一个是基本战略，另一个是国际战略。在这两个战略层次里，技术贯穿战略的整个阶段，是构筑和强化知识产权基盘、强化知识产权运用力、推动知识产权的基础不可或缺的条件（见图2.5）。(3) 明确日本知识产权战略的最重要价值，不在于创造知识产权，而在于知识产权的战略利用，即用于产业。目的是促成日本由技术引进国成功转型为知识产权出口国，实现海外知识产权收入的持续攀升；推动本国的技术优势迅速转化为市场竞争优势；用日本的技术标准占领并统一世界技术标准。2003年7月，日本发布的《知识产权战略计划》规定，要对知识产权进行战略性利用，推行重视知识产权的经营战略，鼓励企业依据经济产业省2003年3月制订的《知识产权战略大纲》制定经营战略。在2003

年7月发表的《知识产权创造、保护及运用推进计划》（简称：《知识产权战略计划》）中，日本进一步规定，要加强战略性的国际标准化活动，在研究开发的早期就建立标准化战略，将日本的知识产权国际标准化，目的是有效地促进起源于日本的国际标准的产生。通过日本对技术创新、知识产权与产业三者关系的界定可以清楚地看出，日本实施知识产权的关键不是"发明优先"，而是"申请优先"。"发明优先"强调的是通过科技创新产生新知识、创造新知识产权的能力，是日本知识产权的基础。日本知识产权真正推行的是"申请优先"原则，是鼓励知识产权的创造者尽可能早地提交产权申请，以最大的可能把该知识产权的专利注册下来，从知识产权的创造者成为专利所有者，获得该知识产权的专享权。所以，日本知识产权战略追求的其实是权力，通过专利控制技术创造和应用的权力。

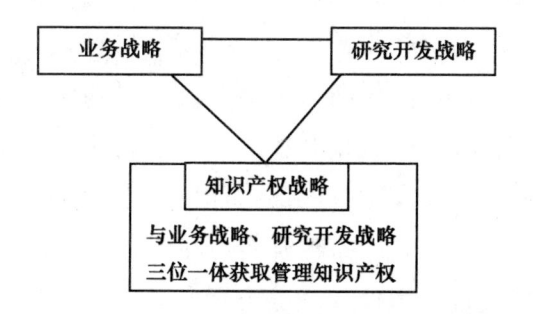

图 2.4　日本经济产业省设定的知识产权三指针关系

资料来源：根据经济产业省 2003 年《以知识产权为核心的企业战略参考指针》整理。

太空科技创新是日本实现国家知识产权战略的最有效途径之一。主要原因在于：（1）太空开发是世界高新技术最集中的专业领域。太空科技创新的过程，其实是一个通过太空开发获得、创造、应用新知识的过程。从太空开发产生的知识产权最多，最能反映国际科技政策的关注点，反映各国在全球技术竞争中的表现

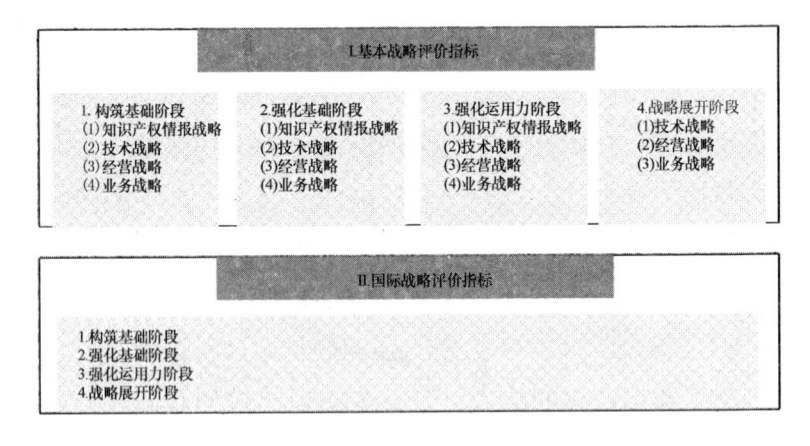

```
┌─────────────────────────────────────────────────────────────┐
│                  I.基本战略评价指标                          │
│ ┌──────────┐ ┌──────────┐ ┌──────────┐ ┌──────────┐         │
│ │1.构筑基础阶段│ │2.强化基础阶段│ │3.强化运用力阶段│ │4.战略展开阶段│ │
│ │(1)知识产权情报战略│(1)知识产权情报战略│(1)知识产权情报战略│(1)技术战略│  │
│ │(2)技术战略│ │(2)技术战略│ │(2)技术战略│ │(2)经营战略│         │
│ │(3)经营战略│ │(3)经营战略│ │(3)经营战略│ │(3)业务战略│         │
│ │(4)业务战略│ │(4)业务战略│ │(4)业务战略│ │          │         │
│ └──────────┘ └──────────┘ └──────────┘ └──────────┘         │
└─────────────────────────────────────────────────────────────┘

┌─────────────────────────────────────────────────────────────┐
│                  II.国际战略评价指标                         │
│   1.构筑基础阶段                                             │
│   2.强化基础阶段                                             │
│   3.强化运用力阶段                                           │
│   4.战略展开阶段                                             │
└─────────────────────────────────────────────────────────────┘
```

图 2.5　日本特许厅的知识产权战略指标结构图

资料来源：根据特许厅 2000 年《知识产权战略指标》整理。

和排名，反映各国在全球技术发展中拥有的最为活跃、最具增长前景的技术优势。通过太空技术专利可以了解科技领域前沿的概貌和进展，通过掌握太空技术专利就可以立足科技领域前沿。（2）太空知识产权是工业产权，受到专利保护，有保护期限，享有独占权，未经许可，任何人不能实施。以知识产权为基础，日本就能保护好科技创新成果并使之向产品转化，不断开拓自主创新的产业，实现产品和服务的高附加值，进而实现日本产业和经济社会的新发展，提高国家综合实力和核心竞争力。（3）在通过太空科技创新实现知识产权战略方面，日本是有历史经验的。早在 1966 年，日本政府还没有制订知识产权相关法律制度、提出"知识产权立国"战略前，日本就已经开始进行太空开发技术的专利申请，虽然这一时期的太空技术主要是从美国引进，专利申请数量不高，年均 70 件以下。1976 年至 1980 年，日本政府和富士通、日本电气、日立、东芝和三菱电机五家大型电子企业联合开发超大规模集成电路技术，在项目运行的 5 年里，日本成功申请了 100 多项相关技术专利，为未来日本新型芯片、包括计算机芯片的研发打下了坚实基础，直接推动了日本计算机和信息技术的发展。

但是，太空科技创新与其他科技创新不同，它面对的是越来越激烈的全球太空技术专利竞争，除了美欧日俄等传统西方太空国家和地区外，还有许多新兴太空国家和国际组织、企业等非国家行为体参与太空技术专利竞争。全球太空技术专利申请的数量与全球太空技术的发展、太空开发领域的拓展、参与太空活动国家的数量直接相关。太空技术发展越快、开发领域越大、参与国家越多，技术专利申请的数量必然会增多。而且太空技术是跨学科跨领域的技术，其产生的技术专利必然也是跨学科跨领域，必然带动全球多学科技术专利申请数量的大幅增长。全球太空技术专利已经成为国家综合科技实力和创新实力的竞技场。2016年，日本政府对2004年至2013年太空技术专利情况进行统计调查，范围包括日本、美国、欧洲、中国、韩国、俄罗斯、印度、以色列、印尼、马来西亚、越南、土耳其以及国际专利组织。调查结果显示，2004年1月1日至2013年12月31日，所有调查对象批准的太空机器相关技术专利一共是25873件，日本批准5982件、美国批准7564件、其他国家批准12327件。① 在这样的国际竞争背景下，日本必然愈加重视太空技术的知识产权工作，必然在国家普适性的知识产权制度之下，有新的侧重和新的强调。具体表现在如下方面。

第一，战略目标从促进技术创新转向重视应用。日本的知识产权战略最初倡导的是技术创新的权利，即先通过太空开发，研

---

① 特許庁，『平成27年度特許出願技術動向調査報告書（概要）』，平成28年3月，https://www.jpo.go.jp/shiryou/pdf/gidou-houkoku/h27/27_09.pdf#search=%27%E5%AE%87%E5%AE%99%E6%8A%80%E8%A1%93%E7%A7%BB%E8%BB%A2%E3%82%B1%E3%83%BC%E3%82%B9%27（上网时间：2017年4月7日）

发出新技术，再通过申请知识产权，保护技术不被模仿，之后应用技术形成差异化产品。现在则变为重视应用的权利，通过太空开发，实现突破性创新，获得关键专利，借助创新技术带动新产业发展。2002年，日本重新修改《产业活力再生特别措施法》，①取消了该法在1999年制订时的第30条款中关于特殊情况的规定，使条款适用于所有委托研究开发的预算项目。以前，通过政府委托的研究，获得的知识产权都100%归日本国家所有。②修订后的《产业活力再生特别措施法》将项目获得的知识产权都归受委托人所有，极大地激励了项目受委托人的申请热情。依据《产业活动力再生特别措施法》，JAXA对合作研究开发的知识产权归属又做了进一步细化，对JAXA和企业共同出资、共同推进的项目，JAXA只发表学术评审研究文章，合作中获得的知识产权全部归主要合作企业所有，由该企业申请专利。而且，从2016年开始，日本提出并积极推广"知识产权金融化"概念，鼓励金融机构对国内中小企业拥有的知识产权进行价值评估和金融贷款；2014年日本特许厅试验性启动了"知识产权商业评估书"项目，2015年正式启动了"知识产权金融化促进事业"，专门评估日本中小企业拥有的知识产权的经济价值，向金融机构提供免费的评估信息，从而推动知识产权生产化、市场化和金融化。

第二，战略目的从避免侵权、防止技术流失转向垄断技术和垄断技术市场。2002年启动知识产权战略时，日本知识产权战略的重点是鼓励自主创新，保护知识产权，努力在关键领域和科技

---

① 1999年，日本依照美国的《拜杜法案》（Bayh-Dole），制订了《产业活力再生特别措施法》。该法第30条明确规定，受国家和特殊法人委托，研究开发所得成果的知识产权，可归属于受委托人。

② 経済産業省,『日本版バイ・ドール条項について（産業活力再生特別措置法第30条）』, http://www.meti.go.jp/policy/innovation_policy/powerpoint/houritsu/30jonihonbanbidole.htm（上网时间：2017年4月7日）

第二章 太空开发与日本的技术发展

前沿领域掌握核心技术和拥有一批自主知识产权。但从 2005 年开始，以日本和美国、欧洲共同启动全球专利审批制度为标志，①日本正式建立与国际接轨的太空科技专利申请制度，推动申请国际专利。对于向日、美、欧都递交了申请且美国和欧洲已经完成审查的案子，日本专利局将不再进行重复检索，而是根据申请人的要求，直接决定是否授权。对于向日、美、欧都递交了申请，且申请项目是日本在世界上处于领先地位的尖端技术，比如太空相关技术，日本专利局将优先将其向美国和欧洲提供，进行优先审查和授权。日本的这一做法，降低了专利申请费用，减少了申请程序，有利于日本国籍的发明人和专利权人在全球范围内迅速获得专利保护和实施专利技术，能更大地激发专利申请。同时，也在全球进行了专利"输出"，形成了全球性的专利垄断和技术垄断。

第三，战略标准从被动接受国际标准转变为主动制定国际标准。在经济全球化的时代背景下，技术性壁垒和技术封锁越来越多，通过模仿技术来获取市场的可能性越来越小。一个国家要获取市场，就必须摆脱依赖别人技术的被动状况，进行独立技术创新，获取技术自主权。而且，国际技术标准的重要性愈加突显。随着经济全球化的发展，技术标准成为技术的附加值。即使国家或企业具有研发某种新技术的能力，也不一定具有按照自己的技术制定相应标准的能力，只有在国内和国际上建立自己的专利保护，才能确立自己在国际技术标准制定过程中的主导地位。在某种程度上，知识产权战略不仅仅是国家的技术之争，也是国家的技术标准之争。

---

① 日本积极建立与国际接轨的专利申请制度，推动申请国际专利。1997 年，日本和美国、欧洲达成建立全球性专利审批制度的共识，原则上相互承认专利，并建立了"全球专利档案""新一化电子文档链接系统""专利审查高速路"（PPH）等一系列制度。这一系列制度从 2005 年开始正式启动。

这些新侧重和新强调从一个层面反映出日本争夺世界太空科技知识产权规则制定权和主导权、进而成为世界科技领导国家的决心，安倍的一系列发言也恰恰证明了这一点。2013年2月22日，安倍在美国战略研究中心的演讲中提出，"日本不仅积极促进贸易、投资、知识产权、就业及环境领域的规则制定，更应占据主导地位"。[①] 2013年2月28日，安倍在日本国会发表的施政方针演说中强调，"在技术、服务、知识产权日益多样化的今天，为了确保公平且具有活力的国际竞争，就必须完善贸易、投资领域的国际规则。其中，日本不是被动的。无论是全球层面、地区层面，还是双边层面，日本都不应是规则的'默认国'，而应是规则的'创造国'。"[②] 2014年5月，安倍在经济与合作组织理事会上称，"知识产权不应该是免费班车"。[③]

日本也正积极采取措施，大力推进并谋求取得国际标准制定权。在第四期科学技术基本计划中，日本明确规定，"知识财产的国际标准化战略包括知识产权战略和研究开发战略，两个战略必须要整体推进。"[④] 对于推进知识产权国际标准化的目的，第五期科学技术基本计划也作了详细解释，"在高技术领域，国际竞争加剧。国际标准化的滞后，将直接导致国际竞争力的下降和市场的流失。因此，建立一个快速的、准确的、与世界协调的知识

---

① 首相官邸，『日本は戻ってきました』，平成25年2月22日，http://www.kantei.go.jp/jp/96_abe/statement/2013/0223speech.html（上网时间：2016年4月26日）

② 首相官邸，『第百八十三回国会における安倍内閣総理大臣施政方針演説』，平成25年2月28日，http://www.kantei.go.jp/jp/96_abe/statement2/20130228siseuhousin.html（上网时间：2016年4月26日）

③ 首相官邸，『OECD閣僚理事会 安倍内閣総理大臣基調演説』，平成26年5月6日，http://www.kantei.go.jp/jp/96_abe/statement/2014/0506kichokoen.html（上网时间：2016年4月26日）

④ 内閣府，『科学技術基本計画』，平成23年8月19日，http://www.8.cao.go.jp/cstp/kihonkeikaku/4honbun.pdf（上网时间：2016年11月26日）

第二章　太空开发与日本的技术发展

产权国际标准化战略显得尤为重要。对于那些现有行业协会难以规范的行业，如跨越多个领域的融合技术、旨在获取世界市场的中坚企业和中小企业的尖端技术，政府有必要推动产业界以外的努力。"① 同时强调，要从加强产业竞争力和科学技术发展的角度出发，进一步提高知识产权管理的质量，更重要的是推进知识产权的国际标准化。2016年3月31日，日本内阁官房、内阁府、总务省、文部科学省、经济产业省、防卫省联合出台了《与太空用零部件和组件有关的综合技术战略》，该战略的重要内容之一，就是提升JAXA零部件认定制度在国际上的认证度，改善出口环境。② 该战略明确提出，"分析以前工作中存在的问题，彻底地改进和强化综合技术工作""利用日本相关领域的先进技术，不断增强有助于增强卫星竞争力的零部件"，从而扩大全球规模，实现全球盈利的良性循环。③ 日本的目的明确，就是要改变国际技术标准，把日本技术标准变为国际技术标准，尽量避免日本产品受制于他国既定标准，使日本产品掌控世界市场主导权。

第四，注重发挥太空巨头企业的主体作用。日本太空知识产权之所以能得以推广、快速发展，不仅因为日本有着全面的知识产权法规措施，也在于日本的太空巨头企业，如三菱重工、三菱电机、日本电气等，都是日本开展全球太空专利活动的标杆和最积极参与的主体。这些企业都把专利策略作为企业经营管理的一个重要方面，把专利申请作为一种主动意识和自觉行动，都有自

---

① 内閣府,『科学技術基本計画』,平成 28 年 1 月 22 日,http://www.8.cao.go.jp/cstp/kihonkeikaku/5honbun.pdf（上网时间：2016 年 12 月 26 日）

② 経済産業省,『宇宙用部品・コンポーネントに関する総合的な技術戦略概要』,平成 28 年 3 月 31 日,http://www.meti.go.jp/policy/mono_info_service/mono/space_industry/pdf/buhinsenryaku.pdf（上网时间：2017 年 1 月 31 日）

③ 経済産業省,『宇宙用部品・コンポーネントに関する総合的な技術戦略概要』,平成 28 年 3 月 31 日,http://www.meti.go.jp/policy/mono_info_service/mono/space_industry/pdf/buhinsenryaku.pdf（上网时间：2017 年 1 月 31 日）

己企业的核心知识产权体系。以三菱重工为例，三菱重工把事业战略、知识产权战略、研究开发战略和经营战略整体推进：明确规定，每个事业部门都要以经营战略为中心制订事业战略、知识产权战略、研究开发战略，业务部、知识产权部和研究发展部要紧密合作，推进这些战略；专门设立知识产权部，负责监管各业务部门的知识产权战略，从而推动集团整体知识产权战略的实现，进一步提升公司的价值。从2011年至2015年，三菱重工的国内和国外知识专利数量都逐年递增[①]（见表2.8）。日本太空开发是在合作中推进的。这些太空巨头企业与JAXA的太空知识产权体系融合在一起，使国家太空知识产权体系得以延续和发展。

表2.8 三菱重工2011年至2015年国内和国外知识产权专利数量

（单位：件）

年度	2011年	2012年	2013年	2014年	2015年
国内专利件数	6170	6452	7023	7412	7380
国外专利件数	5197	5349	6090	6633	6676

资料来源：根据三菱重工公开资料整理。

[①] 三菱重工，『知的財産戦略』，https：//www.mhi.co.jp/technology/ip/strategy.html（上网时间：2017年4月7日）

第三章

太空开发与日本的产业经济发展

　　太空产业是日本选择的 21 世纪主导产业之一，促进经济再增长是日本太空战略的三大目标之一。太空开发的创益方式与其他产业特别是传统产业部门有着重大区别。太空开发对国民经济增长的贡献，不仅在于能推动本产业部门的经济增长，更在于能通过其开拓性的技术手段改变其他相关产业部门传统的生产和运营方式，直接或间接地推动这些产业部门的经济增长，从而推动整个宏观国民经济的增长。但是，日本太空开发有着特殊性。由于长期受到"太空开发仅限于和平利用"原则和 1990 年日美卫星购买协定的制约，日本长期执行单一的太空技术开发政策，没有将太空开发与太空产业发展、与日本经济增长联系在一起。日本太空开发长期依赖官需，缺乏国际市场，太空产业发展与太空技术发展不同步，严重滞后于世界太空产业的发展。这就决定了日本要通过太空开发推进经济发展，只能采取渐进方式，在积极进行全面战略规划的同时，在现阶段只能把政策重心放在解决"官需"问题、提升太空产业的核心能力上，重点是加强太空产业基础建设、构建新太空产业体系、培养和开拓太空商业市场。

第一节　日本发展太空产业经济的背景

与其他国家不同，日本虽然很早就开始进行太空开发活动，但其太空产业发展却进展缓慢。在 20 世纪 80 年代前，日本一直执行太空开发政策，追求技术赶超美国和苏联，没有提出太空产业的发展问题。80 年代中期，日本已经拥有了一定的太空技术优势，尤其是"广场协议"导致的汇率变化，使日本企业的财富增加，对技术开发的投资也相应增加。许多日本企业相信，开发太空技术能刺激许多技术的发展，而这些对 21 世纪很重要。因此，日本政府、执政党（自民党）、经团联等商业利益团体、三菱和日本电气公司等大型太空企业都开始思考并探索太空产业的发展问题，并以市场利益为目标，着力推进卫星产业出口政策。为了促进卫星产业的商业开发，日本对国内卫星市场进入进行严格控制，禁止日本政府机构购买外国卫星，禁止日本通讯巨头 NTT 采购外国所有类型的卫星。由于这些政策，日本的通讯卫星容量从 1977 年的 24% 增加至 1988 年的 80%，国产化率从 1977 年的 14% 增长至 1988 年的 83%。[1] 1989 年，日本首次把太空开发与产业发展联系在一起，提出了把太空作为"产业先导"的战略概念。1989 年，日本通产省形成了一份"21 世纪产业社会基本构思"的报告，指出"必须将太空产业置于十分重要的位置，将太空产业作为原材料、电子等产业的先导，必定能带动其他产业的大发展。利用太空环境进行尖端技术的研究开发和开展太空生产将大幅度地推进新材料、微电子等技术产业领域的发展。在技术

---

[1] University of Michigan Press, "US-Japan trade conflicts: semiconductors and Super 301", https://www.press.umich.edu/pdf/0472113585 - ch5.pdf # search = %27USJapan + Satellite + War%27（上网时间：2016 年 12 月 9 日）

第三章 太空开发与日本的产业经济发展

上将取得更大的进步，经济上将取得巨大效益"。[1] 日本通产省和太空开发事业团依据这一报告，制订了大规模的太空系统开发计划，以促进太空产业的发展，带动其他产业的发展。但是，美国把日本视为潜在竞争对手。从20世纪80年代初开始，美国对其提供给日本的发射技术进行限制，禁止日本发射可能与国际通讯卫星组织（INTELSAT）产生竞争的卫星，禁止日本使用从美国新获取的火箭技术为第三国发射卫星。80年代后期，美国国会通过以"超级301条"为核心的《1988年综合贸易及竞争法》，制裁的第一个产业部门就是日本新兴的卫星产业。日本同时遭到制裁的还有计算机、电子等高科技产业。面对美国的制裁，日本选择放弃卫星商业市场，以换取计算机、电子等高科技市场。日本太空产业发展的萌芽被扼杀。从90年代开始，在卫星产业受限的情况下，日本转向商业性发射和太空用零部件出口市场。

应该说，20世纪80年代的日本，在国际和国内两个背景下，基于国际技术产业发展和商业市场的现实情况，根据国家经济发展的需要进行利益权衡后，主动选择放弃太空卫星产业及其市场。从21世纪初开始，以2008年《太空基本法》的颁布实施为标志，日本太空战略开始做出重大调整，从太空开发转向全面太空开发利用，突出强调全面发展太空产业。这次调整，也是日本在国际和国内两个背景下，进行利益权衡和战略选择的结果。

一、国际环境发生新变化，世界迎来"新太空"时代

"新太空"运动肇始于美国。20世纪70年代中期，美苏对冷

---

[1] 王存恩：《日本决定促进空间产业的发展》，载于《国外空间动态》1989年第1期。

战战略都进行了调整。美国在越南战争后，开始进行全球范围内的战略收缩，国际战略环境呈现出缓和态势。美国的太空活动开始转向深空探测、开发利用近地空间和太空飞机。80 年代中后期，随着美国日渐取得对苏联的战略优势，美国在进行太空军事开发利用的同时，开发重心转向更多的民用太空项目和商业太空项目。1985 年通过的《美国国家航空航天局授权法》拉开了美国商业太空项目的序幕，鼓励扩大商业卫星发射，鼓励私人资本投资并参与商业太空行为。90 年代，美国在冷战结束后连续出台的四份太空政策，即：《第 2 号国家太空政策令》《第 3 号国家太空政策》《第 4 号国家太空政策令》和《第 5 号国家太空政策令》，都是商业太空发射和遥感卫星应用的政策，核心都是促进太空商业活动。美国的这次新太空运动，是一次纯太空产业的开发和利用运动，美国政府完全是出于积极推进太空商业化的预期目的。由此，美国诞生了轨道科学公司、太空服务公司、数字地球公司、地球眼公司、铱星公司等一大批全球性太空风险企业，推进了商业卫星遥感市场的开放和卫星通信的飞速发展。美国在 20 世纪的新太空运动引起了世界各国和相关研究人员的高度关注。其他国家也跟随美国逐步开始太空探索活动和商业活动。但是，在这一阶段，各国关注的基本都是太空产业的本身。90 年代中期，联合国经济合作发展组织认为，太空和计算机、电子通信、医药制品产业属于四个高技术产业，正在全球市场上以两倍于其他产业的速度增长。只有美国的阿尔温·托夫勒在其编著出版的《第三次浪潮》一书中预言，太空产业将成为国民经济发展中的主导产业。他在书中写道："第三次浪潮时代的产业骨干，是电子产业、航空航天产业、海洋工程、遗传工程四组相互关联的产业群。"[1]

---

[1] 郭荣伟著：《九天揽月：中国太空战略发展研究》，国防大学出版社 2014 年版，第 208 页。

第三章 太空开发与日本的产业经济发展

进入21世纪,"新太空"运动再次在全球蓬勃兴起。这次的新太空运动与20世纪的太空运动不同,不再是单纯的太空产业开发和利用运动,而是与各国再工业化紧密地联系在了一起,成为各国再工业化的一个重要组成部分。因为太空科技是典型的、重要的大型工程技术,是大科技和带头科技,汇集了现代科学技术中有关领域的最新成果。[①] 太空技术对许多产业部门都具有适用性,太空产业的发展可以带动基础产业和传统产业的进步,也可以推动一批相关高新技术产业的发展。美国和欧洲都认为,太空领域每投入1元钱,就会产生7—12元的回报。

在21世纪新太空运动之下,一方面,世界各国加速再工业化进程,尤其是美欧俄大国与中印等新兴国家,竞相出台国家再工业化战略与产业创新行动计划,提出了具体而明确的战略目标,如德国的"工业4.0"(2011年)、美国的"工业互联网"(2011年)、法国的"新工业法国"(2013年)、韩国的"制造业创新3.0"(2014年)、印度的"莫迪制造"(2014年)、英国的"科学与创新"(2014年)等。同时,各国抓紧进行战略布局和战略实施。德国2013年4月发布了《实施"工业4.0"战略建议书》,同年12月发布"工业4.0标准化路线图",把工业4.0确定为面向2020年、成为全球制造业竞争力强国的国家战略。美国从2009年至2014年颁布了《重振美国制造业框架》《美国制造业促进法案》《创造美国就业及结束外移法案》《先进制造业的国家战略计划》《保持美国在先进制造领域竞争优势》《振兴美国先进制造业》等系列政策措施,鼓励制造业回归。

另一方面,与再工业化加速发展同步,世界各国对太空产业政策也做出相应的大幅调整。调整的重点:一是全方位推进商业

[①] 郭荣伟著:《九天揽月:中国太空战略发展研究》,国防大学出版社,2014年版,第209页。

航天发展。从 21 世纪初开始，美国、俄罗斯、欧洲、印度等主要太空国家都陆续推出一系列促进太空产业和商业太空发展的举措。美国在 2010 年《国家太空政策》中提出，未来美国将致力于太空商业化，为商界提供更多参与太空探索的机会，利用商业太空产品服务满足政府需求。2011 年，美国投资了名为"国家影像"的地理空间数据整合共享计划。2014 年，美国将商业对地观测卫星的图像分辨率出售限制降低到 25 厘米。2015 年，美国通过了《美国商业太空发展竞争法案》和《鼓励私营航空航天竞争力与创业法》等法案，取消了此前美国法律对太空领域私营企业的各种法律限制，赋予私人太空采矿权。俄罗斯和欧洲也积极推进太空产业，其中法国政府公布了《商业太空投资计划》，该计划的重点是发展"阿里安－6 火箭"和先进应用卫星，抢占国际太空市场。二是突出强调以技术发展产业、以产业带动经济。2015 年，美国宇航局（NASA）发布了《太空技术路线图》。在该路线图中，美国宇航局提出了 15 个关键技术领域和 1 个共性关键技术领域，首次提出跨多领域的共性技术领域研究。[①] 俄罗斯于 2011 年制订了《2030 年前太空活动发展战略》，把确保"世界三大太空大国之一的地位"作为战略目标。2015 年，俄罗斯通过《俄罗斯太空国家公司联邦法》，目标是组建政企一体的"俄罗斯太空"国家公司，强化太空产业管理和发展。法国在 2012 年发布新的《太空战略》，明确提出要加快发展高附加值的太空应用与服务，推动富有雄心的产业政策。英国在 2012 年发布《民用太空战略 2012—2016》，重点强调英国太空界要致力于经济增长，巩固太空产业在英国基础产业中的地位，为英国产业界创造新的增长机会。2015 年，英国首次公

---

① 国防科技信息网，《2015 年世界航天工业发展回顾——工业发展规划与能力建设》，2016 年 1 月 8 日，http://www.dsti.net/Information/News/97945（上网时间：2017 年 4 月 11 日）

第三章 太空开发与日本的产业经济发展

布《国家太空政策》和《国家太空环境与载人航天发展战略》，提出了2030年的远景太空发展目标。

由此，肇始于20世纪70年代的美国"新太空"运动，在21世纪再度兴起，发展成为新的太空商业开发模式和全球性的新兴产业化运动。各国关注的不仅仅是太空产业，更关注太空产业带动下的相关产业发展。"新太空"运动使世界太空产业及市场发生巨大改变。最大的改变在于以下方面。

第一，世界太空产业结构发生变化。在"新太空"运动中，太空产业的内涵得到极大丰富和拓展，不再只局限于太空机器产业及其应用，已经成为包括太空机器产业（火箭发射、卫星制造、地上设施和软件等）、太空利用服务产业、太空有关的民生机器产业、用户产业群在内的大规模产业。

第二，世界太空市场发生变化。许多不能自行开发火箭和卫星的新兴国家进入太空商业领域，成为太空玩家，全球太空商业市场迅速扩大。美国太空基金会在其2015年度报告中断言"世界太空产业正处在一个快速发展的新时代"。[1] 太空商业市场的增长主要表现在三个方面：一是全球商业太空经济收益持续大幅增长。根据美国太空基金会2013—2015年的报告，2012年全球商业太空经济收益为2258.7亿美元，比2011年增长7%。[2] 2013年全球商业太空经济收益为2400.7亿美元，比2012年增长4%。[3]

---

[1] Space Foundation, "The Space Report 2015", https：//www. spacefoundation. org/sites/default/files/downloads/The_Space_Report_2015_Overview_TOC_Exhibits. pdf#search =%27Japan%27s + space + economy%27（上网时间：2016年11月11日）

[2] Space Foundation, "The Space Report 2013", http：//www. spacefoundation. org/sites/default/files/downloads/The_Space_Report_2013_overview. pdf#search = %27the + space + report + 2014%27（上网时间：2016年11月11日）

[3] Space Foundation, "The Space Report 2014", http：//www. spacefoundation. org/sites/default/files/downloads/The_Space_Report_2014_Overview_TOC_Exhibits. pdf#search = %27the + space + report + 2014%27（上网时间：2016年11月11日）

2014年全球商业太空经济收益为2538.3亿美元,比2013年增长了9.7%。① 二是太空机器产业和太空利用产业,尤其是全球卫星产业,占有太空产业规模比例不断升高。根据美国太空基金会2015年的研究报告,2014年的世界太空机器产业已经占到全世界总收益的逾1/3,火箭发射和卫星制造成为太空机器产业的支柱产业,帮助该领域收益提升了近18%。② 美国太空基金会2016年的研究结果进一步表明,世界太空利用产业成为太空产业中占比最大的部门,占39%,比2014年又增长了3.7%。③ 三是全球卫星产业收益也呈持续、大幅增长态势。根据卫星产业联合会2013年的报告,2007年全球卫星产业收益是1217亿美元,比2006年增长15%;2008年是1444亿美元,比2007年增长19%;2009年是1608亿美元,比2008年增长11%;2010年是1680亿美元,比2009年增长5%;2011年是1774亿美元,比2010年增长6%;2012年是1895亿美元,比2011年增长7%。④ 世界卫星产业联合会2016年的研究报告也显示,全球卫星产业收益继续保持增长态势,2015年2080亿美元,比2014年增长3%,略高于2015年世界经济增长率2.4%和美国经济增长率2.5%。⑤ 世界太空领域的

---

① Space Foundation, "The Space Report 2015", https://www.spacefoundation.org/sites/default/files/downloads/The_Space_Report_2015_Overview_TOC_Exhibits.pdf#search=%27the+space+report+2015%27(上网时间:2016年11月11日)

② Space Foundation, "The Space Report 2015", https://www.spacefoundation.org/sites/default/files/downloads/The_Space_Report_2015_Overview_TOC_Exhibits.pdf#search=%27Japan%27s+space+economy%27(上网时间:2016年11月11日)

③ Space Foundation, "The Space Report 2016", https://www.spacefoundation.org/sites/default/files/downloads/The_Space_Report_2016_OVERVIEW.pdf#search=%27Japan%27s+space+economy%27(上网时间:2017年1月9日)

④ Satellite Industry Association, "State of the satellite industry report", June 2013, http://www.sia.org/wp-content/uploads/2013/06/2013_SSIR_Final.pdf(上网时间:2016年11月11日)

⑤ Satellite Industry Association, "State of the satellite industry report", June 2016, http://www.sia.org/wp-content/uploads/2016/06/SSIR16-Pdf-Copy-for-Website-Compressed.pdf(上网时间:2016年11月11日)

第三章　太空开发与日本的产业经济发展

专业分析公司和日本国内对太空产业的增长都保持乐观预期。太空天使网络公司（Space Angels Network）是一家对太空领域初创企业进行调研和投资的公司。该公司预测，到2030年，全球太空经济将从2016年的3000多亿美元升至6000亿美元。[1] 日本政府也预测，全球通讯广播卫星的市场需求量，在1999—2008年是267颗，2009—2018年将达到340颗，增长率是127%；全球地球观测卫星的市场需求量，在1999—2008年是101颗，2009—2018年将达到206颗，需求增长率是203%。[2]

第三，太空产业带动相关产业及其市场规模发生变化。由于太空产业与其他产业的传导性，与太空产业相关的产业及其市场规模也在发生变化。如传感器产业的市场规模在不断扩大。传感器是太空开发必不可少的重要设备之一，越来越多地被广泛运用到社会发展及人类生活的各个领域，包括农业现代化、机器人、资源勘探、海洋探测、医疗等。随着太空产业的发展，太空产业对传感器的需求增加，带动全球传感产业飞速发展，全球传感器市场规模不断扩大。2008年世界传感器总销售额为500亿美元，2010年世界传感器市场规模已经增至800亿美元。[3]

21世纪的太空产业由于具有知识技术密集、成长潜力大、综合效益好的特点，对产业结构调整和经济社会长远发展具有引领

---

[1] Forbes, "Japan looks set to dominate 'Newspace' in Asia; India, China in play", http://www.forbes.com/sites/saadiampekkanen/2016/04/27/japan-looks-to-set-dominate-newspace-in-asia-india-china-in-play/#7323c1d118f4, 27 April 2016, 2016.9.22, by Saadia M. Pekkanen（上网时间：2017年1月11日）

[2] 内閣府，『宇宙産業政策の検討の視点』，平成25年10月，http://www.8.cao.go.jp/space/comittee/dai17/siryou3 - 3.pdf#search =%27%E6%97%A5%E6%9C%AC%E3%81%AE%E5%AE%87%E5%AE%99%E3%83%A6%E3%83%BC%E3%82%B6%E3%83%BC%E7%94%A3%E6%A5%AD%E7%BE%A4%27（上网时间：2016年12月20日）

[3] 中国行业研究网，《2015年传感器市场规模达1200亿美元》，2014年2月13日，http://www.chinairn.com/news/20140213/173805306.html（上网时间：2016年12月27日）

带动作用，成为世界主要国家优先发展的战略性新兴产业，成为世界主要国家抢占新一轮科技和经济发展战略制高点、国际竞争制高点的先导产业和支柱产业，也成为世界今后产业结构调整和经济持续稳定较快增长的大方向。

二、日本太空产业的发展方式亟待转变

由于长期执行单一太空开发政策，日本太空产业的发展相对滞后，缺乏国际竞争力，经济增长贡献率低。主要表现在以下方面。

一是太空产业的国际竞争力弱，占有的国际市场份额非常有限。太空产业、尤其是火箭发射和卫星制造等太空机器产业，要提升顾客的信任意识，就必须积累丰富的在轨绩效，创建太空产品的可信赖度，从而赢得更高的市场份额。由于长期受到1990年日美卫星购买协议的限制，日本太空机器产业一直没有真正全面进入国际市场。导致的结果就是，日本虽然已经积累了世界上顶尖的技术，但是，技术只限于研究和开发，缺乏市场需求，缺乏在轨展示的经验，缺乏商业竞争力，日本太空机器产业的整体产业规模和具体产业销售额，都明显滞后于世界太空产业发展。日本在2013年《太空基本计划》中曾做出分析，"全球卫星市场由美国和欧洲公司控制，他们政府订购产品的在轨运营性能赢得了私营部门客户的信任。但日本自1990年以来政府需求变得更小，对商业化和产业促进没有足够的研究开发，企业一直受到困扰。他们在轨运营的经验有限，不能在国际市场上占有一定份额。火箭发射服务也是一样，欧洲和俄罗斯控制了世界火箭发射市场，紧随其后的是中国和印度。"[1] 具体表现在：（1）自2000年以来，日本的太空产业规模

---

[1] 内閣府，『宇宙基本計画』，平成25年1月25日，http://www.8.cao.go.jp/space/plan/plan.pdf（上网时间：2016年9月11日）

一直在萎缩。2010年日本太空产业规模是9.1万亿日元,[①] 2011年是7.7万亿日元,[②] 减少了近18%。(2) 日本的太空机器产业销售额持续下降。日本的太空机器产业销售额在2001年是3617.77亿日元,[③] 是美国的10%、欧洲的63%[④];2003年降至2406.84亿日元,[⑤] 不到美国的6%、欧洲的近44%;[⑥] 2007年降到2264.25亿日元,[⑦] 是美国的近5%、欧洲的27%。[⑧] (3) 日本太

[①] 内阁府,『我が国の宇宙産業の現状(宇宙産業規模)』, http://www.8.cao.go.jp/space/comittee/dai1/sankou1-4.pdf#search=%27E6%97%A5%E6%9C%AC%E3%81%AE%E5%AE%87%E5%AE%99%E3%83%A6%E3%83%BC%E3%82%B6%E3%83%BC%E7%94%A3%E6%A5%AD%E7%BE%A4%2716A4%27(上网时间:2016年11月11日)

[②] 经济产业省,『我が国の宇宙産業政策について』, 平成25年10月10日, http://www.8.cao.go.jp/space/seminar/fy25-dai4/meti-1.pdf#search=%27E6%97%A5%E6%9C%AC%E3%81%AE%E5%AE%87%E5%AE%99%E3%83%A6%E3%83%BC%E3%82%B6%E3%83%BC%E7%B5%8C%E6%B8%88%2716A4%27(上网时间:2016年11月11日)

[③] SJAC, "Annual Survey Report-Fiscal Year 2012 Results", December 2013, http://www.sjac.or.jp/common/pdf/hp_english/Japanese_Space_Industry_Annual_Survey_Report_FY2012.pdf(上网时间:2016年9月20日)

[④] 坂本规博,『我が国の将来宇宙プロジェクトと宇宙法』, 平成24年12月3日, https://www.tkfd.or.jp/files/doc/20121203sakamoto_f.pdf#search=%27E6%97%A5%E6%9C%AC%E3%81%AE%E5%AE%87%E5%AE%99%E3%83%A6%E3%83%BC%E3%82%B6%E3%83%BC%E7%94%A3%E6%A5%AD%E7%BE%A4%2716A4%27(上网时间:2016年9月19日)

[⑤] SJAC, "Annual Survey Report-Fiscal Year 2012 Results", December 2013, http://www.sjac.or.jp/common/pdf/hp_english/Japanese_Space_Industry_Annual_Survey_Report_FY2012.pdf(上网时间:2016年9月20日)

[⑥] 坂本规博,『我が国の将来宇宙プロジェクトと宇宙法』, 平成24年12月3日, https://www.tkfd.or.jp/files/doc/20121203sakamoto_f.pdf#search=%27E6%97%A5%E6%9C%AC%E3%81%AE%E5%AE%87%E5%AE%99%E3%83%A6%E3%83%BC%E3%82%B6%E3%83%BC%E7%94%A3%E6%A5%AD%E7%BE%A4%2716A4%27(上网时间:2016年9月19日)

[⑦] SJAC, "Annual Survey Report-Fiscal Year 2012 Results", December 2013, http://www.sjac.or.jp/common/pdf/hp_english/Japanese_Space_Industry_Annual_Survey_Report_FY2012.pdf(上网时间:2016年9月20日)

[⑧] 坂本规博,『我が国の将来宇宙プロジェクトと宇宙法』, 平成24年12月3日, https://www.tkfd.or.jp/files/doc/20121203sakamoto_f.pdf#search=%27E6%97%A5%E6%9C%AC%E3%81%AE%E5%AE%87%E5%AE%99%E3%83%A6%E3%83%BC%E3%82%B6%E3%83%BC%E7%94%A3%E6%A5%AD%E7%BE%A4%2716A4%27(上网时间:2016年9月19日)

空用户产业群规模不断缩小。2009年日本太空产业用户产业群的产业规模为31696亿日元，比2008年减少了7904亿日元，下降20%。[1]

二是太空机器产业盈利主要依靠官需。2010年，日本太空机器产业的销售额约2600亿日元，其中，官需92%、民需约0.1%、出口6%、其他约2%。同期的欧洲太空机器产业的销售额约7200亿日元，其中，官需46%、民需及出口44%、军需7%、其他3%。[2] 2011年，日本太空机器产业销售中，官需、民需、出口和其他销售的比例约为91%、0.2%、8%、1%，同期的欧洲太空机器产业销售额中官需、民需及出口、军需和其他各占45%、46%、6%、3%。[3] 日本2012年的太空机器产业销售额，90%以上也都来自政府预算。2015年日本经济产业大臣宫泽坦言，"日本现在的太空产业结构存在失衡问题，政府科学技术和安全保障的'官需'占了日本太空机器制造业销售额的约90%，存在着预算制约、企业的事业

---

[1] SJAC,『平成22年度宇宙産業実態調査——ユーザー産業群規模及び日米欧宇宙産業比較調査報告書』，平成23年3月，http://www.sjac.or.jp/common/pdf/jkahojyojigyou/houkoku_h22/ucyuu/H22_ucyusangyoujittai.pdf#search=%27%E6%97%A5%E6%9C%AC%E3%81%AE%E5%AE%87%E5%AE%99%E3%83%A6%E3%83%BC%E3%82%B6%E3%83%BC%E7%94%A3%E6%A5%AD%E7%BE%A4%27（上网时间：2016年9月20日）

[2] 経済産業省,『我が国の宇宙産業政策について』，平成25年10月10日，http://www.8.cao.go.jp/space/seminar/fy25-dai4/meti-1.pdf#search=%27%E6%97%A5%E6%9C%AC%E3%81%AE%E5%AE%87%E5%AE%99%E7%B5%8C%E6%B8%88%27（上网时间：2016年9月20日）

[3] 内閣府,『宇宙産業政策の検討の視点』，平成25年10月，http://www.8.cao.go.jp/space/comittee/dai17/siryou3-3.pdf#search=%27%E6%97%A5%E6%9C%AC%E3%81%AE%E5%AE%87%E5%AE%99%E3%83%A6%E3%83%BC%E3%82%B6%E3%83%BC%E7%94%A3%E6%A5%AD%E7%BE%A4%27（上网时间：2016年9月20日）

第三章 太空开发与日本的产业经济发展

预见性低的问题。"①

三是要保持太空零部件的产业生产和产品盈利率非常困难。应该说，经过二十余年的努力，日本太空零部件出口在国际上是有一定竞争力的。日本拥有国际竞争力的太空零部件种类多且广，包括卫星系统的零部件和火箭系统的零部件，主要有太阳能电池板、太阳能电池组、地球传感器、热管、远地点电动机、中继机（SSPA）、二级液态氢罐、电子管、热交换器、固体放大器、大型镜面天线、合成孔径雷达和微波辐射计等。② 这些太空零部件所占世界市场份额并不低。JAXA 对截至 2012 年 9 月的日本商用通讯广播卫星（静止卫星）全球市场份额做了调查。调查结果是：石川岛播磨重工公司（IHI）生产的"卫星用推进器"占世界市场份额约为 20%—25%；日本电气公司（NEC）生产的"转频器"和"地球传感器"都分别占世界市场份额的约 50%；三菱电机公司生产的"太阳能电池板""热管面板"和"锂电子电池"分别占世界市场份额的 41%、47% 和约 47%。③ 根据 2014 年 OECD 的一项调查统计，世界上太空成品的重要供应商除美国外，

---

① 内閣府，『宇宙開発戦略本部開催状況・第 9 回議事要旨』，平成 27 年 1 月 9 日，http：//www. kantei. go. jp/jp/singi/utyuu/honbu/dai9/gijiyoushi. pdf（上网时间：2016 年 10 月 19 日）

② 内閣府，『宇宙産業政策の検討の視点』，平成 25 年 10 月，http：//www. 8. cao. go. jp/space/comittee/dai17/siryou3 – 3. pdf#search = %27 E6% 97% A5% E6% 9C% AC% E3% 81% AE% E5% AE% 87% E5% AE% 99% E3% 83% A6% E3% 83% BC% E3% 82% B6% E3% 83% BC% E7% 94% A3% E6% A5% AD% E7% BE% A4% 27（上网时间：2016 年 12 月 25 日）

③ 内閣府，『宇宙産業政策の検討の視点』，平成 25 年 10 月，http：//www. 8. cao. go. jp/space/comittee/dai17/siryou3 – 3. pdf#search = %27 E6% 97% A5% E6% 9C% AC% E3% 81% AE% E5% AE% 87% E5% AE% 99% E3% 83% A6% E3% 83% BC% E3% 82% B6% E3% 83% BC% E7% 94% A3% E6% A5% AD% E7% BE% A4% 27（上网时间：2016 年 12 月 25 日）

主要来自56个国家,其中最重要的非美国供应商之一就是日本。① 美国、欧洲独立研制以及日美、日欧联合研制的航天器大都采取了日本开发的器件,或由日本提供核心有效载荷仪器。② 但是,对于日本企业来说,要保持太空零部件的盈利率很困难,因为太空零部件都是专用产品,规格特殊,产品数量少,销路小且有限,缺乏广泛用途,较难保持利润。因此,许多日本国内企业倾向于退出太空零部件产业,许多私营公司已经停止生产。据日本政府统计,自2003年至2011年的8年间,有54个参加H2A和H2B火箭的私营企业撤出了火箭零部件产业。③

四是太空活动商业化程度不足,太空商业应用严重滞后于世界,仍处于太空商业应用的初级阶段。主要表现在火箭和卫星上的商业应用不足。一个国家要成功进入国际商业发射市场并在其中占有较大份额,要看四个重要因素:火箭发射能(包括火箭性能、成功发射率、客户依赖度和满意度)、发射成本、客户身份和客源。但日本没有完全具备这四个要素:(1)火箭和卫星成功发射实绩较少。日本绝大多数在轨运行的卫星都是日本政府和私营公司购买的,都是美国制造。日本的私营公司在2008年之前从未接到过任何与商业卫星发射服务有关的订单,既没有国内订单,也没有国外订单,直到2008年和2009年才接到了制造商业卫星、用H2A火箭为韩国政府发射卫星的两份订单。2010年,世界约有28颗地球同步轨道商业卫星订单和49次商业发射订单,

---

① OECD,"The space economy at a glance 2014", October 23, 2014, http://www.oecd.org/sti/futures/space-economy-at-a-glance-2014-highlights.pdf(上网时间:2016年10月18日)

② 王存恩:《新航天基本法——日本产业振兴的源动力》,载于《国际太空》2014年第5期,第6页。

③ 内阁府,『宇宙基本計画』,平成25年1月25日,http://www.8.cao.go.jp/space/plan/plan.pdf(上网时间:2016年9月11日)

第三章　太空开发与日本的产业经济发展

日本一无所获,[①] 直到2012年才发射日本首颗国外商业卫星（即韩国多用途实用卫星"阿里郎3号"）。据日本政府统计,从2003年至2013年,世界平均每年都发射68枚火箭,其中2/3都是政府需求,1/3是私营部门的需求,日本平均每年发射2.5枚,仅占世界整体发射量的4%。[②] （2）日本的火箭发射、卫星制造成本与商业市场需求之间存在差距。日本卫星制造和火箭发射的成本过高,再加上在全球太空运输市场上,有越来越多的进入者,日本火箭与卫星在国际竞争中处于劣势。如,日本用了9年时间开发H2A火箭,刚试验2机,开发费用就已经达到2700亿日元。[③] 虽然与世界大型火箭比较,H2A性能可靠性较高,但发射成本也较高,每次发射费用约1.2亿美元。[④] 又如,日本开发一颗大型卫星需要7—10年,开发一颗卫星的费用至少需要470亿日元。[⑤] （3）火箭的商业应用不足。日本的H2系统火箭由JAXA和三菱

---

① 経済産業省,『我が国の宇宙産業政策について』,平成25年10月10日, http://www.8.cao.go.jp/space/seminar/fy25-dai4/meti-1.pdf#search=%27%E6%97%A5%E6%9C%AC%E3%81%AE%E5%AE%87%E5%AE%99%E7%B5%8C%E6%B8%88%27 （上网时间：2016年12月25日）

② 内閣府,『宇宙基本計画』,平成25年1月25日,http://www.8.cao.go.jp/space/plan/plan.pdf （上网时间：2016年9月11日）

③ 一般社団法人日本航空宇宙工業会,「日本コスト評価学会JSCEA」,平成25年12月17日,http://www.sjac.or.jp/common/pdf/info/news137.pdf#search=%27Japan+Society+of+Cost+Estimating+Analysis%E5%B9%B3%E6%88%9025%E5%B9%B412%E6%9C%8817%E6%97%A5%27 （上网时间：2017年1月10日）

④ 坂本規博,『我が国の将来宇宙プロジェクトと宇宙法』,平成24年12月3日,https://www.tkfd.or.jp/files/doc/20121203sakamoto_f.pdf#search=%27%E6%97%A5%E6%9C%AC%E3%81%AE%E5%AE%87%E5%AE%99%E3%83%97%E3%83%AD%E3%82%B6%E3%82%BC%E7%94%A3%E6%A5%AD%27 （上网时间：2017年2月10日）

⑤ 一般社団法人日本航空宇宙工業会,「日本コスト評価学会JSCEA」,平成25年12月17日,http://www.sjac.or.jp/common/pdf/info/news137.pdf#search=%27Japan+Society+of+Cost+Estimating+Analysis%E5%B9%B3%E6%88%9025%E5%B9%B412%E6%9C%8817%E6%97%A5%27 （上网时间：2017年1月10日）

重工联合研制，并交由三菱重工运营。虽然三菱重工是商业公司，但用 H2 系统火箭发射的航天器主要是军用的情报搜集卫星和 JAXA 研制的政府载荷，包括向国际空间站的运输，商业应用不足。(4) 客户身份不够。客户身份决定了发射服务商的市场大小与生存空间。客户身份越高，对补网发射的需求越大。比如全球五大商业卫星运营商，在轨卫星编队大，对补网发射的需求高。其中的欧洲卫星公司和国际通信公司两家共运营约 100 颗卫星，为了补网每年需要订购并发射 6 颗卫星。[①] 新兴市场国家因为运营量小，补网需求则更小。发射服务商没有大客户，就没有回头客，就无法生存。日本的客户群以中小国家为主，缺乏诸如全球五大商业卫星运营商之类的大客户，客源明显不足。

五是太空产业的研究开发投资持续下降。日本太空产业的研究开发投资从 2001 年的 110.98 亿日元降至 2007 年的 48.43 亿日元，[②] 太空产业投资从 2001 年的 79.85 亿日元降至 2007 年的 50.91 亿日元。[③]

六是日本太空产业的雇员数量减少。据日本调查数据显示，20 世纪 90 年代中期的日本太空产业雇员数量近 1 万名工人，到 2013 年时只有近 7000 名。[④]

世界太空产业的增长态势对日本有着巨大的利益诱惑。日本

---

① 田德宇：《太空探索公司与五大运营商均有业务》，载于《中国航天》2016 年第 3 期。

② SJAC, "Annual Survey Report-Fiscal Year 2012 Results", December 2013, http://www.sjac.or.jp/common/pdf/hp_english/Japanese_Space_Industry_Annual_Survey_Report_FY2012.pdf（上网时间：2016 年 9 月 20 日）

③ SJAC, "Annual Survey Report-Fiscal Year 2012 Results", December 2013, http://www.sjac.or.jp/common/pdf/hp_english/Japanese_Space_Industry_Annual_Survey_Report_FY2012.pdf（上网时间：2016 年 9 月 20 日）

④ 内閣府，『宇宙基本計画』，平成 25 年 1 月 25 日，http://www.8.cao.go.jp/space/plan/plan.pdf（上网时间：2016 年 9 月 11 日）

第三章 太空开发与日本的产业经济发展

政府和产业界都认为这是改变日本太空产业发展现状的难得机遇,都把太空产业出口当作获取利益、促进太空产业振兴的有利契机,谋求开拓海外市场、占有并扩大国际市场份额、促进经济增长。日本最具权威性的商业游说团体经团联,一直不遗余力地推动政府加强太空产业并使之产业化,强调必须从太空市场获利,"西方国家正在大力推进赚钱的项目,加倍努力将太空产业商业化,增长太空产业的竞争力。现在是时候制定一个旨在加强尖端技术基础、及时推进太空项目的国家战略了,这对日本至关重要,只有这样我们才可能在全球竞争中取得成功"。[1] 日本航空航天工业会也强调,通过出口,可以扩大产业规模,促进经济增长,"世界太空产业市场持续增长,特别是新兴国家的发射卫星需求在今后肯定会增加。为其提供日本太空产业优秀的技术力和服务,官民合作满足新兴国家旺盛的需求,这会进一步扩大产业规模,为我国经济增长做出贡献"。[2] 作为日本太空战略核心决策管理部门的内阁府也认为,要振兴太空产业,就要扩大出口,改变产业对官需的严重依赖,"我国以研究为目的的太空开发,并不能增强太空产业竞争力,无法适应技术系统的商业化,成本性能比差,对内对外都没有用"。[3]

---

[1] Andrew L. Oros: *Normalizing Japan: politics, identity, and the evolution of security practice*, Stanford University Press, 2008, p. 144.

[2] Keidanren,『宇宙産業ビジョンの策定に向けた提言』,2016 年 11 月 15 日,https://www.keidanren.or.jp/policy/2016/105_honbun.pdf#search =%27E6% 97%A5%E6%9C%AC%E3%81%AE%E5%AE%87%E5%AE%99%E3%83%A6% E3%83%BC%E3%82%B6%E3%83%BC%E7%94%A3%E6%A5%AD%E7%BE% A4%27(上网时间:2017 年 1 月 19 日)

[3] 内阁府,『宇宙産業政策の検討の視点』,平成 25 年 10 月,http://www.8.cao.go.jp/space/comittee/dai17/siryou3-3.pdf#search =%27E6%97%A5% E6%9C%AC%E3%81%AE%E5%AE%87%E5%AE%99%E3%83%A6%E3%83% BC%E3%82%B6%E3%83%BC%E7%94%A3%E6%A5%AD%E7%BE%A4%27 (上网时间:2016 年 12 月 20 日)

三、日本急需打造经济发展新引擎

促进经济增长、侧重经济增长的可持续动力，是日本历届政府的优先执政课题。二战后一直执行经济立国政策的日本，充分体验到了经济实力增长对日本国际地位的影响。尤其是自20世纪90年代小泽一郎在《日本改造计划》中提出日本要重新成为"普通国家"后，修改和平宪法、使日本成为普通国家已经成为日本保守势力的目标追求，安倍更是将此目标描绘为"美丽国家"。在该目标之下，深藏的是日本再次成为政治、经济、军事大国的野心。日本在向政治大国、军事大国的转型过程中，经济实力仍是其重要的基础和保障，只有持续保持强大的经济实力，日本才有可能向政治、经济、军事三位一体的大国转型成功。菅直人在2011年5月的达沃斯论坛上提出，要实现日本的经济再增长，要进行日本的"第三次开国"。[①] 安倍在2013年2月访美时则称，日本无论是现在还是将来，都不会沦为二流国家，日本将东山再起，但是实现这一目标的前提是日本在经济和国防方面都必须强大，成为足够强有力的日本。安倍坦言，"我认为世界还在等着日本，无论是人权的伸张，还是与贫困、疾病、全球变暖等等的斗争，世界都在等着日本。正因为如此，我带着强烈的决心重振日本经济。"[②]

但日本的现实情况是：经济增长持续乏力。自20世纪90年

---

① 菅直人认为，日本过去150多年共有两次成功的开国，第一次是明治维新开国，第二次是二战后的开国，日本成为自主主义经济国家。参见：首相官邸，『菅内閣総理大臣ダボス会議特別講演「開国と絆」』，2011年1月29日，http://www.kantei.go.jp/jp/kan/statement/201101/29davos.html（上网时间：2015年5月9日）。

② 首相官邸，『日本は戻ってきました（CSISでの政策スピーチ）』，平成25年2月22日，http://www.kantei.go.jp/jp/96_abe/statement/2013/0223speech.html（上网时间：2015年8月11日）

第三章 太空开发与日本的产业经济发展

代以来，日本陷入长期经济停滞。根据世界银行的统计，1992年到2012年的21年间，日本经济平均增长率不到1%，只有0.84%，远远低于中国的10.35%和美国的2.59%。2014年的日本经济增长率更是创下新低，达到了-0.031%。[1] 如何拉动经济增长，已经成为日本政府亟待解决的首要难题。

日本的经济增长模式是技术驱动型增长。二战后日本曾经进行了三次产业结构调整。第一次产业结构调整是在二战结束后初期，日本的产业结构从二战时以军事重工业为主，转向与国民生活密切相关的农业和轻工业，并确立了纺织等主导产业。第二次产业结构调整是在60年代，日本的产业结构向重化工业转变，确立了钢铁、造船、化学工业等主导产业。第三次产业结构调整是在1973年石油危机后，日本的产业结构转向发展知识技术密集型产业，确立了汽车、电子、办公设备等主导产业。90年代初泡沫经济崩溃后，日本的产业结构一直没有实现升级转型。期间，日本也一直在寻求进行第四次产业结构调整，出台了许多政策，提出了许多政策构想，但是都没有明确新的主导产业部门，都没能促进产业结构的转型。

21世纪的新太空运动中，世界以再工业化与太空产业一体化推进的发展路径，为日本推动产业结构调整提供了重要的解决方案。这个解决方案就是把太空产业作为推动产业结构的前沿产业，通过太空产业的发展，重新形成能够支撑未来经济的新引擎。2013年1月，在第七次太空战略本部会议上，安倍第一次明确地提出要把太空作为日本"经济增长的引擎"。他在会议发言

---

[1] The World Bank, "Japan: GDP Growth (annual%)", http://data.worldbank.org/indicator/NY.GDP.MKTP.KD.ZG?locations=JP。The World Bank, "China: GDP Growth (annual%)", http://data.worldbank.org/indicator/NY.GDP.MKTP.KD.ZG?locations=CN。The World Bank, "United States: GDP Growth (annual%)", http://data.worldbank.org/indicator/NY.GDP.MKTP.KD.ZG?locations=US&name_desc=false（上网时间：2016年12月10日）

中谈道,"太空,不仅给日本人民梦想和希望,也直接关系到日本人民的生活。考虑到太空技术的先进性和产业基础的扩大,太空应该被定位为我国经济增长的引擎。太空利用,是各国不断加强竞争的领域。只有政府将之作为国家战略一起推进,否则就会落后于世界。"[1] 尤其是,21世纪的世界新太空运动是一场商业运动,目的是通过太空开发利用带动太空商业发展,获取商业利益。对日本来说,最根本方法就是利用新太空产业扩大出口,直接获取利益,并快速催生经济增长的新产业,实现经济再增长。正如安倍在日本经济再增长战略第二轮演讲中所说,"日本制造的光环已完全褪去,长期通货紧缩与丧失自信,把日本从这种困境中解救出来正是我的工作。实现这一目标的关键,就是把日本创造出的卓越的系统和技术推向世界,包括医疗、饮食文化、太空、防灾、环保城市。这是一个巨大的商机。"[2]

第二节 日本政府的战略设计

日本顺应全球太空产业发展趋势,强烈意识到太空产业对于改善产业结构和促进经济发展的重要性。发展太空产业、带动产业结构调整、获取经济利益,成为日本上下的共识。日本政府站在国家中长期发展的角度,加速对太空产业经济的发展规划和调整,理顺太空产业与产业、经济的关系,优化太空产业发展的重点项目,加强太空产业经济发展的权责分配,发展思路逐渐清晰。

---

[1] 内閣府,『宇宙開発戦略本部開催状況・第7回議事要旨』,平成25年1月25日,http://www.kantei.go.jp/jp/singi/utyuu/honbu/dai7/gijiyoushi.pdf(上网时间:2016年10月19日)。

[2] 首相官邸,『安倍総理「成長戦略第2弾スピーチ」(日本アカデメイア)』,平成25年5月17日,http://www.kantei.go.jp/jp/96_abe/statement/2013/0517speech.html(上网时间:2014年12月12日)。

第三章　太空开发与日本的产业经济发展

一、"太空产业化元年"的提出与日本太空产业发展的新变化

日本政府把2013年定为"日本太空产业化元年"。其实日本社会各界之前提出的是把2011年作为日本太空产业化元年，但安倍政府坚持把2013年作为日本太空产业化元年。安倍之所以这么做，并不单纯是因为政党之争，主要在于：日本的确是从2013年开始正式规划太空产业化发展的。2008年的《太空基本法》取消了"太空开发仅限于和平利用"原则，使日本太空开发向全面太空开发利用转变，成为日本太空产业发展的一个重要转折点。日本在2008年制订《太空基本法》后，把发展太空产业提上政府工作日程。在2009年《太空基本计划》中，日本首次把发展太空产业正式作为国家战略目的之一写进太空战略，并把太空产业定位为"面向21世纪的战略产业"，明确提出："对日本来说，重要的事情就是发展太空产业，将其变成继电子产业和汽车产业之后的、日本面向21世纪的战略产业，强化日本太空产业的国际竞争力"。① 2009年民主党上台后，鸠山由纪夫政府在二战后首次将太空产业与经济增长联系在一起，把太空产业发展作为推进日本经济增长的重要措施之一，写进了2009年《新经济增长战略》中，把太空定位为"支持经济增长的新的前沿领域的科学技术平台"。② 菅直人政府在2010年的《新经济增长战略》中进一步强

---

① 内閣府，『宇宙基本計画（平成21年6月2日宇宙開発戦略本部決定）』，http：//www. 8. cao. go. jp/space/pdf/keikaku/keikaku_honbun. pdf（上网时间：2016年11月22日）

② 内閣府，『宇宙分野における重点施策について～我が国の成長をもたらす戦略的宇宙政策の推進～』，平成21年5月25日，http：//www. kantei. go. jp/jp/singi/utyuu/honbu/dai4/siryou2. pdf（上网时间：2016年10月19日）

调，太空是日本经济增长要加强的5个战略领域之一，要通过推进太空领域开发利用实现日本经济增长。野田佳彦政府在2011年8月8日制订了《太空开发利用战略推进政策的重点化与效率化方针》，确定了5项重点政策，其中第一个重点政策就是通过太空产业促进日本经济再生，并明确规定，"日本经济再生要创造包括新太空产业在内的新产业，强化日本产业竞争力，复活并强化日本品牌。"[①] 野田佳彦也提出明确要求，"太空是边疆，对日本经济增长、强化日本国际竞争力来说，很重要。"[②] 在这一时期，日本政府对太空与经济的关系形成了比较统一的意见，认识到了太空产业发展对促进经济增长的重要性，而且一直试图推动太空产业的发展，拉动经济发展。但是，对于如何发展太空产业、如何以太空产业带动产业发展和经济增长，这一时期的日本政府并没有进行系统的战略思考，也没有形成系统的战略规划。直到2012年12月安倍二度上台后，日本太空产业才真正与产业和经济发展联系在一起，并形成全面系统的战略规划。作为日本政策的延续，安倍政府和此前的日本政府一样，把太空产业与日本经济增长紧紧联系在了一起，把太空定位为"日本经济增长的引擎"。[③] 但是，与此前的日本政府不同，安倍政府紧紧把握国际形势的变化，把太空产业发展与国家产业发展、经济增长紧紧联系在一起，与国家科技、产业发展、经济增长、经济财政运营和改革、基础设施出口等国家政策整合在一起，进行统一的战略规

---

① 内閣府，『宇宙開発利用の戦略の推進のための施策の重点化及び効率化の方針について』，平成23年8月8日，http://www.8.cao.go.jp/space/comittee/dai1/sankou3.pdf（上网时间：2016年10月19日）
② 内閣府，『第1回宇宙政策委員会議事録』，平成24年7月31日，http://www.8.cao.go.jp/space/comittee/dai1/gijiroku.pdf（上网时间：2016年10月19日）
③ 内閣府，『宇宙開発戦略本部開催状況・第7回議事要旨』，平成25年1月25日，http://www.kantei.go.jp/jp/singi/utyuu/honbu/dai7/gijiyoushi.pdf（上网时间：2016年10月19日）

第三章　太空开发与日本的产业经济发展

划，形成具体的战略设计，整体推进。

"太空产业化元年"的提出与确立，是日本太空产业发展的风向标，标志着日本太空产业发展发生了三个重大变化。

第一个是态度变化。产业化元年的提出与确立，标志着日本比以往任何时候都更加重视太空产业发展，已经把太空产业发展列为政府的工作重点和既定的努力方向，政府将强化对太空产业领域的扶持和支持力度，不会轻易受到外界力量的影响，不会轻易改变。同时标志着日本政府对日本太空产业发展现状有着客观、清醒的认识，承认日本太空产业发展刚刚开始、尚处于初级阶段，对太空产业发展的战略设计重在长期和循序渐进，不忙于急功近利。早在2002年4月召开的日本综合科学技术会议第七次太空开发利用专门调查会上，日本就曾经提出了太空产业化和太空商业化之间的关系。日本认为太空产业化是太空商业化的基础和前提，只有通过太空产业化，由政府进行研究开发和技术实证，维持和强化国际竞争力，才能进而由民营企业或公司作为主体，推进太空商业发展。[①] 日本把2013年定为太空产业化元年，而不是太空商业化元年，本身就证明了日本政府是以一种客观理智的态度来发展太空事业，重夯实基础，重稳步推进，不激进、不冒进。

第二个是方向变化。太空产业化元年的提出与确立，标志着日本政府对日本太空产业发展方向作出了重大调整，从以"官"为主转向以"民"为主。按照太空产业界的共识，太空产业化应该经历四个发展阶段，分别是：第一阶段，国家出资金，国家机构进行开发。第二阶段，国家出资金，国家机构为主体，借用一部分民营力量进行开发。第三阶段，国家出资金，委托民营力量

---

① 谷口一郎，『宇宙の産業・商業化に向けた新たな官民連携の在り方』，2002年4月18日，http://www.8.cao.go.jp/cstp/tyousakai/cosmo/haihu08/sankou8-5.pdf#search=%27%E5%AE%87%E5%AE%99%E7%94%A3%E6%A5%AD%E5%8C%96%27（上网时间：2017年4月30日）

开发并运用火箭和卫星。第四阶段，民营力量投资，民营企业开发、运用，国家购买服务。[①] 各个太空国家因为太空开发利用的历史进程不同，所处的太空产业化阶段也不相同。如，美国现在正处于太空产业化的第四阶段，其太空产业主要是由私营公司和企业家组成、主要面向商业用户、得到风险资本支持并从创新性太空产品与服务中获取利益。[②] 一直以来，日本太空产业都处于第二阶段，由国家出资金，国家机构为主体，借用一部分民营力量进行开发。但"太空产业化元年"的开启，标志着日本将从第二阶段向第三阶段过渡，政府在加强主导太空产业发展的同时，也加速吸引并扩大企业参加，逐渐从政府主导开发向企业主导开发转变（如图3.1所示）。

阶段	特征	日美欧位置对比
第一阶段	国家出资金，国家机构进行开发	
第二阶段	国家出资金，国家机构为主体，借用一部分民营力量进行开发	日本
第三阶段	国家出资金，委托民营力量开发并运用火箭和卫星	欧洲
第四阶段	民营力量投资，民营企业开发、运用，国家购买服务	美国

图 3.1 太空产业的阶段变化图

资料来源：根据企业家俱乐部的相关文章和内阁府的公开资料整理。

---

① 企業家俱楽部，『宇宙ビジネスは大転換期に突入した/SPACETIDE』，2016年1月18日，http://kigyoka.com/news/magazine/magazine_20160118.html（上网时间：2016年11月10日）

② NewSpace Global, "What Is NewSpace?" https://www.newspaceglobal.com/home（上网时间：2016年7月2日）

第三章 太空开发与日本的产业经济发展

第三个是结构变化。"太空产业化元年"的定位，标志着日本太空产业从"研发为主导"向"应用需求为主导"的转变，日本更加重视太空产业应用，重视国际竞争力的提升，开始把重点放在强化太空产业市场基础上。为了加强太空产业国际竞争力，日本需要与国际太空市场接轨，需要根据市场需求对产业及其产品进行相应调整，日本太空产业的市场结构发生变化。2014年7月，日本经济产业省按照内阁府的要求，制定并发布了日本的太空产业政策文件《太空产业政策的方向》。在该政策文件中，经济产业省重新确认并确定了日本太空产业的市场结构（见图3.2）；提出了日本强化太空产业基础和竞争力的方法，即：在满足国家太空生产基础需求的同时，强化日本太空产业的竞争力（见图3.3）。[①]

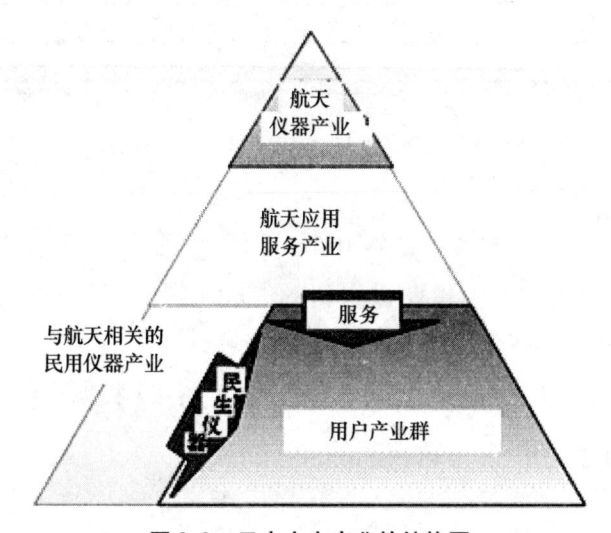

图3.2 日本太空产业的结构图

资料来源：根据经济产业省公开材料整理。

---

① 经済産業省，『宇宙産業政策の方向性』，平成26年7月18日，http：//www.8.cao.go.jp/space/comittee/kihon-dai1/siryou4 – 5.pdf # search = % 27% E5% AE%87% E5% AE%99% E7%94% A3% E6% A5% AD% E6%94% BF% E7% AD% 96% E3%81% AE% E6%96% B9% E5%90%91% E3%81% AB% E3%81% A4% E3%81% 84% E3%81% A6% 27（上网时间：2016年10月10日）

· 181 ·

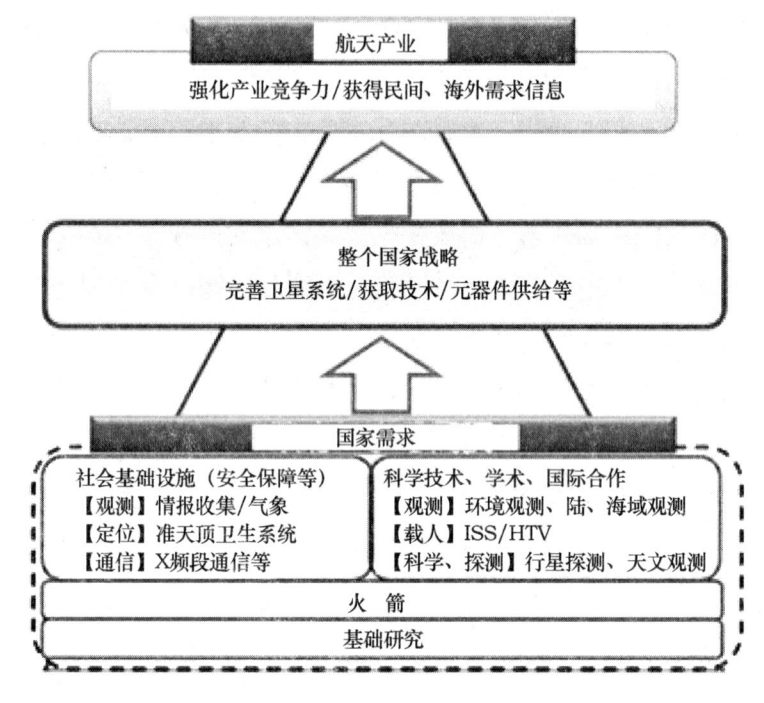

```
           ┌─────────────────────────────┐
           │         航天产业            │
           │ 强化产业竞争力/获得民间、海外需求信息 │
           └─────────────────────────────┘
                        ↑
           ┌─────────────────────────────┐
           │       整个国家战略          │
           │ 完善卫星系统/获取技术/元器件供给等 │
           └─────────────────────────────┘
                        ↑
           ┌─────────────────────────────┐
           │         国家需求            │
           └─────────────────────────────┘
```

社会基础设施（安全保障等）	科学技术、学术、国际合作
【观测】情报收集/气象	【观测】环境观测、陆、海域观测
【定位】准天顶卫生系统	【载人】ISS/HTV
【通信】X频段通信等	【科学、探测】行星探测、天文观测

| 火　箭 |
| 基础研究 |

图 3.3 　满足政府生产基础与强化竞争力

正因为以上变化，日本也把 2013 年称为"太空民营化元年"。① 日本太空产业由此进入新的发展阶段。

二、太空产业的主导产业地位与日本对太空产业经济的总体规划

美国著名经济学家罗斯托在其著作《经济增长的阶段》中指出，经济增长的动力分析必须采用部门分析法，即主导产业带动经济增长。罗斯托认为，产业在一个国家经济中的战略地位

---

① 日経テクノロジー online,『宇宙民営化元年』, 2013 年 1 月 7 日, http://techon.nikkeibp.co.jp/article/HONSHI/20130107/258871/? rt = nocnt（上网时间：2017 年 4 月 29 日）

第三章 太空开发与日本的产业经济发展

和作用是不同的。以这些不同为标准，依据战略地位和作用的重要性递减的顺序，罗斯托把产业划分为主导产业、先导产业、支柱产业、先行产业和重点产业等不同类别。罗斯托认为，这些产业类别中，主导产业的战略地位和作用是最高和最强的，既对其他产业起着引导作用，又对国民经济起着支撑作用。他认为，要成为主导产业，应该同时具备三个特征：一是能够依靠科技进步或创新引入新的生产函数；二是能够形成持续高速的增长率；三是具有较强的扩散效应，对其他产业乃至所有产业的增长具有决定性的影响。这三个特征缺一不可，缺一就不可能成为主导产业。[1]

主导产业的选择与确立，反映出的不仅仅是产业在国民经济中的战略地位和产业间的关系，更反映出政府将如何有效合理地配置有限的资源，实现一定的经济目标。进入 21 世纪，世界各国加快推进新太空运动，把太空产业与再工业化相结合，并上升到国家战略高度。这是因为：一是世界各国尤其是美国为代表的发达国家的现有产业在国民经济中的地位不断降低、在国际市场上的竞争力相对下降，国内工业性投资相对不足。[2] 为此，各国尤其是美国等西方发达国家需要重新重视和发展工业，改造现有产业，发展新产业。二是世界各国都把太空产业作为新的主导产业，期望充分利用其在新技术方面的特殊能力和与其他产业较强的前后关联性，因太空产业的发展涉及国民经济的其他产业部门，使其成为其他各产业部门和整个国民经济高速增长的驱动轮，加速国内产业结构的调整变化，催生新的经济增长模式，带动整个国民经济的新增长。

---

[1] ［美］W. W. 罗斯托著，郭熙保、王松茂译：《经济增长的阶段：非共产党宣言》，北京：中国社会科学出版社，2001 年版。另可参见卢福财著：《产业经济学》，上海：复旦大学出版社，2013 年版，第 69 页。

[2] 卢福财著：《产业经济学》，上海：复旦大学出版社，2013 年版，第 62 页。

太空产业已经成为 21 世纪世界各国经济发展的主导产业之一,这是世界发展大势。

日本政府正是深刻认识到了这一点,故一再重申太空产业的主导地位及其作用。在 2013 年《太空基本计划》中,日本提出,"太空产业是国家太空活动的重要基础。由于太空产业聚合了尖端技术和广泛的支持性产业,所以,太空产业是一个有前途的创新源泉,预计将给整个产业带来影响深远的带动作用和重要的经济影响。"① 2015 年 12 月 8 日,安倍在第十一次太空开发战略本部会议上强调,"今天,我们修订了《太空基本计划》的'工程表'。这是一场以 600 亿日元 GDP 为目标、以太空领域为支柱之一的生产力革命。"② 与此同时,日本政府主导,加紧将太空产业发展战略与日本产业、经济、出口、外交等战略整合在一起,制订一系列具体的、成体系的政策。对技术政策,日本政府主要从国家科技战略规划、国家重点科技领域的科技发展计划、独立行政法人研究机构 JAXA 根据承担使命制定的研究发展计划三个层面进行制订和修订。2016 年 1 月 22 日,内阁审议通过了《第五期科学技术基本计划(2016—2020)》。同年 5 月 4 日,内阁通过《2016 年科学技术创新综合战略》,《第五期科学技术基本计划》做了进一步细化。2016 年 3 月 31 日,内阁官房、内阁府、总务省、文部科学省、经济产业省、防卫省联合出台了《与太空用零部件和组件有关的综合技术战略》。从 2015 年 1 月至 2016 年 12 月,JAXA 先后两次修改其第 3 期业

---

① 內閣府,『宇宙基本計画』,平成 25 年 1 月 25 日,http://www.8.cao.go.jp/space/plan/plan.pdf(上网时间:2016 年 9 月 11 日)

② 首相官邸,『宇宙開発戦略本部』,平成 27 年 12 月 8 日,http://www.kantei.go.jp/jp/97_abe/actions/201512/08uchu.html(上网时间:2016 年 11 月 29 日)

第三章　太空开发与日本的产业经济发展

务运营中期目标①、四次修改其第3期业务运营中期计划,对2015年和2016年度计划也做了相应的调整更新。对产业政策,日本政府重点从国家和经济产业省两个层面进行政策修订。2016年2月5日,内阁通过《强化产业竞争力的实施方案(2016年)》。2016年6月,内阁审议通过了《日本再生战略2016》。2017年2月,内阁通过了《强化产业竞争力的实施方案(2017年)》。对出口政策,日本政府主要从国家和经济产业省、外务省等相关府省两个层面进行政策调整和修订。2016年6月2日,日本内阁通过《2016年度经济财政运营和改革的基本方针》。2014年6月、2015年6月和2016年5月,首相官邸先后三次修订了《基础设施出口战略》,在2016年4月《外交蓝皮书》中首次明确写入了外务省对太空产业的海外拓展支援政策。

通过上述制订或修订,日本太空产业经济政策的目标与内容逐渐清晰明确。

第一,设定了太空产业经济政策的目标,即:解决日本经济发展的重要课题,强化日本产业的国际竞争力,让日本成为世界领先国家。《2016年科学技术创新综合战略》提出,支持太空开发、利用和管理的一系列技术,将为日本强化产业竞争力、解决日本经济社会重要政策课题、日本国家的生存打下坚实的基础。②日本在《日本再生战略2016》中明确提出,要利用太空产业,尤

---

① JAXA第3期业务运营中期目标指的是《JAXA业务运营中期目标(2013年4月1日—2018年3月31日)》,JAXA于2013年2月制订。自2003年JAXA组建以来,一共制订了3期业务运营中期目标,分别是:《JAXA业务运营中期目标(2003年10月1日—2008年3月31日)》(第1期)、《JAXA业务运营中期目标(2008年4月1日—2013年3月31日)》和《JAXA业务运营中期目标(2013年4月1日—2018年3月31日)》。

② 内閣府,『科学技術イノベーション総合戦略2016』,平成28年5月24日,上网时间:2016年12月26日。http://www.8.cao.go.jp/cstp/sogosenryaku/2016/honbun2016.pdf(上网时间:2016年12月29日)

其是利用基于太空的地球空间情报，包括准天顶卫星、各种遥感卫星和地理空间情报中心，"创造出世界上领先的新产业、新事业和新服务"，而且发展太空产业的首要目标就是"开拓海外市场"。①《2016年强化产业竞争力的实施方案》则强调，通过发展日本太空产业，要让日本实现"世界上最强大的知识财富立国"，让日本成为"一个在技术和商业上持续取胜的国家"。② 在日本经济产业省发布的《2014财年经济和产业政策要点》中，日本更是明确提出，"要加速研究开发，将资金、人才、设备集中配置到增长领域，使日本能够成为一个世界领袖。"③ 在2016年4月制订的《新产业结构愿景》中，日本确立的目标是，日本要成为"'第四次工业革命'的领袖"。④

第二，明确了太空产业与经济社会发展的关系，即：太空产业是日本经济社会发展的国家战略前沿，必须进行强化。日本设定了三个经济发展的重点。

（1）开发并创新技术，这是太空产业发展、强化产业竞争力的基础。日本的《第五期科学技术基本计划（2016—2020）》和《2016年科学技术创新综合战略》，都从科技角度重新界定了太空

---

① 首相官邸，『日本再興戦略2016—第4次産業革命に向けて—』，平成28年6月2日，http：//www. kantei. go. jp/jp/singi/keizaisaisei/pdf/2016 _ zentaihombun. pdf（上网时间：2017年1月19日）

② 首相官邸，『産業競争力の強化に関する実行計画（2016年版）』，2016年2月5日，http：//www. kantei. go. jp/jp/singi/keizaisaisei/pdf/keikaku _ honbun _ 160205. pdf（上网时间：2017年1月18日）

③ METI, "FY2014 Points of Economic and Industrial Policies", August 2013, http：//www. meti. go. jp/english/aboutmeti/policy/fy2014/pdf/0906 _ 001a. pdf # search = %27space + economic + creation + network + in + Japan%27（上网时间：2016年10月21日）

④ METI, "'Vision of New Industrial Structure'-Japan's strategies for taking the lead in the Fourth Industrial Revolution", April 27, 2016, http：//www. meti. go. jp/english/policy/economy/industrial _ council/pdf/innovation160427a. pdf # search = %27Japan%27s + space + utilization + and + the + fourth + industrial + revolution%27（上网时间：2017年1月21日）

第三章 太空开发与日本的产业经济发展

产业与日本经济社会发展的关系，明确提出，太空是与日本经济社会发展密切相关的国家战略的重要前沿，必须强化。《第五期科学技术基本计划》认为太空是国家战略的重要前沿，并将太空的定位、观测等数据当作日本实现世界领先的"超智能社会5.0"的公共基础设施，明确提出："支撑太空开发、利用、管理的一系列技术都与日本经济社会的重要政策课题有关，必须立足长期的视角继续强化。"① 此部分内容在第二章中已有论述，本章不再做重复。

（2）激励私营企业参与，吸引私营企业对太空产业的投资，这是太空产业发展、强化产业竞争力的必要条件。日本的重点是构建支持全面太空开发利用的制度，支持私营企业进入太空活动。《第五期科学技术基本计划（2016—2020）》和《2016年科学技术创新综合战略》都提出，"为了扩大私营太空商业，应该推进建立关于发射人造卫星和人造卫星管理的许可证制度、从卫星获取的遥感数据等的处理制度、及其他所需法律和体制。"② 《日本再生战略2016》强调，"要推动太空企业与非太空企业的融合，创造太空风险企业，促进新商业模式和技术创新，目标是到2020年创造出100个太空新事业。要通过制订确保卫星遥感记录被适当处理的相关法律，降低卫星遥感记录利用事业的风险，培

---

① 内閣府，『科学技術基本計画』，平成28年1月22日，http://www.8.cao.go.jp/cstp/kihonkeikaku/5honbun.pdf（上网时间：2016年12月26日）

② 在《第五期科学技术基本计划》和《2016年科学技术创新综合战略》中，日本把其经济社会的重要政策课题分为三大类。第一类是日本经济社会可持续增长和地区自主发展，包括确保日本能源资源和食品安全稳定，解决老龄化社会与少子化社会等问题，实现社会可持续发展，提升制造业的竞争力。第二类是实现日本国家与国民安全、安心、富裕、高质量生活，包括维持、管理、更新高效和有效的基础设施，实现一个坚强应对自然灾害的社会，解决与国家安全保障有关的各种问题。第三类是为解决全球问题、为社会发展做贡献。

育卫星运营和卫星图像销售商业。"① 《强化产业竞争力的实施方案（2016年版）》支持私营企业进入太空活动，要求加强构建支持全面太空开发利用的制度，创设商业发射有关的太空活动制度和第三方损害赔偿责任制度，制订确保私营企业适当利用遥感卫星记录等的必要法制。②

（3）扩大出口，创建新的有前途的增长市场，占有并扩大国际市场份额，获取国际商业利益，这是太空产业发展、强化产业竞争力的最终目的。日本在《日本再生战略2016》中明确提出，发展太空机器及其应用产业的首要目标就是"开拓海外市场"。③ 在《与太空用零部件有关的综合技术战略》中，日本确定了太空用零部件和组件的总经济目标是"扩大全球规模、实现全球盈利的良性循环"，并设定了未来10年的三个目标值：一是通过强化太空用零部件和组件，提升人造卫星的竞争力，每年从海外或民间得到的通信卫星等的订单要2机以上；二是太空用零部件和组件的出口额要翻倍，从160亿日元增至320亿日元；三是减少太空用零部件和组件的海外依存度，从现在的40%降至30%。④

第三，对太空产业与制造业、产业的关系进行了规划，即：太空产业是日本制造业革命的基础，也是实现日本第四次产业革

---

① 首相官邸，『日本再興戦略2016—第4次産業革命に向けて—』，平成28年6月2日，http://www.kantei.go.jp/jp/singi/keizaisaisei/pdf/2016_zentaihombun.pdf（上网时间：2017年1月19日）

② 首相官邸，『産業競争力の強化に関する実行計画（2016年版）』，2016年2月5日，http://www.kantei.go.jp/jp/singi/keizaisaisei/pdf/keikaku_honbun_160205.pdf（上网时间：2017年1月18日）

③ 首相官邸，『日本再興戦略2016—第4次産業革命に向けて—』，平成28年6月2日，http://www.kantei.go.jp/jp/singi/keizaisaisei/pdf/2016_zentaihombun.pdf（上网时间：2017年1月19日）

④ 経済産業省，『宇宙用部品・コンポーネントに関する総合的な技術戦略概要』，平成28年3月31日，http://www.meti.go.jp/policy/mono_info_service/mono/space_industry/pdf/buhinsenryaku.pdf（上网时间：2017年1月31日）

命的前提。《日本再生战略2016》把"强化和扩大太空机器及利用产业"作为"实现制造业革命"的三大重要政策之一,[①] 开展六个重点项目,分别是:强化太空产业尤其是火箭发射产业的国际竞争力、推动私营企业进入世界火箭发射市场、利用地理空间情报创造出世界领先的太空利用新产业、促进太空与非太空企业的融合、促进新商业模式和技术创新、培育卫星运营和卫星图像销售。[②]《强化产业竞争力的实施方案(2017年版)》把太空产业确定为实现第四次产业革命的重要措施之一,重点是"强化和扩大太空机器利用产业",开展四个重点项目:一是2017年中发射准天顶卫星的2、3、4号机,到2018年确立准天顶卫星的4机体制,开始24小时的、厘米级高精度的定位服务;二是利用太空和地理空间情报,创造出领先世界的新产业;三是在2016年制订的人造卫星发射及人造卫星管理相关法律(平成28年第76条)的基础上,在2017年加紧制订风险企业加入太空活动的新规定、柔性的技术标准和指导原则等,2018年开始实行,并为私营企业进入火箭发射市场做环境准备;四是培育卫星遥感记录利用、卫星运营和卫星图像销售新商业。[③]

三、举政府体制与日本产业经济的整体推进

日本太空战略演进的过程,就是太空开发体制的调整变化过

[①] 日本为实现制造业革命,一共提出了三大重要政策,分别是:强化和扩大太空机器及利用产业、用机器人实现新的工业革命、扩大航空机产业。
[②] 首相官邸,『日本再興戦略2016—第4次産業革命に向けて—』,平成28年6月2日,http://www.kantei.go.jp/jp/singi/keizaisaisei/pdf/2016_zentaihombun.pdf(上网时间:2017年1月19日)
[③] 首相官邸,『産業競争力の強化に関する実行計画(2017年版)』,2017年,http://www.kantei.go.jp/jp/singi/keizaisaisei/pdf/keikaku_honbun_170210.pdf(上网时间:2017年3月11日)

程。日本调整太空开发体制的核心，就是实现对日本太空开发的一元化管理，加强举政府体制，实现一体化推进产业经济发展。正如2013年1月安倍在第七次太空战略本部会议上所说的，"太空利用，是各国不断加强竞争的领域。只有政府将之作为国家战略一起推进，否则就会落后于世界……无论各部门的责任和利益如何，我希望你们根据今天的基本计划和我的指示，推进政策。"[1] 在2013年《太空基本计划》中，日本明确提出，太空政策必须一体化和系统化，而要实现日本太空政策的一体化和系统化，要由内阁府扮演指挥角色，负责协调各相关机构，包括协调促进太空的开发利用和评估开发利用太空的费用。[2] 2015年《太空基本计划》规定，要综合强化太空政策的推进体制。要以太空基本计划为基础，在太空开发战略本部的主导下，以内阁府为中心，政府进行一体化推进，相关府省要落实预算、人员，促进民间活动。[3]

所以，日本在制订或修订一系政策的过程中，在加强一元化管理的同时，进一步明确相关府省和机构在太空产业发展中的责任分工，形成并加强了太空产业发展的举政府体制，确保太空相关政策在举政府体制下整体推进和落实。

在产业方面，参加太空产业管理的府省和机构多达11个，但这些府省各有分工。如，由首相亲自负责促进太空产业的风险投资；首相牵头，总务省、农林水产省、国土交通省联合负责强化

---

[1] 内阁府，『宇宙開発戦略本部開催状況・第7回議事要旨』，平成25年1月25日，http://www.kantei.go.jp/jp/singi/utyuu/honbu/dai7/gijiyoushi.pdf（上网时间：2016年10月19日）

[2] 内阁府，『宇宙基本計画』，平成25年1月25日，http://www.8.cao.go.jp/space/plan/plan.pdf（上网时间：2016年9月11日）

[3] 内阁府，『宇宙基本計画』，平成27年1月9日，http://www.8.cao.go.jp/space/plan/plan2/plan2.pdf（上网时间：2016年12月25日）

第三章 太空开发与日本的产业经济发展

支持太空全面开发利用的制度建设；总务省、文部科学省、经济产业省，负责利用基于太空的物联网、大数据、人工智能等技术创新产业。①

在出口方面，参加太空产业海外拓展的府省和机构在2013年是6个，分别是：内阁府太空战略室、外务省、经济产业省、文部科学省、总务省、日本国际合作机构（JICA）。②到2014年时，增加至10个，分别为：内阁府太空战略室、外务省、经济产业省、文部科学省、总务省、财务省、日本国际合作机构（JICA）、日本国际合作银行（JBIC）、日本贸易保险（NEXI）、日本贸易振兴会（JETRO）。③

在地理空间情报方面，涉及地理空间情报利用推进的，由内阁官房牵头，内阁官房、内阁府、总务省、文部科学省、经济产业省和国土交通省等府省参加；涉及卫星定位及其出口的，由内阁官房、内阁府、总务省、外务省、文部科学省、经济产业省和国土交通省等府省参加。从而消除了府省和部门的条块分割，确保政府一体化推进太空产业经济的发展。

第三节 积极构建新太空产业体系

产业结构的优化升级会促进经济增长。产业结构的高度和合

---

① 首相官邸，『産業競争力の強化に関する実行計画（2016年版）』，2016年2月5日，http://www.kantei.go.jp/jp/singi/keizaisaisei/pdf/keikaku_honbun_160205.pdf（上网时间：2017年1月18日）

② 首相官邸，『インフラシステム輸出戦略』，平成25年5月17日，http://www.kantei.go.jp/jp/singi/keikyou/dai4/kettei.pdf（上网时间：2017年1月18日）

③ 首相官邸，『インフラシステム輸出戦略』（平成26年度改訂版），平成26年6月3日，http://www.kantei.go.jp/jp/singi/keikyou/dai11/kettei.pdf（上网时间：2017年1月18日）

理化程度，决定了一个国家经济所能达到的高度。日本要发展太空产业经济，必然要以太空产业为基础，构建新太空产业体系，推进产业结构的优化升级。

一、强化太空产业

太空产业是日本太空产业体系的基础，太空机器产业则是基础中的基础，因为太空产业的发展可以带动相关产业的发展和升级，太空产业的上游机器产业可以带动下游的应用产业，带动太空产业的整体发展。由于日本太空产业特殊的历史发展背景，虽然日本有较高的太空开发技术和能力，但是其太空产业化的程度很低，直到2012年日本的H2A火箭才进行了首次国际商业发射。由于太空产业长期信赖官需，日本企业对太空开发需求不明确，缺乏投资方向与投资信心。再加上太空开发周期长、费用高、风险大，日本企业对开发投资态度谨慎。日本发展太空产业，必须解决的核心问题就是增强企业信心，彻底摆脱太空发展仅仅依赖"官需"的单一模式，需要把太空基础设施建设放在首位，以市场为导向，建设"多、快、好、省"的太空项目，加大政府主导扶持，增强企业信心，吸引私营企业参与。为此，政府采取了一系列措施。

（一）加大政府财政投入

自2012年以来，日本一直在增加太空开发预算投入。以内阁府公布的、把防卫省相关费用剥离后的2014年至2017年太空开发预算数据为例：2014年日本太空开发预算是2740亿日元；2015年是2786亿日元，较2014年增加了46亿日元，增幅为1.7%；2016年是2899亿日元，较2015年增加了113亿日元，增幅为4.1%；2017年是3303亿日元，较2016年增加了404亿日元，增幅达到 13.9%，创下历史新高。①

与此同时，安倍政府自 2014 年开始实行太空开发预算的"优先权"制度，即在申请预算经费时，将国家级重大开发项目列为优先课题，并以"优先课题"申请预算经费。国家级重大开发项目优先课题的确定，要经过太空政策委员会、内阁府太空战略室、太空开发战略本部即首相的三道审批。通过审批的国家级重大开发项目优先课题将得到国家预算"优先权"，只要在预算额度内，就不受使用时间、每次使用额度的限制，可根据实际需要随时支取，如果项目进展顺利，成果显著，还可以追加预算。2014 年"优先课题"的预算为 911 亿日元，2015 年为 1001 亿日元，较 2014 年增加了 90 亿日元，增幅为 9.88%，占了当年太空开发预算的 35.9%。② 太空开发预算的"优先权"制度，不限定资金使用时段，开发团队可根据需求使用开发资金，调动了开发团队的积极性，加快了重大课题和重点课题的开发进度。

（二）加大政府政策的扶持力度

重点是分中央政府和地方政府两个层面，大力鼓励并扶持全国各区域内的太空科研及创业活动。

在中央政府层面，日本政府加紧进行必要的规制改革，营造有利于太空科技开发和风险投资的大环境，使私营部门可以获取相对安全和稳定的长期投资机会。安倍曾明确表态，"日本的太空政策正从重视研究开发向盯住出口、重视扩大利用转变。我希

---

① 内閣府，『宇宙関係予算について』，http：//www.8.cao.go.jp/space/budget/yosan.html（上网时间：2017 年 3 月 1 日）。

② 内閣府，『宇宙関係予算について』，http：//www.8.cao.go.jp/space/budget/yosan.html（上网时间：2017 年 3 月 1 日）。

望政府能以看得见的形式予以支持"。① 日本中央政府扶持的具体措施包括：（1）加强太空开发利用政策的可预见性。从2009年之后，日本制订的都是中长期太空发展战略，每年都会对项目和工程进度表进行修改。为了让企事业能有预测地进行投资，日本政府每年11月初确立新计划的方案，然后征求公众意见，反映在下一年度的预算中。（2）取消对产业竞争的政策限制，推动技术专利向企业法人转移，为技术创新与创业创造条件。日本自20世纪90年代开始，出台了一系列科技创新扶持政策，如1998年制订的《大学技术转让促进法》和《技术转移法》、1999年出台的《产业活力再生特别措施法》、2004年成立的"日本大学技术转移协会"（UNITT），目的在于通过科技成果的转移，促进技术创新、发展新兴产业和创新企业。2013年之后，日本选择修订并出台了《大学技术转让促进法》（2013年）、《产业竞争力强化法案》（2014年）、《关于强化产业竞争力的执行计划》（2014年）等政策，推动大学和国立科研机构向私营企业转让科研成果，将大学的科技成果转化并投入市场，鼓励企业、组织机构、国立大学法人与个人在5年内（2013—2017年）集中开展技术开发、企业重组和企业投资，进入产业的生产领域。（3）运用税收制度杠杆，使私营企业更容易向太空领域进行投资，促进产业发展。近年来，日本税制改革的重心转向法人税，改革力度较大，重点都是降低企业所得税率，实施有利于企业投资的研究开发促进税制、特别减免税额与研究开发费用总额有关税制、特别试验研究经费的减免税制度、中小企业投资促进税制、企业投资固定资产减税制等。国家关税制度也维持并重新制定了一些有利于太空产

---

① 内阁府，『平成25年宇宙開発利用大賞受賞事例集』，平成25年10月10日，http://www.8.cao.go.jp/space/prize/jirei-fy25 – 1.pdf（上网时间：2017年3月1日）

业发展的规定，如"对用于制造出口货物的原材料免税和退税"、"原则上，从允许进口之日算起一年内再出口的，免除关税"和"日本难以制造的航空机和太空开发用零部件进口免税"等，适用于免除或减少人造卫星和火箭用零部件的进口关税、免除发射运输服务的出口税、退还境外卫星采购中的进口消费税等，有利于企业降低制造成本，有利于提升太空产业的国际竞争力。

在地方政府层面，日本政府在全国8个区域设立了"中小企业创业综合支援中心"，为创投企业提供全方位的专业服务和支持。各地方政府为使地区经济振兴，也大力鼓励区域太空科研及创业活动，不断加大对太空科学技术研究及产业发展的补助和资金援助。如，名古屋市2015年推出了"航空航天开拓海外销售渠道的支持事业费"，对参加第51届巴黎航空航天展的中小企业进行补助；2016年推出"航空航天产业设备投资促进补助金"，补助率是补助对象经费的10%，补助的最高限额是1000万日元。[①]又如，爱知县自2015年以来加大对太空技术研究开发及在本县落地建厂的补助投入。包括：对太空技术研究开发及实证实验给予补助金，对大企业的补助最高限额为2亿日元，对中小企业的补助最高限额也达到1亿日元；对太空产业落地、建设大规模工厂或投资研究所进行补助，对研究所的补助金为投资额的20%，对企业的补助金为投资额的10%，投资额超过300亿日元的补助金最高限额为100亿日元，投资额低于300亿日元时补助金最高限度为10亿日元；对太空产业落地、建设中小规模工厂进行补助，对企业的补助金为投资额的10%，补助金最高限度为10亿日元。同时，对太空产业落地、建设工厂的，不论是大型还是

---

① 一般社団法人・中部航空宇宙産業技術センター，『「名古屋市航空宇宙産業設備投資促進補助金」の申請受付が始まりました』，2016年5月14日，http://www.c-astec.jp/modules/d3blog/details.php? bid = 163（上网时间：2017年3月2日）

中小规模工厂，执行产业落地促进税制，一律免除不动产所得税，免除全部税款。① 和歌山县于 2016 年新修订了《和歌山县中小企业融资制度》，设立"增长支持资金"，为太空等尖端产业及技术研究开发提供融资，并承诺给予该县"最优惠利率"。②

（三）加紧制订支持太空全面开发利用的法律制度，为私营企业进入太空产业提供法律支撑

为了推进全面开发利用太空，支持私营企业进入太空活动，扩大日本太空商业，日本政府积极创设与商业发射有关的太空活动和第三方损害赔偿相关法律制度。2016 年 11 月 16 日，在日本政府的积极推动下，从 2008 年就开始酝酿草拟的《太空活动法》与《卫星遥感法》两个法案终于在国会顺利通过。

《太空活动法》与卫星的发射管理有关，主要是授权私营企业进行火箭发射和卫星运营商业。该法一共分为五章 65 个条款和一个附则 10 个条款，包括三个部分内容：一是卫星发射许可；二是卫星管理许可；三是发射失败或卫星脱轨时的第三方责任。规定了政府为商业太空发射运营商提供的资金担保和责任保险等支持。③ 日本政府制订该法的主要原因在于，推进商业太空活动的最大障碍之一就是发射责任问题，对任何一个私营企业来说，发射失败的成本都是一个巨大的风险。日本政府希望缓解财政问

---

① 愛知県，『産業空洞化対策減税基金による補助制度について「活用事例を載せた補助制度パンフレット」』，平成 27 年 3 月 26 日，http://www.pref.aichi.jp/sanro/taxreductionfund/TaxReductionFundPR03.pdf（上网时间：2017 年 3 月 2 日）

② 和歌山県，『平成 28 年度和歌山県中小企業融資制度の改正点』，平成 27 年，http://www.pref.wakayama.lg.jp/prefg/060300/gyoumu/kinyuu/documents/h28gai-you.pdf#search=%27%E5%AE%87%E5%AE%99E8%9E%8D%E8%B3%87%E6%9E%A0%27（上网时间：2017 年 3 月 2 日）

③ 国立印刷局，『官報「人工衛星等の打上げ及び人工衛星の管理に関する法律をここに公布する」』（法律第七十六号），平成 28 年 11 月 16 日，号外第 252 号，第 3—10 頁。

第三章 太空开发与日本的产业经济发展

题,让私营公司更容易发射卫星,更容易参加各种太空活动。

《卫星遥感法》是日本政府为了扶持日本地球观测数据产业的发展,仿照欧洲和美国建立的一个卫星遥感数据销售和分配的法律框架。《卫星遥感法》与商业使用次米级卫星图像有关,目标是通过设立法规,防止卫星图像被提供给怀有恶意的国家或群体。该法一共七章38个条款和一个附则5个条款,重点是严格使用遥感工具和获取卫星图像的审批程序,规定了被允许用于商业的遥感卫星数据的范围,并赋予政府限制把图像散布给外国企业的权利。[①]

(四)积极推进国内的太空及相关产业的企业并购重组,优化产业资源配置

国内太空及相关产业的企业并购,目的是为了国内太空产业部门重新进行资源配置,调整产品结构,扩大业务领域,培育新的经济增长点,形成向世界扩展的基础。从20世纪90年代末以来,世界太空企业并购重组不断,世界太空产业资源配置和太空市场格局不断发生新的变化。如1996年12月,波音公司并购麦道公司,成为全球第一大航空航天公司。1999年11月,英国宇航公司与马可尼电子系统公司合并为英国宇航系统公司,成为英国第二大航空航天集团,规模仅次于EADS公司。俄罗斯从2003年开始改革国内太空机构,将原有的106家太空企业重组为18家国家独资的太空集团,再改组为国家至少控股51%的股份公司。[②]日本也积极鼓励国内与太空产业相关的优势企业强强联合。如在太空机器产业领域,2001年4月,日本东芝公司与日本电气公司

[①] 国立印刷局,『官報「衛星リモートセンシング記録の適正な取扱いの確保に関する法律をここに公布する」』(法律第七十七号),平成28年11月16日,号外第252号,第11—20頁。

[②] 罗开元:《国外航天企业并购重组及其启示(上)》,载于《中国航天》2003年第2期。

· 197 ·

(NEC)将各自所有的太空业务合并,成立 NEC 东芝太空系统有限公司,成为三菱电气公司之外日本第二大从事太空业务的企业,公司的经营范围从太空设备的生产销售扩大到商业卫星领域。[①] 如在太空用电池产业领域,2004 年,日本蓄电池公司和日本汤浅公司合并成为 GS YUASA 公司。这两个日本公司在合并前,一个是世界领先的大型锂电池企业,一个是世界上领先的汽车电池制造商。这两个企业的合并使 GS YUASA 公司成为世界上最大的电池制造公司之一。2007 年,GS YUASA 公司和三菱集团以第三方配售股份方式进行合作,建立了子公司"日本锂离子能源公司"。GS YUASA 公司目前成为 JAXA、美国波音公司、美国太空创业公司 Orital ATK 等的主要合作企业。如在太空用新材料产业领域,2008 年,主要是生产太空用碳纤维的日本新日铁与住友金属、神户制钢进行"联盟并购",并购后的新日铁与世界第一大钢铁公司阿赛洛米塔尔的市值差距从最高时的 11 万亿日元缩减至 1 万亿日元。[②]

(五) 优先发展并使用日本火箭

重点是持续升级与太空运输系统相关的技术,打造骨干火箭,包括升级 H2A 火箭、开发 H3 火箭和推进艾普斯龙火箭(即 E 火箭)项目,不断改进和升级发射卫星的能力,不断提升太空发射服务的国际竞争力。日本政府发射卫星时,优先考虑使用日本火箭。私营企业也被建议使用日本火箭发射他们的卫星。

---

① 罗开元:《国外航天企业并购重组及其启示(上)》,载于《中国航天》2003 年第 2 期。
② 搜狐财经,《钢铁业重组可借鉴日本联盟并购模式》,2016 年 8 月 8 日。http://business.sohu.com/20160808/n463123090.shtml(上网时间:2017 年 4 月 9 日)

二、以太空产业带动相关产业的发展

太空产业分为上游产业和下游产业，上游产业主要是与太空机器制造有关，包括以支持太空系统及其能力开发和发射为目的的研究、工程、制造、服务活动。下游产业主要与太空机器利用、服务及配套设施有关，包括卫星运营、数据或信号分布、增加附加值活动，目的是将太空能力转变为或传递至终端用户的、有用的服务和产品。太空上游产业与下游产业都各有自己的产业价值链。太空上游的机器制造产业价值链与太空开发技术密切相关，太空机器制造产业的发展催生了价值链上相关产业技术领域的创新。这些创新技术在工程实践中的应用，推动了相关产业的发展。太空技术与民用技术的互通性，使得太空技术创新成果能够转移为民用技术，进行二度技术开发应用，进而对其他产业技术创新形成辐射效应，带动产业的发展。

太空产业发展带来的技术创新是巨大的。太空产业部门的技术创新及其技术转让，不仅牵引一批相关高新技术产业部门的发展，也带动了一些基础产业和传统产业的进步。由于太空产业技术是多学科技术的集合体，覆盖技术领域广且适用性强。所以，通过技术创新和转让带动的产业，也必然领域广，涉及材料能源、计算机、遥感、导航、控制、真空低温、特殊密封、机电和电子等众多产业。早在20世纪70年代末至80年代初，日本就已经有了通过太空产业技术带动其他产业部门发展的相关先例。日本通过太空开发利用，在半导体存储芯片领域取得技术突破，超过了美国芯片技术，且销售价格低于美国生产成本，成为整个半导体产业的技术驱动力，在全球市场领先。随着太空技术的不断创新，这样的技术创新带动愈加显示出优势。如在材料领域，日本在20世纪80年代首创性地开发梯度功能材料技术，引发了世界应用材料的技术革命，形成了核工业用梯度功能材料、半导体梯度功能材料、磁性梯度功能材料、导电梯度功能材料等概念设想和实验研究，梯度功能材料的应用领域也从太空扩张到能源、电子、核能、化工、生物、医学乃至日常生活领域。JAXA 在 21 世纪初将梯度功能材料技术转让给了三菱集团的子公司——旭硝子公司。旭硝子公司利用这一技术生产出了先进的高速塑料光纤 FONTEX。FONTEX 是世界首创的光纤，可以进行 10G 以上的大容量数据通信，[1]成为该公司的全球主打产品。如在医用器械产业领域，JAXA 在21 世纪初将卫星搭载的光学仪器技术转让给以制作高精度观测仪器闻名的三鹰光器公司。该公司利用这一技术进行二度技术开发，制造出了用于神经外科手术的高分辨率立体显微镜，仅在美国就获得了 70% 的市场占有率。[2]

　　太空产业所具有的太空独特条件，也为其他学科提供了异于地面的难得的科学实验环境，使得工程技术、生物技术、农业技术、医药技术和能源技术等取得突破，促进了相关产业的优化升级和创新。如日本光电子产业中的光导纤维产业，从 20 世纪 80 年代初开始，光导纤维成为光电子产业的核心，市场需求量急剧增加。1985 年，日本板玻璃公司使用装载在太空飞船"发现号"上的实验装置，成功制造出氟化物玻璃系光导纤维。该纤维能在无中继的情况下传送约 1 万公里的光，与目前使用的石英玻璃光导纤维传送光的距离相比，是理论

---

[1] 讯石光通讯网，《旭硝子：先进高速塑料光纤 FONTEX》，2011 年 1 月 6 日， http://www.iccsz.com/site/cn/News/2011/01/05/20110105082842526500.htm（上网时间：2017 年 4 月 10 日）

[2] 三鹰光器株式会社，《三鹰光器株式会社"以用于脑神经外科的手术显微镜发挥最尖端的技术力量，在美国获得 70% 的市场占有率"》，2016 年 7 月 16 日，http://www.smtpcb.com/news/10（上网时间：2017 年 4 月 10 日）。

传送距离的 100 倍。① 这一先进技术使 80 年代日本光电子化学产业以 25% 的平均年增速发展，到 1987 年时，日本光电化学品产值已占到整个化工产品产值的 1/20，私营企业对光电子化学品特别是光导纤维投以巨资。②

太空技术专利也被日本直接用于推动相关产业发展。早在 2014 年 5 月的经合组织理事会上，安倍就明确提出，知识产权不应该是免费班车，"经济增长并非国家运作的产物，而是民间竞争的产物。不能让知识资本出现搭便车问题"。③ 日本不仅鼓励积极申请太空产业相关技术专利，也鼓励积极将知识产权商业化。2014 年，日本特许厅试验性地启动"知识产权商业评估书"项目，专门评估日本中小企业所拥有的知识产权的经济价值。为了有力推广并落实中小企业知识产权商业化，日本政府于 2015 年 5 月正式启动"知识产权金融化促进事业"，在 2016 年财政预算中专门拨出 1 亿日元专款，并希望在 2015 年至 2019 年，用 5 年时间，使相关金融机构融资总额突破 15 亿日元。④ 日本还同时推出"年度特许申请技术动向调查报告书"，帮助中小企业了解掌握知识产权的进展动态，进行评估。2016 年，日本专门针对太空机器关联技术推出了"2015 年航空机和太空机器关联技术的特许申请技术动向调查报告书"，为中小企业提供参考。

---

① 刘树仁：《日本成功地在宇宙制造出氟化物玻璃系光导纤维》，载于《有色冶炼》1986 年 5 月。
② 孙春玲：《日本重视光电子化学品的发展》，载于《化工新型材料》1987 年第 9 期。
③ 首相官邸，『OECD 閣僚理事会　安倍内閣総理大臣基調演説』，平成 26 年 5 月 6 日，http://www.kantei.go.jp/jp/96_abe/statement/2014/0506kichokoen.html（上网时间：2016 年 8 月 28 日）
④ 経済産業省，『中小企業知財金融促進事業』，2015 年 12 月 24 日，http://www.meti.go.jp/main/yosan/yosan_fy2016/pr/t/t_tokkyo_32.pdf（上网时间：2017 年 3 月 23 日）

三、打造卫星应用产业价值链

打造卫星应用产业价值链是日本推动新太空产业发展的重要内容。太空下游产业价值链主要与太空机器利用、服务及配套设施有关，重点是卫星应用。卫星早已经应用于广播通信、电视、气象观测和预报、导航定位、地球环境监测、减灾救灾和渔业等方面，直接推动了相关产业的发展。随着太空商业化的发展和太空商业主体的非国家化，大量民用技术用于太空开发，尤其是各种小卫星和超小卫星的开发。其结果就是卫星开发价格下降，卫星性能多样，卫星数量急剧增多；太空的卫星布局发生重要变化，从单一卫星转向星座组网，卫星星座同时分布于低轨、中轨、高轨三个轨道；太空的卫星星座功能也发生变化，星座网络化、多功能化，信号覆盖并能飞越全球，使得卫星规模化市场应用成为可能。

日本目前在建的优先太空产业发展项目，基本都与卫星应用产业价值链有关，主要是基于卫星获取数据的地理空间情报产业价值链、商业地球观测数据产业价值链和遥感卫星观测数据产业价值链。这些产业链的上游是卫星产业，负责设计、制造太空系统及其发射运载火箭，参与者数量有限，主要是政府和卫星制造商。中游是卫星运营商，拥有卫星系统，把其持有的卫星能力市场化，提供给下游的服务供应商。下游是服务供应商，整合卫星信号成为成套的解决方案，为终端用户提供通信、导航和地理信息服务。终端用户主要是政府（民用或军用）和商业（企业或客户），不要卫星技术，只要针对他们需求的解决方案，或者是更好的通信、导航、地理情

第三章 太空开发与日本的产业经济发展

报服务。①

日本的卫星应用产业价值链是对传统产业关系的一次变革。日本打造卫星产业价值链，关注的是价值链的整体性。由某一核心企业构建一个平台，通过平台构建一个卫星应用业务的价值链。该圈内企业把目标市场作为共同目标，有机联合成一个整体，分工协作，共同投入，利用各自拥有的实物资本、智力资本、金融资本、技术资本等，共同发展。参与的企业不是关注如何利用企业自身能力或资源来构建个体竞争优势，而是与企业之外的各利益相关方相互借重彼此的力量，相互分享彼此创造的价值。以日本正在打造的遥感卫星观测价值链为例：日本用于遥感卫星观测的卫星一共有15颗，其中日本卫星5颗、装有日本遥感器的国际卫星2颗、国际卫星8颗。上述卫星数据都由日本政府授权，由日本遥感技术中心（RESTEC）管理，负责接收、分类、处理、分析卫星数据，并按照与政府的协议把数据提供给决策者、研究人员、运营使用者和其他卫星数据使用者。以RESTEC为价值链的主导核心，目前这一遥感卫星产业价值链已有成员29个单位，涉及国际科技交流、工程开发、系统集成、太空软件、咨询公司、数据工作、系统研究、情报系统、记录管理、防卫系统、银行和电子等多个产业。②

日本通过打造卫星应用产业价值链，以市场为目标，增强企业间的横向和纵向联系，推动上下游产业的结合与整合，构筑产业发展的产业链，推动关联产业的发展，提高产业的国际竞争力，促进产业结构、生产和消费方式的变革，促进生产力发展。

---

① Euroconsult, "Satellite value chain: snapshot 2016", December 12, 2016, http://www.euroconsult-ec.com/research/satellite-value-chain-2016-extract.pdf（上网时间：2017年3月23日）

② RESTEC, "Supporting members", https://www.restec.or.jp/en/about/member（上网时间：2016年12月19日）

四、利用太空创造新产业

世界五大科技发展趋势是"大智云物移",即大数据、人工智能、云计算、物联网和移动互联网。卫星应用也开始向这五大领域的产业渗透。如,卫星星座向互联网产业的渗透,将颠覆传统互联网概念,产生卫星移动互联网。又如,在物联网时代,需要通过利用卫星等太空前沿技术对全球搜集到的各种数据进行适时汇总和高速交换。比如美国通用电气公司将智能传感器装进汽车发动机,通过卫星传送实时数据,发展了智能汽车产业,实现道路的全面物联网化。利用太空创造新产业,不仅可以与传统产业融合,提高传统产业的附加值,促进传统产业的转型,也能促进产业创新和服务创新,加快第三产业的发展,促进产业结构优化。

在这样的背景下,日本利用太空领域,积极推动信息通信技术创新,从国家、政府省厅、民间三个层面,打造了三个推进新产业发展的推进平台。

一是"太空新经济创造网络"(S-NET)。"太空新经济创造网络"是日本政府于 2016 年 3 月 22 日创设的,目的是"以'太空'为关键词,由有兴趣参与创新新商业和新服务的公司、组织、个人参加的网络组织",① 鼓励并吸收大企业、中小企业、中坚企业、风险企业、下游企业等多样化企业进入太空领域,促进与太空有关的产业结构和商业模式的灵活化和多元化,促进新的产业创新和服务创新。该网络由太空政策委员会领导,由内阁府太空开发战略推进事务局负责日常管理,与总务省、经济产业

---

① 内閣府,『S-NETホームページ』, https://www.s-net.space/(上网时间: 2017 年 3 月 11 日)

第三章 太空开发与日本的产业经济发展

省、文部科学省等相关省厅和 JAXA、产业技术综合研究所、中小企业基础事务机构合作。该网络有三项核心任务：太空企业和非太空企业、团体、个人提供情报信息交流；发掘事业推进者，由有识者提供指导，相关省厅、会员和团体提供支援，帮助其选定领域和项目；提供商业支持，从技术层面和资金层面进行支持。（详见图 3.4）① 内阁府太空开发战略推进事务局长小宫义则曾明确表态，"太空新经济创造网络是不可或缺的，是由日本发起的、全球化的、以市场为目的的、伴随着产业模式的改革，表达了开展与太空相关新事业的强烈意愿"。②

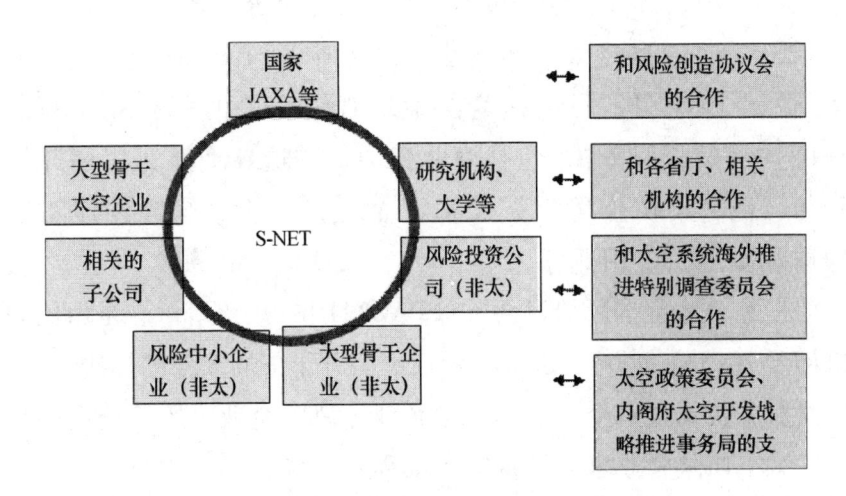

图 3.4 太空新经济创造网络（S-NET）关系结构图

资料来源：根据内阁府公开资料整理。

二是"一般财团法人太空系统开发利用推进机构"

---

① 内閣府，『S-NETホームページ』, https://www.s-net.space/（上网时间：2017年3月11日）

② 準天頂衛星システム，『第2回宇宙開発利用大賞表彰式·S-NETローンチイベント「結果レポート」』, 2016年4月8日, http://qzss.go.jp/events/s-net_160408.html（上网时间：2016年7月22日）

(JSS)。JSS 是由经济产业省进行行政管理的太空开发应用机构，与 JAXA 相比，JSS 的组织运营模式更像是产业代表团体，一共有 42 个成员公司，主要来自重工制造业和自然资源产业，包括三菱集团、日本电气集团、石川岛播磨集团的各成员企业和川崎重工、富士重工和日本遥感技术中心等太空核心企业。JSS 由经济产业省和成员公司共同提供资金支持，可以直接向政府和经济产业省提出与成员公司利益有关的意见和建议。与 JAXA 相比，JSS 的核心开发项目更侧重于产业和商业，主要从事太空系统，包括卫星系统、发射系统、地上系统、卫星遥感及太空环境利用系统的研究开发。目前，JSS 正推出一个名为"太空商业法庭"（Space Business Court）的新商业开发项目，目的是为与地球观测有关的所有商业开发提供"一站式服务"，包括商业咨询、创造新商业、应用开发和与其他公司协作等，鼓励私营企业、组织、个人创建新的地球观测下游应用业务。[①]

三是"太空国际研讨会"（SPACETIDE）。该研讨会是由民间机构于 2015 年创办，到 2017 年已经召开了三届太空国际研讨会。研讨会主要是太空企业、非太空企业、风险企业、风险资金等参与，太空风险企业家、投资家、工程师、设计师、研究人员和政府相关人员共同讨论未来太空商业的振兴。

这三个平台虽然组织机构和运行机制都不同，但核心目标都是打破太空产业与非太空产业的传统界限，吸引非太空产业投资并参与太空产业及其相关产业，推动形成新产业和新服务。

---

① Space Business Court, "About Space Business Court", https://www.bizcourt.space/en/about/（上网时间：2017 年 3 月 11 日）

第四节 积极开拓新太空产业市场

太空产业结构是指在太空市场中企业之间在数量、份额、规模上的关系以及由此决定的竞争方式。① 市场结构是衡量某一产业市场竞争力的重要标志,是决定该产业绩效的重要因素。② 二战后,日本经济发展遵循的是资本主义市场经济体系。在资本主义自由市场经济体系下,产品和服务的生产及销售由市场引导,产业政策调整的出发点就是为了追求市场规模经济效益。日本知名经济学者青木昌彦就曾经指出,政府正在进行的经济结构改革,是以构建日本新的经济社会体系为目标的,政府要比原来更加重视市场的作用。③

重视并开拓市场,是日本太空产业经济发展的主体内容,也是根本目标。但日本太空产业经济发展有两大特点。

第一,日本发展太空产业经济缺乏市场基础。美国的太空产业是在其发达的太空市场经济体制基础上建立和发展的,早在肯尼迪时代便已通过了《卫星通信法》,准许私人资本进入卫星通信领域。美国的太空产业市场结构是"寡头主导,大中小(企业)共生",各种规模的企业发挥自身优势,提供差异化的产品和服务。日本则与美国不同,自20世纪80年代末以来一直没有开发太空商业市场,所以,日本的太空产业是在其欠发达的太空市场经济体制基础上建立和发展的。所以,日本在发展太空产业

---

① 尹常琦、张鹏飞:《美国航天产业市场结构分析》,载于《现代商业》2009年第3期。

② 尹常琦、张鹏飞:《美国航天产业市场结构分析》,载于《现代商业》2009年第3期。

③ [日]青木昌彦、奥野正宽等编著,林家彬等译:《市场的作用国家的作用》,北京:中国发展出版社,2002年版,第93页。

的同时，需要促进并带动新商业市场经济体制的形成。

第二，在世界各国都把太空商业活动瞄准国际市场的时候，日本的商业市场遵循的是两条发展路线：（1）内向型发展路线，瞄准国内商业太空市场，培养并促进社会新的供求关系和供求结构形成，推进市场升级；（2）外向型发展路线，瞄准国际太空商业市场，通过直接竞争和并购等方式，优化本国产业在世界产业分工体系中的位置，扩大国际市场份额，获取经济利益，以实现本国经济的可持续发展。内向型发展路线，强调的是本国市场和产业之间的相互匹配，强调通过国内产业之间的互动和国内需求的引向，推动国内第一、第二、第三产业结构间比例的变动，推动本国经济的可持续发展。外向型发展路线，强调的是主动将本国产业体系融入世界产业体系中，分享全球资源和市场，获得更大的产业成长空间和经济增长空间，以开放促发展，扩大本国产业的比较优势和国际竞争优势。日本政府在2015年版《太空基本计划》中明确提出，"为了维持和发展可持续支持日本太空开发利用的产业基础，至关重要的是增加国内需求，应对国外需要，创造新市场。"①

因此，日本在积极推进新太空产业体系建构与调整的同时，从三个层面入手，不断推进与之相配套的新太空产业市场体系建设。

一、创造并培养国内消费市场

日本个人消费占国内生产总值的比例较高，基本维持在60%左右。② 日本历来把刺激国民消费作为带动经济增长的重要手段，

---

① 内閣府，『宇宙基本計画』，平成27年1月9日，http：//www.8.cao.go.jp/space/plan/plan2/plan2.pdf（上网时间：2016年12月25日）

② 刘浩远：《日本：刺激消费多措并举》，《中国社会报》2007年6月11日第7版。

通过采取宽松金融政策、超低短期金融机构贷款利率、降低或不增收个人所得税、对住房消费税等相关税收减税、修改节日法、要求企业提高工资水平和维持就业稳定等措施，用以刺激消费。但是，这些都只是外来作用。要真正刺激国民消费，最关键的是国民的消费需求和消费结构。经历过高速经济增长期，日本国民物质生活极大丰富，消费需求和消费结构都发生了变化，前者从满足生活需求转向全面发展的需求，后者从生存必需品转向追求生活质量和丰富精神生活的消费项目。2004年，英国《金融时报》专栏作家居伊8年后重访日本时发现，虽然日本经济仍然低迷，但日本国民正由"活着为了工作"向"生活是为休闲"而转变。[1] 尤其是随着日本老龄化社会的发展，老龄消费市场快速发展。2009年，日本老年人口占全国人口的17%，储蓄存款额却占到了储蓄总额的55%。日本需要顺应国民消费需求和消费结构的变化，抓住国民消费，也需要抓住老年人这个有消费实力的群体，开发并提供适合的产品和服务。

在新太空产业时代下，日本政府要打造的最大消费市场就是基于卫星数据利用的"超智能社会5.0"。2016年1月，日本政府通过了《第五期科学技术基本计划（2016—2020）》，其中一项核心内容就是建立"超智能社会5.0"。[2] 需要注意的是，"智能社会"计划并不是2015年才开始提出的。日本从20世纪70年代开始将遥感卫星用于渔业，从90年代中后期开始，就先后提出了ITS智能交通系统、智能城市等多项建设构想，并在2007年至2008年进行了智能城市试点实验，2010年开始正式建设综合智能

---

[1] 居伊·德·容凯尔：《日本生活方式渐变，国民经济有望激活》，载于《国际金融报》2004年12月23日。

[2] 内閣府，『科学技術基本計画』，平成28年1月22日，http://www.8.cao.go.jp/cstp/kihonkeikaku/5honbun.pdf（上网时间：2016年12月26日）

社区,官民联手建设"智能社区联盟"(JSCA)。但是,随着日本新太空产业的推进,日本政府加快了这些构想的建设步伐,并把这些构想系统化和系列化,进行整体设计和推进,提出并确立了"超智能社会5.0"计划。该计划的核心就是以基于太空的定位、观测等各种数据的搜集与解析为基础,通过智能化技术为日本社会提供涵盖能源、电力、交通、制造、通信和医疗等全智能体系服务,创造消费需求和消费市场。

在创造消费市场的同时,日本积极培养消费市场,谋求将潜在市场规模变为真正的现实消费。日本政府除了继续采取宽松金融政策、超低短期金融机构贷款利率、放缓增收个人所得税、要求企业提高工资水平和维持就业稳定等措施外,还采取政府政策推介、政府与公司合作进行技术推介、进行试点实验等方式,逐步塑造国民的新消费观念,培养消费市场。如对智能农业消费市场的培养,针对农业劳动人口老龄化、劳动力不足和年轻农户缺乏农业经验等情况,日本推出了智能农业计划。2004年日本把"农业物联网"列入政府计划,提出了"U-Japan"计划。2015年日本进一步明确提出了"农政新时代"计划。计划的核心就是以日本卫星数据利用为基础,将物联网用于解决农业播种、控制、质量安全、削减成本等问题,推进农业信息技术化,以农业物联网为信息主体普及使用农用机器人。为了培养这一消费市场,日本一是加强农业政策制度规划,提出"1万亿日元出口"的农政改革目标。① 二是加强政府宣传,尤其是首相利用国际、国家和地区各

---

① 首相官邸,『内外情勢調査会2015年12月全国懇談会安倍総理スピーチ』,平成27年12月14日,http://www.kantei.go.jp/jp/97_abe/statement/2015/1214naigai.html(上网时间:2016年4月10日)

种会议及活动机会,进行大力推介,反复强调这是"对未来的投资"。① 三是采取宽松金融政策,进行经济刺激。2016 年日本经济刺激计划规模就超过了 28 万亿日元,② 主要目标就是推动日本迈向农政新时代。四是政府与公司进行技术合作,培养农户使用物联网的积极性。日本政府与日本电气公司、富士通、日立、三井物产等公司合作,在农户大棚里建立无线网络和土壤、气温、日照、二氧化碳排放等感应器,将无线网络、感应器的数据再加上气象局的相关数据,一并传给农户的电脑或手机终端,使农户可以实时观测。如智能城市建设,日本先选了四个城市做试点。其中藤泽市的藤泽生态城,规划人口数目仅 3000 人,由藤泽市政府和松下等 19 家企业联手打造,2008 年开始构思,2014 年开工建设,2015 年已经入住近千人。③

二、推动太空及相关产业的国际市场投资

日本推动太空及相关产业的国际市场投资,最核心的政策就是推动太空及相关产业的跨国并购重组。对日本的跨国并购重组,虽有不同的学术意见,但不容忽视的一点是,并购的主要动机之一就是为了保障出口渠道的畅通、拓展海外市场。自二战以来,日本政府自始至终都积极支持并推动日本企业并购,尤其是跨国并购。日本二战后产业发展的历史也一再证明,日本越是到

---

① 财经新闻,『農政新時代へ「輸出基地など全国に整備」—安倍晋三首相』,2016 年 7 月 28 日,http://www.zaikei.co.jp/article/20160728/319201.html(上网时间:2017 年 4 月 10 日)

② 人民网,《日本"放大招"推 28 万亿刺激计划,给央行施压》,2016 年 7 月 29 日。http://japan.people.com.cn/n1/2016/0729/c35463 – 28594070.html(上网时间:2017 年 4 月 10 日)

③ 简柔:《藤泽生态城:日本智能城市样本》,载于《宁波经济》2016 年第 2 期。

产业结构调整的关键时刻，越会加大企业跨国并购的力度，政府也会以政策等各种形式介入到具体的并购项目中来。日本的跨国并购，不是以"金钱游戏"①为目的，而是以夺取经营权和控制企业市场运营为目的。通过并购，重组那些与日本产业发展战略相吻合的、能提供技术、能帮助日本打入新市场的外国企业，进而推动企业的国际化，提升企业参与国际竞争的能力，推进日本的产业结构调整。

进入 2010 年，国际太空产业并购重组愈加激烈，而且并购的内容也发生变化，不仅直接并购太空产业，也并购与太空应用产业有关的科技、物联、商务运营等服务型产业。仅 2014 年，太空市场并购重组案例就达到 10 起。其中除了太空企业自身业务剥离和企业重组、综合防务集团收购重组太空企业外，重点是大型卫星运营企业通过并购小型卫星运营公司扩大市场，如回声星公司收购太阳移动公司、Eutelsat 通信公司收购墨西哥卫星运营商 Satmex 公司；互联网企业通过并购太空创业公司进入太空领域，如 Goolge 公司收购无人机制造商泰坦航空航天公司和实时高分卫星成像及全动感视频供应商 Skybox 公司等。②

日本跨国并购案例的数量也剧增。日本在太空及其相关产业领域的跨国并购，和国际太空产业并购重组的趋势一致，有较强的倾向性。国内并购主要是基于产业的发展，跨国并购则重点是国际太空产业链的整合和国际市场份额的获取。这是因为在国际产业分工体系中，发达国家的企业往往占据着研发设计和营销的产业链高端。对发达国家企业的并购，是在国际产业分工体系中走向产业链的高端位置、促进产业发展的一条最快捷径。所以，

---

① 这里所说的金钱游戏，就是指企业并购不是以企业经营和发展为目的，并购后不进行企业重组，而是将并购的企业再出售，从中获取利益。

② 李虹：《国外航天企业宇航市场十大并购重组案例分析》，载于《卫星应用》2015 年第 9 期。

第三章　太空开发与日本的产业经济发展

围绕着新太空产业的发展，日本许多企业开始在相关产业领域进行国际并购，投资或填充技术和产品线，在成熟的市场上扩大规模和竞争力。

日本国际并购的领域广，涉及与太空产业链整合相关的诸多产业领域，并购的目标明确，都是产业领域的龙头企业。如传感器产业的跨国并购，日本大型电子元件制造商TDK通过多次跨国并购，实现在传感器产业领域、尤其是微电子机械系统产业领域的全球扩张和市场扩张，快速进入高速增长的惯性传感器、红外传感器、磁传感器等市场，大幅提升产业创新能力和国际市场地位。TDK并购的目标很明确，都是太空使用的核心传感器件，尤其是21世纪太空传感器的器材主流，包括用于太空惯性导航系统的惯性传感器、用于预警卫星和敏感元件等的红外传感器、用于微纳卫星及其星座和编队的微传感器（主要运用了微电子机械系统）等。2007年，TDK投资2000亿日元，[①] 并购了德国大型电子元件制造商EPCOS公司，该公司主要制品是SAW滤波器设备、电容器和变压器等电子元件。2015年，TDK以2.14亿瑞士法郎的价格，[②] 收购了瑞士磁传感器制造商Micronas，该公司的主要制品是磁性薄膜技术制造的霍尔元件磁传感器，是该产品领域的顶级国际供应商。2016年8月，TDK出价4865万欧元收购法国微电子机械系统（MEMS）的传感器制造商Tronics公司，[③] 该公司的主要制品是惯性传感器、红外传感器、气体传感器、微反射

[①] Japan's cash-rich companies are buying up foreign firms, *The Economist* (Print Edtion), October 2008.

[②] 和讯科技，《TDK将收购车载霍尔元件传感器厂商Micronas》，2015年12月21日。http://tech.hexun.com/2015-12-21/181307252.html（上网时间：2017年4月9日）

[③] 搜狐，《TDK收购MEMS制造商Tronics》，2016年8月8日，http://mt.sohu.com/20160808/n463189158.shtml（上网时间：2017年4月9日）

· 213 ·

镜、微光学和微器组件等。2016年12月，TDK以13.3亿美元收购了美国传感器厂商InvenSense公司，①该公司是全球前20大微电子机械系统企业中唯一一家以微电子器件为主业的企业，主要制品是运动感测追踪组件。又如，对太空卫星应用产业链相关企业的跨国并购，2012年，日本软银集团以201亿美元收购美国第三大移动运营商Sprint70%的股份，标志着日本企业正式进入美国移动通信市场。② 2016年，日本软银集团以240亿英镑（320亿美元）的价格收购了全球领先的半导体知识产权提供商、英国的ARM公司，进军物联网，占据世界更大的物联网市场份额③。除了并购之外，日本企业还通过投资融资等方式，积极参与国际太空产业链相关企业的制造和运营。如2015年6月和2016年12月，日本软银集团帮助OneWeb公司完成"建设期卫星网络星座"的B轮和C轮融资计划，先后为美国OneWeb公司投资5亿美元和12亿美元④。OneWeb公司计划用25—30亿美元的总成本，在2020年完成900颗小卫星，建立覆盖全球无死角的全球性移动互联网。⑤

---

① 搜狐，《TDK收购InvenSense进榜，2016半导体十大并购盘点》，2016年12月10日，http://mt.sohu.com/20161210/n475489514.shtml（上网时间：2017年4月9日）

② 搜狐，《日本软银收购美第三大移动运营商》，2012年10月16日，http://business.sohu.com/20121016/n354922468.shtml（上网时间：2017年4月9日）

③ 投资界，《重磅！软银正式宣布斥资240亿英镑收购ARM，高调进军物联网》，2016年9月6日，http://pe.pedaily.cn/201609/20160906402808.shtml（上网时间：2017年4月9日）

④ 国防科技信息网，《软银集团向OneWeb公司投资12亿美元》，2016年12月20日，http://www.dsti.net/Information/News/102731（上网时间：2017年4月9日）

⑤ 国防科技信息网，《软银集团向OneWeb公司投资12亿美元》，2016年12月20日，http://www.dsti.net/Information/News/102731（上网时间：2017年4月9日）

三、拓展新太空产业的出口市场

出口贸易是促进经济增长的重要途径。日本要通过新太空产业促进经济增长,最直接也是最核心的手段就是出口,拓展新太空产业的海外市场。与美国、欧洲、俄罗斯等老牌太空国家相比,日本太空系统的出口还处于起步阶段。虽然日本是出口立国的国家,有着丰富的出口战略经验,但日本太空产业长期依赖官需,在太空系统出口方面缺乏成熟的市场,没有形成自己的市场体系,对目标市场也没有形成明确的供求关系链,缺乏实际操作机制和经验。所以,日本要推进太空系统出口,首先要形成自己的出口战略规划,建立一个长期的可持续的体制框架;其次,要找到目标市场,并建立市场体系架构;再次,要在政府主导下,推进官民合作。

一是建立太空系统海外拓展的举政府体制。一个成熟海外市场的形成,需要长期的市场培育和市场推广。日本重视直接海外市场销售,突出强调"强化和扩大太空机器及利用产业的首要目标是开拓海外市场"[1]"日本太空用零部件的技术开发要扩大全球规模"。[2] 同时,日本也立足市场的长远发展和可持续发展,着力推进对潜在市场的培育和推广,通过社会实证、使用包括ODA在内的公共资金、人才培养和支持海外国家设立太空机构等手段,开发、培养并拓展太空系统的海外潜在市场。为此,日本非常注

---

[1] 首相官邸,『日本再興戦略2016—第4次産業革命に向けて—』,平成28年6月2日,http://www.kantei.go.jp/jp/singi/keizaisaisei/pdf/2016_zentaihombun.pdf(上网时间:2017年1月19日)

[2] 経済産業省,『宇宙用部品・コンポーネントに関する総合的な技術戦略概要』,平成28年3月31日,http://www.meti.go.jp/policy/mono_info_service/mono/space_industry/pdf/buhinsenryaku.pdf(上网时间:2017年1月31日)

重协调与整合太空系统海外拓展与其他国家政策的关系，形成了以太空系统海外拓展战略为核心、其他国家政策分工协作的举政府体系。具体关系详见图 3.5。[①]

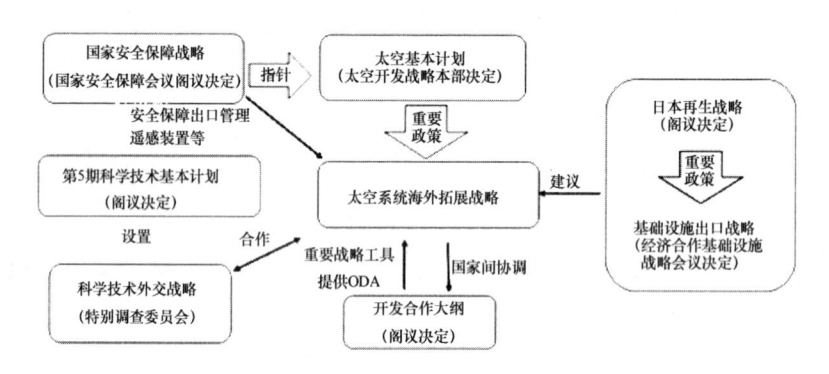

图 3.5　日本基本政策与太空系统海外拓展战略的合作关系图
资料来源：根据内阁府公开资料整理。

二是规划市场体系。市场体系是各类市场组成的有机整体，培养和发展有序的市场体系，是建立并实现市场经济的必要条件。日本要形成长期、可持续的新太空产业市场经济，必须建立自己的太空产业市场体系架构。而且由于日本在产业市场上是初级起点，所以，必须将寻求目标市场和建立市场体系架构同步推进。

日本首先建立了太空系统海外拓展的战略指挥中心——"太空系统海外推进特别调查委员会"。该委员会由政府及民间与太空有关系者组成，目的是对日本持有优势的太空系统的海外拓展进行系统的战略设计和政策推动，官民一体开拓太空市场。该委员会由日本内阁府太空政策担当大臣主持，由两个会议和三个工

---

① 内阁府，『宇宙システム海外展開タスクフォース：内閣府平成 27 年度委託調査の概要等』，平成 28 年 4 月 14 日，http：//www. 8. cao. go. jp/space/comittee/27-kiban/kiban-dai16/siryou1. pdf（上网时间：2016 年 11 月 8 日）

· 216 ·

作小组组成。一个会议是高级会议，一年召开 1 至 2 次，在太空政策担当大臣主持下，相关府省大臣、相关机关长、业界代表和有识之士参加，重点职责是确定国家、地区、跨部门的政策方向和方针。另一个会议是推进会议，没有固定会期，根据需要随时召开，由内阁府太空战略室长担任主席，相关府省课室长、相关机构代表、业界代表和有识者参加，重点职责是与在外的大使馆和政府机关在驻地的事务所等合作，推进对国别和地区的情势分析；官民合作，共同实施调查和研究、技术合作、财政合作、人才交流等相关政策；与相关府省和部会合作，从与安全政策和开发合作政策保持一致的角度提出建议。三个工作小组分别是跨部门课题小组、国别和区域小组、个案小组。到目前为止，该委员会一共在 10 个国家或地区设置了作业部会（东盟地区、泰国、卡塔尔、阿拉伯联合酋长国、土耳其、巴西、墨西哥、缅甸、马来西亚、澳大利亚），设置了两个跨领域课题作业部会（利用太空技术解决全球问题、培养人才）。[1]

其次，根据该委员会的国别和地区调查报告和政策建议，政府规划目标市场体系。目前，日本政府已经初步设计并开始实施三个层次的太空基础设施海外拓展。（1）基于日本优势的基础设施海外拓展。针对卫星和通信卫星持有国，重点是保持成熟的开发技术和独自手段，提升业务绩效，特别是通信卫星和火箭的业务绩效。对谋求建立一种先进的地理空间情报社会的东南亚国家，重点是在加强现有全球导航卫星的同时，使用准天顶卫星系统提供更舒适的地理空间情报服务；对希望培养太空人才的新兴国家；重点是由日本的世界级优秀大学和教育机构培育人力资

---

[1] 内阁府，『宇宙システム海外展開タスクフォースについて』，平成 28 年 4 月 26 日，http：//www.8.cao.go.jp/space/comittee/dai48/siryou2.pdf（上网时间：2017 年 3 月 11 日）

源；对希望获得卫星持有能力的新兴国家，重点是培养可能与美国企业对抗的超小型卫星服务企业；对要求从国家和民间层面进行合作的新兴国，重点是在海外拓展太空系统业务时，不断增强官民合作。(2) 按照区域划分的地区基础设施拓展。基础设施出口的重点地区是需求旺盛但太空预算比较低的东南亚地区，重点是着眼于建构未来人脉和培养利用领域的人才，强化准天顶卫星系统和气象卫星"向日葵"的服务，形成平台。对日本能源政策的重要区域比如阿拉伯诸国，重点是培养太空开发领域等的人才，开展超小型卫星的具体商业活动。对其他地区的重点国家，包括对日友好国家，如土耳其、巴西等地区，重点是以基础设施作为枢纽开展服务。(3) 跨部门合作的基础设施海外拓展。重点是利用日本已有的人才、能力建设辐射海外，和新兴国家一起共同开发超小型卫星，共同利用地球观测数据，利用卫星解决世界上的诸如环境、灾害等的全球课题。

　　三是官民一体推进海外拓展。日本官民一体的核心内容有两项：一项是官民合作。官民达成共识，形成共同目标，高效且有效地合作。另一项是官民责任分担。政府主导太空开发，构建太空产业结构与目标，构建太空产业与其他产业的关系，构建举政府体制下对太空产业出口的支援体系。民间企业逐步进入并主导太空产业相关的商业活动。日本官民一体，重点是从外交、金融、技术标准、商业等方面，推进太空海外拓展。主要做法有以下四种。(1) 商业和外交结合，官民组团进行海外推销。主要是由经济产业省作为主办单位，日本外交部驻各国大使馆配合，与日本航空航天工业会合作，每年度都组织太空海外贸易会议，以获取海外市场为目标，访问不同地区和国家，与合作伙伴国家的政府机关、企业等交换意见，尝试着构建太空领域的合作框架，尤其是"企业对企业"的合作关系。到目前为止，日本太空官民组团已经先后访问了非洲、南美、亚洲、欧洲、中东、法国等地

第三章 太空开发与日本的产业经济发展

区和国家，参加了"巴黎航空航天展览"、国际小卫星会议等多个大型国际活动，并借机设置展台，进行国际展示和宣传。这样的组团海外推销，有助于日本太空产业扩大国际知名度，建立并加深国际合作关系。土耳其运输海事通信部航空太空技术局长Kanligoz在2014年会见日本来访团体时就表示，"让我们继续这样的对话。不仅仅土耳其要向日本购买产品，日本和土耳其还要共同开发产品，再把产品卖给第三国"。① （2）纯商业运营方式，官民合作网上销售。2016年10月，经济产业省在其官网上专门开辟了"小卫星和超小卫星零部件和组件资讯网站"，目的是向世界上所有想获得小卫星产品和服务的潜在客户（包括国家、机构和个人）推荐日本的产品和服务，并承诺"为所有太空用户提供一站式解决方案"，所有销售将遵守"隐私政策"。② 销售类别包括：小卫星、立方体卫星、姿态轨道控制系统/推进装置、电源、星载计算机、结构、执行器（Actuators）和传感器（Sensors）、通讯、热控制、卫星工具包、地面站、测试、发射服务、材料等。（3）金融方式。重点是利用金融工具，利用政府开发援助和日本国际合作银行（JBIC）、国际合作机构（JICA）等银行贷款，官民一体促销日本星箭产品的系列化出口。日本从2011年开始进行星箭产品出口，先后将DS2000大型地球同步轨道卫星平台和H2A火箭、ASNARO小型遥感卫星平台推向国际市场，进行公开竞标。ASNARO小型遥感卫星平台竞标的目标是太空新兴国家，但是，对个别有特殊战略意义的国家，在内阁批准后可以使用政府开发援助予以援助。2013年11月2日，日本国际合作机构与越南政府签订贷款协议，为其两颗雷达图像卫星提供政府

---

① 日本航空宇宙工業会，『平成26年度 海外貿易会議（宇宙）報告』，工業会活動，平成26年11月，第731号，第16頁．
② 経済産業省，『小型・超小型衛星用部品・コンポーネント情報発信サイト』，https://makesat.com/（上网时间：2017年1月9日）

开发援助。这两颗卫星是基于 ASNARO 小型遥感卫星平台制造的,是日本首次对外出口遥感卫星系统。日本通过政府开发援助为越南提供 464 亿日元的援助[①]用于制造卫星、建造一个地面站和培养越南工程师和地面控制人员。2016 年 3 月 31 日,国际合作银行给 SKY Perfect JSAT 公司的美国子公司 JSAT 国际公司贷款 6375 万美元,加上东京三菱银行 UFJ 有限公司、三井住友银行和瑞穗银行给 JSAT 国际公司的贷款,一共贷款 2.55 亿美元,用于资助 JSAT 国际公司的亚太卫星通讯项目"地平线 3e",支持 SKY Perfect JSAT 公司在海外进行业务拓展,维持和增强国际竞争力。[②]

(4) 技术标准方式。政府推进日本太空用零部件和组件的国际认证工作,改善出口环境。JAXA 和经济产业省事务局一起,设立了"零部件认定制度调整工作组",从产学官不同层面进行检讨,准备设立日本自己的、被世界所承认的零部件认定标准及制度。从 2015 年 12 月开始,JAXA 和 NASA 开始就双方相互承认太空用零部件标准进行谈判。其目的就是让 JAXA 的太空零部件及组件认定制度,包括零部件的各种标准,得到国外有关机构和国外人造卫星制造商的认可,可以让日本的太空零部件和组件广泛用于国产人造卫星,省略掉试验实证的环节,增强日本人造卫星和太空用零部件、组件的国际竞争力。

[①] SPACENEWS, "Japan, Vietnam sign deal for two radar imaging satellites", November 4, 2011, http://spacenews.com/japan-vietnam-sign-deal-two-radar-imaging-satellites/ (上网时间: 2017 年 1 月 11 日)

[②] Japan Bank for International Cooperation, "Loan for satellite communications project participated in by Japanese company", March 31, 2016, https://www.jbic.go.jp/en/information/press/press-2015/0331-47582 (上网时间: 2017 年 1 月 11 日)

第四章

太空开发与日本的安全保障

在新太空时代,国家在太空的优势地位可以转化为军事优势。日本把太空战略作为国家安全保障战略的重要组成部分,把开发利用太空作为维护国家安全、推进日本军事转型、强化日美同盟的有效手段。日本改变过去和平开发利用太空的原则,转向太空军事开发利用,加速太空军事力量建设,积极推进太空安全保障的军民融合,突出太空控制,抢占太空军事战略制高点,使其太空军事开发利用进入新的阶段。

第一节 安全保障战略调整背景下的太空政策变化

一个国家倾向于什么样的战略,取决于它选择的目标及其为目标奋斗的意愿有多大。[1] 20世纪50年代以来,日本对太空安全的认识不断演变,太空安全政策也不断嬗变,从和平开发转向军事开发利用。影响日本太空安全认识及其政策变化的因素有很多,其中重要因素之一是日本安全保障战略的调整变化。日本安全保障战略对国家利益及威胁的界定和判断,影响着日本对太空

---

[1] Robert Jervis: *Perception and Misperception in International Politics*,, Princeton University Press, 1976, pp. 48-49.

安全的理解、对国家所处的国际太空安全环境和威胁的评估和判断。

一、"和平利用太空"政策的坚持

二战后，日本接受了美国制定的以放弃武装力量、放弃战争为核心的和平宪法，选择依靠美国力量保障国家安全。日本遵循和平宪法，强调只维持行使自卫权的最小限度的军事力量，承诺不使用武力、不实施集体自卫行动。与安全保障战略相适应，日本在太空领域采取了自我限制的方式，于1969年在国会通过并开始实施"太空开发仅限于和平利用"原则，明确规定日本只致力于太空科学技术的研究开发，放弃太空军事开发利用，不发展太空军事技术、太空军事系统和太空军事力量，严格限制把从美国获取的太空技术用于军事目的，不允许防卫厅和自卫队提供太空研究经费、拥有太空技术、运用太空技术。[①]

在这个时期，日本虽然积极从美国引入太空技术，但对美国提出的、可能使日本卷入太空争端的太空合作要求，基本采取了消极态度。最典型的案例就是20世纪60年代初的中国核武器与导弹事件。从50年代中后期，美国就一直密切关注中国研制核武器的进程。60年代初，美国通过卫星和航拍图片发现了中国五个导弹中心，[②]美国认为中国已经具备独立研制核武器的能力，且正在向武器化方向发展。从1962年至1966年，美国一再示意日本，希望美日合作共同遏制中国，并愿为此向日本提供包括火箭运载技术在内的太空技术。但日本迟迟不予以回应，坚持继续自主研制固

[①] [日]铃木一人：『宇宙開発と国際政治』，東京：岩波書店2011年版，第182—183頁。

[②] 1962年美国通过卫星图片和航拍图片确认中国拥有五个导弹中心，分别是：双城子、莲山（山海关以南）、兰州、大边、西安。

体火箭。另外，日本政府在多种外交场合公开表态，认为不应该夸大中国威胁。1962年10月，外务大臣大平正芳在与意大利外长会谈时指出，中国即使能够进行核试验，距离获得核武器运载手段还需要相当长的时间。1962年11月，首相池田勇人访问英国时强调，中国没有苏联的援助，即使能够进行一两次核试验，也达不到法国的水平，没有必要担心中国的核武装。同年11月，日本防卫厅长官志健次郎在与美国国防部长会谈时也直言，日本认为中国的核武装对日本的防卫计划没有太大的影响。① 即使是在1964年中国成功爆炸第一颗原子弹后，日本政府给科学技术厅下达的指令也只是，"日本应当显示其在和平利用原子能方面的科学技术水平，务必在3年内发射日本独立研制的人造卫星。"② 1966年9月、1966年12月、1967年4月，日本连续三次运载火箭飞行试验失败，才开始正面回应美国，同意在太空技术领域进行合作。

二、强调"自主防卫"与情报搜集卫星的引进

日本经济大国地位的确立，为日本寻求成为世界大国提供了时机。日本开始主张"自主防卫论"，③ 调整安全保障战略，推动

---

① 日本外务省外交史料馆，『米国要人本邦訪問関係雑件』第4卷，（Ⅱ）（ギルパトリック国防次官），第18回公开，平成15年12月24日，A'—0429。

② 日本外务省外交史料馆，国連局科学課長，『わが国人工衛星の打上げに関する米国の協力について』，昭和39年11月26日，I'—0128。另可见于：崔丕著：《冷战时期美日关系史研究》，北京：中央编译出版社，2013年版，第364页。

③ "自主防卫论"，最早是于1970年由防卫厅长官中曾根康弘提出的，强调加强日本自卫防卫力量建设、扩军抗苏，提议用"自主防卫五原则"代替"国防基本方针"。但是由于中美和解与国际形势趋缓，"自主防卫论"在70年代没有得到施行。80年代，由于美苏冷战加剧，美国对日本的需求增加，日本借机重新推行"自主防卫论"，在1976年《防卫计划大纲》和1978年《日美防卫合作指针》中都明确提出"以苏为敌"，确保海外交通安全。

增强自身防卫力量。与之相适应，日本自卫队开始重视并要求开发使用卫星资产，先是从海外购买卫星图像、间接地将太空用于为军事服务，之后又转向发展日本独立的情报搜集卫星系统、直接将卫星资产用于为国家安全服务，逐步事实突破"太空开发仅限于和平利用"原则。

20世纪80年代，日本为达到借美强军的目的，大力强化日美安全合作，在强调与美国共同分担远东防卫责任的同时，提出建设"基础防卫力量"的安全保障战略构想，增加防卫费用，发展威慑力量，重点加强海空军建设。1980年，日本首次与美国联合举行双边环太平洋军事演习，首次与美国海军通过卫星系统进行通信和数据交换，从而首次强烈感到了与美国的差距。之后，美国于1981年提出开发军民两用定位卫星系统GPS，1983年提出"星球大战计划"，更是极大地刺激了日本。日本国内开始就卫星通信等军事利用问题进行争论，时任日本防卫厅长官加藤纮一甚至提出，"将卫星用于军事通信应当是正常的事情。"① 最后，日本政府于1985年决定从海外购买卫星图像用作军事情报。日本政府辩称，由于购买的卫星图像与日本卫星无关，所以没有违反日本禁止军事使用太空的规定。日本政府还重新解释"仅限于和平利用"，提出了"一般性原则"，并做出两点解释：（1）当使用太空技术的民生主体"公平且非歧视"地提供服务时，接受服务的防卫厅也处在与一般人相同的地位接受服务，没有违反"仅限于和平利用"。（2）不管是军用还是民用，只要使用的技术已经被大众广泛接受，那么，防

---

① 国会会議録検索システム，『衆議院予算委員会第102回国会第22号』，昭和60年2月5日，http：//kokkai.ndl.go.jp/SENTAKU/syugiin/102/0380/10202050380004.pdf，上网时间：2017年5月1日。

第四章 太空开发与日本的安全保障

卫厅和自卫队使用该技术就没有违反"仅限于和平利用"原则。①但实际上,日本购买来的卫星图像并没有用于和平目的,因此,这一变化意味着日本开始关注太空军事利用,间接地将太空用于为军事服务。

冷战结束后,世界进入新的变革时代,日本也积极参与其中,重新构想国家安全保障战略。1991年海湾战争中,日本提供了130亿美元的资金支持,却没有得到国际社会、当事国科威特和美国的认可。日本据此认为"和平主义已经成了脆弱的保护伞",日本必须进行自我改变和转型。②

同时,日美同盟关系在冷战结束初期出现波动,日本政界和防卫厅的许多人开始质疑美国对盟国提供情报的可能性,认为"美国如果认为日本的措施不能满足美国的政策需求,就不会给日本提供情报信息。情报搜集的自给自足可以让日本有更大的自由。"③ 外务大臣中山太郎也称,"如果美国不给我们情报,我们便一无所知。所以日本必须拥有自己的卫星,这无可厚非。"④ 为此,日本加快了对国家安全保障战略的调整。日本1992年通过了《关于对联合国维持和平行动的合作法案》(简称"PKO合作法案"),允许自卫队走出国门参加联合国维和行动。1995年制订的《防卫计划大纲》、1997年重新修订的《日美防卫合作指针》和1999年通过的《周边事态法》等一系列安全政策文件,都把政策重心指向周边地区,把周边事态作为判断威胁及制定对策的依

---

① [日]武田康裕、神谷万丈主编,刘华译:《日本安全保障学概论》,北京:世界知识出版社,2012年版,第308页。

② [美]理查德·J.塞缪尔斯著,刘铁娃译:《日本大战略与东亚的未来》,上海人民出版社2010年版,第87页。

③ Andrew L. Oros: *Normalizing Japan: politics, identity, and the evolution of security practice*, 2008, Stanford University Press, p. 142.

④ 梁陶著:《日本情报组织揭秘》,北京:时事出版社,2013年版,第436页。

据。为了加强自卫队国际维和、尤其是对周边安全保障的相关应对能力,日本开始寻求进一步改变太空安全政策,开发日本自己的侦察卫星,以加强对周边地区及国家的警戒,为日本自卫队提供情报支持。1991年,内阁情报调查室和防卫厅开始进行关于侦察卫星的绝密级研究。1994年,防卫厅国防政策局完成一份秘密报告《照相侦察卫星大纲》,专门分析了日本研发侦察卫星的可能性。1996年自民党组织外务省、防卫厅和日本电气公司、三菱电子公司等企业,开始公开谋划侦察卫星的开发建设。

朝鲜的弹道导弹试射事件看似是一个威胁,对日本却是一个大大的机遇。之前,日本政府想要推进的侦察卫星项目在国内遭到强烈反对。1997年,当小渊政府准备以政令形式批准开发侦察卫星时,国会甚至决定追究其违法越权的责任。然而,1998年朝鲜进行大浦洞导弹飞行试验,导弹飞越日本上空,而美国没有向日本及时提供预警情报,这一事件严重冲击了日本,"给日本人民的冲击堪比1957年10月苏联发射人造卫星Sputnik给美国人民带来的冲击。对绝大多数日本人民来说,这次发射是他们在二战后第一次真正感受到他们的国家正受到来自外部敌对力量的直接威胁。"[①] 这对期望寻求军事改变、提升军事实力、在世界和地区事务中发挥作用的日本政府来说,是一个说服国民、把国家资金投入太空军事开发利用的完美借口。日本政府借朝鲜导弹问题,立刻提出了侦察卫星计划,国会也迅速批准了计划。

与此同时,日本政府表面上仍继续奉守"仅限于和平利用"和"一般性原则"。虽然引入卫星的分辨率已经接近美国用于侦察的遥感卫星,但日本政府仍刻意进行模糊处理,将其功能设计

[①] Matake Kamiya, "A Disillusioned Japan Confronts North Korea", May 1, 2003, Arms Control Association, https://www.armscontrol.org/print/1271(上网时间:2016年12月11日)

为"危机管理卫星",名称使用"情报搜集卫星"而不是"侦察卫星",也没有将情报搜集卫星项目交给防卫厅,而是交给了内阁府进行管理。日本政府辩称,情报搜集卫星属于多功能卫星,既可用于民用,也可用于军事通讯,只要是主要用于民用,就没有破坏"仅限于和平利用"原则。

三、以军事为目标的太空军事开发利用

进入21世纪后,美国调整对日同盟政策,要求日本在安全领域承担更多责任。日本出于向政治大国、军事大国目标迈进的自身需求,积极回应美国,加速对安全保障战略进行调整。调整的主要内容包括:一是强调为国际安全做贡献;二是强调军事因素在国家安全中的作用,全面提高军备技术水平;三是强调加强日美安全合作,解禁集体自卫权;四是主张以日美同盟为基轴,建立并发展双边或多边安全合作框架。同时,日本不断将军事触角伸向海外,"专守防卫"防守战略逐步向具有进攻性的地区干涉和全球干涉的"以攻带守、攻守兼备"的攻守平衡战略转变。[①]随着安全保障战略的调整,日本自卫队需要扩大太空军事利用,使用卫星资产增强攻防能力。为此,日本开始改变太空战略,积极推进太空的军事开发利用。

日本在调整和实施安全保障战略的过程中,进一步深刻认识到太空的军事价值。日本的海上自卫队和陆上自卫队分别参加了美国领导的2001年阿富汗战争和2003年伊拉克战争。在这两场战争中,由于日本没有远程通信和卫星图像等军事太空技术,自卫队只能依靠商业卫星通信和商业卫星图像服务展开行动。自卫

---

① 刘强:《论日本国家安全战略调整——基于日本战略文化和战略意愿的视角》,载于《国际观察》2009年第5期。

队认为日本和美国之间存在着巨大的军事技术差距，强烈希望政府开发日本自己的太空军事能力。美国通过太空资产和卫星天线传输数据、在实战领域广泛使用"全球鹰"等无人机和机器人技术，朝鲜多次向日本海发射导弹，2006年中国成功实施在轨卫星摧毁试验等事件，也不断改变并加深日本对太空军事价值的战略认识。

　　日本认为，"太空开发仅限于和平利用"的原则严重束缚了其太空军事开发利用。一是情报搜集卫星缺乏负责机构，导致发射频繁失败。21世纪初，日本情报搜集卫星发射频繁失败，原因被归结于项目没有人直接负责：日本自卫队是情报搜集卫星的使用者，但根据1969年国会决议，不能直接介入情报搜集卫星项目；内阁官房虽然被日本政府指定负责情报搜集卫星的情报管理，但对情报搜集卫星的开发和发射不负责任；JAXA虽然负责情报搜集卫星的技术开发工作，但在情报决策圈外，也不负任务责任。二是作为国家安全重点项目的情报搜集卫星难以做到自主开发。由于政府把1969年国会决议中的"太空开发仅限于和平利用"解释为"非军事"，禁止将太空用于防卫，禁止开发军事太空技术和能力。日本政府引入情报搜集卫星项目是用于军事目的，但为了与1969年国会决议保持一致，只能将情报搜集卫星作为多用途民用卫星引入。按照1990年日本和美国签订的《卫星购买协议》，情报搜集卫星既然属于民用卫星，不属于军用卫星和研发卫星，情报搜集卫星的开发研制就需要向国际市场公开招标，卫星的规格和参数要求要向公众公开，不利于保密。三是导弹防御项目的核心技术难以做到自主开发。日本引入导弹防御项目也是为了军事目的。按照1969年国会决议的法律解释，日本防卫省和自卫队是不能开发、发射和运行自己的早期预警和追踪卫星的。预警和追踪卫星获取的情报是启动导弹防御系统的关键，这就意味着日本只能完全依赖美国的预警和追踪情报启动导弹防

第四章　太空开发与日本的安全保障

御系统。

日本政府要解决这些问题，唯一的办法就是修改1969年国会决议的法律解释，给予情报搜集卫星"军用卫星"的身份，给予防卫省和自卫队开发太空军事技术和能力的合法身份，改变"无人负责"的状况。

2008年，日本制定《太空基本法》，同时废除1969年"太空开发仅限于和平利用"的国会决议，重新解释"和平利用"原则，强调"和平利用"原则是"非进攻性"，而不是"非军事化"。由此，日本防卫省和自卫队拥有了以军事为目的、开发利用太空的合法权利。2012年，日本修订JAXA法，明文规定JAXA要与防卫省和自卫队合作，进行太空军事技术的开发，从而使日本太空战略从和平利用太空转向军事开发利用太空。

2012年12月，安倍晋三二度上台执政后，加速推动日本安全保障战略的调整。2013年12月17日，日本通过了二战后首份《国家安全保障战略》与新的《防卫计划大纲》。《国家安全保障战略》是日本安全政策的指导方针，其中明确规定，"从基于国际协调的积极和平主义立场出发，努力实现日本安全和亚太地区的和平与稳定，更进一步为确保国际社会的和平、稳定与繁荣作出贡献"。[1] 其实质就是要冲破战后体制束缚，介入地区及全球安全事务，成为世界大国。《防卫计划大纲》则以《国家安全保障战略》为基础，确立了"联合机动防卫"的军事战略方针和构建"联合机动防卫力量"的战略目标。[2] "联合机动防卫"作为日本

---

[1] 内阁官房，『国家安全保障戦略について』，平成25年12月17日，http://www.cas.go.jp/jp/siryou/131217anzenhoshou/nss-j.pdf（上网时间：2016年12月5日）

[2] 2013年版《防卫计划大纲》规定，"联合机动防卫力量"就是"一支拥有广泛的后方支援基础，以高技术和情报、指挥、通信能力为支撑，在软硬件两方面都具有快速反应性、持续性、坚韧性的联合机动防卫力量"。

新的军事概念和作战模式，打破了传统的陆海空自卫队的界限，转向综合运用陆海空自卫，强调加强自卫队的整体机能，保证日本各军种在单一指挥下，跨越海陆空进行有效的一体作战，形成机动、迅捷、一体化的机动能力，确保形成有效威慑。[①] 日本要实现"联合机动防卫"作战模式的首要前提就是以情报、指挥、通信能力为支撑，就需要继续加大太空军事开发利用，确保太空资产的投入及其使用。

日本明确提出的太空安全观点主要包括以下四点：

第一，太空是全球公域，日本拥有自由进入太空和在太空自由行动的权利。日本认为，太空是全球公域，不受国境概念的限制，任何太空国家都具有在太空不受干涉的自由进入和行动的权利；日本可以利用人造卫星等在轨太空系统，对地球上的任何一个区域进行遥感、通信、定位和访问，可以无限制地强化 C^4ISR 功能；[②] 日本部署在轨太空系统符合国际法，部署的在轨太空系统是日本国家财产，不仅是重要的军事基础设施，也是社会、经济和科学等领域的重要基础设施，对其在轨太空系统的任何干扰或干涉都是对日本主权的侵犯。在 2009 年《太空基本计划》和同年防卫省制定的《太空开发利用的基本指针》中，日本也都明确提出，"将太空用于安全保障的最大优势就在于太空的特性。太空不属于国家领土，不受地势条件的限制，不受设置在地球表面上的传统系统和硬件的限制。"[③] 在 2013 年《太空基本计划》

[①] The National Interest, "America and Japan's 'War' Plan: Defend and Deter", July 10, 2015, http://nationalinterest.org/feature/america-japans-war-plan-defend-deter – 13301（上网时间：2016 年 11 月 21 日）

[②] 所谓 C^4ISR 能力，指的是指挥、控制、通信、计算机、情报、监视、侦察能力。

[③] 防衛省・自衛隊，『宇宙開発利用に関する基本方針について』，平成 21 年 1 月 15 日，http://www.mod.go.jp/j/approach/agenda/meeting/board/uchukaihatsu/pdf/kihonhoushin.pdf（上网时间：2016 年 10 月 21 日）

中，日本指出，"确保日本独立的太空活动能力，是日本太空政策的核心概念。"① 2014 年《太空开发利用的基本方针》则进一步强调，"根据《太空条约》，太空空间不属于国家收购交易的对象，所有国家都有依据国际法进行自由利用的可能。"②

第二，太空是日本的战略边疆，关系到日本的生存与发展。日本认为，日本的战略边疆不仅仅局限于海洋等自然疆域，也包括太空，日本的未来在太空；有必要确保日本在太空技术领域的领先优势，依靠太空技术增强日本的经济、科技和国防实力，把太空优势作为确保国家安全的重要手段。2009 年《太空基本计划》提出，"太空是人类的边疆，有着无限的可能性，比如人类知识产权的积累、人类边疆的拓展、太空能源的新用途。没有先进科技的研发，就不可能对恶劣的太空进行挑战，也不可能实现这些可能性。"③ 在 2013 年《太空基本计划》中，日本继续强调，太空是人类的"最后一个边疆"。④ 2015 年《太空基本计划》明确提出，"太空是安全保障的基础，用于情报搜集、指挥和控制等方面，承担着生死攸关的作用。没有太空系统的利用，就没有现代的安全保障。"⑤ 在 2016 年《第五期科学技术基本计划》中，

---

① 内阁府，『宇宙基本計画』，平成 25 年 1 月 25 日，http：//www. 8. cao. go. jp/space/plan/plan. pdf（上网时间：2016 年 9 月 11 日）

② 防衛省·自衛隊，『宇宙開発利用に関する基本方針について（改訂版）』，平成 26 年 8 月 28 日，http：//www. mod. go. jp/j/approach/agenda/meeting/board/uchukaihatsu/pdf/kihonhoushin_201408. pdf#search = % 27% E5% AE% 87% E5% AE% 99% E9% 96% 8B% E7% 99% BA% E5% 88% A9% E7% 94% A8% E3% 81% AB% E9% 96% A2% E3% 81% 99% E3% 82% 8B% 27（上网时间：2016 年 10 月 21 日）

③ 内阁府，『宇宙基本計画（平成 21 年 6 月 2 日宇宙開発戦略本部決定）』，http：//www. 8. cao. go. jp/space/pdf/keikaku/keikaku_honbun. pdf（上网时间：2016 年 11 月 22 日）

④ 内阁府，『宇宙基本計画』，平成 25 年 1 月 25 日，http：//www. 8. cao. go. jp/space/plan/plan. pdf（上网时间：2016 年 9 月 11 日）

⑤ 内阁府，『宇宙基本計画』，平成 27 年 1 月 9 日，http：//www. 8. cao. go. jp/space/plan/plan2/plan2. pdf（上网时间：2016 年 12 月 25 日）

日本进一步明确，太空是"国家战略的重要边疆"，关系到日本的国家生存与发展，开发太空科学技术就是"开拓国家战略的重要边疆"。①

第三，世界太空局势复杂动荡，日本面临多样化的威胁。日本认为，国际太空形势正在并继续发生巨大变化，由西方垄断的太空力量格局被打破，中国和印度等新兴太空国家发展迅速，太空正向"多极结构"发展，太空国际环境正处于"重大变革期"。② 在这一重大变革期，日本正面临严峻且多样性的威胁和挑战。(1) 越来越多的国家走向太空，卫星在太空越来越拥挤；太空碎片影响着太空资产的安全。(2) 美苏争霸时期达成的"相互不攻击对方太空资产"的共识，③ 在太空力量多极化结构下，不被所有国家接受，太空武器威胁着太空资产的安全。(3) 朝鲜的弹道导弹和核武器开发问题，是日本的现实威胁。(4) 中国的崛起、国际地位的提高、综合国力的增强，是日本最大的安全威胁。

2004年版《防卫计划大纲》指出，日本同时面对传统威胁和新型威胁，强调朝鲜军事动向是"严重不稳定因素"，中国的军事动向"也有必要在未来加以关注"。④ 2010年版《防卫计划大纲》中，朝鲜被日本看作是"紧迫的威胁"，中国被认为是"潜在的主要威胁源"。2014年版《防卫白皮书》开始大肆渲染"中国威胁论"，视中国为"亚太地区的不稳定因素"，对朝鲜的威胁

---

① 内閣府，『科学技術基本計画』，平成28年1月22日，http://www.8.cao.go.jp/cstp/kihonkeikaku/5honbun.pdf（上网时间：2016年12月25日）

② 内閣府，『宇宙基本計画』，平成27年1月9日，http://www.8.cao.go.jp/space/plan/plan2/plan2.pdf（上网时间：2016年12月25日）

③ 内閣府，『宇宙基本計画』，平成27年1月9日，http://www.8.cao.go.jp/space/plan/plan2/plan2.pdf（上网时间：2016年12月25日）

④ 防卫省，『平成17年防卫计划大纲』，http://www.mod.go.jp/j/approach/agenda/guideline/2005/taikou.html（上网时间：2016年10月25日）

认知则从本地区安全保障最紧要、最大的不安定因素上升为"对日本安全重大的、紧迫的威胁。"①

第四，各国都在酝酿调整太空安全战略，世界太空竞争态势日趋激烈，日本需要未雨绸缪，把太空安全上升到国家战略层面进行整体考虑，把太空安全作为日本太空战略的首要目标，积极调整并布局未来太空发展战略。

依据以上对太空安全的认识，日本进一步确定了其太空安全政策的目标及其实现太空安全的手段。

第一，日本的太空安全目标包括防御、控制、塑造三级目标。日本在2015年《太空基本计划》中确定的太空安全保障有三大目标：一是确保安全稳定利用太空，二是通过太空利用强化日本的安全保障能力，三是通过太空合作强化日美同盟等。② 这三大目标涵盖了日本在科技、经济、安全、权力、地位与荣誉等方面的综合追求。日本最终的着眼点是立足国家、地区和全球三个层面，力求实现防御、控制和塑造三个层级的目标。

（1）防御是日本太空安全的基础目标。日本太空防御的重点有两个：一是对日本部署的在轨太空系统的防御。这些系统被日本界定为与国家经济、社会、科学、军事等密切相关的"重要社会基础设施"，这些系统的在轨正常运转是日本国家生存的必须。所以，日本把这些系统视为日本在太空的领土主权，视为日本在太空的"国家领土"。日本的太空安全，最根本的就是使这些重要基础设施处于在轨正常运转状态。二是对日本国家安全的防御。2009年《太空基本计划》提出，日本在轨太空系统要用于外

---

① 防卫省，『平成26年防卫白皮书』，http：//www.mod.go.jp/j/publication/wp/wp2014/pc/2014/html/n1020000.html（上网时间：2017年1月5日）

② 内閣府，『我が国の宇宙安全保障をめぐる動向』，平成27年4月，http：//www.8.cao.go.jp/space/comittee/27-anpo/anpo-dai2/siryou2 - 1.pdf（上网时间：2017年1月16日）

交、国家防御和发生灾害时的危机控制管理、支持国家安全的情报搜集,重点是强化日本周边海域和空域的情报和侦察。① 2013 年《太空基本计划》进一步细化,规定:"为了日本的国家安全,太空利用是一个积极的方式,对于加强对情报的解释、情报共享、指挥和控制方式,尤其重要。"②

(2) 控制是日本太空安全的二级目标。日本太空控制的重点有两个:一是控制并实现日本在太空的自由进入和行动,并把对太空的控制与对海洋、网络空间的控制联系起来,拓展至对全球公域的整体控制,把控制解读为日本对国际社会的贡献。在 2015 年《太空基本计划》中,日本明确提出,"妨碍海洋、太空、网络空间的自由活动以及灵活应用的风险不断扩散且日益严重。现已不是任何国家仅依靠一国之力就能守卫和平的时代,国际社会也在期待我国能以与我国国力相符的形式发挥更为积极的作用"。③ 二是通过控制太空,进而利用日本在轨太空系统,通过情报搜集等方式,连续和完整地记录和搜集日本国土情报信息、控制地区和全球的整体安全态势。日本 2009 年《太空基本计划》中强调,要利用太空不属于任何国家、不受任何条件限制的特性,在强化对日本周边海域和空域的预警和监视的同时,进行新的太空开发利用,强化对国际形势尤其是东北亚局势的预警和监视。④

---

① 内閣府,『宇宙基本計画(平成 21 年 6 月 2 日宇宙開発戦略本部決定)』,http://www.8.cao.go.jp/space/pdf/keikaku/keikaku_honbun.pdf(上网时间:2016 年 11 月 22 日)

② 内閣府,『宇宙基本計画』,平成 25 年 1 月 25 日,http://www.8.cao.go.jp/space/plan/plan.pdf(上网时间:2016 年 9 月 11 日)

③ 内閣府,『国の存立を全うし、国民を守るための切れ目のない安全保障法制の整備について』,平成 26 年 7 月 1 日,http://www.cas.go.jp/jp/gaiyou/jimu/pdf/anpohosei.pdf(上网时间:2016 年 11 月 29 日)

④ 内閣府,『宇宙基本計画(平成 21 年 6 月 2 日宇宙開発戦略本部決定)』,http://www.8.cao.go.jp/space/pdf/keikaku/keikaku_honbun.pdf(上网时间:2016 年 11 月 22 日)

第四章　太空开发与日本的安全保障

（3）塑造是日本太空安全的最高目标。所谓塑造，就是把日本在太空的实力和权力投射到地区和世界，用以塑造地区和世界的太空安全秩序和规则。日本设定的太空安全范围，逐渐脱离维护本土安全、专守防卫的宗旨，将对日本造成威胁的范围，从日本本土扩大到周边地区和国际范围。在太空领域，把日本国家安全与国际安全问题结合在一起，强调维护世界和平与人类安全，致力于解决全球太空安全问题，除了传统安全领域的问题外，还重点强调要通过太空开发利用，致力于解决包括灾害监控和应对、全球环境问题监控和应对、监控世界遗产遗址、太空科学以及人类安全等在内的非传统安全问题。安倍政府更是提出了"积极和平主义"，把基于国际协调的"积极和平主义"作为国家太空安全的基本理论，[1] 把日本的国家和平主义跨越到世界和平主义，强调加强国际合作，要求增加安全领域的国际贡献能力。

第二，日本要依靠综合手段来实现太空安全保障目标。日本认为，太空安全问题是全球性的问题，解决太空安全问题的方法也应该是全球性的，才会有效。[2] 这就决定了日本实现太空安全的手段必然要超越日本国境，突破传统安全范围，采用综合手段予以实现。日本提出的实现日本太空安全目标的手段主要有以下四个。

一是维护和加强与安全保障相关的太空技术和产业。日本认为，长期以来，日本一直致力于促进太空领域的科学技术振兴，加强与太空有关的人力基础和技术基础，为创造人类知识资产和解决全球性问题做出巨大贡献。但是，日本长期以来一直没有能积极开展太空安全利用的环境，尚未充分进行与安全保障有关的技术研究

---

[1] 内閣府，『国の存立を全うし、国民を守るための切れ目のない安全保障法制の整備について』，平成26年7月1日，http://www.cas.go.jp/jp/gaiyou/jimu/pdf/anpohosei.pdf（上网时间：2016年11月29日）

[2] 内閣府，『宇宙基本計画』，平成27年1月9日，http://www.8.cao.go.jp/space/plan/plan2/plan2.pdf（上网时间：2016年12月25日）

开发，还缺乏将太空研究开发的成果用于太空产业振兴及提高相关产业效率的努力，还没有形成利用需求和技术系统的有机循环。因此，日本在促进太空开发利用的同时，要维持和发展与安全保障相关的技术和产业，从中长期角度，有助于保持国家安全保障。

二是依靠传统安全手段，重点是加强日本太空军事能力建设。日本认为，冷战时期的美苏太空争霸给太空赋予了军事意义。现在，世界不仅继续太空军事化，而且正在加速太空武器化。建立太空军事能力是保证日本进入和利用太空的关键。如果日本具备了太空军事能力，一旦日本太空资产遭到攻击，就可以运用相关武器对敌对国进行报复，不仅可以保护自己的太空资产，也可以维护国际太空安全，还可以在同盟框架中取得与美国平等的地位。在日本看来，要建设其太空军事能力，应优先发展的太空军事项目包括：发展日本独立自主的太空监视能力系统、导航定位卫星系统、情报搜集卫星系统、军事通信卫星系统；发展太空军事"快速响应"能力，重点是开发快速响应发射器；拥有武装日本的关键太空军事技术，减少对美国的依赖，使日本能与美国进行平等对话。2015 年《太空基本计划》明确提出："通过建立定位、通信、情报搜集等太空系统，使之能比以往任何时候更直接地用于日本的外交安全政策和自卫队，增强日本的安全能力。"[1] 日本的想法其实就是，只有日本有了太空军事能力，日本就可以在和平与战争之间进行选择，正如沃尔特·李斯曼所说，"当国家不需要为避免战争而牺牲自己的合法利益，且国家有能力在必要时以战争保卫这些利益，那么国家就处于安全状态。"[2]

三是利用非传统安全手段。日本在 2009 年《太空基本计划》

---

[1] 内閣府，『宇宙基本計画』，平成 27 年 1 月 9 日，http://www.8.cao.go.jp/space/plan/plan2/plan2.pdf（上网时间：2016 年 12 月 25 日）

[2] Walter Lippmann：*US. Foreign Policy：Shield of the Republic*，Little Brown & Company，1943，p. 15.

第四章　太空开发与日本的安全保障

中提出,"日本在国际社会中这些所有的先前经验和贡献,包括灾难监控和太空科学,都是强化日本国际平衡和国际存在的外交资本,也是日本软实力的一个资源。对日本来说,把这一实力用做外交工具,维护日本在国际社会中的权利要求,至关重要。对此,日本已经把'人类安全'设定为日本外交政策的支柱之一,并正在积极推动这一政策的实施。"① 2015 年《太空基本计划》则规定:"随着全球化的发展,能源问题、气候变化问题、环境问题、粮食问题、大规模自然灾害等全球性问题也越来越表面化,一个国家很难应对,成为国际社会和平稳定的重要威胁。太空在解决全球性问题中的作用增大。日本也有必要将太空开发利用能力作为外交战略的一个重要工具,与国际社会合作,用日本具有优势的太空技术为解决全球性问题做贡献,加强我们的外交实力。"②

四是建立以日美同盟为核心的太空集体安全,为国际社会提供太空安全,保证太空和平利用。日本认为,日美太空合作的新时代已经到来。因为,要维持亚太地区的和平与稳定,美国的威慑力量不可或缺。美国全球定位系统(GPS)为首的太空系统,在显示美国威慑力上发挥着极其重要的作用。要保护日本的自卫队活动,不仅要依靠日本自己的太空系统和商业卫星服务,也大大依赖于以 GPS 为主的美国太空系统。③

日本调整其太空安全观念与政策的用意很明显,主要有三点。一是担心国际太空资产安全。因为自 2010 年以来,国际太空

---

①　内閣府,『宇宙基本計画(平成 21 年 6 月 2 日宇宙開発戦略本部決定)』,http://www.8.cao.go.jp/space/pdf/keikaku/keikaku_honbun.pdf(上网时间:2016 年 11 月 22 日)

②　内閣府,『宇宙基本計画』,平成 27 年 1 月 9 日,http://www.8.cao.go.jp/space/plan/plan2/plan2.pdf(上网时间:2016 年 12 月 25 日)

③　内閣府,『宇宙基本計画』,平成 27 年 1 月 9 日,http://www.8.cao.go.jp/space/plan/plan2/plan2.pdf(上网时间:2016 年 12 月 25 日)

安全形势不容乐观，进入所谓的"3C"时代，即："拥挤"（congested）、"竞争"（competitive）、"对抗"（contested）。[1] 各太空国家积极抢占有利于本国的太空轨道，尤其是位于赤道上空的地球静止轨道。各太空国家积极开发太空军事技术和设备，太空武器化态势愈加明显，太空军事系统越来越多。随着日本太空开发利用的深入推进，对太空越来越高度依赖，也就越来越担心其太空系统被破坏和摧毁。二是担心来自中国的竞争。中国不仅太空技术、太空产业和太空经济迅猛发展，在太空军事方面也快速推进并实现军事现代化，给自认为是亚洲头号经济与技术强国的日本造成了巨大的地缘竞争压力。实力与地缘政治权力是日本重新回到国际政治舞台中央的基础，中国的崛起威胁到了日本这一愿望的实现，也让日本意识到了在太空开发利用方面的差距，担心这种差距越来越大。自民党政策研究委员会安全研究会主席今津宽在 2014 年接受"太空新闻"网站采访时直言："日本所有太空努力都是因为中国。看看中国在陆海空的常规力量，日美同盟只有进行更大的投资，才能够威慑中国。不幸的是，我们不得不面对来自网络和太空领域的威胁，我们必须能够进行保护和威慑。太空对防卫来说非常重要，我们必须制定一个 10 年目标，积极推进，并取得足够的经费。此外，我们关注的还有中国国家安全概念、各种反卫星武器项目和长征-6、长征-7 高超音速导弹。中国的这些武器让我们当前的弹道导弹防御系统过时了。"[2] 日本必然

---

[1] U. S. Department of Defense, "National Security Space Strategy", January 2011, http：//www. defense. gov/home/features/2011/0711 _ nsss/docs/NationalSecuritySpaceStrategyUnclassifiedSummary） Jan2011. pdf（上网时间：2016 年 10 月 29 日）

[2] Spacenews, "Hiroshi Imazu, former Chairman, Space Policy Committee, Liberal Democratic Party of Japan", October 27, 2014, http：//spacenews. com/42331profile-hiroshi-imazu-former-chairman-space-policy-committee-liberal/（上网时间：2016 年 10 月 26 日）

把中国视为头号太空对手。2000 年，内阁官房组织的有关日本国家安全威胁的民意调查中，没有将中国认为是日本的安全威胁，只设了半岛、裁军和大规模杀伤性武器、美俄关系、美中关系、中俄关系等选项。2012 年，内阁官房同一项有关日本国家安全威胁的民意调查中，增加了"担心中国现代化及其海洋活动"的选项。2013 年，日本非政府组织的民意调查中，已经把"中国军事威胁"列入重点选项。[①] 三是美国因素。美国可以算是当今世界对太空依赖度最高的国家，时刻担心其太空系统被破坏和摧毁。美国尤其是担心来自中国和俄罗斯的太空实力增加。虽然美国判断中国还不具备实现大国地位的综合实力，但是美国认为，中国的战略意图与方向已经非常明显，美国前任副国务卿理查德·阿米蒂奇甚至认为，中国在地区已经掌握了真正的军事行动选择权。[②] 美国需要借助日本平衡中国。这是日本重新定位它的大战略的有利契机。正如美国空中自卫队的将军丸茂吉成所说，美国正在用"市场化"的方式对待自己的盟友，盟国可以通过为共同安全做出贡献来换取应有的地位。[③] 日本只要努力增加对同盟的贡献，就可以有足够地支持，实现更大的自主性和力量，减少对美国的依赖，实现更高的威望。但日本对同盟贡献越大，越会让日本人担心被卷入战争。要消除日本人的担心，最容易下手的地

[①] 以上调查的相关情况，可参见：The Tokyo Foundation, "Japan's Security Strategy toward the Rise of China-form a Friendship Paradigm to a Mix of Engagement and Hedging", April 6, 2015, http://www.tokyofoundation.org/en/articles/2015/security-strategy-toward-rise-of-china（上网时间：2016 年 10 月 27 日）

[②] [美] 理查德·J. 塞缪尔斯著，刘铁娃译：《日本大战略与东亚的未来》，上海：上海人民出版社 2010 年版，第 187 页。

[③] [美] 理查德·J. 塞缪尔斯著，刘铁娃译：《日本大战略与东亚的未来》，上海：上海人民出版社 2010 年版，第 105 页。

方就是那些在意识形态最不违逆、地理上又最遥远的政策议题。[1]作为全球公域、具有军民两用特性的太空,自然就成为日本政府的不二选择。

第二节 构建多层次的太空综合安全保障体系

为了成为地区和世界的领导国家,日本将本国的太空安全战略与同盟战略、地区安全战略、构建未来国际太空秩序联系起来,以日美同盟为核心,积极构建多层次的太空综合安全保障体系,通过新形势下的日美同盟转变来推行其地区性、全球性的太空战略,逐步建立并形成从本土到周边再到全球的太空安全战略布局。

一、构建多层次太空综合安全保障体系的战略构想

日本想要建立的多层次太空综合安全保障体系一共分三层。第一层是以日美同盟为基础,强化日美同盟"1+1"和日美与其他合作国家的"2+1"关系。第二层是以综合性、水平性地区制度为基础,加强地区太空安全保障对话机制和能力建设,推动构建地区太空安全合作框架。第三层是以联合国等国际组织为基础,全面参与全球太空治理规则的制定。

日本想要建立多层次太空综合安全保障体系的战略构想在日本国家领导人讲话、太空战略、国家外交政策中都得到充分体现。安倍在2013年访美并在战略与国际研究中心(CSIS)做演讲时,清楚阐述了这一战略构想。他谈到,"在我心中不变的,

---

[1] [美]理查德·J.塞缪尔斯著,刘铁娃译:《日本大战略与东亚的未来》,上海:上海人民出版社,2010年版,第122页。

第四章　太空开发与日本的安全保障

是以下三个课题。第一，亚洲太平洋地区、印度太平洋地区都日益富饶，置身其中的日本不可不站稳领导者的地位，参与规则的制定。第二，日本将来也必须继续成为海洋公共资源、全球公域的守护者，因为日本是个有这样目标的国家。第三，以美国为首，日本和其他志同道合的民主国家，如韩国、澳大利亚等，应该有比以前更紧密的合作"。① 日本政府也把这一战略构想写进了 2015 年《太空基本计划》。2015 年《太空基本计划》明确写道，"加强日美协作与合作，加上欧洲、澳大利亚、印度、东盟等，根据日本的安全保障政策进行整合，构筑多重合作关系"，"日本与美国以外的友好国家，在广泛领域内努力加强信任与合作关系，在太空领域与各国构建多重国际合作关系"。② 构建多层次太空综合安全保障体系，成为日本未来 10 年必须推进和落实的太空战略内容。

日本构建太空综合安全保障体系的实质是有选择的竞争与合作。在 2008 年《太空基本法》制订前，日本的太空国际合作主要是技术项目合作，合作的核心目的是为了科学、技术、知识、地位、荣誉，竞争的主要目标是技术实力和权力。日本的战略思维和行动模式是："通过合作，获取实力和权力，超越竞争者。"但 2008 年《太空基本法》制订后及日本可以进行太空军事开发利用后，日本太空国际合作的内涵与外延发生变化，合作的内容扩大至军事，竞争的则是包括技术在内的、经济、政治和军事实力和权力。日本的战略思维和行为模式是："通过合作，在获取实力和权力的同时，用共同的同盟体系、共同的价值观和共同的

---

① 首相官邸，『日本は戻ってきました（CSISでの政策スピーチ）』，平成 25 年 2 月 22 日，http://www.kantei.go.jp/jp/96_abe/statement/2013/0223speech.html（上网时间：2015 年 8 月 11 日）

② 内閣府，『宇宙基本計画』，平成 27 年 1 月 9 日，http://www.8.cao.go.jp/space/plan/plan2/plan2.pdf（上网时间：2016 年 12 月 25 日）

· 241 ·

太空开发利用理念，共同排斥竞争者。""共同排斥"成为日本构建多层次太空综合安全保障体系的基础。有选择的竞争与合作，贯穿了日本构建多层次太空综合安全保障体系的始终。

二、同盟体系下的日美太空军事合作

日本与美国的太空军事合作是2015年才正式开始的。冷战时期，日本与美国的太空合作仅限于太空科学和民用太空等领域。直到21世纪初，日本和美国才开始着手推进日美太空军事合作，并经历了民事太空对话—太空安全对话—太空全面对话—写入协议—推进合作的发展历程。2008年，日美举行第一次"日美民事太空对话"。2009年，日美首脑会谈达成一致意见，决定进一步深化日美同盟，推进日美在太空的安全保障合作。2010年，日美举行第一次"日美太空安全对话"。2011年，日美在"2+2会议"（即"日美安全保障协议委员会"）联合声明中，将卫星定位、太空态势感知SSA、将太空用于海洋态势感知MDA等作为具体合作领域。2013年3月，日美举行第一次"日本太空全面对话"。由此，日美太空对话进入"全政府"的模式，成为战略层面的对话。2013年，日美缔结太空态势感知合作协议，也就是太空态势感知情报共享协议。同年10月，美日"2+2会谈"联合声明，提出未来深化同盟的任务，包括重新修订美日防卫合作指针、扩大弹道导弹防御、改进在太空和网络空间的合作，强化情报信息安全和设备获取，并强调太空态势感知情报共享的重要性，JAXA将努力实现向美国提供观测太空态势感知情报。2014年4月，日美举行第二次"日美太空全面对话"。同年5月，日美决定开始双向共享太空态势感知情报。2014年，日美举行了第一次"将太空用于海洋领域感知"的桌面推演。2015年4月27日，日美在时隔18年后，再次修订《日美防卫合作指针》，首次将太空安全合作写入美日双方战略文件。其要点：一是日美双方达成的"威胁"共识，主要是朝鲜核和弹道导弹项目、不利于航行自由的挑战、由于太空碎片导致的太空轨道拥挤、潜在对手追求的反太空能力等。二是首次授权自卫队和美军进行太空合作。三是日美一致同意，确保太空系统的机动性，加强太空态势感知情报共享，在海洋领域感知等领域进行合作。四是日美承诺，如果日美太空系统受到威胁，自卫队和美军将适当合作，降低风险，防止损害。如果损害发生，自卫队和美军将适当合作，重建相关能力。[①] 由此，太空安全问题成为日美安全同盟的一个关键问题，太空军事能力在日美同盟关系中的重要性越来越高。日本要保持同盟合作，首先就是加强自己的太空军事能力，建立起能让盟友依赖的太空系统。正如时任日本太空政策委员会主席所说，"提升日本太空军事能力、确保太空安全成为日本太空战略的第一目标"。[②]

（一）日美太空军事合作，是两国战略相互借重的结果

21世纪初，尤其是在美国推出并推进"亚太再平衡"战略后，美国不断为日本太空军事开发利用松绑。其核心原因是，美国独力难支其太空霸权地位，只能寻求盟友合作。主要表现如下。

第一，世界力量格局发生新的演变，多极化力量格局正在形成，美国一超独霸地位面临严峻挑战。这种演变趋势和挑战也体现在太空领域。美国相信俄罗斯、中国等太空国家都具有攻击破

---

① 防衛省・自衛隊，『日米防衛協力のための指針』，2015年4月27日，http://www.mod.go.jp/j/presiding/treaty/sisin/sisin.html（上网时间：2015年9月2日）

② Via satellite, "Japan Confident New Space Policy is Restoring Industry", December 15, 2015, http://www.satellitetoday.com/regional/2015/12/15/japan-confident-new-space-policy-is-restoring-industry/（上网时间：2016年10月29日）

坏卫星的能力，更加关心其太空资产的安全和太空防卫，因为战略作战卫星是美国防卫系统的心脏，直接关系美国的导弹制导和海军舰队部署和侦察，如果这些卫星被攻击或破坏，美国的武器和军队将停止运转，将使美军瘫痪。美国需要与盟友分享部分卫星系统功能。这样，在美国卫星被攻击的情况下，美国军方仍能通过使用盟友的太空基础设施继续运转。

第二，美国太空实力存在缺口。太空开发利用是一项长期的战略投资，开发周期长、投入大，任何国家都不可能面面俱到、一应俱全，国家经济难以承受，技术力量也无法实现。所以，美国虽然是世界上最具有实力的太空强国，但在推出亚太再平衡时，美国太空军事力量仍存在重大缺口，主要表现在：一是美国的太空监视系统存在亚太观测盲区。美国拥有的在轨现役卫星、军事卫星系统数量在世界上最多，高达160颗。[1] 但美国的太空监视技术力量主要部署在北半球，部署在亚洲、非洲及南美洲的传感器系统非常有限，存在着亚太观测盲区。二是美国面临太空监视能力后续跟不上的难题。由于财政问题和技术原因，[2] 2013年9月，美国关闭了部署在美国南部沿北纬33°的第一代"太空篱笆"，该篱笆是美国太空监视网的一个关键组成部分，共有3个发射站和6个接收站。由于第二代"太空篱笆"要到2018年下半年部署、2019年才能建成，期间出现5年的太空监视能力断

---

[1] 张茗：《亚洲太空力量的崛起：现实与趋势》，载于《国际观察》2015年第3期。

[2] 所谓"篱笆"，指的是美国空军太空监视系统，共有9个站点（3个发射站、6个接收站）。技术问题在于：美国目前使用的系统的是1961年建造完成并投入使用，维持该系统的费用高昂，而且该系统对一般太空目标重复监视的时间间隔长达5天，深空探测雷达数量少、性能不高，已经不能满足当代美军的战略需求。2013年3月，美国政府问责署向国会提交报告，重建"太空篱笆"系统。财政问题在于：美国国家实力相对衰落，国防预算自2010年后连续5年下降，到2015年，美国国防预算已经降至5813亿美元，比2010年下降了16%。

档。所以，美国政府改变了小布什政府时期强硬的太空单极政策，①强调通过与盟国的合作进行互补，以确保美国在太空能力上固有的弹性。正如美国国防部高官杰西卡·鲍尔斯在2014年7月17日国会山的小组讨论中所说，美国正在寻求让商业部门进行开发，但美国没有能力支持预算外的支出，只能与可以分担成本的其他国家合作，"只靠美国的投资不可能实现灵活性，我们只能与其他国家合作"。②美国也把期望放在日本身上，美国负责亚太事务的助理国务卿丹尼尔·卢瑟尔强调，"美国和日本是老朋友，是曾同甘苦共患难的老朋友，我们对彼此的承诺绝不改变，因为我们用几近一样的方式看世界。"③

（二）日美太空军事合作的加速推进

日本和美国相互战略借重，同盟合作不断向太空领域延伸，太空军事合作不断加速推进。

第一，加强并完善日美双边太空合作的机制建设。日美高度重视双边太空合作，从太空对话、合作协商、专项协调等层面不断加强并完善合作机制。一是全面加强太空全面对话会议机制。从2014年4月到2017年5月，日美已经进行了四次全面太空对话。从四次对话的情况看，阵容不断扩大。2014年4月第一次对话时，与会人员只有日本综合外交政策局参事官、内阁府太空战

---

① 小布什政府于2006年发布了《国家太空政策》，明确提出，如果有必要，美国有权不让任何"敌视美国利益"的国家或个人进入太空。

② "US Looks to Japan Space Program to Close Pacific Communications Gap", Space Daily, August 7, 2014, http://www.spacedaily.com/reports/US_looks_to_Japan_space_program_to_close_Pacific_communications_gap_999.html（上网时间：2016年12月19日）

③ U. S. Department of State, "Remarks by Daniel R. Russel: The United States and Japan: Allies, Global Partners and Friends for the Future", January 13, 2015, http://www.state.gov/p/eap/rls/rm/2015/01/235903.htm（上网时间：2015年10月25日）

略室长和美国国家安全局、科学技术政策局的代表。[①] 2015年9月第三次对话时,与会人员已经扩至几近所有与太空有关的政府部门,包括:日本国家安全保障局、综合海洋政策本部事务局、文部科学省、经济产业省、环境省、防卫省、JAXA,美国国务院、国防部、商务部、内务部、运输部、国家宇航局(NASA)。[②] 2017年5月18日第四次对话时,在第三次对话的基础上,与会人员不减反增,进一步扩大到与太空情报有关的政府部门和研究机构,增加的部门包括:日本外务省、内阁府太空开发战略推进事务局、内阁卫星情报中心、内阁府综合海洋政策推进事务局、国立研究开发法人情报通信研究机构(NICT)、国立研究开发法人国立环境研究所(NIES)和美国的国家地理空间情报局。[③] 对话的内容也不断扩大,涉及太空技术和太空系统出口、太空科学合作、共同安全保障课题、导航定位卫星系统及授时服务的应用问题等,而且,对话的内容越来越偏重于太空军事领域的内容,尤其是太空情报、太空态势感知、海洋态势感知方面的内容。太空全面对话会议已经成为日美政府部门间讨论共同和专项太空合作议题的核心机制。二是从日美同盟合作和太空合作两个层面,加强并完善双边合作协商机制。一个是日美安全保障合作的整体协商机制,即:日美双边外长和防长参加的"日美安全保障协议委员会"(也称"2+2会议")。另一个是日美太空安全保障合作

[①] 外务省,『宇宙に関する包括的な日米対話第2回会合の開催』,平成26年4月30日,http://www.mofa.go.jp/mofaj/press/release/press4_000857.html(上网时间:2017年5月11日)

[②] 外务省,『共同声明 宇宙に関する包括的な日米対話 第3回会合』,平成27年9月11日,http://www.mofa.go.jp/mofaj/files/000099584.pdf(上网时间:2017年5月11日)

[③] 外务省,『宇宙に関する包括的な日米対話第4回会合の開催』,平成29年5月18日,http://www.mofa.go.jp/mofaj/files/000257244.pdf(上网时间:2017年5月11日)

的专项高级协商机制，即："日美安保领域太空协商参事官级会晤"。2012年9月举行了首次会晤。从2014年开始每年举行一次，到2016年3月1日时，举行了第四次会晤。参会人员包括：日本外务省北美局参事官、外务省综合外交政策局参事官、内阁府太空战略室长、防卫省防卫政策局副局长；美国助理国务卿、国防部太空政策部长。① 三是全面加强日美卫星定位系统的专项协调机制，到2017年5月时，已经召开了第11次日美卫星定位系统全体会议。2002年设置了该会议机制，称为"日美全球定位卫星全体会议"，并举行了首次会议。值得关注的是，2017年第11次会议开始，会议名称发生变化，变为"日美卫星定位系统全体会议"，而且会期、与会人员、与会内容秘而不宣，这也从一个侧面说明，日美卫星定位系统的专项合作已经逐步进入实质性阶段。

第二，逐步明确太空合作的重点。2015年日本《太空基本计划》中，日本确定的日美太空军事合作的重点是：共享太空监视情报；增强准天顶卫星系统对美国全球定位系统的补充和补强功能；合作推进太空治理。② 2015年日美新修订的《日美防卫合作指针》中，日美确定的太空合作重点是：通过合作确保日美太空系统的抗毁性；合作监视太空态势和海洋态势；在适当情况下相互支援，共享影响太空自由进入和行动、影响太空安全的情报；在早期预警、侦察、定位、导航及授时、监视太空、监视海洋、观测气象、指挥、指挥和通信等方面进行合作。③ 2017年第四次

---

① 外务省，『日米宇宙協力・「安全保障分野における日米宇宙協議審議官級会合の開催」』，http://www.mofa.go.jp/mofaj/gaiko/space/j_us.html（上网时间：2017年5月11日）

② 内閣府，『宇宙基本計画』，平成27年1月9日，http://www.8.cao.go.jp/space/plan/plan2/plan2.pdf（上网时间：2016年12月25日）

③ 防衛省・自衛隊，『日米防衛協力のための指針』，2015年4月27日，http://www.mod.go.jp/j/presiding/treaty/sisin/sisin.html（上网时间：2015年9月2日）

日美太空全面对话的联合声明中，日美最新共同确定的太空军事合作重点是：确保两国太空系统的抗毁性，确保太空系统功能得到强化；加强太空态势感知情报合作；加强海洋太空感知系统的基础构建；共同在联合国推进太空治理，推进建立太空透明性和信任机制；进行推进太空交通管理的合作。[1] 综合起来，日美太空合作的重点主要在于，捆绑两国的太空系统和太空安全保障机制，进行 C^4SIR、监视太空、监视海洋、太空系统互补、共同维护和确保太空系统安全的活动，以达到确保日美太空系统有较强抗毁性、确保日美太空系统的高优能和高能力、通过太空合作实现日美同盟军事的无缝合作的目的。

（三）日美太空安全合作多边化

日本和美国一致同意要把"伙伴能力建设"作为地区和全球和平安全合作的重要内容之一，明确提出"积极与其他伙伴国合作，将有助于保持和加强地区和世界和平与安全，有助于应对不断发展变化的安全挑战"。[2] 因此，随着日美同盟的强化与日本太空战略的修订出台，日本政府更加积极地宣扬其与美国相同相通的价值理念，希望通过建立具有共同价值观的国家太空联盟或太空合作，来拓展日本的国际利益空间，为日本扩大并保护其太空利益寻求更多的国际支持。

日美同盟对太空合作对象扩编扩容，在原有的日美"1+1同盟"模式基础上，新增加了日美与其他伙伴国家的"2+1"合作模式，强调要在同盟外围打造"合作伙伴关系"。2015年11月3

---

[1] 外務省，『宇宙に関する包括的日米対話第4回会合の開催』，平成29年5月18日，http：//www.mofa.go.jp/mofaj/files/000257244.pdf（上网时间：2017年5月11日）

[2] 防衛省·自衛隊，『日米防衛協力のための指針』，2015年4月27日，http：//www.mod.go.jp/j/presiding/treaty/sisin/sisin.html（上网时间：2017年7月11日）

日,日美防相进行会谈,进一步确认日美两国将继续紧密合作,一致决定"加强日美韩、日美澳等的三边防卫合作。"① 合作的目标是三边情报合作机制实现常态化,并推动三边关系向准军事同盟化方向发展。美韩、美日先后于 1987 年、2007 年签署了《军事情报保护协定》。2006 年日美签订了《地理空间情报合作协议》。2011 年,美韩签订了《军事情报交流协议》,全面共享有关朝鲜的各种军事情报。2014 年底,日美韩签署了《日美韩关于朝鲜核与导弹威胁的情报交流协议》。根据协议,日美韩将通过口头、电子、文书等形式共享军事情报,但日韩不直接进行情报交换,由美国国防部为中转。2016 年 11 月,日本与韩国正式签订了《军事情报保护协定》,日韩由此可以直接进行情报交换,日美韩情报共享机制正式形成。从 2011 年开始,日本、美国、澳大利亚每年都举行一次三边太空安全对话会议,协议三方在太空安全问题上的立场。2010 年、2012 年,美澳、日澳分别签署双边情报安全协定,将南半球太空定为监视目标,强化三边安全合作与情报共享。通过太空合作,日美同盟得到加强,而且合作在扩大,恰如美国助理国务卿罗斯所说,"已经变成了全方位的双边、地区和多边合作努力。"②

(四) 日美太空安全合作的指向性

为了推动和加强同盟在太空领域的安全合作,日本和美国在不同历史时期都战略目标一致地树立了一个最重要的假想敌。从 20 世纪 90 年代中后期到 21 世纪初,日美将朝鲜视为最重要的假

---

① 防衛省・自衛隊,『中谷防衛大臣とカーター米国防長官との会談』,平成 27 年 11 月 3 日,http://www.mod.go.jp/j/press/youjin/2015/11/03_gaiyo.pdf(上网时间:2015 年 11 月 2 日)

② US Department of State, "Security in the Asia Pacific Region and US-Japan Space Cooperation", Frank A. Rose, February 13, 2015, http://www.state.gov/t/avc/rls/2015/237490.htm(上网时间:2015 年 12 月 19 日)

想敌，大肆渲染朝鲜导弹威胁，推动并实现了日美在弹道导弹防御方面的安全合作。自 2006 年中国进行在轨卫星摧毁实验后，尤其是 2010 年代以来，日美在继续把朝鲜视为假想敌的同时，将中国视为最重要的假想敌，大力推动针对中国的、以太空态势感知和海洋态势感知为主要内容的太空安全合作。

第一，针对中国的太空战略，日美把太空监视作为太空安全合作的一个重要领域。日美指责中国争夺制天权、搞太空拒止，指责中国的太空实验造成了大量的太空碎片，中国的太空能力威胁到了日美的太空资产尤其是日美战略卫星系统的安全。日美把中国的太空开发利用作为其联合发展太空军事力量的借口。2011 年 6 月 21 日，日美安全保障协议委员会（也称"2+2 会议"）决定，太空态势感知将是日美合作的一个重要领域。2012 年 4 月 30 日，日美首脑会谈达成协议，太空态势感知就是通过情报共享，深化日美太空安全保障上的伙伴关系。2013 年 5 月，日美缔结了太空态势感知合作协定。根据协议，JAXA 向美军提供太空态势感知情报。2014 年 5 月，美国开始向日本提供其获取的太空态势感知情报，日美开始双向共享太空态势感知情报。

第二，针对中国的海洋战略，日美把海洋监视作为太空安全合作的另一个重要领域。日美认为，中国海洋事业的发展挑战了日美的既得海洋利益和美国主导的亚太海洋秩序。[①] 日美大肆渲染中国海洋事业发展对地区安全和海洋通道安全造成的危害，把中国海洋事业的发展视为其提升海洋监视与防卫能力、推行地区和全球性海洋战略、谋求海洋权益的借口，日本退役海军将领川村纯彦（Sumihiko Kawamura）指出，"美国、日本以及其他盟友

---

① Thomas M. Kane: "Chinese grand strategy and maritime power", *Frank CASS Publishers*, 2002, p. 108.

应该以协调行动监视中国海军动向"。① 日美将其太空合作政策与海洋战略对接，利用卫星监视系统监视海洋，布建覆盖太平洋重要通道的侦察监视网和陆海空天联合作战网，共享海空监视情报。2011年6月21日，日美安全保障协议委员会决定，海洋态势感知将是日美合作的一个重要领域。2014年3月，日美联合举行了首次将太空用于海洋态势感知的桌面推演。

三、对亚太地区太空合作机制的倡导与推进

冷战时期，日本专心致力于太空开发。冷战结束后，日本对地区太空合作的态度转向积极，主动参与地区太空合作机制构建，成为亚洲地区太空技术的领导者。1993年9月，日本发起并建立了"亚太地区太空机构论坛"（APRSAF）。

亚太地区太空机构论坛不是制度化的组织，只是一个由日本文部省、科技厅和国家太空研究开发机构共同发起的论坛，该论坛向所有政府机构、非政府实体和国际组织开放。日本之所以成立论坛，背景在于：冷战结束后，苏联崩溃，美国经济也陷入了贸易、财政双赤字，日本被视为冷战的真正赢家。不但美国敲打日本，亚洲国家对日本日渐扩大的政治和经济影响力也深感担忧。日本认为，日本作为经济大国，可以在国际安全事务上发挥更大的作用，但必须先要努力消除二战历史给亚洲国家留下的军国主义记忆。因此，日本的政策是，消除亚洲国家对日本的担忧，让日本更好地融入亚洲社会。日本2001年版的《外交蓝皮书》中明确写道，"亚太地区存在一种担心，怀疑日本扩大政治影响力，并将使其向军事领域扩展。为此，日本有必要将其真实

---

① Christian Caryl, "Naval gazing in Asia", May 18, 2010, http://www.foreignpolicy.com/articles/2010/05/18（上网时间：2015年10月9日）

考虑向地区内各国加以说明。"① 早在1977年，福田赳夫内阁曾承诺日本对亚洲的政策，"日本不会成为军事大国"，被认为是日本和东盟关系的一个分水岭。② 建立亚太地区太空机构论坛、强调日本与亚洲国家进行太空技术合作，就是日本向地区各国说明的关键一步，也是成功的一步。在1993年9月9—10日召开的第一次亚太地区太空机构论坛年会上，日本承诺"将采取措施，协调亚太国家的太空活动，加强地区各国太空机构的合作，推动太空技术的开发和应用，为维护全球环境和亚太地区社会经济发展做贡献"。③

进入21世纪，亚太地区出现了三个重要变化。第一个变化：亚洲太空国家群体性崛起。随着太空开发利用的技术门槛降低和太空开发利用意义的日益凸显，亚太国家开始重视并积极加入到太空开发利用的行列中，逐渐成为国际太空领域的一支生力军。第二个变化：中国成为亚洲新兴太空国家的排头兵。中国的太空崛起引人关注。中国的国家太空实力迅速提升，紧跟在美国、俄罗斯和欧盟第一梯队之后，占据了第二梯队的领先位置。中国的"北斗"卫星导航系统打破了美欧的垄断，成为继美国全球定位系统（GPS）、俄罗斯的格洛纳斯导航系统之后的全球第三大卫星导航系统。中国自2011年度以来的太空发射次数仅低于俄罗斯和美国，位居世界第三，远远超过了日本（具体数字参见表4.1）。中国在亚

---

① 外務省，『外交青書わが外交の近況』，1991年版（第35号），http://www.mofa.go.jp/mofaj/gaiko/bluebook/1991/h03-contents-1.htm（上网时间：2017年1月19日）

② Sueo Sudo, *The Fukuda Doctrine and ASEAN: New Dimensions in Japanese Foreign Polics*, Singapore: Institute of Southeast Asian Studies, 1992.

③ APRSAF, "The 1st Session of the Asia-Pacific Regional Space Agency Forum", September 9 – 10, 1993, https://aprsaf.org/annual_meetings/aprsaf1/pdf/APRSAF-1_report.pdf（上网时间：2017年1月19日）

洲太空领域的影响力也迅速提升。中国于 2008 年组建了"亚太太空合作组织"（APSCO）。亚太太空合作组织与日本的亚太地区太空机构论坛不同，是一个享有完全国际法人地位的政府间国际组织，是一个制度性的组织。该组织的宗旨不仅是技术交流与开发，而是通过协作性太空项目，帮助发展中国家的成员提升他们的技术能力，开发他们自己的太空基础设施。虽然亚太太空合作组织的规模没有亚太地区太空机构论坛大，但是许多亚太地区太空机构论坛的成员，尤其是东南亚国家成员，纷纷成为亚太太空合作组织的成员国。这意味着日本的地区影响力相对下降。第三个变化：亚太国家有合作与预防冲突的共性需求。亚太国家之所以需要合作，一是因为亚太太空力量发展不平衡，许多小国家迫切需要提升太空实力；二是因为亚太地区人口和经济快速增长，对电话通信、广播、资源等有强劲需求，也因为增长过度导致了环境破坏，亟待解决；三是因为亚太地区地理位置特殊，容易遭受台风、洪水、地震、海啸、火山等自然灾害，需要灾害预警和救灾应对。之所以需要预防冲突，是因为亚洲主要太空国家在太空商业市场、太空外交等方面竞争态势明显。因此，亚洲国家既重视合作，也重视预防冲突，出现了以解决特定问题或预防冲突为目的的地区性框架（东亚峰会）、太空专项合作（东盟地区太空安全专题讨论会）等新的太空合作模式和协调机制。

　　日本一心想通过其卓越的技术能力和技术成果，在亚洲赢得领导地位和形成政治影响。上述变化对日本来说，既是竞争的挑战，也是发展的机遇，前者来自中国的太空崛起，后者则来自亚洲地区的发展态势。因此，日本采取了两种截然相反的路径，发展与亚太地区国家的综合安全保障体系。

表 4.1　2011—2015 年全球发射情况（单位：次）

	2011 年①	2012 年②	2013 年③	2014 年④	2015 年⑤
俄罗斯	33	26	34	36	29
美 国	18	13	19	23	20
中 国	19	19	15	16	19
欧 洲	5	8	5	7	9
日 本	3	2	3	4	4
印 度	3	2	3	4	5
以色列	—	—	—	1	—
海射公司	2	3	1	1	—
共 计	84	78	82	92	87

资料来源：根据《中国航天》公开数据整理。

一种路径，是将亚洲合作和协调框架作为基础，从非传统安全角度入手，加大与亚太地区国家的太空安全合作力度，积极构建亚太地区的综合安全保障体系。合作主要集中在以下两个方面。

一是参与亚太地区多边机制谋求地区规则制定权。东盟地区论坛、东亚峰会、东盟地区太空安全专题讨论会等地区安全对话机制，设立的初衷是进行安全对话，建立信任，加强合作。日本与美国合作，积极推动这些对话机制的议题安全化，把机制的目

---

① 范永辉、王宪栋、保的：《2011 年各国航天发射活动回顾（上）》，载于《中国航天》2012 年第 2 期。
② 范永辉、王宪栋、保的：《2012 年各国航天发射活动回顾（上）》，载于《中国航天》2013 年第 2 期。
③ 范永辉、王宪栋、保的：《2013 年各国航天发射活动回顾（上）》，载于《中国航天》2014 年第 3 期。
④ 范永辉、王宪栋、王文阐：《2014 年各国航天发射活动回顾（上）》，载于《中国航天》2015 年第 3 期，第 38 页。
⑤ 范永辉、王宪栋、石奇鑫、杨善明：《2015 年各国航天发射活动回顾（上）》，载于《中国航天》2016 年第 3 期。

第四章 太空开发与日本的安全保障

的从建立信任转向预防性外交，安全议题优先。东亚峰会是2005年新建立的泛东亚地区国家领导人会议，被日本认为是亚太地区重要的安全论坛。安倍在2014年香格里拉对话会议上，提议建立一个常设委员会，扩大论坛的安全作用，使其成为地区安全的主要论坛。在2014年10月举行的东盟地区太空安全专题讨论会上，日本大力主导并积极推动落实预防外交，增设解决太空纠纷的法律机制，对加强太空安全提出如下建议：各国政府需要确定安全进入太空和使用太空；确保安全进入太空和使用太空。日本的意图很明确，就是通过这些政策建议措施，落实日本的主张，发挥日本在地区太空安全的主导优势。

二是积极构筑区域太空安全保障新机制。（1）日本首先改造亚太地区太空机构论坛的职能。该论坛最初建立的职能是技术交流合作，后遭到日本自民党指责，称其没有满足发展中国家需求，只集中关注技术与教育项目，没有发挥JAXA的技术转让和硬件开发功能。为此，日本将论坛改为项目管理结构，2005年推出了"亚洲哨兵"项目，对亚洲环境和灾害进行监视管理；2008年推出了"太空环境运用"项目，将太空应用于监视和分析气候变化；2009年推出了"亚太地区卫星技术项目"，由JAXA集中进行小卫星的开发和技术转让；2011年再新建了两个项目——"气候任务的地区准备审视"和"利用希望舱的亚洲利益协作"，前者目的是将APRSAF变成一个受到认可的太空数据协调论坛，支持与气候有关的地区活动，后者是促进亚洲太空机构对太空实验舱"希望号"的利用；2012年日本允许东盟宇航员进入"希望号"实验舱内进行共同实验，并允许东盟利用日本在国际空间站的宇航员名额。（2）日本加强对地区太空开发利用的技术援助和贷款援助。日本国际合作机构（JICA），通过提供物资、能力建设和培训、公共基础设施建设和地球观测数据等方式，在东南亚等地区和国家开展开发项目，几乎日本所有主要的地球观测数据公司都参加了这些项目。日本主导的亚洲开发银行（ADB）也从 2010 年起与 JAXA 合作。亚洲开发银行提供资金，JAXA 提供技术，帮助亚洲国家的灾害管理、气候变化减缓和适应、森林监控、水资源管理、农业和农村开发等项目。日本的目的是利用太空技术的军民两用性，构建地区太空安全合作架构，用日本的技术力量改变地区政治版图。

另一条路径，是从技术层面上积极支持亚太某些国家带有地缘竞争性质的太空开发利用。主要的合作内容如下。

一是通过帮助亚太国家开发利用卫星，提高日本的情报搜集能力及抗打击性。如由北海道大学、东北大学、JAXA 与亚洲 8 个国家，即菲律宾、越南、印尼、马来西亚、缅甸、孟加拉国、泰国、蒙古，联合制作并发射了 50 颗微型卫星，构建太空监测网。这些微型卫星的单颗体积和重量分别为 50 立方厘米和 50 公斤，单颗生产费用约 3 亿日元。2016 年 4 月 27 日，日本和菲律宾合作，日本国际空间站的"希望"号实验舱成功部署菲律宾一颗微型卫星"Diwata—1"。2016 年 6 月 15 日，"Diwata—1"微型卫星已经成功首拍地球图像（详见图 4.1）。

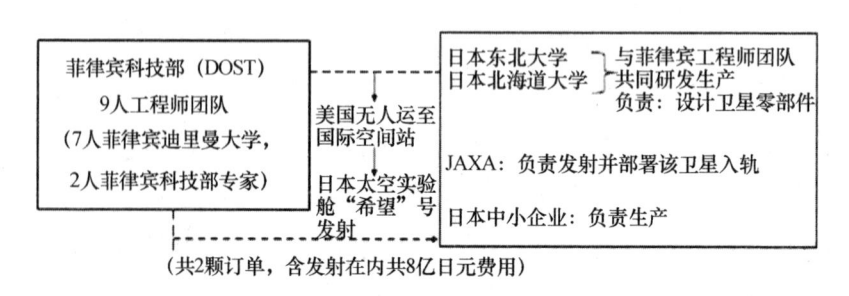

图 4.1　日本与菲律宾研制发射微型卫星的合作

资料来源：根据 JAXA 公开资料整理。

二是支援与中国存在领海主权争端的国家开发卫星，发展情

第四章 太空开发与日本的安全保障

报搜集等太空军事能力以牵制中国。如以开发援助的形式，帮助南海主权声索国之一的越南制造和运营两颗X波段的雷达成像卫星。这两颗卫星不仅飞越越南，还将飞越中国，越南届时将与日本共享卫星获取的情报信息。此外，日本还要为越南建立一个在东南亚领先的航天中心，计划于2020年正式投入使用；培训高质量的太空技术人员，截至2016年已经为越南培养了36名太空技术领域的硕士；帮助越南国家卫星中心在日本太空实验舱"希望号"上进行卫星发射试验。到越南航天中心建成时，越南将拥有足够的太空技术能力，自行制造小型地球观测卫星，并能够使用雷达传感技术，在所有天气条件下，获取越南全境的图像。[1] 这也意味着，到那个时候，越南也将有足够的能力，获取中国全境和与中国存在争端水域的图像。

三是保持并强化亚太地区太空机构论坛与中国的亚太太空合作组织分立状态。亚太地区太空机构论坛与中国的亚太太空合作组织作为同一个地区的两个区域性太空合作机制，在成员国和合作项目上有许多重叠，理论上存在着合作的前提和空间。但是，正如铃木一人指出的，日本和中国都把亚太地区太空机构论坛和亚太太空合作组织作为一个向发展中国家提供技术和服务的工具，都以此来竞争地球的领导权，都在"用同样的规则玩同样的游戏"。[2] 所以，日本不邀请、不欢迎中国参加亚太地区太空机构论坛，也不参与、不参加中国的亚太太空合作组织。特别是在亚太太空合作组织推出

---

[1] VNSC，"Vietnam-Japan cooperation in space technology"，January 26, 2015, https://vnsc.org.vn/en/activities/vietnam-japan-cooperation-in-space-technology/; https://vnsc.org.vn/en/news-events/deputy-prime-minister-nguyen-xuan-phuc-and-vietnamese-government-delegation-visits-japan-aerospace-exploration-agency-jaxa-and-tsukuba-space-center/ （上网时间：2016年11月25日）

[2] Rong Du："Space cooperation in Asia: A mystery"，The University of Hong Kong，IAC – 14. E3. 1. 4.

"多任务小卫星项目"（SMMS）和"亚太地区光学卫星观测系统"（APOSOS）之后，日本随即推出"向亚太地区转让卫星技术项目""亚洲减灾项目"等，始终保持一种竞争态势。

四、参与联合国框架下的国际太空合作

随着世界太空力量的多极化发展和太空安全问题的日益严峻，为促进国际太空开发透明度和加强国家间的相互信任，确保太空的可持续性发展和安全发展，联合国努力推动制订与太空活动有关的国际行为准则，建立太空透明与信任建设机制。日本则以"为国际太空安全作贡献"为名，积极构建与联合国的太空合作框架与格局。

一是积极推动关于太空碎片、太空天气、太空运营、太空态势感知等各种安全话题的讨论。日本不仅自己积极参与太空治理问题的国际讨论，还通过掌控与太空有关的联合国重要职位，左右讨论的安全话题，把太空议题安全化。2012年至2014年，日本JAXA的技术顾问堀川康出任联合国和平利用太空委员会的主席。他在任期内把太空活动计划透明性和太空可持续性发展治理作为该委员会的核心议题，建立了"太空活动长期可持续性的工作组"，把太空安全治理问题机制化。2016年，日本政府为此专门给堀川康颁发了"太空开发利用奖励外务大臣奖"。堀川康离任后，2016年2月，日本又将其第一位女性宇航员向井千秋推任为联合国和平利用太空委员会科学技术小委员会的主席，任内的核心议题仍是积极推动太空活动长期可持续性发展的国际讨论和规则制订。

二是在太空行为准则问题上，与美国基本保持统一阵线，支持美国的太空行为准则主张。2008年，欧盟率先提出了"太空活动行为准则"草案，核心内容是执行现有国际条约、原则和协议，制订太空道路准则，各国进行太空碎片减缓与太空活动通

第四章 太空开发与日本的安全保障

报,把太空政策等信息公开。2012年,美国明确表态反对该准则,并提出排除法律约束力的新倡议,强调"国家安全例外"原则。日本最初是支持欧盟准则草案的,但在美国提出新倡议后转而支持美国。日本的目的,不仅仅是继续依靠日美同盟争夺太空安全治理机制主导权,更是想利用"国家安全例外",为日本保留使用太空军事手段的空间。

三是为联合国和平利用太空委员会制订太空治理指导方针做贡献,坚持向该委员会报告并向世界公开日本的太空碎片活动与数据资料。

四是与联合国和平利用太空委员会合作,利用日本技术进行国际太空活动,建立太空项目。如与联合国太空事务办公室(UNOOSA)合作,招募使用"先进技术试验卫星"的合作对象,从日本在国际空间站的实验舱"希望号",帮助发展中国家发射部署超小卫星及提升太空技术;与联合国和平利用太空委员会联合创办了"联合国与日本关于太空天气研讨会";和联合国一起帮助发展中国家培养太空技术人员,JAXA 进行太空技术合作的国际组织超过 10 个,包括联合国和平利用太空委员会、联合国太空事务办公室、联合国亚洲及太平洋经济社会委员会、地球观测卫星委员会、亚洲技术研究院、机构间太空科学协商组、全球勘探战略 GES 等,正在推进的项目主要是纳米卫星技术的人员培训项目。太空安全治理要取得实质性进展,需要国际社会通力合作,共同参与治理,共同发展太空项目,体现太空的和平利用原则,实现透明,节省频轨资源,避免太空军事化、武器化。[①] 日本在联合国框架下的国际太空活动,看似只是单纯的外交活动,其实与太空安全有着密切关系,是为了证明在日本主导下进行太

---

① 何奇松:《太空安全治理的现状、问题与出路》,载于《国际展望》2014年第6期。

空国际合作、共同应对太空安全是可能的，也是可行的，扩大日本对国际太空安全事务的影响力。

第三节　加速日本太空军事力量建设

太空被视为"第四战场"，[1] 其作战理念是以敌方太空信息战系统作为主要打击目标，重点发展以卫星为核心的太空信息武器装备，潮流是在种类上、规模上快速发展太空信息武器系统，全面提高太空信息支援与保障能力，促进诸军兵种远程机动作战和精确打击能力的发展。美国太空司令部早在1997年时就断言，"就像制（陆）地权、制海权、制空权已经成为当前军事战略中至关重要的因素一样，太空优势正在成为战场制胜和未来战争的关键因素。"[2] 2003年4月，美国太空总司令部司令兰斯洛德上将在美国《航空周刊与空间技术》网站上发表文章指出，"太空力量给军事行动带来了革命性的影响。在1991年的海湾战争中，我们的太空能力与陆、海、空作战完全结合在一起，形成体系作战。它们是我们在最近的军事行动（如阿富汗战争和伊拉克战争）中取得胜利的法宝之一。"[3] 太空是世界军事竞争的战略制高

---

[1] "第四战场"，是2001年拉姆斯菲尔德任美国太空委员会主席时在太空委员会报告中提出的概念。该概念的核心观点是：太空不可避免地会成为继陆地、海洋、天空之后的"第四战场"。可见于："Report of the commission to assess Unites States national security space management and organization", January 2001, http://www.defenselink.mil/pubs/spacw20010111.htm（上网时间：2016年7月11日）

[2] Sean Kay: *Global Security in the 21ˢᵗ Century: The Quest for Power and the Search for Peace*, Rowman & Littlefield, 2015, p. 213. 另可见于：U. S. Space Command, "Vision for 2020", Federation of American Scientists, February 1997, http://www.fas.org/spp/military/docops/usspac/visbook.pdf（上网时间：2015年3月12日）

[3] 王明远：《从近十年几场高技术局部战争看新军事变革的趋势》，知远战略与防备研究所，2005年11月4日，http://www.defence.org.cn/article-13-31985.html（上网时间：2017年5月20日）

第四章　太空开发与日本的安全保障

点,各军种的跨领域体系作战和对抗成为未来战场的基本特征,这是美国太空军事部队的最高指挥官基于美国从海湾战争到伊拉克战争的经验教训得出的重要结论,成为美国新军事变革的发展方向,也成为世界新军事变革的主要趋势。

日本作为美国在亚太地区的重要盟友,不仅是美国亚太地缘战略天平上一个影响平衡的关键砝码,[①] 也是美国实现"联合作战"[②] 和"联军作战"[③] 的战争费用分担者和军事行动协作者。在世界各国竞相推进太空领域的军事变革、群雄并起的情况下,日本的太空军事力量建设对美国的亚太军事战略、美国的新军事变革起着关键性的支撑作用。在美国的支持下,日本必然要全面加速建设太空军事力量。另一方面,冷战后,日本积极追求政治军事大国地位,国家军事战略由"专守防卫"转向"积极防御",自卫队建设由"基础防卫力量"转向"联合机动防卫力量"。日本更加强调日美同盟的全面军事合作,希望借美出海,达到松绑战后体制、成为"普通国家"的目的。因此,日本在积极推进日美太空军事合作、强化日美军事同盟的同时,也不可能完全按照美国的设想行事,必然要根据日本的国家利益作出自己的判断和选择,在日美太空军事合作和日本自身太空军事力量建设中找到一个平衡点。

英国华威大学国际政治和日本研究教授、日本军事问题专家克里斯托弗·W. 休斯(Christopher W. Hughes)从情报搜集卫星

---

① 李振广、吕耀东:《试评析日本在美国"再平衡"战略中的角色》,载于《现代国际关系》2014 年第 11 期。
② 崔师增、王勇男著:《美军联合作战》,北京:国防大学出版社 1995 年版,第 107 页。"联合作战",指的是美军两个或两个以上军种——陆军、海军、空军和海军陆战队——的统一军事行动。
③ 军事科学院外国军事研究部:《美军作战手册(上册)》,北京:军事科学出版社 1993 年版,第 6 页。"联军作战",指的是跨国联合作战,美国认为美国进行的任何军事行动很可能具有多国色彩。

入手,对日本太空军事力量建设的动机作出分析后认为,日本将其情报搜集卫星数目翻番的野心,实质显示出日本越来越密切关注太空,将太空作为日本全面改革和加强其安全立场的一个关键方面。他指出,"从本质上说,情报搜集卫星是军事性质,其重要功能就是为发展日本情报侦察和监视能力、应对中国在有争议的钓鱼岛(日本称为尖阁列岛)及其周边的活动提供服务,进一步加强日本在新修订的《美日防卫合作指针》中承诺的、服务于美日同盟的太空能力,并通过集体自卫权立法,使之成为可能。"①

一、构建并完善太空军事力量建设的领导管理体制

虽然日本自20世纪80年代开始,一直以"切香肠片"的方式逐步发展太空军事力量,但由于其长期执行"太空开发仅限于和平利用"的原则,故这种发展都是在民用旗号下隐蔽推进。日本防卫省和自卫队长期被排除在太空开发利用之外,缺乏相应的领导和管理体制。所以,日本要发展太空军力,首先就必须构建相应的领导管理体制。日本发展太空军事力量的领导管理体制,突出首相集权,注重整体推进。

(一)更加突出国家顶层对太空军事建设的核心领导作用

当一个国家把太空政策视为国策、把进入和利用太空视为维护本国国家安全利益的途径后,该国必然要从政府最高层领导开始,更加重视太空事务。就以美国为例,在"谁控制太空,谁就控制地球"思想的指导下,美国始终把国家太空安全利益作为最

---

① SPACENEWS, "What's Behind Japan's Sudden Thirst for More Spy Satellites", November 13, 2015, http://spacenews.com/whats-behind-japan-sudden-thirst-for-more-spy-satellites/ (上网时间:2016年9月6日)

优先的国家安全事项来看待。冷战时期，美国主要是由以副总统任主席的"国家太空委员会"协助总统制定和实施太空政策，协调军事、民用和商业太空活动。1996年，随着世界太空力量格局多极化发展趋势的不断增强，为了在更高层次上统筹规划和集中协调国家安全战略与太空政策，美国取消"国家太空委员会"，改由总统直接领导的"国家安全委员会"和"白宫科学技术委员会"两个部门共同制定和实施太空政策，强化总统对国家太空活动的协调和领导，确保太空军事建设得到所有太空部门及相关机构的通力合作。

日本自2008年《太空基本法》决定进行太空军事开发利用后，就一直在积极进行太空开发体制和领导体制的调整，目的就是逐步实现由国家顶层对太空军事建设的领导、决策和协调，确保太空安全的优先地位，确保太空安全保障的整体推进和全面落实。

一是确立首相官邸对太空军事建设工作的领导地位。2008年8月成立的日本太空战略"司令塔"太空开发战略本部由首相担任本部长。2012年成立的内阁府"太空战略室"由首相直接领导。2013年12月颁布的《国家安全保障战略》规定，建立日本国家安全战略的"司令塔"——日本国家安全委员会，通过强有力的政治领导，从战略和全局的高度推进日本国家安全战略的实施。[①]《2016年科学技术综合战略》将太空技术开发问题（包括太空军事技术开发问题）交由综合科学技术创新会议和太空开发战略本部共同负责，前者是日本再生战略和科学技术创新战略的"司令塔"。这些都是日本加强首相官邸对太空军事建设工作领导

---

① 内阁官房，『国家安全保障戦略について』，平成25年12月17日，http://www.cas.go.jp/jp/siryou/131217anzenhoshou/nss-j.pdf（上网时间：2016年12月5日）

和指挥的重大改革举措。通过这些改革，日本将国家安全战略、太空战略、国家科学技术发展战略都交由日本政府的最高层来进行具体领导和指挥，确保了日本太空军事建设的最优先地位，确保了所有太空部门和相关机构的通力合作。

二是加强国家层面对太空军事决策的检讨。2015年2月，日本根据2015年《太空基本计划》设立的太空政策目标，在太空政策委员会下设立了"太空安全保障部会"，主要任务是围绕日本太空安全保障的三大目标，讨论和审查相关各项政策措施和相关事项。①

三是加强跨部门协调。2017年4月20日，日本成立了太空安全保障相关府省的"跨部门对策小组"，由文部科学省、内阁府、内阁官房等9个府省（厅）组成。跨部门对策小组的主要任务是针对太空利用的安全问题讨论并研究相关对策。②

（二）建立并完善防卫省的太空军事决策执行系统

日本由于长期执行"太空开发仅限于和平利用"政策，防卫省和自卫队长期被隔离在太空开发利用之外，没有形成太空军事建设的决策执行系统。当日本开始从和平利用转向军事利用后，最首要的事情就是开始着手建立防卫部门自己的太空军事建设的决策执行系统，加强对日本太空军事开发利用活动的统一领导和集中管理。一是设立了防卫省的太空安全保障决策机构"太空开发利用推进委员会"。太空开发利用推进委员会的委员长由防卫副大臣担任，代理委员长（委员长的助理，委员长不在时代理履

---

① 内閣府，『今後の宇宙政策委員会の検討体制について』，平成27年2月2日，http://www.8.cao.go.jp/space/comittee/27-anpo/anpo-dai1/siryou1.pdf（上网时间：2016年12月21日）

② 日本経済新聞，『宇宙の安保で省庁横断チーム』，2017年4月20日，http://www.nikkei.com/article/DGXLASFS20H3C_Q7A420C1PP8000/（上网时间：2016年5月24日）

第四章　太空开发与日本的安全保障

行委员长职责）由防卫大臣政务官担任，副委员长由事务次长担任。委员共 13 人，包括：防卫审议官、大臣官房长、防卫政策局长、运用计划局长、装备管理局长、推进综合改革审议官、技术监理、联合参谋部长、陆上自卫队参谋长、海上自卫队参谋长、空中自卫队参谋长、情报本部长、技术研究本部长等。二是设立防卫省的太空安全保障执行机构"作业队"。作业队是太空开发利用推进委员会的下设机构，主要负责有利于日本安全保障的太空开发利用推进政策的检讨和实施。作业队的队长由防卫政策局长任命、由防卫政策局副局长担任。代理队长（队长的助理，队长不在时代理履行队长职责）由防卫政策局防卫政策处长担任。作业队的队员一共 14 人，包括：防卫政策局防卫计划处长、防卫政策局调查处长、运用计划局情报通信处长和运用计划局研究处长、装备管理局装备政策处长和系统装备处长和技术计划官、联合参谋监部防卫计划部防卫处长和计划处长、陆海空自卫队参谋监部防卫部防卫处长、情报本部计划处长、技术研究本部技术计划部计划处长等。[①]

日本在防卫省层面构建的决策执行系统的最大特点是：决策系统包括了防卫省各部门、各军种的一把手或主要负责人，执行系统包括了防卫省各部门、各军种负责防卫政策和技术装备的中坚干部。这样的决策执行系统最大的益处就是：有利于统一思想、统一规划、统一部署、统一落实，能减少规划和部署中项目或技术装备的重复、冗余，能使规划在执行过程中，切实从上至

---

① 防衛省・自衛隊,『宇宙開発利用推進委員会設置要綱』, http://www.mod.go.jp/j/approach/agenda/meeting/board/uchukaihatsu/pdf/youkou.pdf # search = % 27% E5% AE% 87% E5% AE% 99% E9% 96% 8B% E7% 99% BA% E5% 88% A9% E7% 94% A8% E6% 8E% A8% E8% BF% 9B% E5% A7% 94% E5% 93% A1% E4% BC% 9A% E8% A8% AD% E7% BD% AE% E8% A6% 81% E7% B6% B1% 27（上网时间：2016 年 9 月 19 日）

下一插到底。

二、调整与太空军事力量建设相关的政策

在2008年之前,日本政府对太空军事利用的调整是以"切香肠"方式进行的。2008年的《太空基本法》允许将太空开发利用用于安全保障目的,使日本不再采用"切香肠"的方式,加快了太空军事利用的速度。2012年12月安倍第二度上台执政后,分别于2013年、2015年两次重构日本《太空基本计划》,明确将安全保障作为日本太空政策的首要目标和第一优先事项,[①] 并从《国家安全保障战略》《太空开发利用的基本方针》《国家防卫指针》和《中期防卫计划》等方面,全面调整与太空军事力量建设相关的政策,推进太空政策与国家安全保障战略、与国家防卫政策全面接轨,从和平利用转向军事利用。调整后的这些政策,都强调发展联合作战的作战概念和作战构想,把日本海陆空自卫队的跨域、跨国联合作战摆在更加突出的位置,强调要形成一种有利于构建联合机动防卫能力的最佳开发利用方案,把太空军事开发利用与日本未来联合部队能力的开发运用结合起来,作为日本军事转型的发动机,谋求以此带动日本军事政策、装备、训练、编制、人才与设备的整体变化。

(一) 制定《国家安全保障战略》,全面提升并正式确立太空军事开发利用在日本国家战略中的重要性与地位

2013年12月17日,日本国家安全委员会会和内阁会议审议

---

① 内閣府,『我が国の宇宙安全保障をめぐる動向』,平成27年4月,http://www.8.cao.go.jp/space/comittee/27-anpo/anpo-dai2/siryou2 – 1.pdf#search = %27% E5% AE% 87% E5% AE% 99% E5% AE% 89% E5% 85% A8% E4% BF% 9D% E9% 9A% 9C% 27(上网时间:2016年11月12日)

通过了二战后日本第一份作为国家外交和防卫政策综合指针的《国家安全保障战略》，该战略"作为安倍内阁安全保障政策的重要支柱",[①] 把太空军事开发利用纳入国家安全战略中，成为国家的优先战略。

一是为军事太空开发利用进一步清除自我限制性措施。《国家安全保障战略》制定前，日本安全保障政策的基础是1957年5月日本内阁决议确定的《国防基本方针》。该方针规定,"根据国力和国情，在自卫所需限度内，逐步发展有效的防卫力量","对于外来入侵，依靠与美国的安全保障体制予以阻止，直到将来联合国有能力制止这种侵略"。[②]《国家安全保障战略》制定后，取代了《国防基本方针》，明确规定"为了解决国家安全面临的课题，实现安全战略目标，日本应有效运用各种资源，综合施策","通过有力的防卫装备进一步积极参与国际合作，为和平作贡献","为充分确保国家安全，应以外交和防卫力量为重点强化能力","为确保国家安全，首先应强化自身能力、打牢基础，切实发挥应有作用，并确保自身能力能够适应形势变化。强化日本的经济实力、技术实力以及外交和防卫力量，提升维护国家安全的强韧性。"[③]

二是全面提升太空安全的重要性。《国家安全保障战略》明确提出，要将太空安全作为国家安全新课题，规定"太空的稳定利用，不仅对国民生活和经济发展不可或缺，对维护国家安全更

[①] 首相官邸,『内閣官房長官談話』,平成25年12月17日,http://www.kantei.go.jp/jp/tyokan/96_abe/20131217danwa.html（上网时间：2016年12月5日）

[②] 防衛省・自衛队,『資料6 国防の基本方針』,昭和32年5月20日,http://www.mod.go.jp/j/publication/wp/wp2013/pc/2013/html/ns006000.html（上网时间：2016年12月6日）

[③] 内閣官房,『国家安全保障戦略について』,平成25年12月17日,http://www.cas.go.jp/jp/siryou/131217anzenhoshou/nss-j.pdf（上网时间：2016年12月5日）

是至关重要。在发展巩固科学技术和产业基础的同时，应从维护安全的角度出发，推进太空的利用"。①

三是首次将太空安全纳入日本国家安全战略，明确了国家安全战略与太空战略的法律关系。《国家安全保障战略》规定，"本战略作为维护国家安全的基本方针，是制订海洋、太空、网络、政府开发援助、能源等关乎国家安全的各项政策的根本依据"。②同时，将太空战略作为实现日本国家利益及安全战略目标的不可或缺的手段。

四是明确了太空安全与其他国家安全相关战略的关系，重点是规定了如何从太空开发利用角度，加强海洋、网络、防卫、同盟等的安全保障。《国家安全保障战略》提出，"关于海洋监视能力，日本应构建有效运用网络手段、太空技术等综合海洋监视能力"，"为防止非法入侵网络空间，并确保自由安全利用网络，同时也为防范国家行为体对日本重要网络系统发起可能攻击，应在全国范围建设跨部门和领域的综合性网络防护体系，谋求进一步提升网络空间防护及应对网络攻击的能力"，"为保障制定维护国家安全的相关政策，需要从根本上强化包括人力情报、公开情报、无线电情报、图像情报等各种情报搜集的能力。同时，推进对融合情报的地理空间情报的利用"，"扩充并强化侦察卫星的功能，在自卫队运用、情报搜集分析、海洋监视、信息通信、测量等领域，有效利用日本现有的各类卫星，建立太空监视体系"，"强化日美在反导、海洋、太空、网络、应对大规模灾害等广泛

---

① 内閣官房，『国家安全保障戦略について』，平成 25 年 12 月 17 日，http://www.cas.go.jp/jp/siryou/131217anzenhoshou/nss-j.pdf（上网时间：2016 年 12 月 5 日）

② 内閣官房，『国家安全保障戦略について』，平成 25 年 12 月 17 日，http://www.cas.go.jp/jp/siryou/131217anzenhoshou/nss-j.pdf（上网时间：2016 年 12 月 5 日）

领域的合作，提升日美同盟的遏制和应对能力"。①

（二）将太空军事开发利用战略全面融入日本防卫战略架构，成为日本防卫战略的重要基础

《国家安全保障战略》和《太空基本计划》都是宏观性战略，提出的多是宏观的、方向性的政策。要把太空军事开发利用变成真正具有可操作性的措施，需要明确日本太空军事开发利用的方向原则，需要对防卫政策进行调整，把太空军事开发利用政策融入到日本防卫战略架构中。

第一，修订《防卫计划大纲》，明确太空军事开发利用在防卫战略中的地位。2009 年版《太空基本计划》中明确规定，"太空开发利用在整个防卫能力中的定位，将由《防卫计划大纲》等决定。"② 但是正如本书在第一章第二节中所说，由于日本政权更迭、民主党政府把经济作为优先发展课题等原因，民主党政府虽然于 2011 年制定了新的《防卫计划大纲》，但没有对太空军事开发利用予以足够重视，对太空军事开发利用在防卫战略中的定位比较笼统。民主党政府于 2011 年制订的《防卫计划大纲》，把防卫力量视为"日本安全保障的最根本保证"，提出了建设一支"以高技术能力和信息能力为支撑，具备快速反应性、机动性、灵活性、持续性和多用性的机动防卫力量"的目标，要求围绕这一目标，推进太空开发利用，加强情报收集和情报通信能力。③

---

① 内閣官房，『国家安全保障戦略について』，平成 25 年 12 月 17 日，http://www.cas.go.jp/jp/siryou/131217anzenhoshou/nss-j.pdf（上网时间：2016 年 12 月 5 日）

② 内閣府，『宇宙基本計画（平成 21 年 6 月 2 日宇宙開発戦略本部決定）』，http://www.8.cao.go.jp/space/pdf/keikaku/keikaku_honbun.pdf（上网时间：2016 年 11 月 22 日）

③ 防衛省・自衛隊，『平成 23 年度以降に係る防衛計画の大綱について』，平成 22 年 12 月 17 日，http://www.mod.go.jp/j/approach/agenda/guideline/2011/taikou.pdf（上网时间：2016 年 12 月 7 日）

安倍上台后，即于2013年初对2011年版《防卫计划大纲》进行了重新修订。2013年版《防卫计划大纲》确立了构建"联合机动防卫力量"的战略目标，强调要预防威胁的发生、努力抵制各种事态，要针对事态的变化，进行无缝且持续的应对，①并提出了确保安全的三种手段，即：依靠自身的努力、加强日美同盟、积极推进安全合作。② 为此，2013年版《防卫计划大纲》明确提出，要利用装载有各种不同传感器的人造卫星，强化情报搜集、指挥控制、情报通信能力；要通过诸如太空态势感知监控等措施加强卫星的抗毁性，确保太空在各种事态情况下的安全、稳定、有效和持续使用。③

第二，制定了防卫省进行太空军事开发利用的基本方针，为日本太空军事开发利用指明方向、明确原则、确定内容、订立标准。自2008年日本制定并颁布《太空基本法》后，日本防卫省先后出台两份《太空开发利用的基本方针》，不断完善日本发展太空军事力量、为国家防卫力量建设服务的方向和内容。2009年1月制定的是首份《太空开发利用基本方针》。这份基本方针的主要内容包括：一是规定了日本落实太空军事开发利用政策、制订全面系统计划的过程。该基本方针明确规定，防卫省将以《太空基本计划》为基础，推进全面系统的计划，根据《防卫态势评估报告》制订太空政

---

① 防衛省・自衛隊，『防衛力の在り方検討に関する中間報告』，平成25年7月26日，http：//www.mod.go.jp/j/approach/agenda/guideline/2013_chukan/20130726.pdf（上网时间：2016年12月7日）

② 防衛省・自衛隊，『平成26年度以降に係る防衛計画の大綱について』，平成25年12月17日，http：//www.mod.go.jp/j/approach/agenda/guideline/2014/pdf/20131217.pdf（上网时间：2016年12月7日）

③ 防衛省・自衛隊，『平成26年度以降に係る防衛計画の大綱について』，平成25年12月17日，http：//www.mod.go.jp/j/approach/agenda/guideline/2014/pdf/20131217.pdf（上网时间：2016年12月7日）

策,重新修订《防卫计划大纲》,制订新的《中期防卫力量整备计划》。① 二是提出了日本太空军事开发利用要重点发展的四个基于太空的能力,即情报搜集能力,预警和侦察能力,通信、定位、导航和定时能力,气象观测能力。三是确定了日本太空军事开发利用要实现的两个目标,即网络化和系统化。该基本方针明确提出,"由于近年来军事科学技术的尖端精密,建立防卫能力越来越注重网络——单个设备和系统的互动,比如传感器、通讯装置、指挥和控制系统、各种平台[运载器、飞船(vessels)、航天飞机等],从而能够:覆盖广泛领域的尖端和精确态势感知、实时情报共享、远程的直接指挥和控制行动、精确制导等,以实现系统化,将设备的性能最大化。"② 不过,由于日本政权更迭的原因,这份基本方针的内容没有被2011年版《防卫计划大纲》采纳。

所以,在日本2013年制定出台《国家安全保障战略》《防卫计划大纲》《中期防卫力量整备计划》后,防卫省根据战略及大纲的要求,调整防卫政策和立场,于2014年8月重新制定了第二份《太空开发利用基本方针》。该份基本方针在2009年《太空开发利用基本方针》的基础上,进一步阐述了太空在防卫上的重要意义,强调太空已经渗透到人类社会、经济、科学和文化等各领域,是国家不可缺少的重要基础设施,成为保持和提升国家防卫能力、经济、技术以及软实力等国家实力的重要组成因素。③ 该

---

① 防衛省・自衛隊,『宇宙開発利用に関する基本方針について』,平成21年1月15日,http://www.mod.go.jp/j/approach/agenda/meeting/board/uchukaihatsu/pdf/kihonhoushin.pdf(上网时间:2016年10月21日)

② 防衛省・自衛隊,『宇宙開発利用に関する基本方針について』,平成21年1月15日,http://www.mod.go.jp/j/approach/agenda/meeting/board/uchukaihatsu/pdf/kihonhoushin.pdf(上网时间:2016年10月21日)

③ 防衛省・自衛隊,『宇宙開発利用に関する基本方針について(改訂版)』,平成26年8月28日,http://www.mod.go.jp/j/approach/agenda/meeting/board/uchukaihatsu/pdf/kihonhoushin_201408.pdf#search=%27%E5%AE%87%E5%AE%99%E9%96%8B%E7%99%BA%E5%88%A9%E7%94%A8%E3%81%AB%E9%96%A2%E3%81%99%E3%82%8B%27(上网时间:2016年10月21日)

份基本方针的核心是规定了日本太空军事开发利用的方向、任务和重点目标。

一是规定了日本太空军事开发利用的方向是：使太空开发利用有利于构建"联合机动防卫力量"。日本认为，在太空环境日趋严峻的情况下，防卫省和自卫队的首要任务是确保实时、准确地感知突发事件并尽快采取有效对策，确保国民生命财产和领土、领海、领空安全，必须拥有平时能够对领土、领海、领空进行不间断监视，并准确、快速、全面获取相关情报的能力。太空开发、尤其是人造卫星系统，可以确保并为防卫省和自卫队提供必需的 C4ISR 功能。①

二是规定了日本太空军事开发利用的任务是为了将来高水平、高效率地完成多种任务，充分利用人造卫星能够访问地球上所有区域的特点，促进太空利用，利用太空对那些对准日本或从太空飞向日本的弹道导弹等各种突发事件进行应急处理。②

规定了日本太空军事开发利用的重点目标。日本认为，太空碎片的增加和反卫星武器的开发进程，对太空的安全稳定利用构成重大威胁。所以，未来防卫省和自卫队利用太空的重点目标有三个：一是"活动空间"，利用人造卫星进行情报搜集等活动。二是"基础空间"，通过人造卫星进行通讯中继（传播）、接受所

---

① 防衛省・自衛隊，『宇宙開発利用に関する基本方針について（改訂版）』，平成 26 年 8 月 28 日，http：//www.mod.go.jp/j/approach/agenda/meeting/board/uchukaihatsu/pdf/kihonhoushin_201408.pdf#search = % 27 E5% AE% 87% E5% AE% 99% E9% 96% 8B% E7% 99% BA% E5% 88% A9% E7% 94% A8% E3% 81% AB% E9% 96% A2% E3% 81% 99% E3% 82% 8B% 27（上网时间：2016 年 10 月 21 日）

② 防衛省・自衛隊，『宇宙開発利用に関する基本方針について（改訂版）』，平成 26 年 8 月 28 日，http：//www.mod.go.jp/j/approach/agenda/meeting/board/uchukaihatsu/pdf/kihonhoushin_201408.pdf#search = % 27 E5% AE% 87% E5% AE% 99% E9% 96% 8B% E7% 99% BA% E5% 88% A9% E7% 94% A8% E3% 81% AB% E9% 96% A2% E3% 81% 99% E3% 82% 8B% 27（上网时间：2016 年 10 月 21 日）

第四章　太空开发与日本的安全保障

需的定位信号,支持地球上的军事活动、指挥控制和情报通信,包括应对太空弹道导弹袭击之类的太空利用等。三是"应对空间",包括预警,处理太空的各种事态。① 与 2009 年《太空基本计划》不同,2015 年《太空基本计划》基本上全面采纳了 2014 年《太空开发利用基本方针》的政策。

三、太空军事能力建设的加速

随着日本防卫政策调整和军事改革的推进,日本越来越需要通过增强太空能力,对其防卫能力进行相应的改进。

第一,日本是一个群岛国家,从东北到西南大约有 6852 个岛屿。② 日本的防卫力量分布在这么广阔的区域,要作为一个整体进行联合作战,而且行动速度要比任何一个潜在对手都要迅捷,就需要数据驱动、安全的通信、不同军种的跨域合作和相互支持,就需要给所有军种提供完整的、全面的军事共同操作图,就需要利用太空能力,改变日本目前的通信、指挥、管制设备和能力。③

第二,日本把本国安全与周边海域以外地方的事态发展联系起来,加速把军事战略重点从向北对付俄罗斯转移到琉球群岛一

---

① 防衛省・自衛隊,『宇宙開発利用に関する基本方針について(改訂版)』,平成 26 年 8 月 28 日, http://www.mod.go.jp/j/approach/agenda/meeting/board/uchukaihatsu/pdf/kihonhoushin_201408.pdf#search = %27%E5%AE%87%E5%AE%99%E9%96%8B%E7%99%BA%E5%88%A9%E7%94%A8%E3%81%AB%E9%96%A2%E3%81%99%E3%82%8B%27(上网时间:2016 年 10 月 21 日)

② The National Interest, "America and Japan's 'War' Plan: Defend and Deter", July 10, 2015, http://nationalinterest.org/feature/america-japans-war-plan-defend-deter-13301(上网时间:2016 年 11 月 21 日)

③ The National Interest, "America and Japan's 'War' Plan: Defend and Deter", July 10, 2015, http://nationalinterest.org/feature/america-japans-war-plan-defend-deter-13301(上网时间:2016 年 11 月 21 日)

· 273 ·

线的日本南侧，从日本本土拓展至地区、全球，想要发挥更为重要的地区和国际安全作用，成为负责任的国际领导国家。自卫队各军种的战略任务，不仅是形成空前的全疆域侦察预警与通信、指挥控制能力，以及无缝合作和灵活机动的战斗能力，更要确保远离本土诸岛一条漫长战线的统一指挥协调、实施海外军事行动的远程精确打击和战略投放能力，以及能有效保证对太空资源进行开发利用的太空攻防能力。

日本作为一个海洋国家，海洋利益的拓展是其国家核心战略之一。日本把利用太空能力保障海洋战略利益清楚地写进了《国家安全保障战略》中。日本自卫队需要利用太空能力，有效保护日本海洋战略通道的安全和远海作战能力，重点是构建日本独立的海洋监视系统，包括监视海上航线、高频率监视专属经济区EEZ海域（最少每日6个小时）、对钓鱼岛（日本称为"尖阁列岛"）等重要岛屿进行实时监测，加强对日本周边海域空域的监视能力和情报收集能力。[①]

太空资产正日益成为日本作战能力的主要提供者和推动者，日本相当多的军事能力都是由日本先进的太空技术实力产生和提供的。如侦察和监视能力、导弹防御系统等都需要通过太空基础设施进行升级并整合成为军事太空基础设施的一部分。所以，日本必然要全面加速推进太空军事能力建设，在重点项目和重点能力上进行突破。按照2015年版《太空基本计划》，日本太空开发利用的最优先项目分别是：日本版GPS的准天顶卫星导航星座、强化太空态势感知能力（SSA）和海

---

① Keidanren,『宇宙産業ビジョンの策定に向けた提言』，2016年11月15日，https://www.keidanren.or.jp/policy/2016/105_honbun.pdf#search=%27%E6%97%A5%E6%9C%AC%E3%81%AE%E5%AE%87%E5%AE%99%E3%83%A6%E3%83%BC%E3%82%B6%E3%83%BC%E7%94%A3%E6%A5%AD%E7%BE%A4%27（上网时间：2016年12月21日）

洋领域感知能力（MDA）、将其情报搜集卫星数目翻番成为8星星座、发展基于太空的导弹预警能力。自民党太空政策委员会前主席、现任自民党安全政策研究委员会主席今津宽，是加强日本国家太空安全体系构建的主要倡导者。他亦称，"日本三个最重要的太空项目是准天顶卫星系统、太空态势感知和海洋领域感知，日本也正在积极寻求建立基于太空的、共享的弹道导弹预警系统。"[①]

（一）以天基侦察为核心，着力打造日本情报侦察系统

长期以来，日本以周边大国为主要目标，不断提升情报侦察能力，重点建设和主要倚重的有三大侦察系统，分别是天基侦察系统、空基侦察系统和海基侦察系统。在日本多年来不计成本的投入下，这三大侦察系统都有不同程度的发展，但也都存在不足，导致作用受限。

一是天基侦察系统，日本主要发展的是情报搜集卫星系统和准天顶卫星系统。这两个系统起步都较早，但推进过程曲折且缓慢，日本认为现状都无以满足防卫战略的发展需求。日本1999年决定开发利用情报搜集卫星系统，2002年3月一箭双星方式首次将两颗情报搜集卫星"光学一号"和"雷达一号"侦察卫星送入轨道，拉开了日本情报收集卫星系统建设的序幕。但是，从2003年11月到2006年9月，日本的情报搜集卫星发射不断遭遇失败，迟滞了其情报收集卫星系统的建设。直到2006年9月和2007年2月，日本才将"光学二号"和"雷达二号"发射入轨，最终形成了"四位一体"的情报卫星系统，可对全球任何地点进行24小时侦察。准天顶卫星系统也是如此。日本从2003年开始推行准天

[①] Defense News,"Japan begins national security space buildup", Aril 12, 2015, http://www.defensenews.com/story/defense/air-space/space/2015/04/12/japan-national-security-space-buildup/25412641/（上网时间：2016年10月21日）

顶系统，直到 2010 年才发射了第一颗准天顶卫星"指路者"。

二是空基侦察系统，主要是采购日本川崎公司制造的 P-1 固定翼反潜侦察机和美国的战略无人侦察机"全球鹰"、无人侦察机 MQ-8，用来监控日本周边海域（包括东海和南海）的海上航行情况，及时发现并识别周边邻国的陆上纵深目标，共同提升情报侦察能力。但是，日本存在通信设备不足的问题，导致侦察机尤其是"全球鹰"的作用受损，获取的情报无法全面顺利传输。

三是陆基侦察系统，日本除了建立海上情报站、部署大范围覆盖西南诸岛的最新型潜艇水下声波监听系统（SOSUS）外，还构筑海洋监视体系，使用海上保安厅的巡逻船和自卫队的警戒机进行海洋监视。但是，这样的监视体系覆盖面积有限，无法对海上目标进行实时监视，日本迫切需要通过卫星和无人机之间的信息共享，实现对日本近海的实时监视。

日本为了强化对周边大国的监视，构筑更强大的海洋监视体系，决心同步加强三个侦察系统的建设，尤其是重点加强天基系统的建设，通过卫星和无人机之间的情报信息共享，实现对日本周边海域、甚至是亚太地区的实时监视。为此，日本重点推进两大太空军事开发利用项目。

一是潜心打造准天顶卫星系统。日本计划分两个阶段进行，2012—2017 年为研发阶段，2018—2032 年为运营阶段。据此，日本在 2017 年底前将构成 4 星体系并开始运行，确保至少有 1 颗星能以高仰角观测到日本上空，确保在很少受或不受任何障碍物影响情况下，系统能独自、不间断地提供导航定位和授时服务，即便是在高楼林立的街心或群山环绕的农舍也可以正常通信，实现 24 小时全天候覆盖日本列岛及其周围区域。准天顶卫星系统作为地区 GPS 系统，尤其是在美国防卫省的 GPS 系统性能下降的时候，成为 GPS 系统的补充。① 到 2023 年，准天顶卫星系统将拥有 7 颗卫星，成为完整的 7 星星座，确保日本上空始终有 4 颗星，即使不依赖美国的全球卫星系统（GPS），也能进行持续定位，实现以导航定位为主、兼具卫星通讯和广播功能的军民两用区域性卫星系统，覆盖亚洲和大洋州全部地区，甚至可以观测到同步轨道卫星观测不到的南北极地区（详见图 4.2）。

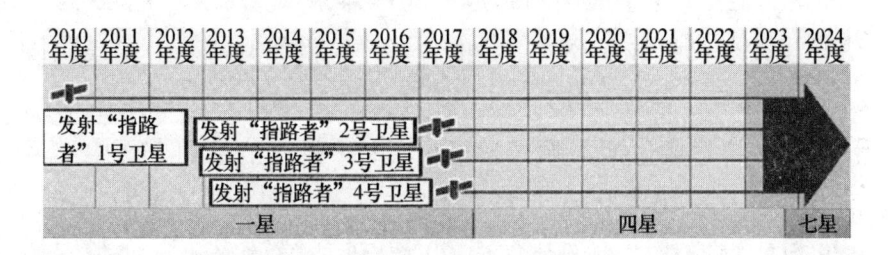

图 4.2　"准天顶"卫星系统工程建设路线图
资料来源：根据内阁府公开资料整理。

二是扩充情报收集卫星（IGS）系统。高性能侦察卫星系统是一个国家战略威慑能力的重要体现，决定着军队的战斗能力。对日本来说，具备独立的太空侦察能力，不但能提高政治、军事决策的自主性，更能增强军事独立性，是军事大国化的必要前提。为此，从 21 世纪初开始，日本即加速打造自己的情报搜集卫星系统，目前已经经历了 4 星体系阶段，进入 6 星体系阶段，正积极谋求推进实现 10 星体系。第一阶段是 4 星体系阶段。从 2002 年 3 月首次发射到 2007 年 2 月，日本完成情报搜集卫星的 4 星体系建设。该体系分别由两颗光学卫星和雷达卫星组成，光学

---

① IFRI, Center for Asian Studies, "Japan's New Dual-Use Space Policy: The Long Road to the 21st Century", November 2016, https://www.ifri.org/sites/default/files/atoms/files/japan_space_policy_kallender.pdf#search=%27Japan%27s+space+activities+in+Asia+and+Multilateralism%27（上网时间：2016 年 10 月 21 日）

卫星装有多光谱遥感望远数码相机，主要负责在能见度较好的情况下侦察，雷达卫星装有合成孔径雷达，主要负责在夜间或能见度差的情况下侦察，两种卫星均装有相控阵天线和红外线发射器，可根据侦察需要灵活调整姿态，找准角度长时间开展侦察。第二阶段是6星体系阶段。2017年3月，日本将"雷达五号"发射入轨，使日本情报收集卫星系统正式形成了由3颗光学卫星和3颗雷达卫星、4个地面站组成的6星体系（见图4.3）。在这一阶段，日本"光学五号"卫星的分辨率达到了0.4米。第三阶段是10星体系。按照2015年11月《太空基本计划工程进度图》，日本未来将形成包括4颗光学卫星、4颗雷达卫星和2颗中继通信卫星在内的10星体系。主要目标有3个：实现一天对同一地点的多次侦察；从"成像侦察向高时效性成像侦察+高速数据传输"过渡，形成强大实战能力；为提高情报收集卫星系统的战术应用能力，将大力发展集光学成像、雷达成像和电子侦察"三位一体"的快速响应型侦察卫星。

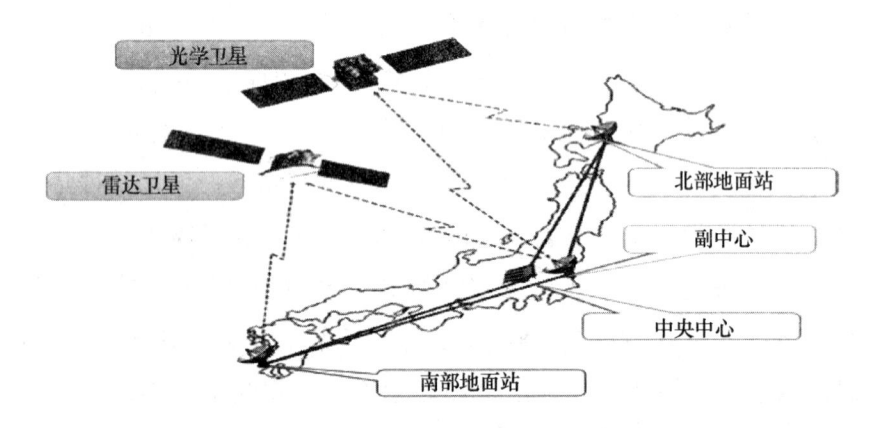

图4.3 日本情报搜集卫星的6个星体系图

资料来源：根据内阁府公开资料整理。

（二）建立日本防卫省专有专用的 X 波段防卫通信卫星系统

X 波段防卫通信卫星系统是日本防卫省的首个军事专用通信卫星网络。长期以来，日本一直依靠租用国内民营企业 SKY Perfect JSAT 公司（最初是日本太空通信卫星公司）"超鸟"系列卫星上的 Ku/X 波段来保障防卫省（厅）与自卫队、自卫队之间的防卫通信。"超鸟"卫星是日本的国内民用通信卫星，搭载的 X 波段供防卫省（厅）使用。日本发展 X 波段防卫通信卫星系统的主要原因有四个：一是从卫星的使用上考虑。租用商业卫星的费用高、风险大，在紧急情况下难以保证稳定使用。而且日本防卫省租用的"超鸟"通讯卫星一共有 3 颗，分别是"超鸟 B2"、"超鸟 C2"和"超鸟 D3"，其中 2 颗即将到设计寿命。二是从波段上考虑。日本防卫通信长期租用商用卫星 X 波段，积累了大量使用经验和技术力量，在拥有自己的卫星后，可迅速建立自己的防卫通信卫星系统。而且，X 波段通信不受气候条件影响，信息稳定。三是从战略上考虑。拥有自己的防卫通信卫星将为日本出兵海外和加强陆海空联合作战提供可靠保障，特别是将充分保障日本在亚太和印度洋地区的军事通信。四是从安全性上考虑。商业卫星的操控都不在日本手上，不但通信带宽难以保证，而且还有被监控的风险。拥有自己的卫星除通信量不受限制外，还可在卫星软硬件方面根据自己需要设置各种通信加密措施，从而大大提高日本防卫通信的安全性。

日本的目的很明确，就是为了保障军事行动领域的通信实时、不受限制、安全，自卫队明确提出，"作为一个新的军事行动领域，越来越需要准确的指挥、控制和及时高效的情报共享，这是部队能够充分履职的重要保障。通信卫星就是这种保障的重要基础。卫星通信将相对简单的地面基础设施整合在一起，就可以覆盖一个广阔领域，广播能力优越，在自然灾害面前不可攻破。"①

日本早在 2011 年就开始推出 X 波段防卫通信卫星的开发利用计划。日本在 2010 年《防卫计划大纲》中认为，日本在海洋、太空、网络空间利用等的安全方面存在风险，提出必须从强化情报搜集和情报通信功能的角度推进太空开发利用。在 2011 年制定的《中期防卫力量整备计划》中，日本提出，要完善防卫指挥通信能力，推进防卫领域里的太空应用，要构筑通信能力强的 X 波段通信卫星网络。2011 年 9 月 30 日，防卫省向内阁提交了一份建设一套先进的 X 波段区域通信卫星网络系统的申请报告，拟建设由三颗地球同步轨道卫星组成的、在国际上技术最先进的 X 波段区域通信卫星网络，这一系统建成后不仅可覆盖日本本土，还可覆盖包括远离日本本土的小笠原群岛等周边岛屿，以及部署在最西线（亚丁湾的）的日本自卫队和最东线（夏威夷）的自卫队，与其保持实时的通信联系。

2013 年 1 月，日本防卫省在政府支持下开始筹划自行建造并发射 3 颗 X 波段防卫通信卫星"煌"卫星来替换上述三颗租用卫星，分别命名为"煌 1 号"、"煌 2 号"和"煌 3 号"。"煌 1 号"原定于 2016 年 7 月发射，由于运输途中意外受损，发射日期被迫延期至 2018 年。"煌 2 号"于 2017 年 1 月成功发射入轨；"煌 3 号"计划在 2021 年发射。这三颗卫星的性能、任务、能力与此前的通信卫星相比，已经发生重大变化，在坚持防御性的同时，更加突出了对抗性。具体表现在：一是波段的区别。防卫通信卫星主要使用三个波段，分别是 X 波段、Ku 波段和 L 波段。这三

---

① 防衛省・自衛隊，『宇宙開発利用に関する基本方針について』，平成 21 年 1 月 15 日，http：//www.mod.go.jp/j/approach/agenda/meeting/board/uchukaihatsu/pdf/kihonhoushin.pdf（上网时间：2017 年 2 月 9 日）

个波段的主要区别在于 X 波段主要用于作战通信；Ku 波段主要是用于完善 X 波段，扩大覆盖区域，增大信息量；L 波段主要是用于进一步完善 X 波段和 Ku 波段，扩大覆盖区域。日本的三颗防卫通信卫星都是 X 波段，证明这三颗防卫通信卫星都是用于作战通信。二是日本防卫通信卫星在实现 3 星组网后，日本就建立了一元化的防卫通信卫星体制，确保自卫队能在所希望的时间、与所希望联合的部队、用所希望采用的通信手段进行通信。[①] 同时，日本也建成了独立的防卫通信卫星系统。该系统将覆盖日本本土和亚太地区、印度洋地区，包括远离日本本土的小笠原群岛等周边的所有岛屿、部署在最西线（亚丁湾）和最东线（夏威夷）附近的自卫队驻地，为日本派往国外的维和部队提供通信服务。[②] 该系统将成为日本参谋本部和全国各地自卫队、派驻国外的国际维和部队之间，和部队、战车、战舰、飞机、便携式终端等移动物体之间的核心通信手段，用于部队的统一指挥控制[③]（如图 4.4）。三是在自卫队监督官的监督下，技术人员能够 24 小时不间断地利用通信卫星监视态势发展。

（三）加强太空态势感知系统的建设，加速推进太空监视能力的军事化

日本很早就开始进行太空态势感知系统（SSA）建设及其太空监视。但过去几十年都是由 JAXA 控制，主要是由 JAXA 在冈

---

① 王存恩:《日本首颗军用通信卫星升空》，载于《国际太空》2017 年第 3 期。

② 王存恩:《日本首颗军用通信卫星升空》，载于《国际太空》2017 年第 3 期。

③ 文部科学省,『防衛省における宇宙開発利用の取り組みについて』，平成 26 年 10 月 17 日，http://www.mext.go.jp/b_menu/shingi/gijyutu/gijyutu2/071/shiryo/__ics-Files/afieldfile/2014/10/22/1352273_1.pdf#search=%27%E5%AE%87%E5%AE%99%E9%96%8B%E7%99%BA%E5%88%A9%E7%94%A8%E3%81%AB%E9%96%A2%E3%81%99%E3%82%8B%27（上网时间：2017 年 2 月 9 日）。

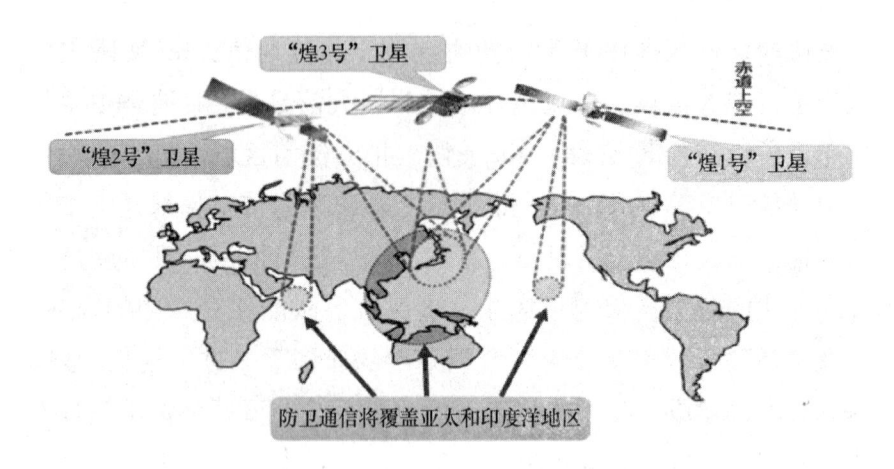

图 4.4 日本"煌"卫星的区域覆盖图

资料来源：根据内阁府与防卫省、JAXA 公开资料整理。

山县的两处雷达和光学望远镜设施负责实施太空监视，完全是民事控制和民事使用。按照日本政府与美国达成的协议，JAXA 从 2014 年开始与美军正式共享情报，把这两个设施观测到的数据提供给美国战略司令部的太空联合作战指挥中心，美国也将非公开情报提供给日本，强化太空态势感知监视合作。根据 2014 年防卫省制定的《太空开发利用基本方针》，防卫省计划在 2018 年以后开始更新 JAXA 使用的监视太空的雷达，并计划于 2019 年在自卫队设立专门的太空部队监视太空，任务是监控太空垃圾、电磁干扰，确保人造卫星的安全。新部队将隶属于自卫队的统合幕僚监部，拟由来自陆海空自卫队的数十名自卫队员组成，JAXA 将分阶段把监视业务移交给这支专门部队。

这意味着日本对太空态势感知监控活动正在发生重大改变：一是日本太空态势感知监控活动的性质发生改变，正从民用领域范畴逐步转向军用范畴。到 2019 年日本天军组建完成时，日本太空态势感知监控活动将完全成为军事活动。二是日本太空态势感知活动的监控范畴发生改变。日本太空态势感知活动的监控范围

第四章 太空开发与日本的安全保障

正在扩大，在日美开始太空态势感知情报共享合作前，JAXA 只监视卫星安全。日美开始太空态势感知情报共享合作后，JAXA 的监视范围已经扩大到太空资产。日本军方接手后，监视对象将进一步扩大至其他国家的军事卫星、情报搜集卫星，或者是日美认为对其安全构成影响、威胁的其他卫星与太空资产。三是日本太空态势感知活动的目的发生改变，正从保护卫星安全逐步转向为战争做准备。JAXA 以前主要是定位太空垃圾。这些定位太空垃圾的技术一旦用作军事用途，就可以成为掌控他国军事卫星或可疑卫星动向的技术能力。如果再辅之以太空清除技术，日美就可以把他国军事卫星或可疑卫星进行在轨清除。这实际就是将太空用于军事目的、为第四战场做着战争准备。美国"亚洲研究中心"的一份研究报告明确指出，太空态势感知系统对日本具有重要的战略意义，主要用于监视其他太空大国尤其是中国的太空活动，尤其是在轨反卫星 ASAT 技术。[①]

自卫队太空部队定于 2019 年后成立，任务是通过雷达和望远镜等监控"太空垃圾"。[②] 据悉，太空部队将把收集到的情报提供给美军，在太空领域也加强日美合作。防卫省正在考虑与文部科学省合作，取得冈山县的民营雷达设施和大型光学望远镜设施，并计划将这些设施交由太空监控部队使用。防卫省还准备引进能够对太空异变实施常态化监视的传感器及图像解析系统等设备。

[①] IFRI, Center for Asian Studies, "Japan's New Dual-Use Space Policy: The Long Road to the 21st Century", November 2016, https://www.ifri.org/sites/default/files/atoms/files/japan_space_policy_kallender.pdf#search=%27Japan%27s+space+activities+in+Asia+and+Multilateralism%27（上网时间：2017 年 1 月 19 日）

[②] 太空垃圾，指的是大量结束使命的、正在太空漂移的人造卫星和火箭及其残骸，如果这些垃圾和情报收集卫星、通讯卫星相碰撞，安全方面将受到严重影响。

（四）加快发展日本自己的弹道导弹防御（BMD）系统

受冷战时期弹道导弹防御思想和当时冷战形势影响，从1980年下半年起，日美两国政府、产业界和学者开始通过非正式会晤探讨在日本建设弹道导弹系统问题。1998年12月，日本发表《官房长官有关日美共同开展BMD技术研究的谈话》，指明日本弹道导弹防御系统的建设将分为调研、开发和部署三个阶段。日本2003年12月推出的《关于加强弹道导弹防御系统的决定》称，日本经多方论证和认真分析当前形势，决定开启弹道导弹防御系统建设。[①] 由此，日本正式开启了弹道导弹防御系统的建设步伐。

弹道导弹防御系统是一体化双层导弹防御系统，由海基中段拦截系统和陆基低空拦截系统两部分组成，两部分的通信联络由卫星连接。"海基全战区导弹防御系统"主要负责日本外海上空的防御，担负导弹中段和助推段拦截，目标是在大气层外击毁来袭导弹，如低层拦截系统拦截失败，再由"爱国者-3"型防空导弹系统在低空拦截。日本的海基导弹防御系统是以"宙斯盾"系统为基础建立的，旨在提供对射程在3500公里以下的中、近程弹道导弹进行拦截。"宙斯盾"系统是美国在20世纪80年代开始装备的一种舰载防空反导作战系统。陆基导弹防御系统是由"爱国者"导弹构成的低层拦截网。

日本弹道导弹防御系统的核心是自动警戒管制系统（JADGE），该系统与"宙斯盾"系统、"爱国者PAC-3"系统、陆基预警雷达系统、美日预警卫星和前置型X波段雷达及美日两军作战系统相融合，形成联合反导体系。作战流程是预警卫星将

---

① 首相官邸，『弾道ミサイル防衛システムの整備等について』，2003年12月19日，http://www.kantei.go.jp/jp/kakugikettei/2003/1219seibi.html（上网时间：2017年3月25日）

预警信息传递至日本各自卫队弹道导弹指挥控制系统，同时启动两层防御网络追踪并拦截导弹。因此，预警卫星至关重要，主要依靠美国的"国防支援计划（DSP）"卫星和"天基红外系统（SBIRS）"卫星。为此，2014年8月，日本防卫省推出的《太空开发利用基本方针》指明，"日本要利用人造卫星对弹道导弹的发射进行早期监控和分析，以增强预警能力。"[1] 在此基础上，日本正在加快研发用于导弹预警的红外线传感器和成立太空监视部队的步伐。目前，防卫省正在积极且认真地考虑在 JAXA 开发的一个双重用途的间谍卫星上，装置并释放一个弹道导弹防御实验预警传感器，一旦部署，代表着日本弹道导弹防御技术的一个重大进步，可能会为打击中程弹道导弹提供一个先进的护盾。[2]

（五）积极布局未来太空军事技术能力发展

重点是谋求在太空装备与技术发展方面取得新突破，稳步提升"人天、用天、控天"的快速响应能力。

一是大力完善兼具大、中、小三种类型的火箭和可重复使用运载器的发射系统。发射系统是太空开发利用的基础。日本根据拟发射卫星的质量和用途，积极发展并完善各种类型火箭的发射系统。大型火箭主要包括已投入使用的 H2A 火箭、向国际空间站运送物资的"H-2转移飞行器"（HTV）、不断智能化的 H2B 火箭、发展后继的 H3 火箭。中型火箭则是简易型、自主开发的快

---

[1] 防衛省・自衛隊，『宇宙開発利用に関する基本方針について（改訂版）』，平成 26 年 8 月 28 日，http://www.mod.go.jp/j/approach/agenda/meeting/board/uchukaihatsu/pdf/kihonhoushin_201408.pdf#search = % 27% E5% AE% 87% E5% AE% 99% E9% 96% 8B% E7% 99% BA% E5% 88% A9% E7% 94% A8% E3% 81% AB% E9% 96% A2% E3% 81% 99% E3% 82% 8B% 27（上网时间：2016 年 10 月 21 日）

[2] IFRI, Center for Asian Studies, "Japan's New Dual-Use Space Policy: The Long Road to the 21st Century", November 2016, https://www.ifri.org/sites/default/files/atoms/files/japan_space_policy_kallender.pdf#search = % 27Japan% 27s + space + activities + in + Asia + and + Multilateralism% 27（上网时间：2017 年 1 月 19 日）

速反应型火箭。小型火箭则是新型固体火箭艾普斯龙（Epsilon）。固体火箭有组装简便、移动安全、便携、发射准备时间短、成本低等优点，改进后可发射导弹。

二是不断加快并提升小卫星系统性能。日本认为，为确保国家安全，必须配备由快速响应小卫星组成的卫星观测网，因为小卫星（包括微小卫星、超小卫星、皮卫星、纳卫星、立方体卫星等）与大卫星相比，有着成本低、制造快、发射快、能够及时补充受损卫星、有效载荷灵活多样等优势，而且使用由快速响应小卫星组成的卫星观测网，在降低成本的同时，可以使得观测更简易、利用频度更高、更易于快速响应。美国自2016年10月开始实施"小卫星革命"计划，增加小卫星尤其是立方体卫星在遥感、通信、科学与太空控制等领域的开发和数据利用，并加大军用小卫星的技术验证，建立"提高军事作战效能的太空系统（SeeMe）"①、"陆军全球动中通卫星通信"星座②、"隼眼"小卫星，③ 实现适时传递满足军事需求的高分辨侦察卫星图像，实现更高频率和更快的数据传输速率，提升战术单元实时战场态势感知和偏远地区通信能力，以改变目前主要依靠大卫星执行侦察监视任务的局面。日本在2009年之后开始推行小卫星项目。2009年《太空基本计划》设定的四个研究开发项目之一，就是小型演示卫星项目，目标是政府每年至少生产一颗小型卫星。2013年《太空基本计划》进一步缩小卫星系统的数目，集中在定位、遥

---

① "提高军事作战效能的太空系统"（SeeMe）由24颗纳卫星构成，使地面部队能够在提出需求的90分钟内，通过智能手机或手持设备获取高分辨侦察卫星图像。

② "陆军全球动中通卫星通信"星座由16颗微小卫星组成，重点是验证UHF和Ka波段通信能力，进行更高频率通信和更快速的数据传输速率。

③ "隼眼"小卫星的质量为15千克，携带光电成像载荷，地面分辨率约1米，可以在接受指令10分钟之内，将侦察图像传回地面。

感、通信广播卫星和卫星发射运载器上，并把太空项目进一步转向小型演示卫星，鼓励在不同领域使用小卫星技术，并从2013年底开始发射立方体小卫星。

四、着力加强对太空军事力量建设的财政保障

太空开发是一项高投入、高风险的高技术事业。要确保太空开发利用项目的顺利推进，就必须保持稳定的经费投入。为了加速推进太空军事力量，日本政府采取特殊财政政策，确保巨幅增加太空防卫预算经费的投入。

对日本的太空防卫预算，始终有两个被日本政府刻意误导的统计误区。

第一个误区，日本防卫预算不能超过国民生产总值GDP的1%。日本总是以此证明，日本的防卫能力比其他大国要低许多。事实是，这只能展现国家对防卫的投入多少，但并不能反映出一个国家防卫能力的强弱。而且，不同国家计算防卫预算的方法不同，有的按照市场汇率计算，有的按照购买力平价计算。但是不管用哪种方法计算，根据国际战略问题研究所的统计，日本的防卫预算都在世界居于领先地位。即使是日本大幅削减防卫预算的2011年，日本的防卫预算仍达到584.2亿美元，在全球排第五位。[1]

第二个误区，日本的太空防卫预算与世界其他国家相比，处于较低水平。尤其是在日本国内经济持续萧条、国家财政预算持续吃紧的情况下，虽然日本把安全列为太空开发利用的首要优先事项，但日本的太空防卫预算正在持续下降。2015年以来日本官方公布的太空防卫预算案，似乎也印证了这是一个"客观事实"。

---

[1] IISS, *The Military Balance* 2012, London: Arundel House, first published March 2012, p. 31.

根据日本内阁府公布的数据，日本2014年、2015年和2016年的太空防卫预算分别为746亿日元、[①] 296.45亿日元[②]和340亿日元，[③] 与2014年相比，2015年和2016年的太空防卫预算大幅下降，分别仅为2014年预算的39.74%和48.87%。2016年虽较2015年有增长，但增幅极其有限（见表4.2）。

表4.2 2009—2016年日本国家和防卫省的太空开发经费预算一览表

（单位：亿日元）

财政年度	国家预算	较上年增减	防卫省预算	较上年增减
2009年	3488	+10.4%	580	+37%
2010年	3390	-2.8%	609	+5%
2011年	3099	-8.6%	413	-32.1%
2012年	2969	-4.2%	288	-30.3%
2013年	3218	+8.4%	677	+135.1%
2014年	3238	+0.62%	746	+10.2%
2015年	2786	-13.96%	296	-60.3%
2016年	2899	+4.1%	340	+14.9%

资料来源：根据内阁府公开数据整理，http://www.8.cao.go.jp/space/budget/yosan.html#container

事实并非如此。日本太空防卫预算之所以表现出连年下降的现象，真正的原因是日本政府用了偷梁换柱的伎俩，在太空预算上瞒天过海，制造出了太空防卫预算"下降"的假象。

---

① 内閣府，『平成25年度補正及び平成26年度の宇宙関係予算案について（速報値）』，平成25年12月，http://www.8.cao.go.jp/space/budget/h26/fy26yosan.pdf（上网时间：2016年7月19日）

② 内閣府，『平成26年度補正及び平成27年度の宇宙関係予算案について（速報値）』，平成27年1月，http://www.8.cao.go.jp/space/budget/h27/fy27yosan.pdf（上网时间：2016年7月19日）

③ 内閣府，『平成27年度補正及び平成28年度当初の宇宙関係予算案について』，平成28年1月，http://www.8.cao.go.jp/space/budget/h28/fy28yosan.pdf（上网时间：2016年7月19日）

第四章 太空开发与日本的安全保障

为避免国家航天开发预算超过"国家财政年度GDP的0.05%"这一红线,从2015年起,日本决定采取"剥离"财政政策,以减少国家太空预算额度,就是将部分太空防卫预算与国家太空年度预算剥离。具体剥离的领域有:一是把与弹道导弹防御计划(BMD)有关的预算与国家太空年度预算剥离。弹道导弹防御计划中与太空有关的预算不再列入太空预算经费,由防卫省把与弹道导弹防御计划有关的太空开发预算与弹道导弹防御计划预算一并向内阁府申报。二是X波段防卫通信卫星的年度预算与太空开发预算剥离。X波段防卫通信卫星的设计、研制、发射和经营管理等的费用(每一财政年度不少于100亿日元),不包括在国家太空开发预算之中,都以国库债务资金的形式另行支付。

所以,自2015年之后,日本实际投入的太空开发预算应该包括三个部分,分别是:国家太空开发预算中的防卫省预算;防卫省公布的弹道导弹防御计划中,与太空有关的预算;每年以国库债务资金支付的,用于X频段防卫卫星设计、研制、发射和经营管理等的费用。自2015年之后,日本实际投入的太空防卫开发预算也应该包括三个部分,分别是:国家太空防卫开发预算;防卫省公布的MBD防御计划中与太空有关的预算;每年以国库债务资金支付的,用于X波段防卫通信卫星设计、研制、发射和经营管理等的费用。

按照这三部分的计算标准,对日本国家太空预算和防卫预算重新进行计算:2015年的国家太空预算=政府公布的国家太空开发预算2786亿日元(不包括年度追加预算部分)+防卫省公布的弹道导弹防御计划中与太空有关的预算2073亿日元(不包括该项预算中标注的"另行公布"部分)+每年以国库债资金形式支付的X波段防卫通信卫星费用约100亿日元=4959亿日元。2014年没有执行剥离财政政策前,日本实际太空开发预算是2840亿日元(加上X波段防卫通信卫星费用)。2015年实际太空开发预算比2014年增加2119亿日元,增幅为74.61%。

2016 年的国家太空预算 = 政府公布的国家太空开发预算 3421 亿日元（不包括年度追加预算部分）+ 防卫省公布的弹道导弹防御计划中与太空有关的预算 1915 亿日元（不包括该项预算中标注的"另行公布"部分）+ 每年以国库债资金形式支付的 X 波段防卫通信卫星费用约 100 亿日元 = 5436 亿日元。2016 年实际太空开发预算比 2015 年增加 477 亿日元，增幅为 9.62%；比 2014 年增加 2596 亿日元，增幅达到了 91.4%。

2015 年的国家太空防卫预算 = 政府公布的太空防卫开发预算 296.45 亿日元（不包括年度追加预算部分）+ 防卫省公布的弹道导弹防御计划中与太空有关的预算 2073 亿日元（不包括该项预算中标注的"另行公布"部分）+ 每年以国库债资金形式支付的 X 波段防卫通信卫星费用约 100 亿日元 = 2469.45 亿日元。2014 年没有执行剥离财政政策前，日本实际太空防卫预算是 846 亿日元（加上 X 波段防卫通信卫星费用）。2015 年的太空防卫预算比 2014 年增加 1623.45 亿日元，增幅高达到 191.9%，是 2014 年的 2.92 倍。以上计算尚不包括防卫省弹道导弹防御计划与太空有关的预算中标明需"另行公布"的那部分，以及日本版战斧巡航导弹和由 JAXA 研制的弹道导弹等预算额度。

2016 年的国家太空防卫预算 = 政府公布的太空防卫开发预算 364.56 亿日元 + 防卫省公布的弹道导弹防御计划中与太空有关的预算 1915 亿日元（不包括该项预算中标注的"另行公布"部分）+ 每年以国库债资金形式支付的 X 波段防卫通信卫星费用约 100 亿日元 = 2379.56 亿日元。2014 年没有执行剥离财政政策前，日本实际太空防卫预算是 846 亿日元（加上 X 波段防卫通信卫星费用）。2016 年的太空防卫预算比 2015 年减少 89.89 亿日元，减幅仅为 3.64%；比 2014 年增加 1533.56 亿日元，增幅为 181.27%，是 2014 年的 281.27 倍。需要强调的是，以上 2015 年和 2016 年太空防卫开发预算的计算中，尚不包括年度二次追加预算部分、防卫省弹道导弹防御计划与太空有关的预算中标明需"另行公布"的那部分，以及日本版战斧巡航导弹和由 JAXA 研制的弹道导弹等预算额度。

由此得出的结论是：在"剥离"财政政策的掩盖下，日本防卫省的实际太空开发预算总体呈连年递增趋势，增幅巨大，几近等于实行"剥离"财政政策前的 3 倍。这既证明了日本政府大力发展太空军事实力的决心，也显示了日本政府为发展太空军事实力提供最大保障的力度。

第四节 推进太空安全保障的军民融合

为了推进太空安全保障能力建设，日本把太空安全保障能力建设同民用太空产业发展紧密结合起来，从国家、部门、民间三个层面构建军民相互转化、分工合理、动态开放、创新高效的综合体系，基本形成了具有日本特色的军民融合发展道路。

一、太空技术的军民两用性

太空技术的最大特点就是军民两用性，核心太空技术存在着潜在的甚至是巨大的军事利用价值。如太空运载火箭和弹道导弹用的都是同一基础技术——火箭技术，二者的根本差别就是用途的差别，太空运载火箭是设计用来把卫星送入轨道的，导弹是由火箭运行的一种武器，是设计用来打击目标的。

日本的太空产业在国家战略中位置的不断提升，关键原因之一就是太空技术与军事技术密切有关。由于日本长期执行"太空开发仅限于和平利用"原则，日本太空领域的技术创新并非来自军事部门，而是源于民用部门。这就导致日本有相对成熟的民用太空项目和技术，从民用太空项目中可以开发出一系列太空军事技术。在 1998 年朝鲜发射"大浦洞"之后，日本内阁批准研制太空卫星，决定正式研制和发射自己的侦察卫星，2003年日本成功发射了第一颗侦察卫星，前后不足4年时间。日本之所以能够在很短的时间内成功发射侦察卫星，其中一个很重要的原因就是早在20世纪90年代初，日本的卫星与遥感技术研究已经日渐成熟。日本科学技术振兴协会从20世纪80年代中期就开始深入研究有关科研探测卫星的遥感技术，并与国家太空开发事业团合作，分别于1987年2月、1990年2月、1992年2月相继发射了海洋探测卫星Ⅰ号、海洋探测卫星Ⅰb号和高级地球探测卫星，虽然研究还处于初级阶段，但分辨率已经达到了"米"级。① 日本JAXA国际部参事星天隆就提出，"太空产业是大国的国策产业，和一般的产业不同，太空与安全密切相关，多数太空技术都具有军事技术的特征。太空技术是作为民生技术开发的，是适用于国防的潜在技术能力。"② 日本民用太空项目的优势，是日本成为太空军事强国的技术条件。从表4.3中，可以清楚地看到，日本核心的太空技术都是潜在军事应用的技术。

表4.3 日本民用核心太空技术的潜在军事应用能力

核心太空技术	组件	领域	潜在军事应用的例子
观测传感技术	1. 高分辨率光学传感技术 2. 微波传感技术（含陈列天线） 3. 多波段光学传感技术 4. 用于图像的卫星和传感运营技术	1. 地球观测、安全、太空科学 2. 地球观测、安全、太空科学 3. 地球观测、太空安全 4. 安全，太空科学	情报、监视、侦察 监视，数据搜集，情报 导航，位置定位 环境和气象学服务 精确打击 预警系统 核试验探测和侦察

① 梁陶著：《日本情报组织揭秘》，北京：时事出版社，2013年版，第435页。
② 公益财团法人·世界平和研究所，星山隆，『宇宙基本計画における安保インプリケーション』，2013年4月15日，http://www.iips.org/research/data/inhousemeeting20130415.pdf（上网时间：2016年8月9日）

第四章　太空开发与日本的安全保障

续表

核心太空技术	组件	领域	潜在军事应用的例子
通讯基础设施技术	1. 传输和技术技术（高增益天线；高性能放大器） 2. 卫星数据中继技术 3. 高速通讯所需的技术（数据中继、卫星的切换和转换系统、高速互联网技术）	1. 情报通讯 2. 情报通讯 3. 情报通讯	指挥、控制、通讯 遥测、追踪 导航、精确打击、部队移动、协调
定位基础设施技术	1. 高精度时间控制技术（提高测距精度的基础） 2. 高精度估算和测定技术（定位的基础）	1. 定位 2. 定位	准确打击 部队移动、协调
火箭技术	1. 液体火箭推进引擎技术 2. 火箭制导技术 3. 固体推进火箭系统技术	1. 运输系统 2. 运输系统 3. 运输系统	弹道导弹 反弹道导弹 反卫星系统 轨道反应控制系统 拦截器推进
卫星系统技术	1. 卫星平台技术（含星座技术） 2. 太空机器人技术	1. 卫星系统，太空科学 2. 卫星系统、国际空间站、太空科学	反卫星系统 防御/进攻性反太空应用

资料来源：本书作者自制。

日本民用太空核心技术是实现日本关键性太空军事基础设施自主的基础。按照美国2001年《爱国者法案》，"关键性基础设施"指的是"对国家具有重要意义的物理或虚拟的系统及资产的总和，其瘫痪或被摧毁将对国家国防、经济、卫生和安全领域产生破坏性影响。"① 也就是说，关键性基础设施是在国家安全与运转体系中扮演重要角色的系统或者设施。在太空，各国的最关键性的基础设施就是卫星，与国家安全保障、经济利用和社会民生密切相关。日本在重构太空战略的时候，把实现卫星自主开发利用作为目标，进行优先项目选择，更多地也是出于这一战略考虑。2013 年日本《国家安全保障战略》中明确规定，"扩充并强化侦察卫星的功能，在自卫队运用、情报搜集分析、海洋监视、信息通信、观测等领域，有效利用日本现有的各类卫星，建立太空监视体系。"② 但是，就是这样一个关键性基础设施，日本却还没有完全实现自主。1990 年 6 月 15 日，日本和美国签订了《卫星购买协议》，同意向美国开放日本的通信卫星和其他所有商业卫星市场。自此，美国商业卫星制造商相继赢得为日本公司供应卫星的招标，日本也主要通过向国外购买卫星图像用于军事。直到 2014 年底，日本使用的通信广播卫星共有 20 颗，其中只有 1 颗是日本自己制造的，其余 19 颗，包括日本广播公司（NHK）和民放 6 社运营使用的 3 颗、SKY Perfect JSAT 公司运营使用的 16 颗，都是美国制造。③ 日本国内使用的卫星图像也主要购买自美

---

① epic. org, "USA Patriot Act (H. R. 3162)", October 24, 2001, https://epic. org/privacy/terrorism/hr3162. html（上网时间：2017 年 1 月 17 日）

② 内閣官房，『国家安全保障戦略について』，平成 25 年 12 月 17 日, http://www. cas. go. jp/jp/siryou/131217anzenhoshou/nss-j. pdf（上网时间：2016 年 12 月 5 日）

③ 経済産業省，『宇宙産業政策について』，平成 28 年 9 月，http://www. jspacesystems. or. jp/ersdac/lecture/2_Tsuruta_METI. pdf # search = % 27% E6% 97% A5% E6% 9C% AC% E3% 81% AE% E5% AE% 87% E5% AE% 99% E7% 94% A3% E6% A5% AD% E9% 96% A2% E9% 80% A3% E6% 94% BF% E7% AD% 96% 27（上网时间：2016 年 11 月 10 日）

国、法国和加拿大的地球观测卫星。[①] 具体明细如表 4.4。要建立日本自主的关键性基础设施，就必须紧紧依靠日本民用太空产业。

表 4.4　日本国内使用的商用通信广播卫星与购买卫星图像的主要地球观测卫星明细表

日本国内使用的商用通信广播卫星		日本购买卫星图像的主要地球观测卫星	
卫星名称（发射时间）	卫星制造国	卫星名称（发射时间）	卫星制造国
SUPERBIRD-3（1997 年 8 月）	美国	IKONOS（1999 年 9 月）	美国
JCSAT-1B（1997 年 12 月）	美国	Quick Bird（2001 年 10 月）	美国
JCSAT-6（1999 年 2 月）	美国	World View1（2007 年 9 月）	美国
SUPERBIRD-B2（2000 年 2 月）	美国	Geo Eye1（2008 年 9 月）	美国
N-SAT-110（2000 年 10 月）	美国	World View2（2009 年 10 月）	美国
JCSAT-2A（2002 年 3 月）	美国	SPOT-5（2002 年 5 月）	法国
N-STARc（2002 年 7 月）	美国	CosmoSkymed 1-4（2007 年 6 月）	法国
Horizon-1（2003 年 10 月）	美国	Terra SAR-X（2007 年 6 月）	法国
JCSAT-5A（2006 年 4 月）	美国	Pleiades-HR（2011 年 12 月）	法国
JCSAT-3A（2006 年 8 月）	美国	Rader SAT-2（2007 年 12 月）	加拿大
BSAT-3a（2007 年 8 月）	美国	Rapid-Eye（2008 年 8 月）	英国、加拿大
Horizon-2（2007 年 12 月）	美国		
SUPERBIRD-C2（2008 年 8 月）	美国		
JCSAT-RA（2009 年 8 月）	美国		
JCSAT-85（2009 年 12 月）	美国		

---

① 経済産業省，『宇宙産業政策の現状と課題』，平成 26 年 2 月 28 日，http://www.8.cao.go.jp/space/comittee/sangyou-dai6/siryou2-1.pdf#search=%27%E6%97%A5%E6%9C%AC%E3%81%81%AE%E5%AE%87%E5%AE%87%E5%AE%99%E7%94%A3%E6%A5%AD%E6%94%BF%E7%AD%96%27（上网时间：2016 年 11 月 19 日）

续表

日本国内使用的商用通信广播卫星		日本购买卫星图像的主要地球观测卫星	
卫星名称（发射时间）	卫星制造国	卫星名称（发射时间）	卫星制造国
BSAT-3b（2010年10月）	日本		
BSAT-3C（2011年8月）	美国		
B-ST 3C（2011年8月）	美国		
JCSAT-4B（2012年5月）	美国		
JCSAT-14（2015年末）	美国		

资料来源：本书作者自制。

二、日本的太空军民融合机制

二战结束后，日本选择了走军民融合发展道路。主要原因就在于：日本作为二战战败国，国防工业的发展受到严格控制和监视，军事力量的发展也受到限制。日本不得不采取了先富国、后强军的发展道路和先民后军、以民掩军的发展模式。但是，在太空领域，由于二战后日本执行的是"太空开发仅限于和平利用"政策，防卫部门一直被排斥在太空开发利用之外，所以，一直没有形成具体的军民融合发展体制。自2008年以来，日本通过一系列的法律和制度设计，把军民融合机制作为太空领域的一种长期机制固定下来。

一是制订法律，把太空军民融合合法化和公开化。2008年《太空基本法》规定，"将推动有利于日本安全的太空开发利用"。[1] 2013年，日本《国家安全保障战略》中也明确规定，"日本强大的技术能力是日本经济实力和防卫力量的基础，也是国际

---

[1] 内閣府，『宇宙基本法』，平成二十年五月二十八日法律第四十三号，http://law.e-gov.go.jp/htmldata/H20/H20HO043.html（上网时间：2016年12月21日）

社会亟需的有价值资源。有鉴于此,有必要进一步推进包括军民两用技术在内的技术振兴,强化日本技术能力,集中产、学、官各种力量,努力使技术能力在安全领域有效发挥。"[1]《太空基本法》是日本太空开发的根本大法,《国家安全保障战略》是日本国家战略的最高指导原则,相当于日本安全保障的最高法。在这两个重要法律中写入太空军民两用的重要性,就是给了太空军民两用合法外衣,意味着可以将尖端太空技术用于安全保障用途,日本从军事上利用太空已经不受制约。

二是从管理层面进行顶层设计,模糊太空开发利用中的军民界限。军民融合是世界上各国都采取的普遍性措施,世界最大的军事强国美国也通过军民融合的方式推进太空军事开发利用。但是,美国与日本在军民融合的管理体制上完全不同。美国的军民融合,执行的是三层管理体制,把民用太空和军用太空进行分开管理(见图4.5)。日本二战后虽然对太空开发利用体制进行了多次重大调整,2008年的《太空基本法》也解禁了太空的军事开发利用,但始终没有将民用太空和军用太空分开。日本特殊的太空开发利用体制,模糊了太空开发利用中的军民界限,使得日本的太空军民融合是在无"军民分立"的背景下开展。其结果就是,日本可以公开军民融合,也可以继续以民掩军,发展重要的或特殊的太空军事项目及其能力。

三是修改武器出口三原则和《通过民间参与等促进公共设施建设之法律》(通称"PFI法"),消除军民融合的壁垒。通过修改武器出口三原则和PFI法,日本可以确保太空不仅能够用于军事用途,还可以推动民营企业及其资金进入太空军事领域,使军

---

[1] 内閣官房,『国家安全保障戦略について』,平成25年12月17日,http://www.cas.go.jp/jp/siryou/131217anzenhoshou/nss-j.pdf(上网时间:2016年12月5日)

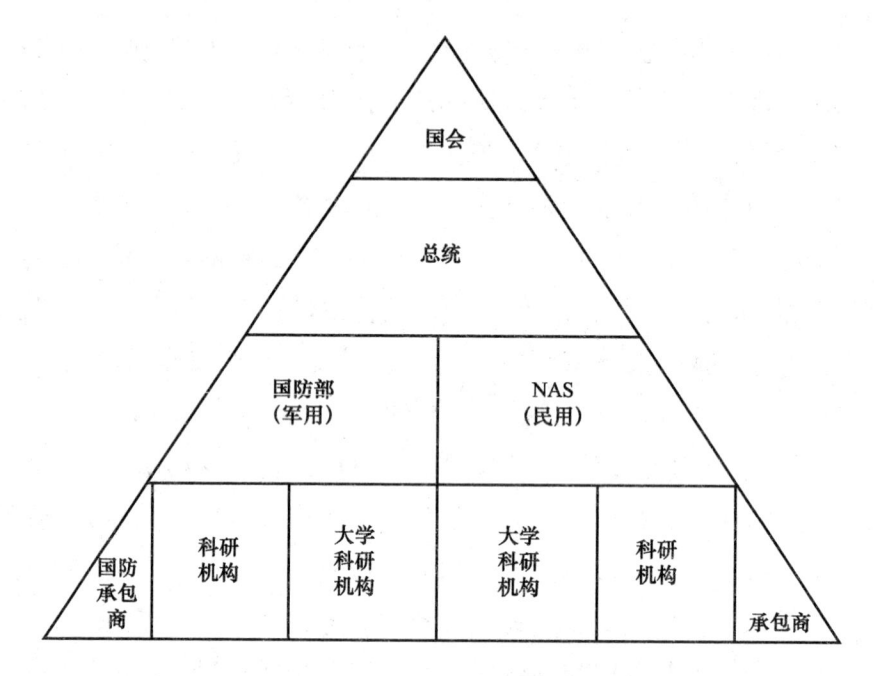

图 4.5　美国太空开发利用管理体制结构图

资料来源：本书作者自制。

民融合常态化，减轻政府因为太空军事开发利用而不断增加的财政负担。

三、日本太空军民融合体系的构建

日本积极从国家、部门和民间三个层面推进构建多层次的军民融合制度体系，为日本太空安全保障目标服务。

（一）国家统筹层面的军民融合

日本在国家层面为军民融合发展制订政策措施和拟制发展战略规划的机构，主要是国家安全保障委员会、综合科学技术创新委员会和太空开发战略本部。国家安全保障委员会通过制订安全保障战略和政策，统筹协调防卫装备建设和经济建设。2013 年版

第四章 太空开发与日本的安全保障

《国家安全保障战略》中明确规定,"有必要进一步推进包括军民两用技术在内的技术革新,强化日本技术能力。集中产、学、官各种力量,努力使技术能力在安全领域有效发挥。"[1] 综合科学技术创新委员会是政府关于军民两用技术发展的最高管理和协调机构,指导日本全国各相关部门制定军民两用科技生产计划。太空开发战略本部是太空领域的司令塔,负责太空领域的军民两用技术发展的最高管理和协调。目前,这三个机构的最高领导人都是首相,所以,日本军民融合的国家最高管理者其实是首相。

国家统筹层面的军民融合,除了对国家军民融合进行战略规划外,还通过对太空开发利用项目的优先选择,直接推动军民融合,主要表现如下。

第一,太空开发利用的最优先项目,都与军事用途密切相关。按照2015年版《太空基本计划》,日本太空开发利用的最优先项目,是日本版全球导航系统（GPS）的准天顶卫星导航星座,强化太空态势感知系统（SSA）和海洋态势感知系统（MDA）,将其情报搜集卫星数目翻番,成为8星星座,并发展基于太空的导弹预警能力。情报搜集卫星和导弹预警能力的军事利用意义一眼明了,另外几个项目的军民两用性在于:（1）准天顶卫星系统将是完整的7星座,作为地区"全球导航系统GPS"系统,尤其是在美国国防部的全球导航系统（GPS）性能下降的时候,作为GPS系统的补充。（2）日本首次具体承诺将在2018年中交付一个投入运营的太空态势感知系统（SSA）。这个系统由JAXA与防卫省合作,由内阁府和外务省提供支持,与美国对应部门密切协调。太空态势感知系统的运营很重要,因为这是防卫省第一次直

---

[1] 内阁官房,『国家安全保障戦略について』,平成25年12月17日, http://www.cas.go.jp/jp/siryou/131217anzenhoshou/nss-j.pdf（上网时间：2016年12月5日）

接参加太空态势感知，过去几十年都是由JAXA负责并控制日本的太空态势感知，完全是民事控制和民事使用。这是军事利用的一个重要机制转变，从一个侧面反映了太空技术的军民两用。（3）海洋态势感知系统主要是为了监视中国和朝鲜的军事活动。此外，日本正在系统开发双重用途的太空项目，包括超低空试验卫星项目，机动的侦察卫星可以更深地进入更低轨道，捕捉更高清晰度的图像，也可以开发小的、150千克的微小卫星，可以为了战术侦察目的快速建造并发射。

第二，卫星项目也与军民两用有关，但向军事利用倾斜。2015年，内阁府发布《2015年卫星产业现状报告》，把日本卫星按照用途分类，其中完全用于军事的"遥感卫星"占了所有卫星的38%，有民生和军事双重用途的卫星"定位卫星"和"通讯卫星"占了所有卫星的23%，分别是15%和8%。[1] 也就是说，日本已经公开承认的军用卫星，占了卫星产业的61%，近2/3。

第三，太空技术上也充分体现了军事利用性质。监视、清除太空碎片给日本发展军事技术提供"合法"掩护。所谓太空碎片，指的是可能严重危害人类太空活动和太空资产的废弃的助推器、失效的卫星和其他四处飞的小物体。监视和清除太空碎片的技术，也可以用于军事目的。日本解决碎片问题的方法之一，是"轨道维护系统"（OMS），把陈旧的或废弃的航天器移出轨道、加油和修理。这种减少或消除轨道碎片的方式，其实就是一种能力，一种让竞争对手的太空资产失明、失聪甚至是死亡的潜在能力，可以检测、重新定位、拖拉或使废弃的太空资产离轨。

---

[1] Keidanren,『宇宙産業ビジョンの策定に向けた提言』, 2016年11月15日, https://www.keidanren.or.jp/policy/2016/105_honbun.pdf#search=%27%E6%97%A5%E6%9C%AC%E3%81%AE%E5%AE%87%E5%AE%99%E3%83%A6%E3%83%BC%E3%82%B6%E3%83%BC%E7%94%A3%E6%A5%AD%E7%BE%A4%27 （上网时间：2016年12月15日）

第四章　太空开发与日本的安全保障

第四，国家通过民用资金，给军民两用项目积极的财政支持。日本的太空军事能力开发，充分利用了太空技术的两用性，模糊了军民界限。这就使得日本政府可以把更多的资金投入到军事运用技术中来，而且这些预算不算是防卫预算。所以，日本的太空预算从表面上看，防卫预算占比不高，甚至出现了下降势头，但实际上，这是以民掩军，利用军民两用性，用民用预算代替并填补了军用预算。以 2015 版《太空基本计划》的最优先项目为例：2015 年太空财政预算增加准天顶卫星系统的投入，比上年度增加 18.5%，增至 223 亿日元；情报搜集卫星项目增长 14%，增至 697 亿日元。[1] 另外，对于一些民营的与太空安全保障有关的技术项目，政府也通过第三方投融资的方式予以推进。最典型的例子就是日本初创公司 Astroscale，主要研究清除太空轨道碎片技术。2016 年，日本政府通过"日本创新网络公司"（INCJ），为 Astroscale 一次性融资 3500 万美元。[2] "日本创新网络公司"是日本唯一一家公私合营公司，公司 95% 的资金都来自于日本政府，[3] 仅注册资金，政府就投入约 2860 亿日元。[4]

---

[1] Defense News, "Japan begins national security space buildup", Aril 12, 2015, http://www.defensenews.com/story/defense/air-space/space/2015/04/12/japan-national-security-space-buildup/25412641/ （上网时间：2016 年 12 月 15 日）

[2] PARABOLIC ARC, "ASTROSCALE Secures ＄35 Million Investment for Space Debris Removal", March 2, 2016, http://www.parabolicarc.com/2016/03/02/astroscale-secures-35-million-investment-space-debris-removal/ （上网时间：2016 年 11 月 6 日）

[3] Forbes, "Japan looks set to dominate 'Newspace' in Asia; India, China in play", April 27, 2016, http://www.forbes.com/sites/saadiampekkanen/2016/04/27/japan-looks-to-set-dominate-newspace-in-asia-india-china-in-play/#7323c1d118f4 （上网时间：2016 年 9 月 22 日）

[4] PARABOLIC ARC, "ASTROSCALE Secures ＄35 Million Investment for Space Debris Removal", March 2, 2016, http://www.parabolicarc.com/2016/03/02/astroscale-secures-35-million-investment-space-debris-removal/ （上网时间：2016 年 11 月 6 日）

（二）部门层面的军民融合

在部门层面，日本通过与太空军事开发利用项目有关的政府或军队机构，组织开展与防卫相关的军民融合具体工作。日本部门层面促进太空军民整合发展的执行机构，主要是防卫省、经济产业省、文部科学省、总务省等。其中最核心的机构是防卫省，因为防卫省是日本最高军事统帅部门和军工产品的国内唯一用户。总务省、文部科学省等主要是从本部门或承担的太空开发项目等角度，予以配合和协作。比如内务省负责准天顶卫星系统地面控制段的设计和建造。内务省与主承包商三菱电机公司、日本电气公司 NEC 分别签订合同，由这两家主承包商通过民间融资方式完成。三菱电机合同价值为 500 亿日元，负责建造 1 颗地球同步卫星和 2 颗准天顶卫星。NEC 通过民间融资的方式，募集约 1170 亿日元资金，用于准天顶地面系统的设计建造和未来 15 年的运行。[①]

虽然早在 20 世纪 80 年代，日本就开始采用民用太空技术开发情报搜集卫星。但是日本防卫省直到 2008 年《太空基本法》制定后，才直接接手并参与太空开发，没有太空开发利用的直接经验。所以，防卫省层面的军民融合是一个全新的起点。日本重点采取三项措施抓紧构建防卫省层面的军民融合。

第一项：完善防卫省的管理体制。2015 年 10 月 1 日，日本防卫省正式成立防卫装备厅，负责对内军民融合、武器研发采购、对外军工合作、扩大武器出口。2016 年 8 月 31 日，防卫装备厅发布《防卫技术战略》，这是日本二战后首次发布军事技术发展顶层战略文件，提出了推动军事技术创新的若干措施。与此

---

① 中国科学院对地观测与数字地球科学中心：《日本开建国产导航系统，三颗卫星即可覆盖全境》，2013 年 4 月 15 日，http://www.ceode.cas.cn/qysm/qydt/201304/t20130415_3819580.html（上网时间：2016 年 11 月 6 日）

相配套，防卫装备厅同日还发布了2016年《中长期技术规划》，明确了未来20年军事技术发展方向。

第二项：扩大防卫省与研究机构的合作。一方面，防卫省加强与JAXA合作。2015年4月JAXA进行了重大组织机制改革，其中一个重点改革内容就是将"第二卫星利用任务本部"改建为"第二太空技术部门"。① 改革前，第二卫星利用任务本部承担的任务之一，是研究开发情报搜集卫星。这次改革后，新成立的第二太空技术部门成为JAXA内设的、与防卫省合作开发太空军事技术的专业部门。第二太空技术部门虽然设在JAXA内部，但属于独立部门，该部门的人员编制和财政预算都与JAXA的其他部门另行分开。JAXA于2017年4月28日发布的最新资料中，JAXA人员编制为1529名，2017年度预算为1537亿日元，这两个数据都不包括第二太空技术部门。② 对于防卫省与JAXA的合作进展情况，日本也从国家层面加强督查督办。2015年5月，日本太空政策委员会设立了"国立研究开发法人航天航空研究开发机构分科会"，负责调查和审议JAXA的相关研究开发项目的推进情况。另一方面，防卫省也不断加强与大学研究机构的合作研究。2015年7月和2016年3月，防卫装备厅先后发布《安全保障技术研发推进制度》，对防卫省外的研究机构和人员，重点是大学研究机构进行公开招募，资助防卫省外的研究机构和人员开展有较大军事应用价值和潜力的创新性技术研究。2015年9月第一次

---

① 内閣府，『JAXA新組織体制』，平成27年5月11日，http：//www.8. cao. go. jp/space/comittee/dai38/siryou1. pdf（上网时间：2017年4月24日）

② JAXA，『国立研究開発法人宇宙航空研究開発機構（JAXA）の最近の取組み』，平成29年4月28日，http：//www. soumu. go. jp/main_content/000483676. pdf#search = %27%E7%AC%AC%E4%BA%8C%E5%AE%87%E5%AE%99%E6%8A%80%E8%A1%93%E9%83%A8%E9%96%80%E9%98%27（上网时间：2017年5月24日）

公开招募，招募作品超过100多件，一半来自大学，其中来自大学的9项基础研究被选中。①

第三项：通过私人融资方式，加强与私营企业的合作。防卫省与私营企业的合作，主要采取私人融资方式（PFI方式）。具体操作过程是首先通过民间融资，注册成立一个民营公司。日本官方把这个公司称为"特殊目的公司"（SPC），该公司的责任就是执行军民融合的特殊任务。其次，防卫省与该公司的各股东，按照任务的进度分阶段签订合同，公司股东各承担不同任务。再次，防卫省按阶段支付合同款，全部合同款项均利用国库债务资金，按照财政年度支付。防卫省的第一个私人融资计划是DSN双星（即：X频段军事通信卫星DSN-1和DSN-2）计划。2012年12月成立了名为DSN公司的合资民营企业，日本主要卫星运行商完美天空公司（Sky Perfect JSat）、日本电气公司（NEC）、日本电报电话通信公司（NTT）是公司的三大股东，分别持股65%、17.5%和17.5%。② 2013年1月和12月，防卫省先后与DSN公司签订了第一阶段合同和追加合同。按照合同，这三家公司分工负责，共同完成包括卫星订购、发射及其15年在轨运行的任务。在合同期间，这些公司承担DSN计划的资本投资，在2031年前从日本防卫省获得年度收入（详见图4.6）。日本文部科学省介绍，"防卫省的通讯卫星开发利用，采用的是私人融资方式，缔结的是长达19年的、长期的、一揽子合同，合同金额达到

---

① 宙の会，『"年賀状"からみた日本の宇宙開発』，五代富文，2016.1.17，2016.8.30，http：//www.soranokai.jp/pages/nenga_Newkeikaku.html（上网时间：2016年11月6日）

② SPACENEWS, "Japan's DSN-1 Military Communications Satellite Damaged during Transport to Launch Base", Juny 20, 2016, http：//spacenews.com/japans-dsn-1-military-communications-satellite-damaged-during-transport-to-launch-base/（上网时间：2016年7月18日）

1221亿日元"[1]（详见图4.7）。中国的日本太空战略研究专家评价，防卫省此举"开启了利用民间资金、运营能力和技术能力完成X频段卫星通信网络系统及其公用设施等的建设、维护管理和运营管理等业务的先河"。[2]

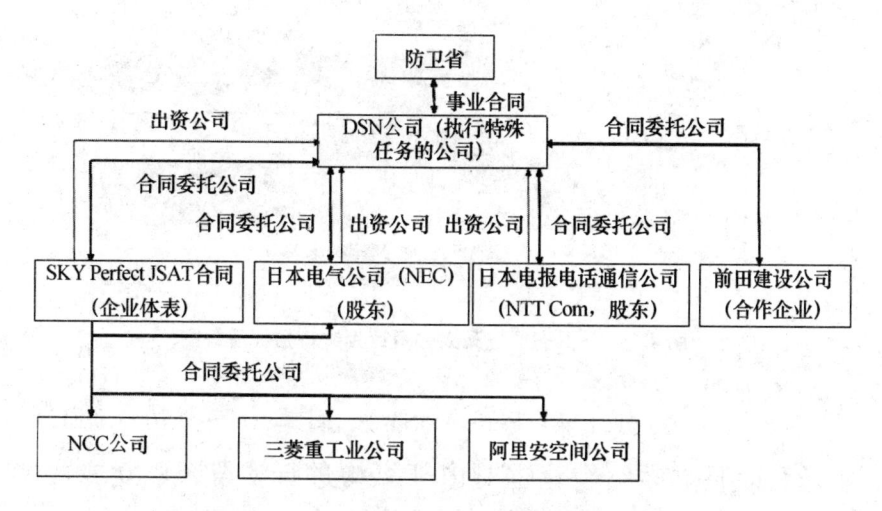

图4.6 防卫省与DSN的内部关系结构图

资料来源：根据王存恩的《日本首颗军用通信卫星升空》相关内容整理。

（三）民间实施的军民融合

日本为了促进太空军民融合，通过防卫装备协会、经团联、日本航空航天工业会等行业协会，在军民间进行沟通协调，引导企业参与装备建设、技术开发、产品和成果的共享

---

[1] 文部科学省，『防衛省における宇宙開発利用の取り組みについて』，平成26年10月17日，http://www.mext.go.jp/b_menu/shingi/gijyutu/gijyutu2/071/shiryo/__icsFiles/afieldfile/2014/10/22/1352273_1.pdf#search=%27%E5%AE%87%E5%AE%99%E9%96%8B%E7%99%BA%E5%88%A9%E7%94%A8%E8%A8%88%E7%94%BB%E3%81%AB%E9%96%A2%E3%81%99%E3%82%8B%27（上网时间：2016年7月18日）

[2] 王存恩：《日本首颗军用通信卫星升空》，载于《国际太空》2017年第3期。

◇ 事业框架

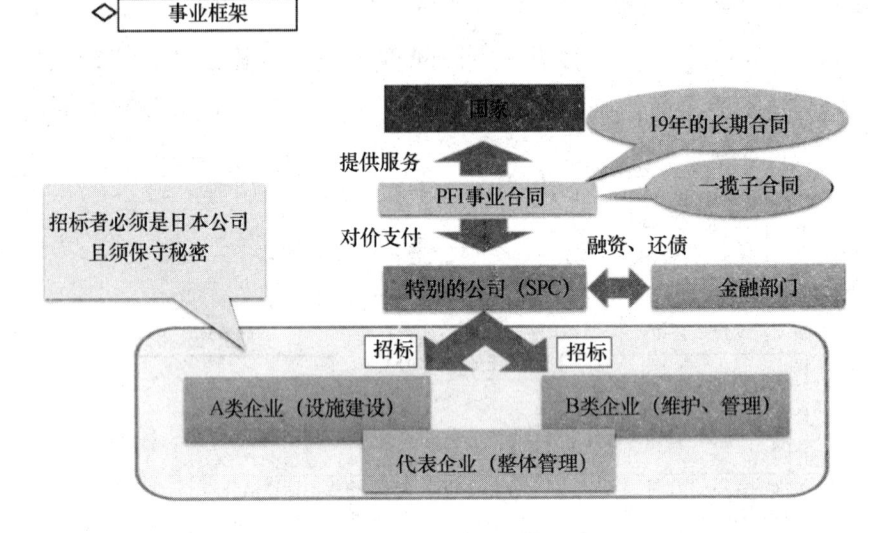

[图示:
- 国家
- 提供服务 / 对价支付
- PFI事业合同 —— 19年的长期合同、一揽子合同
- 特别的公司（SPC） ←→ 金融部门（融资、还债）
- 招标者必须是日本公司且须保守秘密
- 招标 → A类企业（设施建设）、B类企业（维护、管理）
- 代表企业（整体管理）]

图4.7 防卫省通过私人融资计划进行招标流程图

资料来源：根据文部科学省公开资料整理。

和转移。日本太空企业也对内部机构进行整合，成立专门的军民综合开发部门，确保军民融合的落实。如日本主要的太空企业之一——三菱重工，建立了"综合防卫和太空系统"。该系统的基本战略就是推动防卫和太空技术与民用技术的相互应用，减少成本，同时协调陆海空和太空防卫业务，整合为综合防卫系统。综合防卫和太空系统的部门结构详见图4.8。三菱重工"综合防御和太空系统"的首席执行官水谷久和强调，"根据日本政府的政策和目标，我们把我们的综合专业知识和先进技术能力用到各种类型的陆海空和太空系统的产品中，来满足客户的需求。"[①]

---

① Mitsubishi Heavy Industries, "Integrated Defense & Space Systems", https：//www.mhi-global.com/finance/mr2014/value/integrateddefense_spacesystems/01index.html （上网时间：2017年4月10日）

第四章 太空开发与日本的安全保障

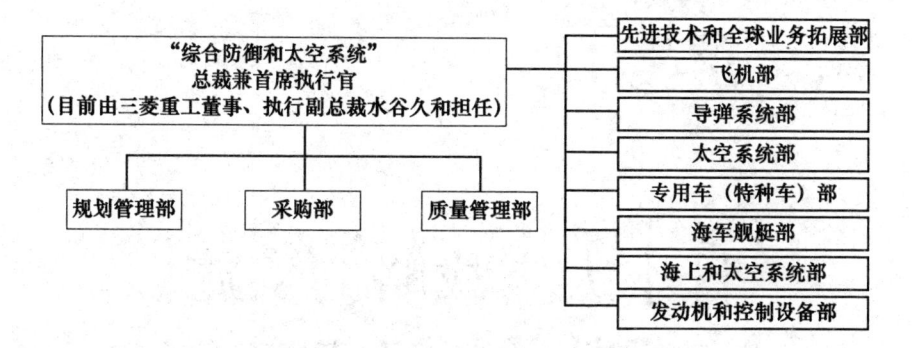

图4.8 三菱重工"综合防御和太空系统"组织结构图

资料来源：根据三菱重工公开资料整理，Mitsubishi Heavy Industries, "Integrated defense & space systems business plan", 2005, htts：//www.mhiglobal.com/finance/library/business/pdf/idss2015

第五章

日本太空战略的实施成效及未来走向

日本的太空战略是随着日本对太空认知的变化、国际环境变化、日本发展战略调整而演进的，其实施在技术创新、产业经济发展、安全保障能力提升等方面成效较为显著，对地区、世界影响明显。日本太空事业的发展潜力巨大，但未来也将面临若干制约。

第一节 日本太空战略的实施成效及影响

日本的太空战略既是将日本国家发展战略融入其中的高度综合的战略，也是综合了经济、政治、安全三大子系统的政策体系，不仅覆盖了技术、产业、经济，也覆盖了日本的安全保障和多边外交。日本太空战略的推进和实施，对日本自身发展和地区、世界都带来了重大影响。

一、在国内的实施成效

（一）带动了日本技术创新

这种带动作用，首先是促进了基础知识和应用研究完整科研

第五章 日本太空战略的实施成效及未来走向

体系的形成。在科技研发中，基础研究一般都是薄弱环节。但基于太空开发对基础研究的重视，日本形成了产、学、官虽有分工，但都重视且参与基础研究的基础研究体系。这一体系有利于开辟新的科学领域，有利于推动应用技术开发，促进尖端技术和大型项目的研究，在某种程度上为完整科研体系的形成打下了基础。其次，带动多项基础研究和应用研究处于世界领先水平。从日本基础研究和应用研究在世界获取的研究地位看，日本的多项基础研究和应用研究处于世界领先水平，主要表现在创造了多个世界第一或领先。

一是基础研究创造多个世界第一。以超导为例，日本从20世纪80年代中后期开始研发超导材料。1990年日本研制出了一种新型的常温超导材料，所具有的磁悬浮力相当于当时超导材料的300倍。① 2003年，日本开发出了当时世界上最大的高温超导材料。该材料是一个底面直径达12.7厘米的圆柱体。② 超导材料的直径与其制成的磁铁磁力有关，直径越大，磁力越大。这也就意味着，日本开发出了世界上磁力最强的磁铁。

二是在高新技术方面，日本也创造了不少领先技术，并充分地显现在日本太空项目上。最典型的代表就是日本的深空探测项目——月球环绕探测器"辉夜姬"和小行星探测器"隼鸟"。月球环绕探测器"辉夜姬"，被称为是继美国"阿波罗"之后最复杂的月球探测器。小行星探测器"隼鸟"，使日本成为世界上首个在月球之外的原始小天体上着陆、取样并成功携带样品返回地面的国家。世界上只有美国等极少数国家掌握了人造飞行器在地

---

① David Dew-Hughes，路金林：《超导材料的未来发展》，载于《稀有金属合金加工》1981年第4期。
② 新浪网，《太空孕育出世界最大的高温超导材料》，2003年2月24日，http://tech.sina.com.cn/o/2003-02-24/1649167610.shtml（上网时间：2016年8月6日）

· 309 ·

外星体降落和起飞的高超技术。即使是美国，大部分深空探测项目也是有去无回。即使有去有回，也没有能够获取并带回小行星物质的。日本不仅成为世界上少数掌握了深空探测高新技术的国家，而且在某种程度上已经赶超了美国。

三是通过太空站"希望号"推进的太空实验项目成果显著，尤其在利用太空进行生命科学领域研究上不断取得新突破，不仅在世界上首例进行太空培养 iPS 细胞生成细胞的实验，也是世界上首个在太空哺乳类动物实验上取得突破性成功的国家，利用在国际空间站保存了 9 个月的真空冷冻干燥实验鼠精子，成功培育出"太空实验鼠"。

四是技术转让推动了二度技术创新。到目前为止，JAXA 公开的官方资料中，JAXA 已经直接转让的太空技术只有 43 项，运用于日常生活、安全、环境、医疗、社会基础设施、产业、教育、娱乐休闲等 8 个领域，形成了 53 个新的技术衍生品。[①] 但这个数据不完整。"商业创建和合作网络公司"（BCCN）是 JAXA 授权的技术转让中介组织之一。据该公司官方网站介绍，仅 2003 年一年，JAXA 授权 BCCN 推介的转让技术就达 634 项，其中包括 73 项能源和电力技术、80 项测量技术、195 项结构技术、96 项通信和控制技术、27 项生物技术、39 项电池和传感器等技术、55 项火箭技术、69 项知识资料。[②]

经过多年发展，目前日本在全球太空技术专利领域占据优势

[①] 具体可参见：JAXA,『日本の宇宙技術の主なスピンオフ事例』, 平成 17 年 6 月, http://www.jaxa.jp/press/2005/06/20050629_sac_spinoff_at01.pdf#search=%27E6%97%A5%E6%9C%AC%E5%AE%87%E5%AE%99%E6%8A%80%80%E8%A1%93%27（上网时间：2017 年 4 月 7 日）。JAXA,「日本の宇宙技術の主なスピンオフ事例（2008 年版）」, 平成 20 年 3 月, 宇宙航空研究開発機構特別資料, ISSN 1349—113X, JAXA—SP—07—025。

[②] BC&C Network,『JAXA 特許の技術移転』, 2003 年, http://www.bccnetwork.com/column/BCC-206.html（上网时间：2017 年 4 月 7 日）

第五章　日本太空战略的实施成效及未来走向

地位，仅次于欧美。专利部门的统计数据显示，日本已经形成了许多太空技术和基于太空的知识专利。这些专利包括高技术专利，也包括基础知识专利，涉及太空、导航、测量、电子医疗、控制仪器、星际飞梭、离子动力、EMU 等多类技术。而且，日本在太空、导航、测量、电子医疗、控制仪器类授权的知识专利数据稳居世界第二位，仅次于美国，远远超过了德国、英国、法国等欧洲先进国家[1]（具体数字可参见表 5.1 和表 5.2）。知识产权反映了国际科技政策的关注点，也反映了各国在全球技术竞争中的表现和排名，更反映了各国在全球技术发展最为活跃和最具增长前景的技术领域的优势，在全球不同技术领域能得到二度投资和二度技术创新的机会。日本大量的高科技专利及专利文献，从一个侧面反映出日本对其科技发展战略和政策的调整，适应并领先于全球技术发展，意味着日本技术自主能力的大大提升，形成了国家深厚的技术积累，形成了许多下游应用的专利，有利于形成技术及其应用垄断，有助于增强大规模制造、部署此类技术的国家竞争力。

表 5.1　日本、美国、德国、英国、法国 2008—2012 年太空知识专利数对比

（单位：件）

	2008 年	2009 年	2010 年	2011 年	2012 年	1963—2012 年总数
日本	244	209	251	240	290	7336
美国	539	611	753	867	992	26403
德国	147	140	175	212	272	5466
英国	31	43	56	62	115	2455
法国	63	69	97	127	186	2348

资料来源：根据"智南针"网站相关数据整理。

---

[1] "智南针"网站：《三种专利能力助推日本"太空战"能力迅速崛起》，2014 年 7 月 10 日，http://www.worldip.cn/index.php?m=content&c=index&a=show&catid=111&id=363（上网时间：2017 年 4 月 3 日）

表 5.2　日本、美国、德国、英国、法国
2008—2012 年导航、测量、电子医疗、控制仪器专利数对比

（单位：件）

	2008 年	2009 年	2010 年	2011 年	2012 年	1963—2012 年总数
日本	3270	3346	4126	4122	4630	78649
美国	8921	8996	11328	11661	12957	284731
德国	1323	1348	1737	1702	1938	35307
英国	308	334	475	487	610	13920
法国	383	334	475	487	610	12220

资料来源：根据"智南针"网站相关数据整理。

（二）推进了太空商业化和私营化的快速发展

日本开展太空开发活动多年，但日本太空私营企业作为政府太空项目的承包商，除了商业卫星通信以外，不直接向公众提供服务，真正意义上的太空商业活动并不存在，太空产业基本是官需式发展。以 2008 年《太空基本法》为开端，2013 年作为日本"太空产业元年"真正拉开了日本太空产业化和商业化的大幕。近两年，日本太空商业化迎来小高潮。太空商业正在快速推进，私营企业开始积极参加到太空商业活动中来，表现出了从政府主导太空开发向企业主导太空商业转变的迹象。主要表现在以下四个方面。

第一，太空企业的积极性有较大提高，有了明确的商业市场目标和定位。如日本电气公司（NEC）是一个有着 40 年太空硬件和地面系统建造经历的老牌太空企业，已经决定拓展商业市场，市场目标是将其太空相关利润翻番，"从 2014 年的 500 亿日元增至 2020 年的 1000 亿日元"。[①] 围绕太空商业化目标，日本太

---

① SPACENEWS, "Japan's NEC looks to expand commercial market footprint", November 24, 2014, http://spacenews.com/42644japans-nec-looks-to-expand-commercial-market-footprint/（上网时间：2016 年 12 月 2 日）

空企业开始投入大笔资金，进行产业基础设施扩建。如日本电气公司投入资金 96 亿日元（约 8200 万美元），政府补贴 20 亿日元，在东京西部的府中市建了一个卫星建造设施，能够同时建造和测试 8 颗卫星，比此前的能力翻了一倍。[1] 三菱电子也将其在镰仓工厂（Kamakura Works）的卫星生产能力翻倍至每年 8 个平台，已经向商业卫星服务客户销售了 4 颗 13DS2000 卫星，通过生产扩容来创造更高的效率和成本竞争力。[2] 川崎重工也投入 130 亿日元资金，扩建其已有约 89 年历史的航空航天部门主楼，建成其航空航天事业的主力工场——岐阜工场。建成后的岐阜工场比原来的主楼扩大 10 倍，将把原来分散在 10 个地方的设计部门的约 2200 人集中在工场内，达到提高运营效率的目标。[3]

第二，私营部门成为日本太空经济的另一支生力军。日本私营太空企业开始兴起。一方面，太空风险企业数量增加且表现活跃。到 2016 年末，日本已有 10 家太空风险企业。这些风险企业的创业者，要么是政府或太空企业中有丰富从业经验的人，要么是来自大学或研究机构的专业研究人员、教授、学生。其中许多风险企业都有自己明确的企业发展目标，商业表现活跃。如，PD 太空株式会社（PDエアロスペース社）的目标是建立低成本、高便利的太空输送系统，开发制造太空机，从事太空旅行等太空相关事业。星际技术株式会社（インターステラテクノロジズ社）的目标是开发专门用于发射人造卫星的小型火箭。天文尺度公司

---

[1] SPACENEWS, "Japan's NEC looks to expand commercial market footprint", November 24, 2014, http://spacenews.com/42644japans-nec-looks-to-expand-commercial-market-footprint/（上网时间：2016 年 12 月 2 日）

[2] Aviation Week Network, "A New Direction for Japan's Space Program? -Japanese Space Programs Face Strict New Reality", May 6, 2013, http://aviationweek.com/awin/new-direction-japan-s-space-program（上网时间：2016 年 8 月 31 日）

[3] 日刊工業新聞,『川重、岐阜で設計集約の新棟建設へ 130億円投資』, 2016 年 1 月 14 日, http://newswitch.jp/p/3260（上网时间：2016 年 12 月 2 日）

（アストロスケール社）的目标是开发清除太空垃圾的"太空清洁工"。加速太空公司（アクセルスペース社）的目标是开发和运营民间商用超小型卫星，计划到 2022 年发射 50 颗超小型卫星，最终目标是利用地球观测画像数据，建立一个数据服务平台 Axel Globe。[1] ispace 公司则和 JAXA 共同开发月球探测昆虫机器人，计划在 2017 年完成；[2] 并于 2017 年开始，与卢森堡政府合作，共同开发月球资源。另一方面，风险资本和私营企业通过为太空风险企业投融资的方式，积极参与新太空产业。2015 年，总部位于东京的风险资本公司"全球头脑公司"（Global Brain Corp.）与日本主要贸易公司三井物产、广播通信卫星运营商 Sky Perfect JSAT、天气信息服务提供商 Weathernews 一起，给日本太空私营企业 Axelspace 融资 19 亿日元，帮助该企业启动小卫星开发利用项目。[3] 2016 年，日本创新网络公司和集富有限公司、三菱重工等第三方企业，共同为日本太空私营企业 ASTROSCALE 融资 3500 万日元，用于该企业的太空碎片移动项目。[4] 2016 年 12 月 1 日，ANA 控股集团（HD）和 HIS 株式会社以第三方配股的方式，向致力于太空旅行和太空运输事业的 PD 太空株式会社注资。株

---

[1] 日本経済新聞，『宇宙ベンチャー、発進へ準備着々』，2016 年 3 月 8 日，http：//www.nikkei.com/article/DGXZZO98158780Y6A300C1000000/（上网时间：2016 年 12 月 2 日）

[2] 日本経済新聞，『宇宙ベンチャー、発進へ準備着々』，2016 年 3 月 8 日，http：//www.nikkei.com/article/DGXZZO98158780Y6A300C1000000/（上网时间：2016 年 12 月 2 日）

[3] The Japan Times, "Japanese venture plans to put 50 Earth observation microsatellites in orbit by '22", December 28, 2015, http：//www.japantimes.co.jp/news/2015/12/28/business/japanese-venture-plans-put-50-earth-observation-microsatellites-orbit-22/#.WB4iG-6S11s（上网时间：2016 年 11 月 6 日）

[4] PARABOLIC ARC, "ASTROSCALE secures $35 million investment for space debris removal", March 2, 2016, http：//www.parabolicarc.com/2016/03/02/astroscale-secures-35-million-investment-space-debris-removal/（上网时间：2016 年 11 月 6 日）

第五章　日本太空战略的实施成效及未来走向

式会社 HIS 出资 3000 万日元，控股 10.3%；ANA 控股集团出资 2040 万日元，控股 7%。经过这轮融资后，PD 太空株式会社的资本金从 1000 万日元提高到了 6040 万日元。[1]

第三，非太空企业开始陆续进入太空领域，并初步形成了新的商业模式。新的商业模式主要有三种：一是非太空企业向太空企业提供技术，共同开发；二是非太空企业建立自己的独立太空企业；三是给太空企业提供资金，做投资，也为做广告。如日本丰田汽车公司和美国太空风险企业 Kymeta 公司合作，使用卫星通信技术，共同开发下一代汽车燃料电池汽车"MIRAI"，并在 2016 年 1 月北美国际汽车展览会上进行了公开展示。日本三井物业、伊藤忠商事（ITOCHU）、日本情报服务平台"天气新闻"（ウェザーニュース）给卫星风险企业的访问空间（アクセルスペース）出资。2016 年 7 月，日本电信运营商 KDDI 和日本铃木汽车公司给参加"谷歌月球 X 大奖"（Google Lunar Xprize）的日本代表队"白兔小组（HAKUTO）"做赞助商，分别提供通信技术和驱动技术并进行共同开发。日本电子电气商佳能公司涉足太空火箭业务，自己开发卫星系统的同时，参加日本 JAXA 的微型火箭开发。从事旅游商业的 HIS 公司和从事航空业务的 ANA 控股公司，也通过向 PD 太空株式会社投资的方式，进入太空商业领域。

第四，开始形成新太空产业的行业组织。如在地球观测数据产业领域，除了官方的"一般财团法人太空系统开发利用推进机构"，还形成了一个主要的行业组织 BizEarth。BizEarth 是地球观测数据和相关企业的民间商业社团，目前有 21 个正式会员公司，绝大多数都是日本地球观测数据产业的主要企业，目标是共享情

---

[1] 日刊工業新聞，『宇宙開発は国家からベンチャーの時代へ高まる注目』，2016 年 12 月 3 日，http://newswitch.jp/p/7000（上网时间：2016 年 12 月 12 日）

报，促进地球观测数据的新运用，产生新商业和新服务。① 传统的产业结构和运营模式已开始改变。

（三）太空市场效益初步显现

日本发展新太空产业带来的市场效益，已经从三个层面显现。

第一，火箭和卫星的国际竞争力有所提高。虽然日本的太空发射和小卫星市场规模仍落后于美国、俄罗斯、中国和欧洲，但日本的火箭在国际市场上的竞争力相较以前取得一定进展。自2008年以来，日本火箭发射不仅实现商业发射的零突破，而且发射数量逐年稳步推进（参见表5.3）。卫星的国际市场竞争力也取得进展，国家和私营企业都各自开发并形成了多个卫星制造平台，如 DS – 2000 通信卫星平台、先进的小型太空观测卫星 ASNARO 平台、MicroLabSat 小卫星平台。这些进展说明，日本在高可靠性的航天器件方面具有雄厚的技术实力，在设计、研制、发射以及应用大型通信卫星、大型和小型对地观测（遥感）卫星、区域导航定位卫星、各种不同类型的科学与技术试验卫星、空间探测器和货运飞船等方面已具备一定的实力。与此同时，日本整星箭参与国际竞争的能力也有提升，尤其是针对新兴国家的小卫星制造及发射的市场竞争能力有提升。到2016年1月，日本已经发射小于50千克的小卫星41颗，排世界第2位，仅次于美国。②

---

① EU-Japan Centre for Industrial Cooperation, "Space Industry Business Opportunities in Japan: Analysis on the Market Potential for EU SMEs Involved in the Earth-Observation Products & Services", October 2016, http：//cdnsite. eu-japan. eu/sites/default/files/publications/docs/2016-10-space-industry-business-opportunities-japan-ryuichi-dunphy-min. pdf#search = % 27use + space + to + create + new + business + in + Japan% 27（上网时间：2016年12月11日）

② 经济产业省 Makesat, "The overview of the small satellite market and Japan's space capabilities", October 17, 2016, https：//makesat. com/news/2（上网时间：2016年12月11日）

第五章 日本太空战略的实施成效及未来走向

表5.3 2008年以来日本火箭发射与整星箭订单统计表

年份	订单情况
2008年前	订单数为零。
2008年	订单数：1份。为新加坡和中国台湾研制并发射通信卫星中新-2（ST-2），2011年发射成功。
2009年	订单数：1份。为韩国发射多用途卫星-3（KOMPSAT-3），2012年发射成功。
2011年	订单数：2份。为土耳其研制并发射通信卫星"土耳其卫星-4A"和"土耳其卫星-4B"，分别于2014年和2015年发射成功。
2013年	订单数：1份。为加拿大电信卫星公司发射"电信星12V"（Telstar 12 VANTAGE），2015年发射成功。
2014年	订单数：1份。为卡塔尔研制并发射1颗通信卫星（Es'hail-2），预定2017年发射。
2015年	订单数：1份。为迪拜发射地球观测卫星，预定2017年发射。
2016年	订单数：2份。为阿联酋研制并发射火星探测机，预定2020年发射。为阿联酋发射对地观测卫星"哈利发星"，预定2017年底或2018年初发射。

资料来源：本书作者自制。

第二，太空产业的销售额有提升。虽然日本的太空产业规模仍然滞后于美、欧、俄，但太空产业的销售额较之前有所增加，对官需依赖的比重也略有下降。2011年，日本太空产业市场规模达到7.7701万亿日元；[①] 太空产业销售额2650亿日元，其中，官

[①] 経済産業省，『我が国の宇宙産業政策について』，平成25年10月10日，http://www.8.cao.go.jp/space/seminar/fy25-dai4/meti-1.pdf#search=%27%E6%97%A5%E6%9C%AC%E3%81%AE%E5%AE%87%E5%AE%99%E7%B5%8C%E6%B8%88%27（上网时间：2016年11月16日）

需占92%，输出占7%，民需占0.1%，其他占0.9%；① 太空机器产业销售额为2650亿日元。② 2014年，日本太空产业规模增至8.1952万亿日元，其中，官需占89.4%，输出占6.7%，民需占0.2%，其他占3.6%③；太空机器产业销售额也增至3554亿日元。④ 2014年的太空机器产业营业额比2013年增加了470亿日元，⑤ 比2011年增加了904亿日元。另据日本航空航天工业会（SJAC）的统计，2013年，日本的太空机器产业（卫星、火箭制造等）销售额约2825亿日元，太空利用服务产业（卫星通讯广播等）的销售额约0.9万亿日元，和太空有关的民生机器产业（BS调谐器、汽车导航系统等的制造）的销售额约1.7万亿日元，用户产业群（通讯服务、遥感、定位服务等）的销售额约3.6亿

---

① 経済産業省，『宇宙産業政策の現状と課題』，平成26年2月28日，http：//www.8.cao.go.jp/space/comittee/sangyou-dai6/siryou2-1.pdf#search=%27E6%97%A5%E6%9C%AC%E3%81%AE%E5%AE%87%E5%AE%99%E7%94%A3%E6%A5%AD%E6%94%BF%E7%AD%96%27（上网时间：2016年11月11日）

② 経済産業省，『我が国の宇宙産業政策について』，平成25年10月10日，http：//www.8.cao.go.jp/space/seminar/fy25-dai4/meti-1.pdf#search=%27E6%97%A5%E6%9C%AC%E3%81%AE%E5%AE%87%E5%AE%99%E7%94%A3%E6%A5%AD%E6%94%BF%E7%AD%96%E3%81%AB%E3%81%A4%E3%81%84%E3%81%A6%27（上网时间：2016年11月16日）

③ 経済産業省，『宇宙産業政策について』，平成28年9月，http：//www.jspacesystems.or.jp/ersdac/lecture/2_Tsuruta_METI.pdf#search=%27E6%97%A5%E6%9C%AC%E6%9C%AC%E3%81%AE%E5%AE%87%E5%AE%99%E7%94%A3%E6%A5%AD%E6%94%BF%E7%AD%96%27（上网时间：2016年11月10日）

④ Keidanren，『宇宙産業ビジョンの策定に向けた提言』，2016年11月15日，https：//www.keidanren.or.jp/policy/2016/105_honbun.pdf#search=%27E6%97%A5%E6%9C%AC%E3%81%AE%E5%AE%87%E5%AE%99%E7%94%A3%E6%A5%AD%E3%83%93%E3%82%B8%E3%83%A7%E3%83%BC%E7%94%A3%E6%A5%AD%E3%83%BE%E3%82%A4%27（上网时间：2017年1月11日）

⑤ SJAC, "Japanese Aerospace Industry 2016", September 2016, http：//www.sjac.or.jp/common/pdf/sjac_gaiyo/info/habataku2016E.pdf#search=%27Japan%27s+space+industry+export%27（上网时间：2016年11月21日）

日元。把后三项加起来，可以清楚地看到，从太空机器产业创造出的新产业市场规模巨大，约是太空机器产业市场规模的20倍。① 2013年，日本防卫问题专家、日本航空航天工业会前技术部长、东京财团研究员和国际宇航联合会太空经济技术委员会委员坂本规博曾预测：通过执行太空产业振兴政策，到2020年，日本太空产业的销售额将翻番，达14万亿至15万亿日元。② 但是到了2016年，日本预测的太空产业规模继续扩大。2016年11月，日本经团联预计，到2030年，日本太空产业规模将达到20万亿日元，太空机器产业将达到7000—8000亿日元，分别是2014年的2.5倍和2倍多。③

第三，日本"超智能社会5.0"计划创造的潜在市场规模巨大。2011年，日本富士经济股份有限公司曾从能源、交通、零售分销、安全和防灾、医疗保健等五大领域对日本智能社会系统市场进行调查，结果发现：一是日本智能系统市场规模增长潜力巨大。2011年日本智能系统市场规模比2010年增加了2.4%，达到938亿日元；预计到2020年将增至4054亿日元，相比2010年，增幅达到4.4倍。二是与智能系统相配套的日本组件设备、服务

---

① SJAC，『宇宙産業ビジョン中間とりまとめにむけたSJAC提言』，平成28年8月，http://www.sjac.or.jp/common/pdf/kaihou/201608/20160808.pdf#search=%27E5%AE%87%E5%AE%99%E5%9F%BA%E6%9C%AC%E8%A8%88%E7%94%BB%E3%81%AB%E3%81%8A%E3%81%91%E3%82%8B%E5%AE%87%E5%AE%99%E7%94%A3%E6%A5%AD%E5%9F%BA%E7%9B%A4%E7%AD%96%E3%81%AE%E5%AE%89%E5%AE%9A%E5%8C%96%E5%AF%BE%E7%AD%96%27（上网时间：2016年11月22日）

② 王存恩：《新航天基本法——日本产业振兴的源动力》，载于《国际太空》2014年第5期。

③ Keidanren，『宇宙産業ビジョンの策定に向けた提言』，2016年11月15日，https://www.keidanren.or.jp/policy/2016/105_honbun.pdf#search=%27E6%97%A5%E6%9C%AC%E3%81%AE%E5%AE%87%E5%AE%99%E7%94%A3%E6%A5%AD%E3%83%93%E3%82%B8%E3%83%A7%E3%83%B3%E7%94%A3%E6%A5%AD%E5%9F%BA%E7%9B%A4%27（上网时间：2017年1月11日）

市场增长潜力巨大。2011年，仅日本组件设备市场规模就比2010年增加了29%，达到2855亿日元；预计到2020年将达到2.7260万亿日元，比2010年增加12.3倍。① 具体数据可参见表5.4和表5.5。而根据日本政府的预测，仅智能城市一项，就能带来3000万亿日元的潜在市场规模；② 到2020年，日本农业信息技术化规模将达到580亿至600亿日元，农用机器人市场规模将达到50亿日元。③

表5.4　2011年日本富士经济股份有限公司对"日本智能社会系统市场调查"

	2010年	2011年（估算）	2020年（预测）	相比2010年
能源	59亿日元	62亿日元	296亿日元	5倍
交通	34亿日元	46亿日元	860亿日元	25.3倍
零售分销	390亿日元	390亿日元	1830亿日元	4.7倍
安全、防灾	75亿日元	92亿日元	255亿日元	3.4倍
医疗保健	357亿日元	348亿日元	814亿日元	2.3倍
智能系统	916亿日元	938亿日元	4054亿日元	4.4倍
社会系统	5936亿日元	5998亿日元	9369亿日元	1.6倍

资料来源：根据中国经济网《日本智能社会系统市场调查》整理。

---

① 中国经济网，《日本智能社会系统市场调查》，2011年12月19日。http://intl.ce.cn/specials/zxgjzh/201112/19/t20111219_22930077.shtml（上网时间：2017年4月10日）

② 王晨曦：《智能城市将给日本带来3000万亿日元的潜在市场规模》，载于《物联网技术》2011年第11期。

③ 许缘，金德俊：《日本：一半以上农户选择使用农业物联网》，载于《中国信息报》2014年7月9日，第7版。

表5.5　2011年日本富士经济股份有限公司
对"日本智能社会系统相关的组件设备、服务市场调查"

	2010年	2011年（估算）	2020年（预测）	相比2010年
组件设备	2214亿日元	2855亿日元	2.726万亿日元	12.3倍
服务	83亿日元	85亿日元	1746亿日元	21倍

资料来源：根据中国经济网《日本智能社会系统市场调查》整理。

（四）与太空有关的军事能力得到提升

自2008年以来，尤其是2015年日本制订第三版《太空基本计划》后，军事太空开发利用已经成为日本军事技术装备和能力建设中不可或缺的一部分，太空基础设施已经成为日本军事的重要战略资产。具体表现在如下方面。

第一，快速响应能力大幅提升。快速响应能力主要取决于两个方面：一个是有能快速进入太空的火箭，一个是有能快速组装发射入轨的多功能小卫星。目前，日本这两个方面都不存在问题。日本已经研发成功能快速进入太空的艾普斯龙火箭（Epsilon）。2006年日本固体火箭M-V退役后，2007年日本启动了先进固体火箭计划（Advanced Solid Rocket, ASR），开始研发艾普斯龙火箭。2013年9月14日，艾普斯龙火箭首次发射成功，将小型科学卫星"SPRINT-A"成功送入预定轨道。艾普斯龙火箭最大的特点，就是采用了可自主完成射前检查的人工智能，使发射准备人员减少到8人，发射准备时间大幅缩短为14天。而且，艾普斯龙火箭有两种型号应对不同发射需求：一种是标准配置型，是三级固体火箭；一种是增强型，在三级固体火箭的第三级上安装一台小型液体末修级火箭发动机，解决第三级推力无法控制并导致卫星精度不高的问题，可以满足卫星多样化轨道的发射需求，提高机动能力和入轨精度。① 再加上火箭整体结构是模块化设计，出厂前组装占主体，从火箭整体组装完成、火箭起竖到最终发射所需时间仅3个工作日，② 发射成本也不到50亿日元。③ 这就使得艾普斯龙火箭成为名副其实的快速响应运载火箭。日本的小卫星发展也蓬勃兴起，防卫省通过军民融合，获取更多类型和功能的小卫星，快速响应能力大幅提升。

第二，C^4ISR能力大幅提升。太空的特性决定了太空在防卫领域的利用是极为有利的，更是成为日本强化C^4ISR能力的有效手段。集体自卫权的解禁，使日本获得了全球作战的授权，也使日本加速了C^4ISR能力建设。日本防卫省强调，"为了确保在不同事态下都能有效运用防卫能力，包括有效应对新威胁和各种紧急事态，最重要的是预先探查出这种情况的讯号，开展迅速和准确的情报搜集、分析、共享。同等重要的是，继续在日本领海和领空、周边海域和空域预警和侦察活动，搜集和处理防卫所必需的情报，将太空作为一个重要工具，用于加强情报、预警和侦察能力。"④

目前，日本已经建立了自己独立的侦察卫星系统和独立的全球地理空间情报系统。日本还通过与美国、澳大利亚等盟国和伙伴关系的合作，在海洋态势感知、太空态势感知、海洋灾害监视

---

① 日刊工業新聞，『小型固体燃料ロケット、打ち上げ能力3割増しで来月打ち上げ』，2016年11月29日，http://newswitch.jp/p/6961（上网时间：2017年1月19日）

② 辛朝军、蔡远文等，《日本Epsilon火箭发射成功的分析及启示》，载于《装备学院学报》2014年第3期。

③ 日刊工業新聞，『小型固体燃料ロケット、打ち上げ能力3割増しで来月打ち上げ』，2016年11月29日，http://newswitch.jp/p/6961（上网时间：2017年1月19日）

④ 防衛省・自衛隊，『宇宙開発利用に関する基本方針について』，平成21年1月15日，http://www.mod.go.jp/j/approach/agenda/meeting/board/uchukaihatsu/pdf/kihonhoushin.pdf（上网时间：2016年10月21日）

第五章　日本太空战略的实施成效及未来走向

等方面构建起了以卫星监视和情报共享为前提的全球卫星监视系统。目前，日本可军事利用的卫星系统分辨率基本都很高，达到厘米级，如日本防卫用的商用图像卫星。截至 2014 年 10 月，日本防卫省使用的主要商用图像卫星共 6 个，其中 3 个为光学卫星，3 个为合成孔径雷达卫星。其中，美国 DigitalGlobe 的 Geo Eye–1 光学卫星的最小分辨率达到 0.41 米；意大利 e-GEOS 的 COSMO-SkyMed 合成孔径雷达卫星，最大访问拍照频率达到 12 小时内 2 回；美国 DigitalGlobe 的 WorldView–1 光学雷达卫星，最大的拍摄范围达到 17.6×17.6 米。[①] 又如，日本的准天顶卫星系统。到 2018 年 4 月，日本准天顶卫星系统成为 4 星体制，到 2023 年将达到 7 星机制。届时，日本即使不依赖美国的 GPS，日本上空也能始终有 4 星存在，可以进行持续定位。按照内阁府最新公布的数据，准天顶星数虽然不多，但与美国、俄罗斯、欧洲、中国相比，分辨率极高。美国的全球卫星定位系统（GPS）是 31 星体制，分辨率约 10 米。俄罗斯的格洛纳斯全球导航卫星系统（GLONASS）是 24 星体制，分辨率约 50—70 米。欧洲的伽利略全球卫星导航系统（Galileo）到 2016 年时是 18 星体制，计划到 2020 年成为 30 星体制，并实现全球覆盖，分辨率约 1 米。中国北斗卫星导航系统计划到 2020 年成为 32 星体制，分辨率约 10 米。印度区域导航卫星系统（IRNSS）到 2016 年完成 7 星体制，分辨率为 10 米—20 米。准天顶卫星的分辨率是唯一达到几厘米级的。[②]

[①] 文部科学省，『防衛省における宇宙開発利用の取り組みについて』，2014 年 10 月 17 日，http://www.mext.go.jp/b_menu/shingi/gijyutu/gijyutu2/071/shiryo/__icsFiles/afieldfile/2014/10/22/1352273_1.pdf（上网时间：2016 年 10 月 18 日）

[②] 内閣府，『新宇宙基本計画と準天頂衛星システム等について』，平成 27 年 7 月 17 日，http://www.eiseisokui.or.jp/media/pdf/forum_13/02.pdf（上网时间：2016 年 9 月 18 日）

同时，日本正在大力推进太空态势感知能力（SSA）建设，希望通过新设"太空监视部队"来提升太空防御能力，增强在太空这个"第四作战空间"的作战能力，丰富太空作战手段，完善现有太空预警体系，形成一个远、中、近、太空、高空、中空、低空全覆盖的综合监视体系。日本太空监视部队将利用日本太空卫星网络和设在冈山县的大型光学望远镜和雷达设施等进行监测，并开展与美国的合作。

第三，掌握了反卫星武器的一些关键性技术。以日本小行星探测计划为例，日本早在20世纪80年代就提出并开始研究小行星探测计划，并于2010年6月13日实现了小行星探测器"隼鸟"成功从小行星糸川取样并成功回收、成功将样品带回地面的探测设想。期间，"隼鸟"进行了一系列活动，比如使用微波放电式离子发动机控制轨道、寻找合作目标，在小行星表面着陆，通过弹子[①]撞击目标，用备有炸药的撞击装置，以爆压方式使撞击装置的壳体变为金属块，以每秒2000米的速度撞击小行星表面的目标点，使之形成火山坑，并从这一火山坑内采集样品。"隼鸟"成功回收后，日本又推出后续计划"隼鸟2"，准备在"隼鸟"基础上，用自主投放的方式，将探测器配备的长"脚"采样器，[②]以钻探方式采集样品，并利用其携带的多光谱可视摄像敏感器、近红外分光器、中红外摄像敏感器等对小行星1999JU3进行近距离观测。从表面上看，这些探测活动只是科研活动，采用的只是深空探测技术，但事实上，这些技术都是反卫星武器的关键性技术。包括先进的姿态轨道控制技术，制导、导航与控制技术，自动寻找技术，目标辨识技术，准确攻击目标技术等。采用这些技

---

① 所谓弹子，也被称为小金属弹丸等，指的是撞击小行星的撞击装置。
② 所谓长"脚"的采样器，指的是用于探测的跳跃式机器人"MINERVE"，含小型着陆器和小型小行星登陆车。

第五章　日本太空战略的实施成效及未来走向

术寻找小行星、进行探测的过程，其实就是利用太空武器对他国太空资产尤其是卫星发动攻击的过程。掌握这些技术，意味着拥有了制造一定反卫星武器的能力。采用这些技术进行的探测，为太空武器的制造及其太空攻击积累了经验。最值得关注的是，日本至今仍是世界上首个在月球之外的原始小天体上着陆、取样并携带其样品返回地面的国家。这也从另一个侧面证明，日本是世界上首个拥有此太空武器开发应用关键技术的国家，而且在2010年就已经成功拥有了此项技术和能力。

此外，日本还通过与美国的同盟合作，隐晦地追求反卫星能力。美国是世界上第一个发展反卫星武器系统的国家，20世纪60年代的"505"项目、"437"项目、"阿萨特"（ASM-135）项目、"标准-3"导弹及其中段导弹防御系统、地基中段导弹防御系统（GMD）、分阶段适应性导弹防御系统（PAA）都具有反卫星能力。日本与美国联合研发的"标准-3"（Block IIA）型反弹道导弹，飞行高度达到1450—2350千米，能够覆盖所有近地轨道的在轨卫星，包括中国与俄罗斯的近100颗卫星。[①]

第四，太空战略对日本军事的影响尤其深远。具体表现在如下方面。

一是丰富了日本的武器装备系统。日本太空战略的提出和实施，对日本武器系统的发展产生重大影响。日本长期以来都是执行"专守防卫"政策，武器装备都是以防御性为主。通过实施太空战略，提升太空军事实力，会促使日本加大力度发展战略进攻性武器，甚至向太空武器、太空进攻性武器方向发展，使日本武器尤其是进攻性武器的组成结构发生变化。同时，通过实施太空

---

① The Space Review, "Through a Glass, Darkly: Chinese, American, and Russian Anti-Satellite Testing in Space", March 17, 2014, http://www.thespacereview.com/article/2473/1（上网时间：2017年4月11日）

战略，开发太空军事力量，促使高新技术创新，也会极大地促进日本常规武器系统的发展。

二是催生了新的军事力量。太空战略的提出与实施，使军事竞争从陆海空拓展到太空，促使西方太空大国纷纷酝酿创建"天军"。日本也提出了自己的天军构想，拟于2019年建立一支"天军"，即新的太空军事部队。该部队的任务是专门负责监视太空，监控太空垃圾、电磁干扰，确保人造卫星的安全。该部队将隶属于自卫队的统合幕僚监部，拟由来自陆海空自卫队的数十名自卫队员组成。① 日本自卫队除了海陆空三个军种外，又将增加未来战争需要的新军种"天军"，日本的军队结构将发生改变。

三是提高了日本的军事作战能力。太空军事开发利用的首要目的是掌握制天权，掌握能够自由进入太空、在太空充分发挥作用的太空优势。在现代战争中，谁拥有了制天权，谁就能利用太空优势掌握陆海空的战场主动，掌握战争的主动权。二战后，日本防卫战略长期坚持"专守防卫"原则，从20世纪90年代中后期开始向"对外干预型防卫"战略转变。进入21世纪，随着日美同盟体制的加强，日本不断加大对国内防卫战略的调整力度，谋求成为拥有军事实力的正常国家，加速向海外、向全球扩张。日本通过实施太空战略，逐步增强了侦察、预警、通信、指挥与控制能力，远程精确打击和战略投送能力，远海作战能力和太空攻防能力。

四是将改变日本的战争样式。战争样式是与武器发展的水平相对应的。太空是人类的高边疆，是一个全新的作战领域。1991年美国在伊拉克的"沙漠风暴"行动，打响了人类历史上第一次

---

① Aerospace-technology. com, "Japan's new military space force to protect satellites from debris", August 4, 2014, http://www.aerospace-technology.com/news/newsjapans-new-military-space-force-to-protect-satellites-from-debris-4333524（上网时间：2016年9月20日）

太空战争。从那时候开始,世界战争的样式已经开始发生改变。日本加强推进弹道导弹防御计划,计划组建自己的天军,说明它已经把太空作为继陆海空之后的第四战场。另外,日本还加紧建设小卫星星座,构建自己的移动互联网,日本未来的战争将是陆、海、空、天、网的五维形态。

二、对地区及世界的影响

随着太空开发利用的发展,太空资源和太空技术成为日本实现国家战略的重要手段。日本决策者日益倾向优先运用太空战略,积极构建安全保障体系,其结果是加剧了地区太空竞赛和紧张局势。

日本的太空战略虽然强调就太空开发开展地区合作,但它更强调地区国家间竞争、挑战的一面。日本不仅将太空议题安全化,渲染安全威胁,也把太空安全议题与地区其他安全议题混在一起,推行积极的军事竞争战略,与其邻国及周边国家展开军事竞争。同时,通过太空安全合作或ODA合作等方式,建立自己的太空军事合作小圈子。如2013年安倍宣布日本将为越南提供10亿美元开发援助,用于建造一个国家太空中心,这个中心将于2017年建成,用于运营两颗雷达图像卫星。到时,越南的雷达图像卫星和太空飞机将不仅飞越越南,还将飞越中国,越南也将与日本共享卫星和太空飞机获取的情报信息。日本的这些行为无疑会激起区域间的安全危机感,引发国家间竞争和军备竞赛。尤其是,亚洲国家之间一直存在着未能解决的历史问题、领土争端问题等,本来就缺乏相互沟通和信任。日本把太空议题安全化,把太空安全议题地区化,其结果就是使得其他亚洲国家纷纷效仿,积极向太空军事化方向发展。亚太地区的太空竞争,已经不再仅仅是太空技术的竞争,而是基于安全利益的竞争,势必引发地区太空竞赛，加剧地区安全紧张局势。

在全球层面，日本把日美同盟作为太空战略的重要支柱之一，积极推动日美同盟的太空军事一体化，提高了日美同盟在太空的威慑力。太空合作被写进日美防卫合作指针后，日本努力加强自己的情报搜集能力建设，改变了过去一直依赖美国提供情报的状态，与美国建立了几近对等的情报共享机制，从过去的情报交换变为日美双方情报共享，用日本的情报卫星系统尤其是准天顶卫星系统为美国情报系统提供必要补充。日美军事一体化强调的是无缝合作。日美各军种都有互相独立的作战指挥控制系统，要将这些独立的系统整合集成，使各部队和保障力量在军事行动时能产生协调联动，最根本的就是形成统一的指挥控制系统，整合所有陆、海、空、天、网的作战能力。基于"天基"的情报共享机制，使日美系统用户之间的信息或服务可以进行相互交换和使用，这标志着日美联合作战能力有了实质性的提升和加强。

日美同盟加速研发全球快速常规打击武器，使太空军事化和武器化成为国际军备竞赛的新热点，不仅冲击并破坏了全球战略稳定性，更将刺激其他国家，引起国际军备竞赛，尤其是使太空军备竞赛升级。随着太空武器化的发展，太空对抗的可能性日益增加，太空安全问题成为国家安全和世界和平的重大挑战。

第二节 日本太空战略的未来走向

在世界新太空时代下，日本谋求抓住机遇，全面提升太空产业竞争力，全面提升经济与军事实力，助推其大国梦的实现。日本太空战略的政策方向不会有大的改变，科技、经济、军事仍将是其核心目标。未来日本的太空发展既有优势潜力，也有劣势阻碍。

第五章　日本太空战略的实施成效及未来走向

一、日本未来太空发展的优势

（一）政治机遇

日本政坛继续保持"自民党一党独大"、安倍在自民党内地位基本稳固的局面，有助于落实政府的太空理念和政策主张。继2014年第23届参议院和第47届众议院选举后，自民党继续保持在众参两院的优势地位。自民党在2015年的统一地方选举中，时隔24年后成为地方议会第一大党。2016年7月11日举行的第24届参议院选举中，自民党和联合执政的公明党所获议席超过总议席的一半，超过选举前的议席数。在2015年9月的自民党总裁选举中，安倍也在没有任何党内竞争对手的情况下，未经党员投票直接当选。2017年3月5日，自民党修改党章，将总裁任期由"最多2届6年"改为"最多3届9年"，为安倍的长期执政计划扫清了障碍，从而可以确保其执政理念、政策的长期稳定执行，其中也包括太空理念及政策。尤其是，安倍利用自己对党内和政府的控制力，将日本太空政策决策圈的核心人物，包括自民党的政调会、总务会、政策研究委员会、国家太空政策办公室、众议院运营委员会的最高领导层，都换成了太空军事开发利用的倡导者和推动者。如自民党政策核心机构"政策研究委员会安全研究会"主席今津宽、国家太空政策的葛西敬之、众议院运营委员会会长河村建夫等。担任最新设置的日本首相首席特别顾问一职的河井克行，是一个坚定不移支持太空军事开发利用并鼓吹中国太空威胁的资深自民党议员。河井克行在2014年参加日美太空政策座谈会时强烈呼吁，日美应联合利用太空尤其是卫星技术，密

· 329 ·

切监视中国军队的活动。① 这将有利于日本太空军事开发利用政策的制订、通过与落实，也将加速日本太空开发利用的军事化速度与力度。

（二）体制优势

第一，《太空基本法》创造了巨大的操作空间。太空开发利用是一个因社会变化和科学发展而出现的新课题。在日本，这个课题横跨多个省厅，没有办法通过官僚机构固有的垂直行政结构体系来进行立法，只能通过制订基本法来解决。2008年制订《太空基本法》，执政党自民党同时采用议员提出法案和内阁提出法案两种方法，② 民主党等在野党也积极同步开展工作，超越了党派间的利害对立，在太空开发利用方面的政策理念和基本制度方针上达成初步共识，合力将太空开发利用问题进行立法。《太空基本法》的第二章"基本措施"中明确规定，"为推进确保国际社会的和平与安全以及保障日本国家安全做贡献的太空开发利用，由国家制定必要的措施"。③ 该法终止了阻止日本将太空用于军事目的的法律阻碍——1969年国会决议，为制定或修订太空开

---

① 人民网，《外电：日本议员鼓吹用卫星密切监视解放军》，2014年3月13日，http://world.people.com.cn/n/2014/0313/c157278-24629455.html（上网时间：2016年9月11日）

② 日本制订法律，一般采用的是议员提出法案和内阁提法案两种方法。在推进制订太空法律和太空政策中，同时采用了这两种方法。2005年2月，原文部科学省部长河村建夫牵头，与相关府省的副部长和议员一起组建了"国家太空战略草拟研究小组"，开始研究建立一个法律构架，设计一个日本的综合太空政策。该研究小组经过10次会议讨论，向内阁官房长官递交了研究报告。与此同时，自民党也成立了"太空开发专门委员会"。2006年，该委员会向自民党递交报告，敦促自民党采取适当措施向国会递交太空基本法案。2006年11月，联合执政党自民党和公明党组建了一个项目组，经过逾30次的讨论，完成了太空基本法案草案，并于2007年6月递交国会。

③ 内阁府，『宇宙基本法』（平成二十年法律第四十三号），平成20年5月28日，http://law.e-gov.go.jp/htmldata/H20/H20HO043.html（上网时间：2016年9月15日）

发利用战略创造了巨大的操作空间。

第二，具备强有力的太空决策管理体制。日本太空决策权集中于首相官邸，首相成为直接管理国家安全保障、太空、科技、经济创生、海洋、网络等战略的最高领导，统揽全局，实现太空相关领域的一元化决策。首相可以利用直属的内阁府、内阁官房制订、调整和实施自己的太空政策，不会受到执政党和官僚机构的干扰。另一方面，自2008年《太空基本法》制订后，日本对太空相关法律、政策文件和指导方针都进行了一系列的整体改革，目前已经基本形成了一整套完备的太空法律、政策和规章制度，使得日本政府有能力调动国内各种相关资源，完成太空计划项目，实现太空战略的目标。

（三）产业技术优势

日本是世界科技强国之一，也是世界上最早从事太空开发活动的国家，相对中国、印度等新兴太空国家来说，日本有着更加丰富的太空开发理论和实践积累。日本科研投入包括太空研发投入资金雄厚，国内与太空有关的大学和科研院所数量众多，有着雄厚的科研实力，具有较大的人才和技术优势，尤其是日本的太空研究的人均科研成果产出率是世界最高的，因为日本的太空研究机构与其他国家太空研究机构承担同样的开发任务，但科研人员数量却是最少的。在2003年太空机构改革前，日本有三个研究机构，分别是航天航空研究所、航空航天技术研究所和太空开发事业团。太空科学研究所共有45个部门，分为9个研究系统，但研究人员仅380余人，其中在职研究人员300人，80人是研究生。[①] 2003年太空机构改革后，三个机构合并成为JAXA。2003年JAXA研究人员数量为1772人，这是JAXA到目前为止人员的

---

① 刘殿文、李俭：《日本三航天研究机构现状》，载于《国外空间动态》1989年第8期。

最高峰。之后，JAXA 的研究任务不断增加，从只承担民用和科学研究，发展到全面太空开发利用，包括民用、科学、商用、军用。但是，JAXA 的研究人员数量一直往下降，到 2015 年时降至 1534 人，比 2003 年减少了 14.3%[①]。（详细数据见图 5.1）美国宇航局（NASA）一直不公开研究人员总数，但是仅"科学和勘探局"一个部门，全职工作人员数量就达到 3133 人，[②] 远远超过了日本。这也从一个侧面证明了 JAXA 的人均科研实力。根据美国富创公司"太空产业竞争力指标"，日本的太空产业竞争力指标在 2008 年时排第 7 位，在 2014 年时排到了第 5 位，位于美国、欧洲、俄罗斯、中国之后。[③] 日本的太空技术研发实力绝对不容小觑。这些雄厚的科研实力和人才、技术优势，是日本未来太空发展的重要基础。

此外，在日本政府的主导和积极支持下，日本已经开发形成多个卫星平台，包括：JAXA 和三菱电机公司联合开发的大型地球同步轨道卫星平台 DS2000；JAXA 和"太空系统"研究所（该研究所的前身是"飞行物研究所"）共同开发的小卫星平台 ASNARO；JAXA 的小卫星平台 SPRINT；日本电气公司（NEC）开发的标准小卫星平台系统 NEXTAR。这些卫星平台主要针对国际不同类型卫星的商业市场，商业目标是刚刚开始太空项目的国家，各有特点和优势，具有较强的全球竞争力。如

[①] JAXA, "Transition of number of staff", March 2015, http：//global. jaxa. jp/about/transition/index. html （上网时间：2016 年 12 月 15 日）

[②] NASA, "Sciences and exploration directorate", https：//science. gsfc. nasa. gov/sci/staff （上网时间：2017 年 3 月 21 日）

[③] 内阁府,『国内の宇宙ビジネスの新たな動き～宇宙利用の新事業展開～』, http：//www. 8. cao. go. jp/space/comittee/27-sangyou/sangyou-dai1/siryou3 – 8. pdf # search = %27% E6% 96% B0% E3% 81% 9F% E3% 81% AA% E5% AE% 87% E5% AE% 99% E3% 83% 93% E3% 82% B8% E3% 83% 8D% E3% 82% B9% E3% 81% AE% E5% 89% B5% E5% 87% BA% 27 （上网时间：2016 年 10 月 21 日）

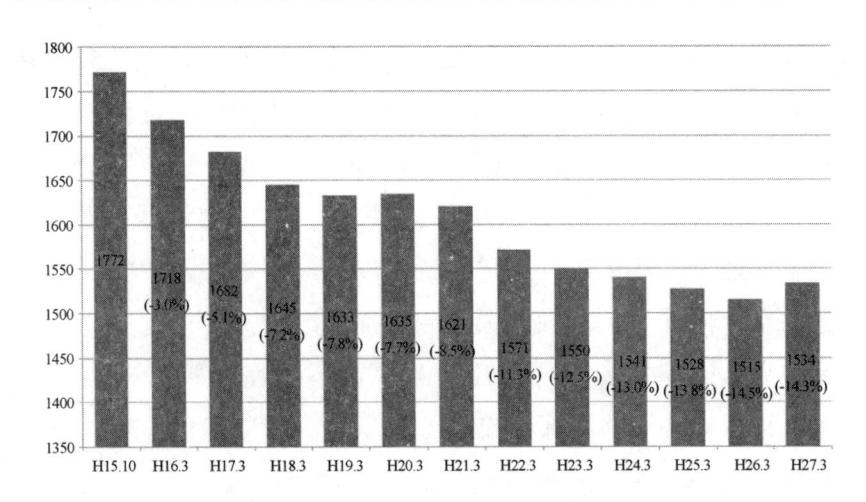

图 5.1 2003—2015 年 JAXA 研究人员数量的变化

资料来源：根据 JAXA 公开数据整理。

DS2000 平台的主要优势在于：为用户设计了 6 种组态，可根据用户实际需求进行调整变化；既为用户提供卫星所需载荷，也允许用户自行研制或自主选购所需载荷。ASNARO 平台的小型遥感卫星，则瞄准新兴太空国家，面向国际市场参加竞标，对一些有特别战略意义的国家，在内阁批准后可以使用日本政府对开发援助进行的优惠促销，越南就是享受此优惠待遇的第一个国际客户。

（四）机会优势

日本政府仍处于一个推动太空发展、实现上述目的的好时机。这个好时机来自于四个方面，其中前三个方面有利于日本的太空产业化和商业化发展，后一个方面则有利于日本的太空军事化发展。

一是世界仍将继续保持"新太空产业运动"的良好发展态势。"新太空产业运动"虽然从 21 世纪初就已经开始，但还没有进入发展的成熟阶段，产业及其市场规模的发展空间仍然很大。

二是太空应用技术及设备的普及，有利于政府推进创业。以前，要开发先进的太空技术和装备，比如传感器、太空飞机、卫星等，需要花费好多年进行研究，需要有持续的大笔资金投入。但是，现在这些科学和技术创新正在普及，被越来越多地投入日常应用，使得太空应用技术及设备平民化、日常化和通用化，越来越多的老百姓甚至通过互联网就可以购买到绝大多数可以用于建造太空应用设备的商用现货零部件和消费电子产品。再加上，现在世界太空应用需求向小型化发展，不用在实验室或技术厂间，就可以用购买的零部件或电子产品完成制造工作。这样的太空技术及设备获取方式和制造方式，必然使价格体系发生变化，使太空创业从原来不可能的事变得可能，越来越吸引大学、中小公司、研究人员，去投资、建造、发射和在太空运营卫星，有利于政府推进创业。仅以小卫星为例，现在国际太空市场需求最大的就是多用途小卫星，企业、大学或个人可以通过直接购买现成的技术和设备，在一个办公室里，由少量的人就可以建造各种功能的小卫星，开发成本低，生产周期短。2014 年，全球发射近 300 颗卫星，其中有一半是重量不到 10 千克的小卫星。[1] 2015 年，全球发射了 262 颗卫星，其中重量不足 1 千克的纳卫星占了 48%。[2] 这一变化，为安倍政府改革产业结构、扶助中小企业、支持小企业和个人创业创造了条件。

三是日本大企业的力量削弱，有利于政府打破大企业对太空相关产业的垄断。一般来说，在日本要想开始一项新事业，经常会受

---

[1] Space Foundation, "The Space Report 2015", https://www.spacefoundation.org/sites/default/files/downloads/The_Space_Report_2015_Overview_TOC_Exhibits.pdf#search=%27Japan%27s+space+economy%27（上网时间：2016 年 10 月 19 日）

[2] Space Foundation, "The Space Report 2016", https://www.spacefoundation.org/sites/default/files/downloads/The_Space_Report_2016_OVERVIEW.pdf#search=%27Japan%27s+space+economy%27（上网时间：2016 年 10 月 19 日）

到大企业的阻碍。因为传统上，日本公司通过交叉持股、供应商—客户关系和其他经济组织联结在一起，形成企业集团。这些企业集团对雇佣和解雇有限制，很难进行突破性创新，也难以收购或处置公司。企业集团中的中小企业倾向于内向发展，虽然有技术能力，但一般不会主动也不能抓住国外的市场机遇。[①] 在长期依赖官需发展的太空产业尤其如此。但现在，条件已经发生了变化，一些传统的太空相关大企业出现问题或陷入危机，包括日本电气公司（NEC），"不得不变""必须改变"的态度和意见占了支配地位，接受改变、寻求改变，政府推进改革和创业的阻力减小。

四是美国继续推行其"空海一体战"和亚太再平衡战略，而且将"空海一体战"升级为"全球进入与机动联合"，[②] 进一步细化为"第三次抵销战略"，目标是通过技术创新和作战变革，保持美军的军事优势，确保美军在全球的力量投放和作战能力。[③] 2016年，美国海军陆战队在《海军陆战队作战概念》中提出了

[①] CSTI, "Towards a new industrial structure vision? Issues on Japan's industrial policy", November 18, 2013, http://www.manufacturing-policy.eng.cam.ac.uk/documents-folder/workshop-reports/towards-a-new-industrial-structure-vision-japan （上网时间：2017年1月10日）

[②] 2010年2月，美国2010年版《四年防务评估》，首次公开提出"空海一体站"概念。2011年8月，美国空军、海军和海军陆战队三大军种联合成立"空海一体战"办公室，对"空海一体战"概念进行9次修订（2012年5月），2013年6月发布了《空海一体战执行概要》，把"空海一体战"从海、空两军种的联合作战，变为陆、海、空、海军陆战队共同参加的跨域协同作战。2015年，美国将"空海一体站"概念升级为"全球公域进入与机动联合"概念（JAM-GC, Joint concept for Access and Maneuver in the Global Commons）。

[③] USNI News, "Officials: third offset strategy key to maintaining U.S. military technology dominance", October 28, 2016, https://news.usni.org/2016/10/28/officials-third-offset-strategy-key-maintaining-u-s-military-technology-dominance （上网时间：2017年1月10日）

"全域合作兵种"概念,强调构建"海陆空海"跨域协作圈。[①] 2017年,美国陆军提出了"多域战"未来概念,设想美军从陆、海、空、天、网络空间、电磁频谱等领域进行全作战域协同行动。[②] 美国空军也在积极筹划"多域指挥与控制"(MDC2)计划,把重点放在指挥、控制、通信与计算机能力上,寻求构建全球网络。[③] 美国的这些作战概念要变成现实作战行为,就需要进一步协调美军各军种及盟军的行动。这就为日本进一步加强日美太空合作、推进日美同盟,进而获取独立的太空军事能力创造了新的契机,可以进一步推进日美在太空领域的战略合作。

二、日本未来太空发展的劣势

(一)产业技术劣势

虽然日本有突出的技术实力,但仍存在不容忽视的产业技术问题。具体表现如下。

一是日本太空机器产业的从业人员数量远远低于其他国家,尤其是美欧。根据经济产业省的统计,从2001年至2010年的10年间,日本的太空机器产业的平均从业人员数,只是美国的9%

[①] Marines, "Marine Corps Operating Concept—How an expeditionary force operates in the 21st century", September 2016, http://www.mcwl.marines.mil/Portals/34/Images/MarineCorpsOperatingConceptSept2016.pdf?ver=2016-12-02-073359-207(上网时间:2017年1月10日)

[②] "Multi-Domain Battle: Combined Arms for the 21st Century", February 24, 2017, http://www.tradoc.army.mil/MultiDomainBattle/docs/MDB_WhitePaper.pdf#search=%27multidomain+battle%3A+combined+arms+for+the+21st+century%27(上网时间:2017年3月10日)

[③] Breaking Defense, "MDC2: Air force works on huge command, control system: allies key", March 7, 2017, http://breakingdefense.com/2017/03/mdc2-air-force-works-on-huge-command-control-system-allies-key/(上网时间:2017年1月10日)

第五章　日本太空战略的实施成效及未来走向

和欧洲的 22%①（具体数据见图 5.2）。

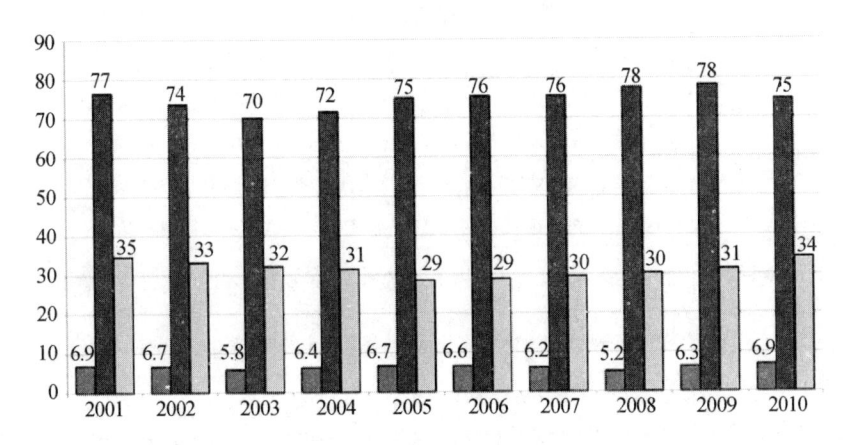

图 5.2　日本与美国、欧洲太空产业的从业人员数量比较

资料来源：根据内阁府公开数据整理。

二是日本的太空产业技术缺乏完全的自主性。日本太空产业化及其商业化虽然取得一定进展，但是，这种进展仍然是建立在非完全自主的基础上的，很大程度上仍然依赖于美欧等国家。以日本遥感卫星产业价值链为例，日本一共通过 15 颗遥感卫星获取数据。但是，15 颗卫星中只有 5 颗是日本自己的卫星，所占比例仅为 33.33%，其余 10 颗卫星都是利用的国际卫星，所占比例高达 66.67%。这 10 颗国际卫星中，共有 6 颗美国卫星，所占比例达到 60%②（详见表 5.6）。

---

① 経済産業省，『我が国の宇宙産業政策について』，平成 25 年 10 月 10 日，http://www.8.cao.go.jp/space/seminar/fy25-dai4/meti-1.pdf#search=%27%E6%97%A5%E6%9C%AC%E3%81%AE%E5%AE%87%E5%AE%99%E7%B5%8C%E6%B8%88%27（上网时间：2016 年 9 月 9 日）

② 内閣府，『国内の宇宙ビジネスの新たな動き～宇宙利用の新事業展開～』，http://www.8.cao.go.jp/space/comittee/27-sangyou/sangyou-dai1/siryou3-8.pdf#search=%27%E6%96%B0%E3%81%9F%E3%81%AA%E5%AE%87%E5%AE%99%E3%83%93%E3%82%B8%E3%83%8D%E3%82%B9%E3%81%AE%E5%89%8D%E5%90%91%27（上网时间：2016 年 12 月 9 日）

表 5.6 日本遥感卫星产业价值链的遥感卫星情况

类型	遥感卫星（国家、卫星名称）
日本卫星 （共 5 颗）	Momo-1，海洋观测卫星 MOS-1/1b，光学遥感器、被动微波遥感器
	Fuyo-1，日本地球资源卫星 FERS-1，光学遥感器、积极微波遥感器
	Midori-1，先进地球观测卫星 ADEOS，光学遥感器、被动微波遥感器
	Midori-2，先进地球观测卫星 ADEOS II，光学遥感器、被动微波遥感器
	Daichi，先进地面观测卫星 ALOS，光学遥感器、积极微波遥感器
装有日本遥感器 的国际卫星 （共 2 颗）	美国"热带降雨测量任务"卫星 TRMM，装有日本的积极微波遥感器
	美国观测地球水循环卫星 Aqua，装有日本的被动微波遥感器
国际卫星 （共 8 颗）	美国陆地观测卫星 Landsat，光学遥感
	美国快鸟亚米级分辨率商业卫星 Quickbird（0.61 米），光学遥感
	高分辨率商业遥感卫星 IKONOS，积极微波遥感器等
	美国低分辨卫星 OrbView 3，主要收集全球土地和海洋表面的多光谱影像，光学遥感
	法国地球观测卫星 SPOT，光学遥感
	印度遥感影像服务卫星 IRS，光学遥感等
	欧空局对地观测卫星 Envisat，积极微波遥感器
	加拿大高分辨率商用雷达卫星 RADRSAT，光学遥感

资料来源：根据内阁府公开数据整理。

三是太空技术问题频发，缺乏可靠性。虽然日本一再强调新太空产业发展的基础是太空产业，但日本太空产业技术仍问题频发。如：2005 年日本第 5 颗 X 射线天文卫星"朱雀"卫星发射升空后仅 1 个月，就因技术问题丧失了工作能力；2016 年，"朱雀"卫星的后继机 X 射线卫星"瞳"，经过 7 年时间研制并成功发射 1 个月后即与地面通讯中断，被 JAXA 决定放弃；2017 年，日本研制的全球最小运载火箭（SS-520）发射失败，日本本来希望通过将该款火箭用于商用，但遭遇挫折，这对日本太空产业发展是一个重大的打击。因为日本太空产业发展的一个重要内容就是发展小卫星项目。随着小卫星数量的增加，发射需求也相应增加。虽然日本通过主力火箭 H2A 搭载和国际空间站实验舱"希望号"释放等方式进行发射，但仍受到发射时间和轨道的制约。研制并利用小型火箭灵活发射，才是解决问题的关键。最小运载火箭的发射失败，直接影响到了国家作为发展战略来培育的太空产业。

（二）经费劣势

日本太空战略承载着三方面内容：（1）经济再增长的可持续动力；（2）发展国家军事实力；（3）让日本成为世界和地区大国。这三方面内容的实现，都需要日本的经济实力做后盾，都要求巨大的财政预算。尤其是随着日本太空军事开发利用的推进，需要的财政支出越来越大。以侦察卫星为例，仅情报搜集卫星一项，从1998年开始建造到2007年"4星星座"建构完成，平均每年财政预算680亿日元（约合5.7亿美元）。到2007年4月，日本政府对情报搜集卫星的项目投资总额已经超过5000亿日元（约合42亿美元）。但是，日本的太空专家仍然认为，情报搜集卫星项目的投资额还远远不够。[①] 卫星都有使用寿命，侦察卫星由于过度使用就会损耗严重，过不了几年就要重新发射，成为一笔例行的巨大日常费用。侦察卫星的发射成本较高，H2A 火箭每次发射耗资约100亿日元。虽然日本改良取代 H2A 火箭的廉价新型火箭和使用固体燃料的"艾普斯龙"小型火箭，努力将发射费用降低一半，但是侦察卫星不是小卫星，艾普斯龙瞄准的发射需求是小型卫星发射市场，是新兴国家的发射订单。而且为了与侦察卫星相配套，日本需要建立长期的、针对目标领域的多个地面监视系统，满足每日即时的侦察和追踪需求。这也需要相当大的资金和人力。虽然日本长期以来通过以民掩军的方式，对太空军事开发进行隐蔽性

[①] NTI, "Japan's Space Law Revision: the Next Step toward Re-militarization?" January 1, 2008, http://www.nti.org/analysis/articles/japans-space-law-revision/（上网时间：2016年12月17日）。

投入。但其结果是军费占据民用费用,把大学推上市场,既是利用大学科技,也是变相压缩大学和科研机构的科研经费。而且太空开发项目从军事角度出发,军事优先选择,实施特定秘密保护法后,对涉军太空开发利用都进行保密,实际上已经背离了太空开发"和平利用"的宗旨,形成技术垄断,不利于科技进步。然而,日本的现实经济实力与发展目标存在差距。自20世纪90年代以来,由于日本经济长期停滞,导致日本国内的财政状况不断恶化。虽然日本近年一直推行"安倍经济学",但经济状况并没有得到根本性的缓解。日本经济没有实现复苏,也没有出现真正复苏的迹象,安倍一上台就承诺的"实现通胀2%"的目标至今没有实现。"安倍经济学"虽然实现了安倍倡导的日元贬值,但持续大幅贬值的日元没有拉升日本国内的内需与投资,也没有使日本真正成为一个出口驱动的经济体。日本经济增长乏力,与世界及周边国家经济发展形成强烈对比。在世界货币基金组织(IMF)2015年7月发布的《世界经济展望》报告中,日本的经济增长率在世界发达经济体中排倒数第二。[1] 经费投入的增加仍是日本政府进行太空开发利用、尤其是太空军事开发利用的一大课题。

(三)竞争劣势

日本在太空开发利用领域面临激烈的国际和地区竞争。这种竞争是全球、全方位的,包括国家战略、科技、产业、市场和军事,不仅来自日本认为的威胁国家朝鲜和竞争国家中国,也来自日本的合作国家,包括同盟国家美国、欧洲、印度、韩国等。如在国家战略上,日本面对的是包括美国在内的世界各太空大国的

---

[1] 国际货币基金组织,《2015年7月〈世界经济展望〉更新,新兴市场的经济增长放缓,发达经济增长逐步好转》,2015年7月9日,http://www.imf.org/external/chinese/pubs/ft/weo/2015/update/02/pdf/0715c.pdf(上网时间:2015年11月1日)

第五章　日本太空战略的实施成效及未来走向

竞争。美国2016年发布了《商业太空政策》和"利用小卫星革命"倡议。欧洲各国把太空看作是具有高社会经济价值的投资领域。2016年10月,欧盟委员会发布《欧洲太空战略》,强调深化欧洲太空政策一体化,提升太空产业能力,抢占全球太空市场。同年11月,欧空局即正式公布了"太空4.0概念"。在同年12月召开的欧空局部长级会议上形成了《迈向太空4.0时代的欧洲太空一体化决议》。2016年3月,俄罗斯通过《2016—2025年太空发展未来十年规划》,确定了俄罗斯未来太空发展的五大目标。又如在太空互联网产业上,日本面对的最大竞争来自美国,不仅美国的太空风险企业,比如OneWeb、SpaceX和LeoSat等公司在积极推进太空互联网的高配置项目,而且美国互联网巨头脸谱、谷歌、三星也正转向太空互联网。打造卫星互联网的关键,在于通过庞大数量的卫星构建宽带网络。OneWeb计划发射的低轨卫星是648颗,SpaceX计划发射的卫星多达4000颗。[①] 再如在太空用锂离子电池市场上,日本面对的竞争者是日本在东北亚的重要情报合作国韩国。2016年韩国LG为美国NASA太空服提供锂离子电池。在NASA测试中,LG的电池持续时间比来自日本和韩国本土的竞争对手都长。LG的锂离子电池不仅用于太空产业,还为世界上超过20家知名汽车制造商供应电池,包括"现代""通用""福特""克莱斯勒""雷诺""沃尔沃""奥迪"等。[②]

[①] The Japan Times, "The next space race? Satellite Internet gets fresh look, cash injections", October 4, 2015, http://www.japantimes.co.jp/news/2015/10/04/business/tech/the-next-space-race-satellite-internet-gets-fresh-look-cash-injections/#.WF8nGu6S3IU（上网时间：2016年12月18日）

[②] International Business Times, "LG to supply lithium-ion batteries for Nasa spacesuits", July 17, 2016, http://www.ibtimes.co.uk/lg-supply-lithium-ion-batteries-nasa-spacesuits-1571064（上网时间：2016年12月19日）

（四）发射场劣势

发射场问题是日本太空开发的先天不足。火箭的前进方向或方位角与发射地点的纬度，决定着有效载荷的最后轨道倾角。发射轨道如果在发射地点（90°方位角）的正东，那么卫星轨道就与发射地点的纬度相等。这也是最有效的发射方法，因为利用了地球自转的最大优势，为卫星提供了额外的推动力。如果发射轨道大于90°方位角，卫星轨道就会比发射地点的纬度高。正因如此，肯尼迪航天中心（纬度28.5°）发射的航天飞机可以轻松到达倾角为51.6°的国际空间站[①]，但这恰恰就是日本的劣势。

一是由于地理位置原因，日本地处高纬度，不利于发射地球同步轨道卫星。目前的太空轨道主要分为四种，包括低地球轨道（LEO）、极地轨道（PO）、地球同步轨道（也称为地球静止轨道，GSO、GO）和太阳同步轨道（SSO）。其中，低地球轨道的高度在200~1600千米之间，低地球轨道卫星可以捕捉到分辨率更高、细节更具体的图像和数据，与地面的通讯更迅捷、延迟更短，要将数据和信号转递到地面，需要的动力更少。极地轨道在赤道轨道上，覆盖大范围的有人居住地区，极地轨道卫星与赤道成90度角，走过南北两极。地球同步轨道的高度大约是3.6万千米，围绕赤道形成一个环，地球同步轨道卫星与地球自转同步，可以保持固定在地球上的固定位置，用半球视角监视各种事件，做到通信、气象等全球覆盖。对于日本来说，这三个轨道的卫星部署很重要，尤其是地球同步轨道的卫星部署。目前日本的军用卫星主要部署在低地球轨道、极地轨道和地球同步轨道上。日本在低地球轨道部署的主要是快速响应性质的小卫星，极地轨道部

[①] The Space Review, "A space launch vehicle by any other name…", March 9, 2009, http://www.thespacereview.com/article/1323/1（上网时间：2016年12月19日）

署的是气象卫星，地球同步轨道部署的是情报搜集卫星和防卫通信卫星，日本只要同时部署3颗地球同步轨道卫星，且等距离放置，就可以看到并覆盖整个地球。但日本的地理位置对发射和部署地球同步轨道卫星，无疑是最大的劣势。

二是最大的种子岛航天中心因为地形过于狭窄，与村落的最近距离为3千米，如果进行大型火箭发射，存在爆炸、落下等事故引发的危险。

三是国家发射的卫星越多，需要通讯站或接收站越多。但是，日本受到国土面积的限制，能建通讯站或接收站的地点有限。日本太空发展越快，越需要建立更多的地面站，在国内无法满足的情况下，只能与国外合作，对国外的依赖会相应增大。如：正是因为受到地理空间的局限性，日本小行星探测器"隼鸟"返回的着陆点是澳大利亚海域。

三、日本太空战略的未来发展趋势

2008年制订《太空基本法》、解禁太空军事开发利用的限制以来，日本太空战略已经历了几次重大调整。目前，随着安倍政权加速推进修宪目标，日本太空战略作为国家安全战略的重要组成部分也面临新一轮调整。日本的太空战略将走向何方，直接影响到地区和国际安全形势，值得高度关注。通过开发利用太空，加强和确保日本基于太空的硬实力和软实力、实现日本的经济增长和军事力量提升，是日本的根本战略目标，也决定了日本太空战略具有很强的延续性。但鉴于日本存在上述发展优势与劣势，日本未来的太空战略将不得不在多种需求间审慎地寻找平衡。

（一）科技、经济、安全仍将是日本太空战略未来推进的重点目标

20世纪50年代以来的美、苏太空争霸史已经显示，太空科技的最新成果总是首先被用于发明武器装备及其系统，从而促发一场新的军事革命。而且，一个主权国家的太空技术发展能够改变国家力量对比、国际势力均衡。尤其是当前太空科技创新与科技全球化、太空产业和商业全球化、经济全球化同步发生、相互促进，在为人类社会创造知识、技术等共同财富的同时，也在深刻改变着国家间的科技力量和综合国力对比，正在重塑全球的技术和综合国力版图。基于太空的科技发展水平已经成为国力竞争的关键性前提和条件，使得世界各国对太空科技的重视已经超越了单纯的科技因素，而是将其列入影响国家综合实力和国际竞争力的重要议题，把太空技术发展水平界定为国家实力、国家安全和国际地位的实质性依据。2015年，中国科学院院长、发展中国家科学院院长、中国化学家和纳米科技专家白春礼谈到，全球科技创新格局正出现重大调整，从欧美为中心向北美、东亚、欧盟"三足鼎立"转变。以美国为代表的发达国家在科技创新上仍处于无可争议的领先地位，但优势正逐渐缩小。从2001年至2011年，美国研发投入占全球比重由37%下降到30%，欧洲从26%下降到22%。中国、印度、巴西、俄罗斯等新兴经济体已经成为科技创新的活化地带，在全球科技创新中所占份额持续增长。[①] 这就意味着，世界高技术资源趋向于分散化，将出现美国、日本、欧洲等传统太空国家与新兴太空经济体的竞争局面。美国、日本等传统太空国家为了保持技术优势地位，必然要垄断技术和知识，保持对高新技术的主导优势，进而垄断高新技术产业。

---

① 白春礼：《创造未来的科技发展新趋势》，载于《人民日报》2015年7月5日，第5版。

对于日本来说,在未来制订和调整太空战略时,必然加大太空科技创新投入,调整优化科研布局,谋求以太空科技为基础,引领日本科技领域和产业领域的革命性转变,实现经济复苏和可持续发展,进而以太空产业的发展为先导,以太空产业的技术与基础设施为保证,推进并实现日本太空军事力量的发展。2016年6月30日,日本在太空战略本部第13次会议上讨论通过了中期报告,明确提出要坚决贯彻落实安倍在2015年第11次太空开发战略本部会议上提出的"把太空领域作为实现国民生产总值600万亿生产性革命的重要支柱之一"的指示,从安全和科技基础等角度探讨太空产业的发展方向,"通过太空事业和产业的振兴与发展,促进太空的开发利用和日本经济增长,推进太空产业愿景。"[①] 在2017年1月27日召开的日本太空政策委员会第56次会议上,安倍提出了未来日本太空开发利用的三个重点:一是推动创立和扩大新的私营太空商业,重点是从国际空间站的实验舱"希望号"释放小卫星,为企业和大学提供利用太空的机会。二是加强与网络安全相适应的太空体系建设。三是积极推动日本太空系统的海外拓展,重点是利用准天顶卫星在亚洲开展卫星定位合作,支持太空领域的人力资源开发。[②]

(二) 仍将继续推进太空军事化,抢占战略制高点

2008年《太空基本法》制定实施后,日本太空战略从和平利用转向军事利用。太空开发促进了日本的常规军事能力,为日本地面作战能力提供越来越重要的支持,如巡航导弹等一系列精确

---

① 内閣府,『宇宙産業ビジョン検討に当たっての視点』,平成28年6月30日,http://www.8.cao.go.jp/space/hq/dai13/siryou3.pdf(上网时间:2017年5月12日)

② 内閣府,『第14回 宇宙開発戦略本部 議事概要』,平成28年12月13日,http://www.8.cao.go.jp/space/comittee/dai56/siryou3.pdf(上网时间:2017年5月12日)

制导武器都是利用卫星定位数据来制导。日本自卫队的指挥和控制系统也需要太空提供实时的情报、侦察与监控数据，日本的军事侦察、通信、导航系统，以及气象、电视转播、移动通信等民用项目，都依赖其卫星系统的安全。英国国际战略研究所的《2012年度军力平衡报告》对日本2011年军力进行评估后，认为"从持有的装备看，日本自卫队已经成为亚洲最现代化的武装力量"。[①] 在日本这些亚洲最先进的现代化军备中，有相当多的技术装备和军事能力都是由先进的太空技术产生和提供的。海上自卫队是自卫队中实力最强的一支，其诸军事能力中最强大的就是海上控制能力。海上自卫队的战舰总数量不多，在《2012年军力平衡报告》中没有进入前6位，但却是世界上最先进的，在反潜和防空上有绝对优势，是世界上第二个拥有宙斯盾作战系统的海上力量，其导弹驱逐舰的主要任务就是拦截弹道导弹。海上自卫队海上能力的核心是四大现代战斗群，每个群都有混合战舰7—8艘，每个战斗群都至少有1艘带有尖端宙斯盾作战系统的驱逐舰，能够在远离本土岛屿、靠近敌方海岸的地方进行军事行动。日本空中自卫队也很有实力。2011年，空中自卫队的主力战机包括：先进的F-15J鹰型战斗机202架和F-4E战斗机70架、与美国F-16战斗机性能相当的F-2战斗机76架。这三种飞机的数量占了空中自卫队战斗机总数的近94%，承担着夺取战区制空权、对地面发动攻击等核心军事任务，装备了电子侦察和图像采集、导航、大气数据传感、导弹精确制导、高频无线通信、战术导航等能执行多种任务的尖端电子系统。此外，空中自卫队还加紧发展情报、侦察和监视能力，2011年时已经拥有17架空中预警机

---

① IISS, *The Military Balance* 2012, London: Arundel House, first published March 2012, p. 251.

和17架侦察机。① 日本自卫队的这些反潜、防空、导弹防御、制空作战和情报、侦察、监视等系统,都需要通过太空基础设施进行升级并整合,才能发挥军事效能。太空基础设施已经成为日本军事的重要战略资产,太空军事开发利用已经成为日本军事技术装备和能力不可或缺的一部分。日本常规军事作战能力越来越依赖太空系统的支持。攻击太空系统,使太空系统受损或失去功能,都会降低日本的战斗能力。

为了确保日本战斗能力的稳定性,日本将在太空战略、防卫战略和日美同盟战略的引领下,大力发展其太空军事能力,发展并争取其在太空的军事优势地位,全力抢占这一战略制高点。未来,在太空安全战略目标上,日本仍将延续太空安全观持有的"应对多种威胁"的基本理念。在多样化威胁中,日本最关注的是来自太空行为体的太空威胁,尤其是中国的威胁。这样的威胁判断在短期内不会改变。在太空安全战略构想上,日本将延续对未来新型作战样式的关注,继续聚焦"跨军种的跨域联合"。在太空军事技术能力上,日本将从"防御型防卫"转向"攻防兼具型防卫",尤其是逐步转向谋求"先发制人"防卫能力。

二战后,日本国防一直执行"专守防卫"原则。但是,2014年7月1日安倍内阁通过决议重新解释行使集体自卫权,实际上架空了"专守防卫"原则。随着日美同盟合作扩大至太空领域,日本集体自卫权也必不可少地要延伸到太空领域。以弹道导弹防御系统为例,日本最初参加导弹防御,是因为这是"保卫美国盟友及其部署在国外的美军,是一个单纯的防御系统,符合日本专守防卫政策的承诺"。② 受太空和平利用等政策的限制,日本缺乏

---

① IISS, *The Military Balance* 2012, London: Arundel House, first published March 2012, p. 254.

② Andrew L. Oros: *Normalizing Japan: politics, identity, and the evolution of security practice*, 2008, Stanford University Press, p. 159.

可有效利用的军事太空系统,主要是分担开发费用、共同解决技术难题。但是,日本重新解释"太空开发仅限于和平利用"原则和解禁集体自卫权后,安全保障成为太空应用的优先事项,日本的优先目标就是要拥有日本自己的情报卫星、预警卫星和导航定位系统。这就意味着,过去日本只能依赖美国预警卫星打击来袭导弹,但今后还可以用自己的预警卫星打击来袭导弹。2015年日本和美国重新修订防卫合作指针后,日本和美国将共同部署和操作双方联合卫星或传感系统、联合指挥控制系统、联合运营系统,美国只有在防御日本的时候,才能使用这些系统,一旦用于其他目的就需要与日本一起操作。①

随着日本太空战略的不断推进,日本的国家安全和经济繁荣比历史上任何时间都更依赖于太空系统。任何对太空系统的攻击,都会使日本的国家经济和国家安全受到损害或丧失功能。随着太空新兴国家的兴起,尤其是潜在对手不断增多,有能力削弱或摧毁日本太空系统的国家越来越多。日本一定会采取措施,加大太空投入,大力发展对太空支持的陆基设施,不断加强自己的太空威慑能力,确保太空系统的稳定性,确保基于太空的军事能力和经济能力的稳定性。

(三)日美太空合作仍将合作与竞争、控制与反控制并存

继续强化日美同盟在太空领域的合作,是日本的必然选择。但是,从骨子里,日本自始至终都在谋求脱离美国、实现独立自主发展太空。所以,日本的太空发展历程极其特殊,始终纠结在依附与自主的矛盾中,为了自主而选择更紧密地依附美国。

日美加强太空领域的监视合作,主要目的是制俄与遏华。进入21世纪,日本是美国"空海一体战"构想的主要骨干。美国

---

① Andrew L. Oros: *Normalizing Japan: politics, identity, and the evolution of security practice*, 2008, Stanford University Press, p. 167.

想利用日本的技术、资金和人力，在亚太地区铺设一个太空战的大网。中俄曾在国际社会上提出了"太空非军事化"的提案，但遭到美国的否决，因为太空在美国军事中扮演着重要角色。美国的空海一体战中，尤其是战争初期，主要是太空战，把各种侦察卫星、通讯卫星、导航卫星打掉，或用软硬杀伤的办法，让卫星迷盲、失去作用、信息瘫痪，再对战略纵深目标进行打击。日本通过与美国强化合作，可以使日美军事一体化和日本军事力量建设大大地前进一步。在日美太空合作的背景下，美国将不断对日本进行松绑，这将进一步加速日本的太空军事化。

但日美之间并非真正亲密无间，两国之间既有相互战略依赖和战略需求，又始终存在着相互防范。日本的目标不是永远跟随美国，最终还是要脱离美国，实现完全自主。

美国对日本也始终存在着控制和防范，随时严密关注并掌控日本太空军事能力的发展动向，并不时给予日本小小的警告和打压。2003年3月，日本首批两颗情报搜集卫星发射入轨不久，即被美国宇航局（NASA）在其官方网站上公布了这两颗情报搜集卫星的轨道参数。2006年，日本第三颗情报搜集卫星推迟发射，主要原因是因为卫星使用的美国生产的电脑芯片不合格。2007年2月，日本发射情报搜集卫星雷达2号卫星和光学3号试验卫星，发射事前没有公布具体的发射日期，发射后对卫星飞行轨道也进行严格保密。但是一个月后，美国北美防空司令部还是在其官方网站上公开了这两颗卫星的飞行轨道数据，包括之前日本发射的情报搜集卫星的飞行轨道数据。日本自行研制发射情报搜集卫星，根本目的就是要摆脱对美国情报的依赖。美国一再公布日本情报搜集卫星的数据，无疑是对日本的警告。

日美在太空产业领域也存在相互防范与竞争。特朗普政府上台后非常重视太空部门的经济效益，于2017年1月调整了太空出口管制规则，将许多太空项目从《美国军火清单（USML)》中删除，降低出口门槛。随着日美共同加大太空产业的发展力度，日本与美国在太空产业领域发生矛盾的可能性增大。在太空科技上，日本的最大竞争者来自美国。这种竞争不仅反映在太空开发的项目，也反映在技术知识产权的申请上。美国和日本都试图通过收购持有专利的公司，扩大自己持有的专利数量，并据此进行相关诉讼活动，进而扩大市场的占有份额。

参考文献

一、中文著作

1. 崔丕著：《冷战时期美日关系史研究》，北京：中央编译出版社，2013年版。

2. 邓小平著：《邓小平文选·第3卷》，北京：人民出版社，1993年版。

3. 冯昭奎：《经济科技纵横谈》，北京：中国轻工业出版社，1994年版。

4. 郭荣伟著：《九天揽月：中国太空战略发展研究》，国防大学出版社，2014年版。

5. 贾俊明、李力钢合著：《太空武器与战争》，北京：国防工业出版社，1997年版。

6. 姜连举主编：《未来作战将在太空打响——拉直太空作战那N多问号》，北京：军事科学出版社，2015年版。

7. 金明善：《日本现代化研究》，沈阳：辽宁大学出版社，1993年版。

8. 何奇松编著：《太空安全问题研究》，上海：复旦大学出版社，2014年版。

9. 李秀石著：《日本国家安全保障战略研究》，北京：时事出版社，2015年版。

10. 李学忠、田安平著：《国家空天安全论》，北京：解放军出版社，2010年版。

11. 刘兴、梁维泰、赵敏等著：《一体化空天防御系统》，北京：国防工业出版社，2011年版。

12. 罗利元、高亮华、刘晓星等著：《富强的曙光：技术创新与经济增长》，太原：山西教育出版社，1999年版。

13. 卢福财主编：《产业经济学》，上海：复旦大学出版社，2013年版。

14. 吕德宏著：《从思想到行动：解读美军战略规划》，北京：长征出版社，2008年版。

15. 梅孜编译：《美国国情咨文选编》，北京：时事出版社，1994年版。

16. 王志坚著：《战后日本军事战略研究》，北京：时事出版社，2014年版。

17. 王永健著：《超世界太空盾》，北京：解放军出版社，1988年版。

18. 文先明：《高新技术产业评价体系与发展战略研究》，北京：中国财政经济出版社，2006年版。

19. 吴寄南著：《新世纪日本对外战略研究》，北京：时事出版社，2010年版。

20. 徐能武著：《外层空间国际关系研究》，北京：中国社会科学出版社，2010年版。

21. 徐万胜等著：《当代日本安全保障》，天津：南开大学出版社，2015年9月出版。

22. 叶永烈著：《钱学森》，上海交通大学出版社，2012年版。

23. 仪名海、郝江东、周慎等著：《外层空间国际关系》，北京：清华大学出版社，2015年版。

24. 尹志杰主编：《世界军事航天发展概论》，国防大学出版社，2015 年版。

25. 张利华：《日本战后科技体制与科技政策研究》，北京：中国科学技术出版社，1992 年版。

26. 张定河：《美国政治制度的起源与演变》，北京：中国社会科学出版社，1998 年版。

27. 中国社会科学院世界经济与政治研究所：《星球大战——对美苏太空争夺的剖析》，北京：解放军出版社，1986 年版。

28. 中国社会科学院日本研究所"高技术与日本的国家战略"课题组：《高技术与日本的国家战略》，上海：东方出版中心，1991 年版。

29. 周碧松著：《（争夺战略新边疆丛书）浩渺太空的竞相角逐》，军事科学出版社，2015 年版。

30. 朱强国著：《美国战略导弹防御计划的动因》，北京：世界知识出版社，2004 年版。

二、中文译著

1. ［加］Elinor Sloan 著，吴金哲、纪静、闫薇译：《军事变革和现代战争》，北京：电子工业出版社，2016 年版。

2. ［日］安倍晋三著，陈悦文译：《迈向美丽之国》，台湾前卫出版社，2007 年版。

3. ［英］巴纳比著，刘金玉译：《未来的战争》，北京：军事科学出版社，1987 年版。

4. ［美］鲍勃·普雷斯顿著，珂玞译：《空间武器地球战》，北京：航空工业出版社，2012 年版。

5. ［英］保罗·肯尼迪著，王保存、王章辉、余昌楷译：《大国的兴衰：1500—2000 经济变革与军事冲突》（下），北京：中信出版社，2014 年第 7 版。

6. ［美］本杰明·萨瑟兰著，丁超译：《技术改变战争：全球军力平衡的未来》，北京：新华出版社，2013年版。

7. ［美］伯特·查普曼著，刘兆军译：《太空战争与防御：演进历史与研究资源》，北京：电子工业出版社，2016年版。

8. ［美］丹尼尔·格雷厄姆著，张健志、马俊才、傅家祯译：《高边疆——新的国家战略》，北京：军事科学出版社，1988年版。

9. ［日］大平正芳著，郭连友等校译：《活在永恒的现在》之第四部《永恒的此刻》，北京：中央编译出版社，2009年版。

10. ［美］福里斯特·E. 摩根著，白堃，艾咪娜译：《太空威慑和先发制人》，北京：航空工业出版社，2012年版。

11. ［美］G·多西等编：《技术进步与经济理论》，钟学义等译，北京：经济科学出版社，1992年版。

12. ［加］亨利·明茨伯格著，张艳等译：《公司战略计划》，昆明：云南大学出版社，2002年版。

13. ［美］加里·沃塞曼著，陆震纶、何祚康、郑明哲、杨景厚译：《美国政治基础》，北京：中国社会科学出版社，1994年版。

14. ［美］赖肖尔著，卞崇道译：《近代日本新观》，北京：三联书店，1992年版。

15. ［美］理查德·内德·勒博著，陈定定等译：《国家为何而战？——过去与未来的战争动机》，上海世纪出版集团，2014年版。

16. ［美］罗伯特·基欧汉，约瑟夫·奈著，门洪华译，《权力与相互依赖》，北京大学出版社，2002年版。

17. ［美］肯尼思·N·华尔兹著，倪世雄等译：《人、国家与战争——一种理论分析》，上海译文出版社，1991年版。

18. ［德］马克思、恩格斯著：《马克思恩格斯全集·第46卷下》，北京：人民出版社，1980年版。

19. ［法］马尔索·费尔著，里景化译：《空间战争》，北京：世界知识出版社，1987 年版。

20. ［意］马克·皮卓兹著，吴晓丹译：《国际空间法教程》，哈尔滨：黑龙江人民出版社，2006 年版。

21. ［俄］尼古拉·伊万诺维奇·雷日科夫著，徐昌翰译：《大国悲剧：苏联解体的前因后果》，北京：新华出版社，2010 年版。

22. ［美］彼得·J. 卡赞斯坦，李小华译：《文化规范与国家安全：战后日本警察与自卫队》，北京：新华出版社，2002 年版。

23. ［日］青木昌彦、奥野正宽等编著：《市场的作用国家的作用》，林家彬等译，北京：中国发展出版社，2002 年版。

24. ［美］琼·约翰逊·弗里泽著，叶海林、李颖译：《空间战争》，北京：国际文化出版公司，2008 年版。

25. ［日］日本教育社编著，童心译：《里根政权》，北京：新华出版社，1981 年版。

26. ［美］塞缪尔·亨廷顿等著，张景明译：《现代化：理论与历时经验的再探讨》，上海译文出版社，1993 年版。

27. ［日］石原慎太郎、江藤淳著，军事科学院外国军事研究部译：《日本坚决说"不"》，北京：军事科学出版社，1992 年版。

28. ［美］W. W. 罗斯托著，郭熙保、王松茂译：《经济增长的阶段：非共产党宣言》，北京：中国社会科学出版社，2001 年版。

29. ［美］威廉·丁·德沙著，李恩忠译：《美苏空间争霸与美国利益》，北京：国际文化出版公司，1988 年版。

30. ［加］Wilson W. S. Wrong, James Fergusson 著，尹志忠等译：《军事航天力量：相关问题导读》，北京：国防工业出版社，2012 年版。

31. 〔日〕五十岚晓郎著，殷国梁、高伟译：《日本政治论》，北京大学出版社，2015年版。

32. 〔日〕武田康裕、神谷万丈主编，《日本安全保障学概论》，刘华译，北京：世界知识出版社，2012年版。

33. 〔瑞典〕西格法德·哈里森著，华宏慈、李鼎新、华宏勋译：《日本的技术与创新管理》，北京大学出版社，2004年版。

34. 〔日〕小川荣太郎著，吕美女、陈佩君译：《安倍再起，日本再生》，台湾：天下杂志股份有限公司，2014年版。

35. 〔日〕小宫隆太郎等著，黄晓勇等译：《日本的产业政策》，北京：国际文化出版公司，1988年版。

36. 〔日〕伊藤宪一著，军事科学院外国军事研究部译：《国家与战略》，北京：军事科学出版社，1988年版。

37. 〔美〕伊曼纽尔·沃勒斯坦著，郭方等译：《现代世界体系（第一卷）：16世纪的资本主义农业与欧洲世界经济体的起源》，北京：社会科学文献出版社，2013年版。

38. 〔苏〕依·维里霍夫等编，傅德棣、肖元星、孙俭译：《空间武器——世界和平的威胁》，北京：国防工业出版社，1988年版。

39. 〔日〕中曾根康弘著，王晓梅译：《政治与人生：中曾根康弘回忆录》，北京：东方出版中心，2008年版。

三、外文原著

1. Ajey Lele, *Asian Space Race: Rhetoric or Reality*? Springer, 2013

2. Andrew L. Oros, *Normalizing Japan: Politics, Identity, and the Evolution of Security Practice*, California: Stanford University Press, 2008

3. G. Dosietal eds, *Technical Change and Economic Theory*, London: Pinter, 1988.

4. Barry Buzan, People, *State and Fear: An Agenda for International Security Studies in the Post-Cold War Era*, Boulder, CO: Lynne Rienner, (Second Edtion), 1991.

5. Bob Preston, Dana J. Johnson, Sean J. A. Edwards, *Space Weapons, Earth Wars*, RAND, January 1999

6. Brian Harvey, *The Japanese and Indian Space Program: Two Roads into Space*, Springer, April 2000

7. Campbell K, Beckner C, and Tatsumi Y. *US-Japan Space Policy: A Framework for 21st Century Cooperation*, CSIS, July 2003

8. Charles D. Lutes, Peter L. Hays, *Toward a Theory of Space Power* (Selected Essays), Create Space Independent Publishing Platform, March 2015

9. Christensen C. *The innovator's dilemma: when new technologies cause great firms to fail.* Harvard Business School Press Boston, USA, 1997

10. Crystal Pryor, *Strategic Imperatives for US-Japan outer Space Cooperation*, Asia Pacific Bulletin, December 2012

11. Damon Coletta and Frances T. Pilch, *Space and Defense Policy*, Routledge, 2009

12. David Baldwin, "Power and International Relations", in Walter Carsanes, Thomas Risse and Beth Simmons edts, *The Handbook of International Relations*, London: SAGE Press, 2002, p. 177.

13. Eligar Sadeh, *Space Strategy in the 21st Century: Theory and Policy*, Routledge, November 2012

14. Elina Ziberg, *Space of Detention*, Duke University Press, 2011

15. Enrico Fels, *Shifting Power in Asia-Pacific? The Rise of China, Sino-US Competition and Regional Middle Power Allegiance*, Springer, 2017

16. European Space Policy Institue, *Yearbook on Space Policy* 2009 - 2010, Springer, 2011

17. European Space Policy Institue, *Yearbook on Space Policy* 2010 - 2011, Springer, 2012

18. European Space Policy Institue, *Yearbook on Space Policy* 2011 - 2012, Springer, 2014

19. Freeman C, *Technology Policy and Economic Performance: Lessons from Japan*, London: Pinter, 1987

20. Huntington, S. P. , *Political Order in Changing Societies*, New Haven: Yale Unversity Press, 1968

21. I. H. PhilepinaDiederiks-Verschoor, V. Kopal, *An Introduction to Space Law*, Kluwer Law International (3rd edition), 2007

22. IISS, *The Military Balance* 2012, London: Arundel House, first published March 2012

23. James Clay Moltz, *The Politics of Space Security: Strategic Restraint and the Pursuit of National Interests*, Stanford University Press (2 edition), June 2011

24. James Clay Molt, *Asia's Space Race: National Motivations, Regional Rivalries, and International Risk*, Columbia University Press s, December 2011

25. James Clay Moltz, *Crowded Orbits: Conflict and Cooperation in Space*, Columbia University Press, April 2014

26. John D. Steinbruner, *Space Security*, MIT Press, June 2016

27. John J. Klein, *Space Warfare: Strategy, Principles and Policy*, Routledge, August 2006

28. Kentor Jeffrey, *Capital and Coercion: The Economic and Military Processes that Have Shaped the World Economy* 1800 – 1990, New York: Garland Publishing, 2000

29. Lorinda A Frederick, *Deterrence and Space-Based Missile Defens*, Biblioscholars, October 2012

30. Louis Deschamps, *The SDI and European Security Interest*, Croom hlem, 1987

31. Lyle J. Goldstein, *Meeting China Halfway: How to Defuse the Emerging US-China Rivalry*, Georgetown University Press, 2015

32. Lundavall, Bengt-Ake ed. , *National Systems of Innovation*, London: Pinter Publisher, 1992

33. Lundvall B. *National Systems of Production, Innovation and Competence-Building*, Research Policy, 2002

34. Mark Dodgson and John Bessant, *Effective Innovation Policy*, International Thomson Business Press, 1996

35. Max M. Mutschler, *Arms Control in Space: Exploring Conditions for Preventive Arms Control*, Palgrave Macmillan, 2013

36. Michael C. Mineiro, *Space Technology Export Controls and International Cooperation in Outer Space*, Springer, 2012

37. NASA, *NASA Strategic Plan* 2014, NASA NP-2014 – 01 – 964-HQ [R], Washington D. C. : NASA, 2014

38. Nanto, Dick K. and Emma Chanlett-Avery, *The Rise of China and Its Effect on Taiwan, Japan, and South Korea: U. S. Policy Choices*, Congressional Research Service Report for Congress, Washington D. C. Library of Congress, 2005

39. NorifumiNamatame, *Japan's Missile Defense: A Double-Edged Sword in East Asia*, Routledge, January 2016

40. Patrick Morgan, *Safeguarding Security Studies*, Arms Control,

December 1992

41. Paul F. Langer, *The Japanese Space Program: Political and Social Implications*, The RAND Corporation, August 1968

42. Paul B. Stares, *Space and National Security*, Brooking Institution, 1987

43. Ram S. Jakhu ed. *National Regulation of Space Activities*, Springer, 2010

44. ReinhardDrifte, *Japan's Rise to International Responsibilities: the Case of Arms Control*, Bloomsbury, 2012

45. Saadia M. Pekkanen, Paul Kallender-Umezu, *In Defense of Japan: from the Market to the Military in Space Policy*, California: Stanford University Press, 2010

46. Saadia M. Pekkanen, *Picking Winners? From Technology Catch-up to the Space Race in Japan*, Stanford University Press, July 2003

47. Scott Jasper, *Conflict and Cooperation in the Global Commons*, Georgetown University Press, 2012

48. Sean Kay, *Global Security in the Twenty-first Century: The Request for Power and the Search for Peace*, Orwman & Littlefield, 2015.

49. Shuanggen Jin, Estel Cardellach, Feiqin Xie, *GNSS Remote Sensing: Theory, Methods and Applications*, Springer, 2014

50. Steven Berner, *Japan's Space Program: A Fork in the Road?* Santa Monica: RAND Corp, 2005

51. Yoshitaka Okada ed. *Struggle for Survival: Institutional and Organizational Changes in Japan's High-Tech Industries*, Springer, 2006

52. Walter A. McDougall, *The Heavens and the Earth: A Political History of the Space Age*, Johns Hopkins University Press, September

1997

53. Wirbel. L. *Star Wars*：*U. S. Tools of Space Supremacy*, London：Pluto Press, 2004

54. W. Henry Lambright, *Space Policy in the Twenty-first Century*, Johns Hopkins University Press, 2003

四、日文原著

1. ［日］『社会科学大事典・1（あ—い）』，鹿島出版会，1968 年

2. ［日］相賀徹夫編集，『大日本百科事典・3』，小学館，1980—1981

3. ［日］南亮進，『日本の経済発展』，東洋経済新報社，1981 年

4. ［日］スペース/ベンチヤースペースベンチャー編集，『21 世紀へ挑戦する日本の宇宙産業』，日刊工業新聞社，1985 年

5. ［日］スペースベンチャー企画・編集，『21 世紀へ挑戦する日本の宇宙産業』，日刊工業新聞社，1985 年

6. ［日］日本経済新聞社編，『宇宙ビジネス』，日本経済新聞社，1985 年

7. ［日］桧山雅春著，『日本の宇宙開発これでいいのか、21 世紀への戦略』，ビジネス社，1986 年

8. ［日］永野茂門著，『宇宙時代の防衛』，原書房，1986 年

9. ［日］ピアスライト，轡田隆史，『宇宙開発競争のゆくえ』，佑学社，1987 年

10. ［日］五代富文，『ロケット 21 世紀の宇宙開発』，読売

新聞社，1991 年

11. ［日］ユウセイシヨウ，郵政省通信政策局宇宙通信企画課，宇宙通信開発課編，『有人宇宙活動を支える情報通信ネットワーク宇宙インフラストラクチャの構築に向けて』，日刊工業新聞社，1991 年

12. ［日］山中龍夫，的川泰宣，『宇宙開発のおはなし』，1991 年，日本規格協会

13. ［日］室井尚著．『情報宇宙論』，岩波書店，1991 年

14. ［日］サイトウ，シゲブミ斎藤成文，『日本宇宙開発物語国産衛星にかけた先駆者たちの夢』，三田出版会，1992 年

15. ［日］小沢一郎，『日本改造計画』，講談社，1993 年

16. ［日］サイトウ，シゲブミ斎藤成文，『宇宙開発秘話日本のロケット技術者たちはかく考え行動した』，三田出版会，1995 年

17. ［日］日本航空宇宙工業会編，『航空宇宙工業年鑑』，日本航空宇宙工業会，2000 年

18. ［日］航空宇宙技術研究所編纂委員会編，『航空宇宙技術研究所史』，航空宇宙技術研究所，2003 年

19. ［日］中野不二男等著，『日中宇宙戦争』，文藝春秋，2004 年

20. ［日］金田一京助、山田忠维等編著，『新明解国語辞典』（第 5 版），三省堂出版社，2005 年

21. ［日］日本航空協会編，『航空宇宙年鑑』，日本航空協会，2005 年

22. ［日］青木節子，『日本の宇宙戦略』，慶應義塾大学出版会，2006 年

23. ［日］河井克行，五代富文等，『国家としての宇宙戦略論』，誠文堂新光社，2006 年

24. ［日］明石和康著,『アメリカの宇宙戦略』,岩波書店,2006 年

25. ［日］船橋洋一著,『同盟漂流』,岩波書店,2006 年

26. ［日］日本航空協会編,『航空宇宙年鑑』,日本航空協会,2007 年

27. ［日］松村昌廣著,『軍事技術覇権と日本の防衛』,芦書房,2008 年

28. ［日］松尾高志著,『同盟変革』,日本評論社,2008 年

29. ［日］歴史群像編集部編,『日本の宇宙開発』,学習研究社,2009 年

30. ［日］ニュートンプレス編集,『はやぶさが開く宇宙新時代』,ニュートンプレス,2011 年

31. ［日］鈴木一人,『宇宙開発と国際政治』,岩波書店,2011 年

32. ［日］日本航空協会編,『航空宇宙年鑑』,日本航空協会,2012 年

33. ［日］宇宙航空研究開発機構,『宇宙に挑む：JAXAの仕事術』,日本能率協会マネジメントセンター,2014 年

34. ［日］佐佐木憲昭,『財界支配：日本経団連の実相』,株式会社 新日本出版社,2016 年

五、中文论文

1. 程群、何奇松、项斐：《太空安全观的演变》,《东北亚论坛》,2016 年第 5 期。

2. David Dew-Hughes,路金林：《超导材料的未来发展》,《稀有金属合金加工》,1981 年 4 期。

3. 董祥：《政府在高新技术产业发展中的职能定位》,《市场

周刊》，2008 年第 9 期。

4. 杜红亮、冯楚建：《近年来世界科技发展趋势分析》，《科技与法律》，2010 年第 1 期。

5. 郭锐：《冷战后日本航天产业发展及其军事化的影响》，《同济大学学报（社会科学版）》，2016 年第 4 期。

6. 韩彬：《"星球大战计划"的提出与发展前景》，《世界知识》，1988 年第 13 期。

7. 韩晓峰：《转型中的日本太空政策》，《国际资料信息》，2008 年第 9 期。

8. 黄志澄：《日本航天的艰难转型》，《国际太空》，2013 年第 11 期。

9. 金启明：《〈欧洲空间政策绿皮书〉浅析》，《全球科技经济瞭望》，2003 年第 5 期。

10. 江天骄：《美日深化在太空安全领域合作探析》，《美国研究》，2016 年版第 2 期。

11. 李双庆：《各国运载火箭介绍：H 系列（日本）》，《中国航天》，1995 年第 8 期。

12. 李虹：《国外航天企业宇航市场十大并购重组案例分析》，《卫星应用》，2015 年第 9 期。

13. 李秀石：《论日本太空战略与日本拓展"同盟对接"》，《日本学刊》，2016 年第 5 期。

14. 李秀石：《安倍内阁"重启"日本宇宙战略——从和平研发技术到"军事利用宇宙"的演变》，《国际观察》，2015 年第 1 期。

15. 刘孟洲：《八十年代日本的科技政策、科研投入及科研活动》，《日本研究》，1994 年第 2 期。

16. 刘戟锋、周建设：《"星球大战"计划与美国经济》，《科技进步与对策》，1986 年第 4 期。

17. 刘树仁：《日本成功地在宇宙制造出氟化物玻璃系光导纤维》，《有色冶炼》，1986 年 5 月。

18. 刘殿文、李俭：《日本三航天研究机构现状》，《国外空间动态》，1989 年第 8 期。

19. 路甬祥：《制造业的创新与竞争力》，《中国制造业信息化》，2003 年第 3 期。

20. 陆军：《发展战略高技术的意义与思路》，《江苏科技信息》，2006 年第 2 期。

21. 罗开元：《国外航天企业并购重组及其启示（上）》，《中国航天》，2003 年第 2 期。

22. 吕晶华：《奥巴马政府网络空间安全政策述评》《国际观察》，2012 年第 2 期。

23. 琦琳：《日本拟尽快启动防卫快速响应系统——解读日本空间政策委员会的"航天防卫战略"建议书》，《国际太空》，2014 年第 5 期。

24. 琦琳：《浅析日本防卫省修改"防卫航天开发利用基本方针"的真实目的》，《国际太空》，2015 年第 6 期。

25. 秋风：《日本六家公司准备参加"空间实验室"实验》，《国外空间动态》，1986 年第 7 期。

26. 宋河洲：《曼哈顿计划与阿波罗计划的组织实施》，《科学学与科学技术管理》，1981 年第 5 期。

27. 宋绍英：《论日本的"科技立国"战略》，《现代日本经济》，1984 年第 3 期。

28. 孙春玲：《日本重视光电子化学品的发展》，《化工新型材料》，1987 年第 9 期。

29. 孙鹏章：《世界高技术发展的回顾与展望》，《中外科技信息》，1991 年第 5 期。

30. 谭德凯：《谁控制了太空，就控制了地球——美国欲在太空开辟第四战场》,《国防科技》,2001 年第 11 期。

31. 田德宇：《太空探索公司与五大运营商均有业务》,《中国航天》2016 年第 3 期。

32. 王存恩：《日本决定促进空间产业的发展》,《国外空间动态》,1989 年第 1 期。

33. 王存恩：《新航天基本法——日本产业振兴的源动力》,《国际太空》,2014 年第 5 期。

34. 王存恩：《日本即将发射隼鸟—2 小行星探测器》,《国际太空》,2014 年第 11 期。

35. 王存恩：《2015 财年日本航天开发预算分析》,《国际太空》,2015 年第 3 期。

36. 王存恩：《日本计划 2019 年发射"激光数据中继卫星"》,《国际太空》,2015 年第 11 期。

37. 王存恩：《2016 年日本航天开发预算大幅度增加》,《国际太空》,2016 年第 3 期。

38. 王存恩：《日本首颗军用通信卫星升空》,《国际太空》,2017 年第 3 期。

39. 王雪婷、马建强：《当代世界体系下的国家定位问题研究——基于国际劳动分工与不平等交换视角》,《现代经济探讨》,2014 年第 10 期。

40. 王霄：《"一带一路"沿线国家航天情况介绍之——俄罗斯》,《卫星应用》,2016 年第 11 期。

41. 王晨曦：《智能城市将给日本带来 3000 万亿日元的潜在市场规模》,《物联网技术》,2011 年第 11 期。

42. 魏万军、孙佳：《日本航天侦察能力与发展概况》,《国际太空》,2008 年第 12 期。

43. 小宇宙：《航天技术民用转化机制的两个范本：基于 NASA 和 ESA 的分析——二论航天技术民用及二次开发》,《卫星与网络》，2016 年第 11 期。

44. 谢平：《日本航天商业化分析》，《中国航天》，1992 年第 2 期。

45. 徐治立、殷优优：《航天科技对人类社会的影响》，《科学学研究》，2006 年第 24 卷增刊。

46. 辛朝军、蔡远文等：《日本 Epsilon 火箭发射成功的分析及启示》，《装备学院学报》，2014 年第 3 期。

47. 叶培建、邓湘金、彭兢：《国外深空探测态势特点与启示（上）》，《航天器环境工程》，2008 年第 5 期。

48. 尹常琦、张鹏飞：《美国航天产业市场结构分析》，《现代商业》，2009 年第 3 期。

49. 俞非：《日本半导体的产业发展分析》，《集成电路应用》，2017 年第 1 期。

50. 袁小兵：《日本太空事业发展探析》，《国际观察》，2011 年第 6 期。

51. 张义芳：《美国阿波罗计划组织管理经验及对我国的启示》，《世界科技研究与发展》，2012 年第 6 期。

52. 张茗：《亚洲太空力量的崛起：现实与趋势》，《国际观察》，2015 年第 3 期。

53. 张景全、程鹏翔：《美日同盟新空域：网络及太空合作》，《东北亚论坛》，2015 年第 1 期。

54. 赵自勇：《资本主义与现代世界——沃勒斯坦的世界体系理论透视》，《史学理论研究》，1996 年第 4 期。

55. 周长城：《发展理论的演变（下）》，《国外社会科学》，1997 年第 5 期。

六、外文论文

1. Carissa Christensen, Tom Stroup, Kirsten Armstrong, Phil Smith, "Analysis of the commercial satellite industry", The American Institute of Aeronautics and Astronautic, Inc. 2015

2. Chris Freeman, "The 'National System of Innovation' in Historical Perspective," *Cambridge Journal of Economic*, 1995

3. Crystal Pryor, "Strategic Imperatives for US-Japan outer space cooperation", *Asia Pacific Bulletin*, Number 190, Demember 7, 2012

4. "EU-Japan business round table", *EU-Japan News*, Vol. 13, March 2015

5. Hiroaki Kawara, Naomi Murakami, "The results of small satellite technology transfer from JAXA", 24th Annual AIAA/USU Conference on Small Satellites, SSC10-VI-7

6. Hirotaka Watanabe, "Japan-US space relations during the 1970s after the exchange of notes", 55th International Astronautical Congress 2004-Vancouver, Canada, IAC-04-IAA. 6. 15. 2. 08

7. James Yue, "Japan's space effort", *Harvard International Review*, Vol. 10, No. 1, November 1987

8. "Japan's government intermediary patent platforms for open innovation", Swedish Agency for Growth Policy Analysis, Studentplan 3, SE-831 40 Östersund, Sweden

9. John J. Hudiburg, Michael W. Chinworth, "Strategic options for international participation in space exploration: lessons from US-Japan defense cooperation", The American Institute of Aeronautics and Astronautic, Inc. February 1, 2005

10. Karen Venturini, Chiara Verbano, Mitsutaka Matsumoto,

"Space technology transfer: spin-off cases from Japan", *Space Policy*, 29 (2013) 49 – 57

11. Kate Wilkinson, "Japan's evolving space program: an interview with Saadia Pekkanen", NBR: the National Bureau of Asian Research, September 9, 2011

12. Kazuto Suzuki, "Transforming Japan's space policy-making", *Space Policy*, Volume 23, Issue 2, May 2007

13. Kazuto Suzuki, "The contest for leadership in East Asia: Japanese and Chinese approaches to outer space", *Space Policy*, Volume 29, Issue 2, May 2013

14. Keiichi Anan, "Administrative reform of Japanese space policy structures in 2012", *Space Policy*, Volome 29, Issue 3, August 2013

15. Paul Kallender, "Japan's new dual-use space policy: the long road to the 21st century", *Asie. Visions*, No. 88, November 2016

16. US-Japan Space Forum Working Group, "Mid-term objectives and near-term priorities for Japan-US space cooperation", The Maureen and Mike Mansfield Foundation, 2015

17. Pekkanen M. Saadia, "Japan in Asia's space race: direction and implications", *SITC Research Briefs*, April 2013

18. Setsuko Aoki, "Current status and recent developments in Japan's national space law and its relevance to Pacific Rim space law and activities", *Jouranl of Space Law*, Supplemental Material, 2009

19. Steven Berner, "Japan's space program: a fork in the road?" RAND National Security Research Division, 2005

20. Takanori Iwata and Shinichi Nakamura, "Emerging space operations in Asia and developing countries: overview", The American Institute of Aeronautics and Astronautic, Inc. 2016

21. Tetsuo Yasaka, "Past 50 years and next 50 years of space activity", *Mechanical Engineering Reviews*, Vol. 1, No. 2, 2014

22. Thomas W. G., Bemard M. K., The Polls: ABM and Star Wars: Attitudes towards Nuclear Defense, 1945 – 1985, *The Public Opinion Quarterly*, 1986, Vol. 50, No. 1

23. Tsujino Teruhisa, "The rapid progress of China's space development", *Science & Technology Trends Quarterly Review*, 2005, 014

24. Venkatesan Sundararajan, "Emerging space powers-a comparative study of national policy and economic analysis for Asian space programs (Japan, China and India)", The American Institute of Aeronautics and Astronautic, Inc. Septebmer 2006

25. Yu D. Hang C. C., A reflective review of disruptive innovation theory, [J], *International Journal of Management Review*, 2010, 12 (4)

26. 文教科学技術調査室,『H-ⅡA ロケット打上げと日本の宇宙政策』, 2005 年 2 月 23 日, 国立国会図書館 ISSUE BRIEF NUMBER 470

27. 佐藤将史、八亀彰吾,『宇宙産業の世界的な業界再編とわが国に求められる産業ビジョン』, NRI Public Management Review, August 2016 Vol. 157 (https: //www. nri. com/ ~/media/PDF/jp/opinion/teiki/region/2016/ck20160803. pdf#search = %27% E5% AE%87% E5% AE%99% E7% 94% A3% E6% A5% AD% E6% 94% BF% E7% AD% 96% E3% 81% AE% E6% 96% B9% E5% 90% 91% E3% 81% AB% E3% 81% A4% E3% 81% 84% E3% 81% A6% 27)

28. 坂本規博,『我が国の将来宇宙プロジェクトと宇宙法』, 平成 24 年 12 月 3 日, 東京財団リサーチフェロー/宇宙アナリスト

参考文献

29. 日本航空宇宙工業会,『平成26年度 海外貿易会議（宇宙）報告』,工業会活動,平成26年11月,第731号

30. 植田剛夫,「宇宙利用と安全保障」,*Space Japan Review*, No. 37, October/November 2004

31. 青木節子, 『宇宙の安全保障利用と自衛隊の役割』, *RIP' Eye*, No. 157, 2012

图书在版编目（CIP）数据

日本太空战略研究/李艳著．—北京：时事出版社，2018.1
ISBN 978-7-5195-0144-0

Ⅰ.①日… Ⅱ.①李… Ⅲ.①航空航天工业—工业发展战略—研究—日本 Ⅳ.①F431.365

中国版本图书馆CIP数据核字（2017）第304434号

出 版 发 行：时事出版社
地　　　址：北京市海淀区万寿寺甲2号
邮　　　编：100081
发 行 热 线：(010) 88547590　88547591
读者服务部：(010) 88547595
传　　　真：(010) 88547592
电 子 邮 箱：shishichubanshe@sina.com
网　　　址：www.shishishe.com
印　　　刷：北京朝阳印刷厂有限责任公司

开本：787×1092　1/16　印张：23.75　字数：300千字
2018年1月第1版　2018年1月第1次印刷
定价：120.00元

（如有印装质量问题，请与本社发行部联系调换）